KB078816

공과금의 강제징수절차(체납처분)를 위한

공과금 강제징수실무

공과금의 강제징수절차(체납처분)를 위한

공과금 강제징수실무

이정형 저

좋은땅

머리말

저자는 국민연금공단에 입사한 뒤, 2000년 1월 어느 날 매서운 겨울바람을 맞아 가며 선배들과 함께 체납자의 차량에 대한 강제인도를 시작으로 국세징수법에 입문하게 되었고, 2011년부터 국민건강보험공단이 4대 사회보험의 통합징수기관으로 개편된 뒤로 국민건강보험공단에서 통합징수 분야의 실무와 사내교수를 역임하고는 이 분야에 더 집중할 수 있는 계기를 마련하였습니다.

국민건강보험료 등 각종 공과금은 국세징수법에 따른 징수절차를 준용하더라도 그 적용범위나 법적 해석에는 조세와 큰 차이가 나지만, 실제 공과금을 징수하는 많은 공공기관들이 공과금의 특수성을 간과한 채, 조세와 같은 채권으로 동일시하여 공과금을 징수하는 경향이 있는 것 또한 현실입니다.

저자는 그간 소속 직원 및 공공기관을 대상으로 한 실무 강의를 통해 공공기관이 공과금의 징수절차를 더 정확히 이해함으로써 조세와의 차이점을 인식하고 실무상의 오류를 줄여야겠다는 마음가짐으로 공과금에 대한 강제징수절차(체납처분)를 위한 "공과금 강제징수실무"라는 본 책자를 만들게 되었습니다.

학문적 깊이가 있다거나, 법률적 지식이 해박하지 않음에도 이렇게 책자로써 알린다는 게 두렵기도 하고 부끄러움마저 지울 수가 없지만, 본 책자를 통해 누군가는 공과금의 징수를 더 잘 이해하고 실무에 도움이 될 수도 있다는 용기를 갖고 이렇게 출판하기로 결심하게 되었습니다. 끝으로 이 책의 출간을 승낙해 주신 좋은땅 출판사 관계자분들에게 감사를 드립니다.

2023. 1.

저자 이정형 씀

일러두기

1. 본 책자는 개정 국세징수법[시행 2021.1.1. 법률 제17758호, 전부개정] 중 공과금의 징수절차가 준용될 수 있는 제3장의 「강제징수」에 관한 내용을 중심으로 다루었으며, 국세징수법의 규정 중에서도 국세의 고유권한에 해당되거나 공과금의 징수에 적용되기 곤란한 내용들은 제외하였습니다.

2. 개정 국세징수법에서 종전 "체납처분"이란 용어가 "강제징수"로 변경되었으나 타 법령에서는 여전히 체납처분이라는 용어가 그대로 사용되고 있으며, 많은 독자들이 이에 더 친숙하다는 점을 고려하여 본 책자에서는 독자의 이해를 돕고자 강제징수와 체납처분이라는 용어를 혼용하여 사용하였습니다.

3. 개정 국세징수법이 반영된 국세징수법기본통칙이 아직 개정되지 않아 부득이 구 국세징수법기본통칙에 관한 내용을 수록하였으며, 따라서 현행법 체계와 다름을 이해해 주시고 학습을 위한 용도로 활용하시되 부득이 이를 인용하고자 하는 경우에는 최종 개정 여부를 확인해 주시기 바랍니다.

범례

- 판례의 인용
  대판 1994.11.11.선고, 94다28000 → 대법원 1194.11.14.선고, 94다2800판결
  대결 1993.2.19.선고, 92마903 → 대법원 1993.2.19.선고, 94다2800결정
- 구 국세징수법기본통칙 79-77…1 : 국세징수법[시행 2021.1.1. 법률 제 17758호, 전부개정 전] 제79조 및 국세징수법시행령 제77조에 해당되는 내용으로서 관련 법령의 첫 번째 순서임을 뜻함

목차

제2장　**압류**　　　　　　　　　　　　　　　　　　　　　**67**

제3장　**압류의 해제**　　　　　　　　　　　　　　**203**

제4장   교부청구 및 참가압류   223

제1장

강제징수일반

I 개관

1. 강제징수의 개념

국세징수법[시행 2021. 1. 1. 법률 제17758호, 전부개정]에서 강제징수(체납처분이라는 용어 대신에 본질적 부분인 강제성을 표현하기 위해 강제징수로 변경되었다)라 함은 확정된 조세에 대하여 납세의무자가 납부기한까지 임의로 금전채무를 이행하지 않는 경우, 조세채권자인 국가, 지방자치단체 등이 자력집행권을 행사하여 강제로 의무가 이행되도록 하는 것을 말한다.

즉, 납세의무자의 일반재산을 압류하고 강제환가(매각·추심)하여 그 대금으로 체납세액에 충당하는 일련의 공법상의 절차이자 행정상의 강제집행이다. 국세징수법 중 제3장 강제징수가 그 대표적이나 그밖에 각 법률에서 규정하고 있는 경우가 있고, 통상적으로 각 법률에서 "국세징수의 예" 또는 "국세체납처분의 예에 의한다."라고 규정함으로써 국세징수법 제3장 강제징수(종전 체납처분에 해당된다)에 관한 준용규정을 두고 있다.

강제징수는 재산압류, 압류재산의 환가, 청산(배분) 등 각 행정처분으로 구성된 협의의 강제징수와 이미 다른 집행기관에서 강제환가절차가 진행 중인 경우 그 집행기관에 매각대금의 교부를 청구하거나(교부청구) 그 압류에 참가하는(참가압류) 광의의 강제징수로 구분된다.

통상적으로 강제징수라 함은 광의의 강제징수를 의미하고 강제징수도 행정처분의 일반적 효력인 공정력[1]이 인정되므로, 일단 성립된 행정처분은 그 하자가 명백하고 중대하여 당연무효에 이르지 않는 한 적법한 절차에 따라 취소, 변경될 때까지는 유효한 것으로 추정된다.

---

1) 조세의 과오납이 부당이득이 되기 위하여는 납세 또는 조세의 징수가 실체법적으로나 절차법적으로 전혀 법률상의 근거가 없거나 과세처분의 하자가 중대하고 명백하여 당연무효이어야 하고, 과세처분의 하자가 단지 취소할 수 있는 정도에 불과할 때에는 과세관청이 이를 스스로 취소하거나 항고소송절차에 의하여 취소되지 않는 한 그로 인한 조세의 납부가 부당이득이 된다고 할 수 없다.(대판 1994.11.11.선고, 94다28000)

Ⅱ 공과금의 징수와 국세징수법 준용범위

1. 공과금의 의미

"공과금(公課金)"이란 「국세징수법」에서 규정하는 "강제징수의 예"에 따라 징수할 수 있는 채권 중 국세, 관세, 임시수입부가세, 지방세와 이와 관계되는 강제징수비를 제외한 것을 말한다(국세기본법 제2조제8호). 즉 "공과금"이란 다른 법률에서 국세징수법에 규정하는 강제징수의 예에 의하여 징수할 수 있다고 규정하고 있는 채권 중에서 조세와 이에 관계된 강제징수비를 제외한 공법상 채권으로서 조세 이외의 국가 또는 지방자치단체 기타 공공단체가 부과하는 부담금·부과금·과징금·사회보험료·수수료·대집행비용 등이 이에 해당된다.

공과금은 법 규정에 따라 조세 이외의 금전채권에 대하여 국가·지방자치단체·공공기관 등에 의하여 일방적으로 부과되며 국세징수법상 강제징수의 예에 따라 징수할 수 있는 자력집행력이 인정된다. 통상 개별 법령에서 국세징수의 예에 따라 징수할 수 있는 공과금에 해당되는 청구권("국세체납처분의 예", "지방세징수의 예", "지방세체납처분의 예" 등도 같이 취급된다)의 수는 대략 600여 개가 넘는 것으로 알려져 있다.

> **참조법령**
>
> ▶ **국세기본법 제2조【정의】** 이 법에서 사용하는 용어의 뜻은 다음과 같다.
>   8. "공과금"(公課金)이란 「국세징수법」에서 규정하는 강제징수의 예에 따라 징수할 수 있는 채권 중 국세, 관세, 임시수입부가세, 지방세와 이와 관계되는 강제징수비를 제외한 것을 말한다.

2. 공과금의 징수와 국세징수법 준용범위

공과금 징수에 있어서 법령으로 "국세징수의 예" 또는 "국세체납처분의 예에 의한다."라고 규정하고 있는 경우 국세징수법은 공과금 징수에도 준용되므로, 공과금 징수에 있어서 중요한 기준이 된다.

국세징수법을 공과금 징수에 준용하는 이유는 공과금 징수주체인 국가·지방자치단체·공공기관 등에 자력집행권을 인정하여 획일적·대량적으로 발생하는 공과금채권을 징수하기에는 국세징수법이 규정하는 강제징수절차가 그 타당성과 합리성을 가지고 있기 때문이다.

가. 국세징수의 예에 의하는 경우

공과금 징수에 있어서는 "국세징수의 예에 의한다."라고 규정된 경우보다는 "국세체납처분의 예"에 의하여 징수하도록 규정된 경우가 많으며, "국세징수의 예"에 의하는 경우에는 공과금의 성질에 반하지 아니하는 한 국세의 고유한 성격을 가진 것을 제외하고는 국세의 징수에 관하여 적용되는 조세법규를 일반적으로 준용할 수 있을 것으로 해석된다. 하지만 공과금 징수에 있어 "국세징수의 예"에 의한다 하더라도 제2차 납부의무(국세기본법 제38조~제41조), 양도담보권자의 물적 납세의무(국세징수법 제42조) 등 국세의 고유권한에 해당되는 규정들은 공과금 징수에 준용되기는 어렵다.

나. 국세체납처분의 예에 의하는 경우

공과금의 징수에 있어서 "국세체납처분의 예에 의한다."라 함은 공과금의 성질에 반하지 않는 한 국세징수법 중 제3장 강제징수에 관한 규정이 준용된다는 점에서는 의문의 여지가 없다. 따라서 국세징수법 규정의 강제징수에 관한 규정 외에 공과금의 징수에 준용될 국세징수법과 국세기본법의 범위는 "국세징수의 예"의 경우보다 좁은 것으로 해석된다. 판례는 국세기본법 중 국세의 우선권 규정[2](국세기본법 제35조)이나 제2차 납부의무[3](국세기본법 제38조~제41조)에 관한 규정들은 공과금 징수에는 준용될 수 없음을 명백히 하고 있다.

공과금 징수에 있어서 "국세체납처분의 예"에 의하는 경우, 국세징수법 중 제3장에 해당되는 강제징수절차에 따른 공법상의 자력집행력이 있다는 것에 불과하고 실체법상 권리를 부여하거나 의무를 부과하는 등에 관한 내용은 공과금 징수에 있어서는 별도의 규정을 두어야

---

2) 산업재해보상보험법 제27조의2제1항의 국세체납처분의 예에 의하여 징수 할 수 있다는 규정은 그 문언이나 법 규정의 형식상 국세징수법 중 제3장에서 규정한 체납처분의 절차에 따라 강제징수할 수 있다는 소위 자력집행권이 있음을 규정한 것이지, 국세, 지방세가 저당권부채권 등에 우선한다는 국세기본법 제35조, 지방세법 제31조제1항, 제2항의 규정도 준용됨을 규정한 것이라 볼 수 없다.(대판 1990.3.9.선고, 89다카17989)

3) 서울특별시급수조례 제37조는 동 조례에 의한 수도요금과 그 가산금, 수수료, 과태료 기타 일체의 징수금에 있어 동 조례에 정한 것 이외에는 지방세징수의 예에 의한다고 규정하여 그 징수업무에 관하여만 준용한다는 것이므로 제2차 납세의무를 규정한 지방세법 제22조는 준용될 여지가 없다고 할 것이다.(대판 1983.4.12.선고, 82누472)

가능할 것으로 해석된다.

　개정 국민건강보험법[시행 2016.6.23. 법률 제13985호] 및 개정 국민연금법[시행 2015.12.23. 법률 제13364호]에서처럼 법인의 체납액을 무한책임사원·과점주주 등이 부담할 수 있도록 하는 제2차 납부의무와 같은 규정들은 공과금 징수에 있어서는 별도의 입법화가 되어 있어야 가능하고, 단순히 "국세체납처분의 예에 의한다."라는 준용 규정만으로는 그 적용이 불가능하다.

3. 공과금 징수와 압류선착수주의의 적용

　국세기본법 제36조【압류에 의한 우선】는 먼저 압류한 조세는 나중에 참가압류 또는 교부 청구한 조세보다 우선한다는 소위 "압류선착수주의"에 관한 규정으로, 그 기본 취지는 압류로 인하여 채무자의 책임재산이 이탈되거나 유실되는 것을 방지하는데 기여한 해당 조세채권에 대하여 우선권을 부여하는 데에 목적이 있다. 이는 조세 상호 간에 우열을 정할 수 없는 조세의 특성을 고려한 고유권한에 해당되는 것으로서 민사집행법상 평등주의에 대한 예외이기도 하다.

　이같이 조세상호 간에 적용되는 "압류선착수주의"는 국세징수절차에서뿐만 아니라 민사집행절차를 통한 징수에 있어서도 동일하게 적용되어야 할 것으로 해석되며,[4] 공과금의 징수를 위한 압류가 경합된 경우 이를 규율하는 별도의 규정이 없고 국세징수법의 "국세체납처분의 예에 의한다." 하더라도 공과금 상호 간에는 민사집행법상의 강제집행에서와 같은 평등주의가 준용되는 것이지 국세기본법상의 압류선착수주의가 적용되는 것은 아니다.

---

4) 구 토지수용법 제67조제1항에 의하면, 기업자는 토지를 수용한 날에 그 소유권을 취득하며 그 토지에 관한 다른 권리는 소멸하는 것인바, 수용되는 토지에 대하여 체납처분에 의한 압류가 집행되어 있어도 토지의 수용으로 기업자가 그 소유권을 원시취득함으로써 그 압류의 효력은 소멸되는 것이고, 토지에 대한 압류가 그 수용보상금청구권에 당연히 전이되어 그 효력이 미치게 된다고는 볼 수 없다고 할 것이므로, 수용 전 토지에 대하여 체납처분으로 압류를 한 체납처분청이 다시 수용보상금에 대하여 체납처분에 의한 압류를 하였다고 하여 물상대위의 법리에 의하여 수용 전 토지에 대한 체납처분에 의한 우선권이 수용보상금채권에 대한 배당절차에서 종전 순위대로 유지된다고 볼 수도 없다.(대판 2003.7.11.선고, 2001다83777)

이와 관련, 판례는 국세기본법 제36조에 의한 "압류선착수주의"는 철저하게 조세 상호 간에만 적용되고 공과금 상호 간[5]이나 조세와 공과금 상호 간[6]에는 적용될 수 없는 것으로 해석하고 있다.

참조법령

▶ **국세기본법 제36조【압류에 의한 우선】** ① 국세 강제징수에 따라 납세자의 재산을 압류한 경우에 다른 국세 및 강제징수비 또는 지방세의 교부청구(「국세징수법」 제61조 또는 「지방세징수법」 제67조에 따라 참가압류를 한 경우를 포함한다. 이하 이 조에서 같다)가 있으면 압류와 관계되는 국세 및 강제징수비는 교부청구된 다른 국세 및 강제징수비 또는 지방세보다 우선하여 징수한다.
② 지방세 체납처분에 의하여 납세자의 재산을 압류한 경우에 국세 및 강제징수비의 교부청구가 있으면 교부청구된 국세 및 강제징수비는 압류에 관계되는 지방세의 다음 순위로 징수한다.

---

5) 국민연금법 국민연금보험료 기타 국민연금법에 의한 징수금의 징수에 관하여, 구 산업재해보상보험법은 산업재해보상보험료의 징수에 관하여, 각 보건복지부장관이나 노동부장관의 승인을 얻어 국세체납처분의 예에 의한다는 취지로 규정하고 있는바, 위 각 조항은 그 문언이나 법 규정의 형식상 국세징수법 중 제3장에서 규정한 체납처분의 절차에 따라 국민연금보험료와 산업재해보상보험료를 강제징수할 수 있는 자력집행권이 있음을 규정한 것일 뿐이고, 나아가 국민연금보험료와 산업재해보상보험료 상호 간에도 압류선착주의를 규정한 국세기본법 제36조가 준용된다고 보기는 어렵다.(대판 2005.5.27.선고, 2004다44384)

6) 지방세법 제34조는 압류선착주의를 선언함으로써 민사집행법상 평등주의의 예외를 인정하고 있고, 구 산업재해보상보험법 제76조는 산업재해보상보험료의 징수순위가 국세 및 지방세의 다음 순위임을 밝히고 있으며, 같은 법 제74조제1항에서 산업재해보상보험료의 징수에 관하여 국세체납처분의 예에 의한다는 취지로 규정하고 있는바, 위 각 조항은 그 문언이나 법 규정의 형식상, 국세징수법 중 제3장에서 규정한 체납처분의 절차에 따라 산업재해보상보험료를 강제징수할 수 있는 자력집행권이 있음을 규정한 것일 뿐이고, 나아가 위 각 조항에 의하여 산업재해보상보험료와 지방세 상호 간에도 압류선착주의를 규정한 지방세법 제34조가 준용된다고 볼 수는 없다.(대판 2008.10.23.선고, 2008다47732)

Ⅲ 강제징수와 민사집행법상 강제집행

1. 강제징수(체납처분)와 민사집행과의 차이

가. 의의
민사집행상의 강제집행제도는 국가의 사법(司法)권 행사에 의하여 사법(私法)관계인 채권채무에 대한 분쟁을 강제적으로 실현하는 절차이다. 이는 당사자의 신청에 의하여 국가가 관여하는 것이므로 채권자 스스로가 집행하는 자력구제는 원칙적으로 허용되지 않으며, 채권자의 집행권원에 기인한 법원 또는 집행관이 집행하는 것으로써 집행권원의 존재가 강제집행의 절대적 필요요건이다.

이에 반하여, 강제징수는 당사자의 신청이 아닌 국가행정권의 행사에 의하여 조세·공과금채권을 강제적으로 실현하는 절차로서 채권자의 자력집행권에 기한 제도이므로 집행권원(법원판결문 등)을 필요로 하지 않는다. 조세의 경우는 고지·독촉 후 강제징수절차를 진행할 수 있는 반면, 국가기관이 아닌 공공기관에서 공과금을 징수하는 경우에는 고지·독촉 외에 주무장관의 승인을 별도로 얻도록 대부분 규정되어 있다.

조세·공과금의 강제징수는 신속한 처분을 전제로 하는 것이므로 이에 반하는 민사집행절차의 부동산에 대한 강제관리 제도는 인정되지 않으며, 민사집행에 있어서 채권압류의 경우에는 별도로 추심명령 또는 전부명령을 받지 않으면 현금화(추심이나 전부)를 할 수 없다. 이에 반하여, 강제징수에서의 채권압류는 민사집행에서와 같은 별도로 추심명령이나 전부명령을 받을 필요 없이 채권자대위에 따라 피압류채권에 대하여 제3채무자로부터 직접 추심[7] 할 수 있다.

---

7) 국세징수법에 의한 체납처분절차에 따라 세무서장에 의하여 채권이 압류된 경우 피압류채권의 채무자는 채권자에게 그 채무를 변제할 수 없고 한편 동법 제41조제2항에 의하여 세무서장이 피압류채권의 채무자에게 그 압류통지를 함으로써 채권자에게 대위하게 되는 때에는 세무서장은 그 채권의 추심권을 취득한다고 볼 것이므로 피압류채권의 채무자로서는 이행기가 도래한 때에는 대위채권자인 세무서장에게 이를 이행할 의무를 진다.(대판 1988.4.12.선고, 86다카2476)

국세징수법 제52조【채권압류의 효력 및 추심】제2항 "체납자인 채권자를 대위한다."라 함은 압류목적물인 채권의 채권자인 체납자를 대위하여 그 채권을 제3채무자로부터 추심할 수 있다는 것을 의미하고, 이런 추심권능은 동 법에 따라 창설적으로 취득하는 것이므로, 체납자의 대리인 또는 승계인으로서 체납자의 명의로 추심하는 것이 아니라 체납처분권자가 자기명의로 추심하는 것이다.

> **■ 참조법령**
>
> ▶ **국세징수법 제52조【채권압류의 효력 및 추심】** ① 채권압류의 효력은 제51조제1항에 따라 채권압류통지서가 제3채무자에게 송달된 때에 발생한다.
> ② 관할 세무서장은 제51조제1항에 따른 통지를 한 경우 체납액을 한도로 하여 체납자인 채권자를 대위(代位)한다.

나. 양 절차의 관계

강제징수는 공법상의 채권인 조세·공과금채권의 만족을 위하여 강제징수 주관기관이, 민사집행은 사법상 채권의 실현을 위해 당사자의 신청에 의하여 법원이 실행하는 것이다. 따라서 집행기관, 집행채권의 성질, 집행권 등이 다르지만 양 절차는 국세징수법 또는 민사집행법을 근거로 한 공권력의 행사로써 채무자(체납자)의 소유재산에 대한 처분권을 박탈하여 강제로 환가하고, 그 금전으로 이해관계인들에게 배당(배분)하는 등 금전채권의 강제적 실현절차라는 공통점을 가지고 있다.

현행, 국세징수법 제26조에서 재판상 가압류 또는 가처분 재산이 강제징수 대상인 경우에도 동법에 따라 강제징수를 한다고 규정되어 있을 뿐, 강제징수와 민사집행(강제집행) 절차가 경합하는 경우에 양 절차 상호 간의 관계를 조정하기 위한 별도의 규정이 없다.

즉, 현행법에서 국세징수법 26조에 의거 재판상의 가압류 또는 가처분 재산이 강제징수 대상인 경우에도 동법에 따른 강제징수 대상이 됨을 명시하고 있으므로, 민사집행절차가 진행 중인 재산에 대한 국세징수법의 강제징수도 가능하다.

일본의 경우는 체납처분과 강제집행 등과의 절차의 조정에 관한 법률이 제정되어 입법론적으로는 문제가 없으나, 우리나라의 경우는 양 절차가 경합하는 경우 합리적인 해석에 의하여 문제를 해결할 수밖에 없다.

　판례는 동일한 물건에 대하여 강제징수에 의한 공매가 진행 중인 경우라도 민사집행절차에 의한 경매가 진행될 수 있으며 이럴 경우 먼저 낙찰을 받은 사람이 우선하여 소유권을 취득하게 되는 것으로 해석하고 있다.[8] 이 같은 사례에서와 같이 매수인의 지위가 불안정하게 되는 등 불측의 손해를 입게 되는 경우가 발생될 수 있어 강제징수와 민사집행의 양 절차가 경합하는 경우의 미비점을 보완하기 위한 특별법 제정이 시도된 바가 있다.[9]

　앞서 살펴본 것처럼, 강제징수는 민사집행에 의한 가압류나 가처분에 영향을 받지 않으며(국세징수법 제26조), 우리나라의 경우 양 절차 상호 간의 관계를 조정하는 법률의 규정이 따로 없는 관계로 한쪽의 절차가 다른 한쪽의 절차에 간섭할 수 없는 반면, 양 절차의 각 채권자는 서로 다른 절차에서 각자가 정한 방법으로 참여할 수밖에 없다. 따라서 강제징수에 의한 채권압류와 민사집행절차에 의한 가압류가 경합하는 경우 제3채무자에 의한 집행공탁은 허용되지 않으며 제3채무자는 공탁이 아닌 강제징수권자의 추심에 응하여야 한다.[10]

　양 절차는 채권압류의 경합에 있어서는 다소 차이가 있다. 민사집행절차에 있어서는 둘 이상의 압류채권이 피압류채권을 초과하게 되면 압류의 경합으로 인하여 각 압류의 효력은 그 채권 전부에 미치는 반면(민사집행법 제235조), 강제징수에 있어서는 채권압류가 경합하는 경우에도 각 압류의 효력이 민사집행에서처럼 피압류채권 전액으로 확장되지 않는다.[11]

---

8) 국세징수법에 의한 체납처분에 의하여 차압기입의 등기 있는 부동산에 대하여는 다시 강제 혹은 임의경매절차를 진행할 수 없다는 규정이 없고 행정청과 사법기관은 각자 독자적 절차에 의하여 경매절차를 진행할 수 있고 경락자 중 선순위로 그 소유권을 취득한 자가 진정한 소유자로 확정된다.(대결 1959.5.19선고, 4292민재항)

9) 우리나라의 경우 18대국회에서 서병수 의원이 「강제집행등과 체납처분의 절차조정법안」을 대표발의(2008.12.12.)하였으나 임기만료로 폐기된 바 있다.

10) 현행법상 국세체납 절차와 민사집행절차는 별개의 절차로서 양 절차 상호 간의 관계를 조정하는 법률의 규정이 없으므로 한쪽의 절차가 다른 쪽의 절차에 간섭할 수 없는 반면, 쌍방 절차에서 각 채권자는 서로 다른 절차에 정한 방법으로 그 다른 절차에 참여할 수밖에 없고, 동일 채권에 관하여 양 절차에서 각각 별도로 압류하여 서로 경합하는 경우에도 공탁 후의 배분(배당)절차를 어느 쪽이 행하는가에 관한 법률의 정함이 없어 제3채무자의 공탁을 인정할 여지가 없다. 국세징수법 제41조에 의한 채권압류의 효력은 피압류채권의 채권자와 채무자에 대하여 그 채권에 관한 변제, 추심 등 일체의 처분행위를 금지하고, 피압류채권에 대하여 근로기준법에 의한 우선변제권을 가지는 임금 등의 채권에 기한 가압류집행이 되어 있다 하더라도, 제3채무자로서는 체납처분에 의한 압류채권자의 추심청구를 거절할 수는 없다.(대판 1999.5.14.선고, 99다3686)

11) 체납처분에 의한 압류에 관하여서는 피압류채권의 일부를 특정하여 압류한 경우 그 특정한 채권 부분에 한하여 압

즉, 민사집행절차에서는 먼저 가압류·압류 등이 이루어진 후 전부명령이 발하여져 피압류채권을 초과하면 그 전부명령은 압류의 경합으로 인하여 효력이 발생되지 않지만, 강제징수에 의한 피압류채권을 특정하여 압류한 때에는 후행의 전부명령이 발하여 지더라도 압류의 경합으로 보지 않아 그 전부명령은 유효하다.[12]

참조법령

▶ **민사집행법 제235조【압류의 경합】** ① 채권 일부가 압류된 뒤에 그 나머지 부분을 초과하여 다시 압류명령이 내려진 때에는 각 압류의 효력은 그 채권 전부에 미친다.
② 채권 전부가 압류된 뒤에 그 채권 일부에 대하여 다시 압류명령이 내려진 때 그 압류의 효력도 제1항과 같다.

2. 강제징수(체납처분)와 가압류·가처분과의 관계

가. 가압류와의 관계

현행법상 강제징수와 민사집행절차는 별개의 절차로서 양 절차 상호 간의 관계를 조정하는 법률의 규정이 없는 관계로 체납자의 동일한 재산에 대하여 강제징수절차에 의한 압류와 민사집행절차에 의한 압류가 경합하더라도 강제징수에 대한 속행이 가능하고, 이는 민사집행법상으로도 가압류가 된 재산에 대해서 민사집행절차에 의한 다른 채권자의 강제집행이 가능한 것처럼 강제징수(체납처분)에 의한 강제집행 또한 가능한 것이다.

민사집행절차에 의한 가압류와 강제징수에 의한 압류가 경합하는 경우, 그 가압류의 효력에 대하여 명문의 규정은 없으나 가압류의 효력은 강제징수에 의한 압류로 인하여 바로 소멸되지 않으며 강제징수에 의한 공매가 있을 때까지는 그 효력이 지속되고 공매처분이 종결됨

류의 효력이 미치는 것이며 그 후 강제집행에 의한 압류가 있고 그 압류된 금액의 합계가 피압류채권의 총액을 초과한다고 하더라도 그 압류의 효력이 피압류채권 전액으로 확장되지 아니한다.(대판 1991.10.11.선고, 91다12233)

12) 체납처분에 의한 채권의 일부가 압류된 후에 그 나머지 부분을 초과하여 다시 압류명령이 발하여진 때에는 각 압류의 효력은 그 채권의 전부에 미친다고 하는 일반채권에 기한 강제집행에 있어서의 압류경합의 경우와 다르다고 할 것이기에 우선권 있는 채권에 기한 체납처분에 의한 압류에 관하여서는 피압류채권의 일부를 특정하여 압류한 경우 그 특정한 채권 부분에 한하여 압류의 효력이 미치는 것이며 그 후 강제집행에 의한 압류가 있고 그 압류된 금액의 합계가 피압류채권의 총액을 초과한다고 하더라도 그 압류의 효력이 피압류채권 전액으로 확장되지 아니한다고 할 것이므로 나머지 부분에 대하여는 압류경합이 되는 것은 아니라고 할 것이다.(대판 1991.10.11.선고, 91다12233)

으로써 가압류의 효력은 소멸하게 된다.[13]

아울러, 민사집행절차에 의한 경매에 있어서 가압류채권자에게 배당이 이루어지듯이 공매의 배분절차에서도 경매와 마찬가지로 가압류권자에게 배분하여야 하고, 그 가압류채권이 확정되지 않을 경우에는 배분잔액을 예탁할 수 있도록 해석된 바 있으며,[14] 개정 국세징수법 [시행 2012.1.1. 법률 제10527호]에서 가압류채권자도 배분대상에 포함될 수 있는 이해관계인으로 명문화되었다.

따라서 강제징수에 의한 압류재산에 관계된 가압류채권자도 배분대상에는 포함되나, 가압류채권자는 확정판결(지급명령, 화해권고 등)에 따른 집행권원이 있어야 배분금전을 수령할 수 있으므로, 가압류채권자에게 지급해야 할 배분금전은 향후 확정판결이 있을 때까지는 국세징수법에 따라 예탁하여야 할 것이다(경매의 경우에도 가압류채권자는 배당기일에 받지 못하고 공탁된 배당금에 대하여 확정판결 등 집행권원이 있어야 수령할 수 있다).

나. 가처분과의 관계

민사집행절차에서 보전처분은 가압류와 가처분이 있으며, 금전채권에 대하여 향후 확정판결에 따른 권리보전을 용이하게 하기 위한 제도가 가압류라면, 가처분에 의하여 보전되는 권리는 금전적 채권이 아니라, 특정물의 인도 또는 특정물의 급여를 목적으로 하는 특정물에 관한 청구권이다. 따라서 가압류와 달리 다툼 있는 권리관계에 대하여 임시의 지위를 정하기 위한 가처분의 피보전적 권리와 조세·공과금채권과의 우선관계는 원칙상 생기지 않는다.

강제징수가 가처분보다 선행된 경우에는 국세징수법 제35조에 따라 강제징수는 가처분 등에 영향을 받지 않지만, 처분금지가처분이 강제징수보다 선행하여 집행된 때에는 처분금지

---

13) 현행법상 국세체납절차와 민사집행절차는 별개의 절차로서 그 절차 상호 간의 관계를 조정하는 법률의 규정이 없으므로 한쪽의 절차가 다른 쪽의 절차에 간섭을 할 수 없는 반면 쌍방절차에서의 각 채권자는 서로 다른 절차에서 정한 방법으로 그 다른 절차에 참여할 수밖에 없는 것이어서 유체동산에 대한 가압류집행이 있다고 하더라도 국세체납처분에 의한 공매처분이 종결되면 위 유체동산가압류의 효력은 상실된다.(대판 1989.1.31.선고, 88다카42)

14) 국세체납처분에 의한 매각대금의 배분대상에는 같은 법 제81조제1항제3호에 규정된 담보권뿐만 아니라 법령의 규정이나 법리해석상 그 담보권보다 선순위 또는 동순위에 있는 채권도 포함된다고 봄이 상당하다고 할 것인바, 이러한 채권이 가압류채권인 관계로 그 채권액이 아직 확정되지 아니한 경우에는 같은 법 제84조제1항에 의하여 그에게 배분할 금액을 한국은행(국고대리점 포함)에 예탁할 수도 있을 것이다.(대판 2002.3.26.선고, 2000두7971)

가처분에 위반된 해당 처분행위는 그 가처분에 대한 본안의 권리실현을 위하여 필요한 한도에서 효력이 부인된다.

결국, 처분금지가처분이 집행된 재산에 대하여 행한 압류 등 강제징수는 적법하지만 가처분채권자가 본안소송에서 승소의 확정판결을 받은 때에는 해당 강제징수의 효력이 부인되므로,[15] 처분금지가처분이 선행되어 있는 재산을 압류한 경우에는 특별한 사정이 없는 한 본안소송의 확정시까지 공매 등 매각절차를 진행하여서는 안 된다.

3. 강제징수(체납처분)와 추심명령 및 전부명령

가. 의의

강제징수에 있어서 압류재산을 현금화하는 방법은 공매(부동산·동산)와 추심(채권)으로 이루어지며, 민사집행절차에 있어서 현금화 방법은 부동산 등의 경우에는 강제경매 또는 임의경매를 통하여, 채권의 경우에는 채권압류만으로는 불가하고 추심명령이나 전부명령을 별도로 받아야 현금화가 가능하다.

실무에 있어서는 대부분 "채권압류 및 추심명령" 또는 "채권압류 및 전부명령" 등과 같이 추심명령 또는 전부명령 중에 하나를 선택하여 압류명령과 동시에 신청하는 것이 통례이다.

나. 추심명령

"추심명령"은 압류채권자가 대위의 절차를 거치지 않고 채무자에 갈음하여 제3채무자에게 피압류채권의 이행을 청구하고, 이를 수령하여 원칙적으로 자기의 채권에 변제·충당할 수 있도록 권한을 주는 집행법원의 명령이다.

---

15) 국세징수법 제35조에서 '체납처분은 재판상의 가압류 또는 가처분으로 인하여 그 집행에 영향을 받지 아니 한다'고 규정하고 있으나, 이는 선행의 가압류 또는 가처분이 있다고 하더라도 체납처분의 진행에 영향을 미치지 않는다는 취지의 절차진행에 관한 규정일 뿐이고 체납처분의 효력이 가압류, 가처분의 효력에 우선한다는 취지의 규정은 아니므로 부동산에 관하여 처분금지가처분의 등기가 된 후에 가처분권자가 본안소송에서 승소판결을 받아 확정이 되면 피보전권리의 범위 내에서 가처분 위반행위의 효력을 부정할 수 있고, 이와 같은 가처분의 우선적 효력은 그 위반행위가 체납처분에 기한 것이라 하여 달리 볼 수 없다.(대결 1993.2.19.선고, 92마903)

추심명령은 민사집행절차상의 환가처분의 실현행위에 지나지 않고 추심권자에게 추심권능만을 부여한 것에 불과하여 채무자가 제3채무자에게 가지는 채권이 추심채권자에게 이전된다거나 귀속되는 것은 아니고, 추심명령을 얻은 채권자가 제3채무자로부터 피압류채권을 추심하면 그 범위 내에서는 피압류채권이 소멸하게 된다. 또한 추심명령이 경합된 경우, 제3채무자는 정당한 1인의 추심채권자에게 변제하면 모든 채권자에 대하여 대항할 수 있으며, 제3채무자가 경합하고 있는 채권자별로 안분하여 변제할 필요도 없다.[16]

다. 전부명령

"전부명령"이란 추심명령과 달리, 압류한 금전채권을 집행채권의 변제에 갈음하여 액면액만큼 압류채권자에게 이전시키는 명령으로 채권양도와 같은 효력이 있으며, 전부명령은 송달에 의해 효력이 발생되지만 송달 전에 압류 또는 가압류의 경합이나 배당요구 등이 있게되면 그 전부명령은 효력이 발생되지 않는다.

전부명령은 제3채무자의 변제능력이 충분할 경우에는 다른 채권자를 배제하고 우선변제를 받을 수 있으므로, 채권자평등에 대한 예외에 해당된다고 볼 수 있으나, 만약 제3채무자에게 변제능력이 없는 경우의 불이익은 전부채권자가 감수해야 하는 위험성도 함께 갖고 있다.

따라서 전부명령이 일단 적법·유효하게 발하여졌다면 전부명령채권자는 더 이상 채무자에게는 권리행사를 할 수 없으며, 오로지 제3채무자를 통해서만 채권행사를 할 수 있다. 아울러 압류 등이 경합된 상태에서 송달된 전부명령은 무효이고 나중에 경합상태가 해소되어도 그 전부명령은 되살아나지 않는다.[17]

다만, 전부명령이 확정되었으나 전부된 채권의 전체 혹은 일부가 부존재한 것으로 밝혀지

---

16) 같은 채권에 관하여 추심명령이 여러 번 발부되더라도 그 사이에는 순위의 우열이 없고, 추심명령을 받아 채권을 추심하는 채권자는 자기채권의 만족을 위하여서뿐만 아니라 압류가 경합되거나 배당요구가 있는 경우에는 집행법원의 수권에 따라 일종의 추심기관으로서 압류나 배당에 참가한 모든 채권자를 위하여 제3채무자로부터 추심을 하는 것이므로 그 추심권능은 압류된 채권 전액에 미치며, 제3채무자로서도 정당한 추심권자에게 변제하면 그 효력은 위 모든 채권자에게 미치므로 압류된 채권을 경합된 압류채권자 및 또 다른 추심권자의 집행채권액에 안분하여 변제하여야 하는 것도 아니다.(대판 2003.5.30.선고, 2001다10748)

17) 채권가압류와 채권압류의 집행이 경합된 상태에서 발령된 전부명령은 무효이고, 한 번 무효로 된 전부명령은 일단 경합된 가압류 및 압류가 그 후 채권가압류의 집행해제로 경합상태를 벗어났다고 하여 되살아나는 것은 아니다.(대판 2001.10.12.선고, 2000다19373)

면 그 부존재한 부분에 대한 전부명령의 효력은 발생되지 않는다.[18] 아울러 전부명령이 무효라 하더라도 압류명령은 유효한 것이므로, 이에 터 잡아 추심명령을 신청하거나 경합상태가 해소된 후 다시 전부명령을 신청하는 것은 가능하다.

채권경합(사례)

Q. 제3채무자(A)가 체납자(B)에게 지급해야 할 거래대금채권(1천만 원)에 대하여 아래의 각 채권자가 존재할 경우, 각 채권자별 권리행사 가능액은?
- 2021.5.1 : 국세(甲) 체납에 의한 200만 원 거래대금채권 압류
- 2021.6.1 : 국민건강보험료(乙) 체납에 의한 500만 원 거래대금채권 압류
- 2021.7.1 : 채권자(丙)가 체납자(B)에 대한 대여금채권의 집행권원에 기하여 위 거래대금채권 1천만 원에 대한 채권압류 및 전부명령

A. 강제징수(조세·공과금)에 의한 압류는 위 각 특정부분에만 미치고 나머지 부분은 압류의 경합이 되지 않으므로, 일반채권에 우선하는 국세(甲) 및 건강보험료(乙)의 채권을 제외한 나머지 300만 원에 대해서는 을(乙)의 전부명령이 유효함

채권경합(사례)

Q. 제3채무자(A)가 체납자(B)에게 지급할 변제기가 도래한 공사대금(1억 원)에 대하여 아래의 각 채권자의 권리행사가 있을 경우, 채권자별 권리행사 가능액은?
- 2021.5.1. : 체납자의 채권자 甲이 위 공사대금 중 5천만 원 압류 및 전부명령 송달
- 2021.6.1. : 체납자의 채권자 乙이 위 공사대금 중 3천만 원 압류 및 전부명령 송달
- 2021.7.1. : 체납자의 건강보험료 등 체납(5천만 원)에 따른 채권압류통지

A. 전부명령은 압류한 금전채권의 액면액만큼 전부채권자에게 이전되는 효과가 있으므로, 甲의 채권액(5천만 원) 및 乙의 채권액(3천만 원)은 각 전부채권자에게 순차적으로 이전되고, 나머지 2천만 원은 국민건강보험료(공과금)로 추심 가능

---

18) 전부명령이 확정되면 피압류채권은 제3채무자에게 송달된 때에 소급하여 집행채권의 범위 안에서 당연히 전부채권자에게 이전하고 동시에 집행채권 소멸의 효력이 발생하는 것으로, 이 점은 피압류채권이 그 존부 및 범위를 불확실하게 하는 요소를 내포하고 있는 장래의 채권인 경우에도 마찬가지라고 할 것이나, 장래의 채권에 대한 전부명령이 확정된 후에 그 피압류채권의 전부 또는 일부가 존재하지 아니한 것으로 밝혀졌다면 민사소송법 제564조 단서에 의하여 그 부분에 대한 전부명령의 실체적 효력은 소급하여 실효된다.(대판 2002.7.12.선고, 99다68652)

채권경합(사례)

Q. 제3채무자(A)가 체납자(B)에게 지급할 변제기가 도래한 공사대금채권(1억 원)에 대하여 아래의 각 채권자가 존재할 경우 각 채권자별 권리행사 범위는?(단 甲, 乙, 丙은 민사집행절차에 따른 일반채권으로서 징수에 우선권이 없음)
  - 2021.5.1. : 체납자의 채권자 甲이 위 공사대금 중 5천만 원 채권가압류 송달
  - 2021.6.1. : 체납자의 채권자 乙이 위 공사대금 중 7천만 원 압류 및 추심명령 송달
  - 2021.7.1. : 체납자의 채권자 丙이 위 공사대금 중 5천만 원 압류 및 전부명령 송달
  - 2021.8.1. : 체납자에 대한 국민건강보험료 등 체납(5천만 원)에 따른 채권압류통지

A. 丙의 전부명령은 선행하는 甲(가압류), 乙(압류)과 경합된 상태에서 발하여졌으므로 무효이고, 국민건강보험료는 일반채권에 우선하므로 甲, 乙, 丙에 우선하여 5천만 원 추심 가능하고 나머지 채권자는 동순위채권으로 안분하여 권리행사 가능

Ⅳ 강제징수와 도산절차

1. 개요

가. 통합도산법의 탄생

종전, 「회사정리법」·「파산법」·「개인채무자회생법」·「화의법(폐지)」 등으로 산재되어 있던 도산절차에 관한 법령들이 2006. 4. 1.부터 「채무자회생 및 파산에 관한 법률」이라는 단일 법령("통합도산법"이라고도 한다)으로 탄생하게 되었으며, 동 법의 기본취지는 경제적 파탄에 처한 기업과 개인채무자들에게 신속한 회생을 돕기 위해 마련된 제도이다.

참조법령

▶ **채무자회생 및 파산에 관한 법률 제1조【목적】** 이 법은 재정적 어려움으로 인하여 파탄에 직면해 있는 채무자에 대하여 채권자·주주·지분권자 등 이해관계인의 법률관계를 조정하여 채무자 또는 그 사업의 효율적인 회생을 도모하거나, 회생이 어려운 채무자의 재산을 공정하게 환가·배당하는 것을 목적으로 한다.

나. 구 도산절차와의 차이점

종전, 기업이 재정적 파탄에 이르게 될 경우 「회사정리법」 또는 「파산법」 중 하나를 택하여 구제절차를 받을 수 있었으나, 통합도산법에서는 회생절차만으로도 가능하고, 아울러 통합도산법에서는 회생절차에서 채권인단이 추천하는 법정관리인에 대한 경영능력에 한계가 있다는 점 등을 고려하여 종전 경영진이 회생절차에서도 계속 경영권을 유지할 수 있도록 하였다.

「회사정리법」에서는 법정관리의 대상, 즉 회생대상을 주식회사로 한정하고 있었으나, 통합도산법에서는 회생대상으로 주식회사 외에 합명·합자·유한회사와 조합 등도 포함하고 일정금액 이상의 개인채무자에도 회생대상으로 할 수 있게끔 그 폭을 확대하였다. 아울러 "포괄적 금지명령" 제도를 도입하여 회생절차개시결정 전에 채무자의 모든 재산에 대한 강제집행 등을 금지할 수 있도록 함으로써 종전 중지명령에 대한 일정부분을 보완하였다.

또한, 파산절차에 있어서도 파산절차를 악용하는 사례를 방지하기 위해 파산을 신청한 후 자산을 고의적으로 친족 등에게 빼돌리는 것을 방지하기 위해 부인권(否認權)의 범위를 확대하고, 종전 "국세체납처분의 예"에 의하여 징수하는 공과금은 모두가 파산채권에 우선하는 재단채권으로 인정됨에 따라 과도하게 파산채권자에 대하여 재산상의 불이익이 컸다. 하지만 통합도산법에서는 이 같은 공과금 중에서도 일반채권에 우선하는 공과금에 한정하여 재단채권으로 인정받을 수 있도록 변경하였다.

참조법령

▶ **채무자회생 및 파산에 관한 법률 제473조【재단채권의 범위】** 다음 각 호의 어느 하나에 해당하는 청구권은 재단채권으로 한다.
  2. 「국세징수법」 또는 「지방세징수법」에 의하여 징수할 수 있는 청구권(국세징수의 예에 의하여 징수할 수 있는 청구권으로서 그 징수우선순위가 일반 파산채권보다 우선하는 것을 포함하며, 제446조의 규정에 의한 후순위파산채권을 제외한다). 다만, 파산선고 후의 원인으로 인한 청구권은 파산재단에 관하여 생긴 것에 한한다.
▶ **채무자회생 및 파산에 관한 법률 제476조【재단채권의 우선변제】** 재단채권은 파산채권보다 먼저 변제한다.

---

2. 강제징수와 회생절차

가. 의의

회생절차는 재정적 궁핍으로 파탄에 직면하였으나 갱생의 가망성이 있는 회사에 대하여 그 회사가 갖는 채무를 동결하거나 유예하는 등의 조치를 통해 회사가 재생할 수 있도록 하는 절차이다. 회생절차는 회사자신 및 주주(10% 이상의 지분소유)나 채권자(10% 이상의 채권소유자)가 관할법원에 신청함으로써 개시여부가 결정되며 보통 회생절차라고 하면 종전의 "법정관리"를 일컫는다.

회사에 대하여 회생절차개시 전의 원인으로 생긴 재산상의 청구권을 회생채권이라 하고 회생절차개시결정 이후에 회사의 사업경영을 위하여 생긴 채권을 공익채권이라 한다. 회생채권은 원칙적으로 회생절차에 의해서만 변제를 받을 수 있는 반면 공익채권은 회생절차에 의하지 않고 수시로 변제 받을 수 있으며, 회생채권의 경우 회생절차개시의 결정이 있을 때에는 일반채권에 우선하는 조세·공과금 채권도 다른 회생채권과 마찬가지로 개별적 권리행사가 금지된다.

통상적으로 회생절차개시결정이 있기 전에 보전처분을 함께하여 회사소유 재산에 대하여 회사의 임의처분을 금지하고 있으며, 회생절차에서의 보전처분은 채무자의 행위를 제한하는 데 그치고 회생채권자의 권리행사까지 금지하는 것은 아니므로,[19] 회생절차개시결정이 있기까지는 강제징수를 속행할 수 있다.

나. 강제징수와 중지명령·포괄적 금지명령

1) 강제징수와 중지명령
회생절차개시의 신청이 있는 경우에 법원이 필요하다고 인정하는 때에는 이해관계인의 신청에 의하여 또는 직권으로 회생절차개시결정이 있기 전까지 ① 파산절차, ② 회생채권 또는 회생담보권에 기한 강제집행·가압류·가처분 또는 담보권실행을 위한 강제경매절차로서 채무자의 재산에 대하여 이미 행하여지고 있는 것, ③ 채무자의 재산에 관한 소송절차, ④ 채무자의 재산에 관하여 행정청에서 계속하고 있는 사건, ⑤ 체납처분 또는 조세채무담보물의 처분 등에 대하여 중지를 명할 수 있다.

이 같은 "중지명령"은 개별적 사안에 대하여 구체적인 절차를 계속하여 진행하려는 것을 중지시키는 효력 밖에는 없으므로, 동종의 다른 절차가 진행되는 것을 막을 수는 없다. 따라서 다른 절차를 중지시키려면 새로운 중지명령을 별도로 얻어야 하고, 중지명령은 이미 진행된 절차의 효력을 소급하여 무효로 만드는 것은 아니므로 기존에 집행된 압류 등의 효력은 그대로 유지된다.

예컨대, 회생절차개시결정 전에 채무자 갑(甲)이 유체동산과 예금채권에 대하여 법원의 중

---

19) 회사정리절차개시의 신청을 받은 법원이 그 결정을 하기에 앞서 회사정리법 제39조제1항의 규정에 의한 보전처분으로서 회사에 대하여 채권자에 대한 채무의 변제를 금지하였다 하더라도 그 처분의 효력은 원칙적으로 회사에만 미치는 것이어서 회사가 채권자에게 임의로 변제하는 것이 금지될 뿐 회사의 채권자가 강제집행을 하는 것까지 금지되는 것은 아니고, 다른 한편 정리절차가 개시된 후에도 정리채권자 또는 정리담보권자는 회사정리법 제162조에 정한 바에 따라 정리절차에 의하지 아니하고 상계를 할 수 있음이 원칙인 점에 비추어 볼 때 보전처분만이 내려진 경우에는 회사의 채권자에 의한 상계가 허용되지 않는다고 할 수 없다.(대판 1993.9.14.선고, 92다12728)

지명령을 받았더라도 채무자 갑(甲)의 다른 재산인 부동산에 대한 강제집행은 가능하며, 채무자 갑(甲)은 해당 부동산에 대한 별도의 중지명령을 받아야 강제집행 등의 절차를 중지시킬 수 있다.

회생법원은 강제징수(체납처분)에 대한 중지명령을 하는 경우에는 징수의 권한을 가진 자의 의견을 듣도록 하나, 이는 의견 진술의 기회가 있다는 것일 뿐 징수권자의 동의를 구한다거나 효력에 관한 별도의 규정은 없으므로, 징수권자의 의견 내용과는 상관없이 법원에서 중지명령을 발할 수 있을 것으로 해석된다.

참조법령

▶ **채무자회생 및 파산에 관한 법률 제44조【다른 절차의 중지명령 등】** ① 법원은 회생절차개시의 신청이 있는 경우 필요하다고 인정하는 때에는 이해관계인의 신청에 의하거나 직권으로 회생절차개시의 신청에 대한 결정이 있을 때까지 다음 각 호의 어느 하나에 해당하는 절차의 중지를 명할 수 있다. 다만, 제2호의 규정에 의한 절차의 경우 그 절차의 신청인인 회생채권자 또는 회생담보권자에게 부당한 손해를 끼칠 염려가 있는 때에는 그러하지 아니하다.
  1. 채무자에 대한 파산절차
  2. 회생채권 또는 회생담보권에 기한 강제집행, 가압류, 가처분 또는 담보권실행을 위한 경매절차(이하 "회생채권 또는 회생담보권에 기한 강제집행등"이라 한다)로서 채무자의 재산에 대하여 이미 행하여지고 있는 것
  3. 채무자의 재산에 관한 소송절차
  4. 채무자의 재산에 관하여 행정청에 계속되어 있는 절차
  5. 「국세징수법」 또는 「지방세징수법」에 의한 체납처분, 국세징수의 예(국세 또는 지방세 체납처분의 예를 포함한다. 이하 같다)에 의한 체납처분 또는 조세채무담보를 위하여 제공된 물건의 처분. 이 경우 징수의 권한을 가진 자의 의견을 들어야 한다.

2) 강제징수와 포괄적 금지명령

"포괄적 금지명령"이란 회생절차개시결정 전에 법원의 중지명령만으로는 회생절차의 목적을 충분히 달성하지 못할 우려가 있다고 인정할만한 특별한 사정이 있는 때에 이해관계인의 신청에 의하거나, 직권으로 회생절차개시의 신청에 대한 결정이 있을 때까지 모든 회생채권자 및 회생담보권자에 대하여 회생채권 또는 회생담보권에 기한 강제집행·가압류·가처분 또는 담보권실행을 위한 경매절차의 금지를 명할 수 있는 제도이다. 이는 채무자의 다수 재산에 대하여 강제집행을 일괄적으로 금지하게 함으로써 개별집행에 따른 사안마다 중지명령

으로 대처하는 것에는 한계가 있는 점을 보완하기 위한 제도이다.

또한, 포괄적 금지명령은 회생채권 또는 회생담보권으로 될 채권에 기하여 채무자의 재산에 행할 강제집행·가압류·가처분 또는 담보권실행을 위한 경매절차에 한하여 이를 금지할 수 있는 것으로 명시하고 있으므로, 강제징수(체납처분)와 관련하여서는 중지명령과 큰 차이점이 있다.

다시 말해, 회생절차에 있어서는 중지명령의 대상으로서 강제징수(체납처분)가 중지됨을 명문으로 규정하고 있는 반면, 포괄적 금지명령에 있어서는 그 대상으로 강제징수(체납처분)가 제외되어 있으므로, 채무자로서는 포괄적 금지명령에 의해서는 강제징수(체납처분)를 사전에 금지시킬 수는 없고, 사후에 개별적 중지명령에 의해서만 대처할 수 있을 것으로 해석된다.

> **참조법령**
>
> ▶ **채무자회생 및 파산에 관한 법률 제45조【회생채권 또는 회생담보권에 기한 강제집행 등의 포괄적 금지명령】** ① 법원은 회생절차개시의 신청이 있는 경우 제44조제1항의 규정에 의한 중지명령에 의하여는 회생절차의 목적을 충분히 달성하지 못할 우려가 있다고 인정할 만한 특별한 사정이 있는 때에는 이해관계인의 신청에 의하거나 직권으로 회생절차개시의 신청에 대한 결정이 있을 때까지 모든 회생채권자 및 회생담보권자에 대하여 회생채권 또는 회생담보권에 기한 강제집행 등의 금지를 명할 수 있다.
> ② 제1항의 규정에 의한 금지명령(이하 "포괄적 금지명령"이라 한다)을 할 수 있는 경우는 채무자의 주요한 재산에 관하여 다음 각 호의 처분 또는 명령이 이미 행하여졌거나 포괄적 금지명령과 동시에 다음 각 호의 처분 또는 명령을 행하는 경우에 한한다.
> 　　1. 제43조제1항의 규정에 의한 보전처분
> 　　2. 제43조제3항의 규정에 의한 보전관리명령
> ③ 포괄적 금지명령이 있는 때에는 채무자의 재산에 대하여 이미 행하여진 회생채권 또는 회생담보권에 기한 강제집행 등은 중지된다.

다. 회생절차개시결정과 강제징수

1) 의의

회생절차개시결정이 있게 되면 회생채권의 징수를 위해 행한 강제징수(체납처분)와 새로운 강제징수는 중지되고, 회생채권에 관하여 회생법원의 허가가 있는 경우를 제외하고는 임의변제가 금지되며 회생계획에 의해서만 변제된다. 다만 조세 또는 우선권 있는 공과금은 회생절차개시결정일로부터 2년이 경과하거나, 회생계획인가 또는 회생절차가 종료된 때에는 강제징수를 속행할 수 있다.[20]

따라서 조세·공과금이 회생채권에 해당되는 경우에는 회생절차개시결정이 있게 됨으로써 강제징수가 중지가 되고 회생법원의 회생계획안에 따라 변제(징수)가 이루어지는 반면, 공익채권의 경우에는 회생계획에 구애받지 않고 언제든지 관리인에게 지급을 청구할 수 있으며 강제징수도 가능하다.

2) 회생채권과 공익채권

조세·공과금 등의 청구권이 회생절차개시 전의 원인으로 생겼다면 원칙적으로 회생채권이 되고, 회생절차개시 후에 생긴 조세·공과금 등 청구권은 채무자의 업무 및 재산의 관리·처분에 관한 비용에 해당되는 등의 경우에는 공익채권이 된다. 예컨대 회생절차개시결정 이후 채무자의 사업의 계속을 전제로 하는 원재료 구입비, 시설·기계 임차료, 전력·가스·수도 등의 요금, 국민건강보험료 등 각종 사회보험료 등이 여기에 해당된다.

여기서 주의할 것은 조세·공과금청구권을 회생채권과 공익채권으로 구분하는 기준은 조세·공과금청구권이 회생절차개시결정 전·후에 따라 성립하였는지 여부이고, 회생절차개시 전에 성립된 조세·공과금은 회생절차개시 후에 확정되더라도 회생채권으로 인정된다.

따라서 조세·공과금청구권에 대한 구체적인 확정행위가 없더라도 회생절차개시결정 전에 객관적·추상적으로 과세 또는 부과요건이 실현되어 있으면 회생채권이 되고,[21] 부과처분

---

20) 회사정리법 제67조제2항, 제6항, 제122조제1항, 제246조제1항에 의하면 국세징수법 또는 그 예에 의한 체납처분과 조세채무담보를 위하여 제공된 물건의 처분은 정리절차개시의 약정이 있는 때에는 그 결정한 날로부터 정리계획인가 또는 정리절차종료까지 또는 그 개시결정한 날로부터 1년간은 중지되나 정리계획의 인가가 있거나 개시결정한 날로부터 1년을(현행 2년) 경과하면 당연히 체납처분 등의 절차를 속행할 수 있다.(대판 1989.1.24.선고, 86누218)

21) 정리회사에 대한 조세채권이 회사정리 개시결정 전에 법률에 의한 과세요건이 충족되어 있으면 그 부과처분이 정리절차개시 후에 있는 경우라도 그 조세채권은 정리채권이 되고, 정리회사에 대한 조세채권은 회사정리법 제157조에 따라 지체 없이, 즉 정리계획안 수립에 장애가 되지 않는 시기로 늦어도 통상 정리계획안 심리기일 이전인 제2회 관계인 집회일 전까지 신고하지 아니하면 실권 소멸된다.(대판 2002.9.4.선고, 2001두7268)

등의 경정결정이 개시결정 이후에 이루어진다거나 납부기한이 개시결정 후에 도래한다 하더라도 회생채권으로 인정된다.

조세·공과금 채권자는 회생절차의 개시 결정이 있게 되면 관계인 집회를 거쳐 회생법원이 정한 소정의 기한까지 회생채권을 신고하여야 하고, 조세·공과금의 경우에도 회생절차 개시결정 전에 성립된 조세·공과금(국민건강보험료의 경우는 개시 결정일이 속한 달까지의 보험료 포함), 연체금(향후 가산될 연체금 포함), 강제징수비, 부당이득금, 구상금 등 회생절차가 진행 중인 회사로부터 징수할 채권과 징수에 소요된 소송비용 등도 회생채권에 포함된다.

3) 회생채권의 신고와 실권

조세·공과금 등의 청구권이 회생절차개시 전의 원인으로 생겼다면 원칙적으로 조세·공과금도 다른 채권과 마찬가지로 회생채권에 해당되므로, 회생절차에 따라 회생채권으로 신고되지 아니하여 회생계획에서 제외될 경우에는 실권된다. 이럴 경우, 누락된 회생채권은 체납처분에 의하여 강제징수가 불가하므로 관련 법령에 따라 신고기한 내에 회생채권으로 신고하도록 하되, 늦어도 제2차 관계인집회 때까지는 반드시 채권신고를 마쳐야 한다.[22]

다만, 회생절차의 개시사실 등에 관하여 통지를 받지 못하여 관계인집회가 끝날 때까지 채권신고를 하지 못하고, 관리인이 그 회생채권의 존재 또는 그러한 회생채권이 주장되는 사실을 알고 있거나 이를 쉽게 알 수 있었음에도 회생채권자목록에 기재하지 아니한 경우, 회생계획이 인가되더라도 그 회생채권은 실권되지 아니하고, 회생절차에 관하여 알게 된 날로부터 1개월 이내에 회생채권의 신고를 보완할 수 있다.[23]

---

22) 정리회사에 대한 조세채권이 회사정리 개시결정 전에 성립(법률에 의한 과세요건이 충족)되어 있으면 그 부과처분이 정리절차개시 후에 있는 경우라도 그 조세채권은 정리채권이 되고, 정리회사에 대한 조세채권은 회사정리법 제157조에 따라 지체 없이(정리계획안 수립에 장애가 되지 않는 시기 즉, 늦어도 정리계획안 심리기일 이전으로서 통상 제2회 관계인 집회일 전까지) 신고하지 아니하면 실권 소멸된다.(대판 1994.3.25.선고, 93누14417)

23) 회생절차에서 회생채권자가 회생절차의 개시사실 및 회생채권 등의 신고기간 등에 관하여 개별적인 통지를 받지 못하는 등으로 회생절차에 관하여 알지 못함으로써 회생계획안 심리를 위한 관계인집회가 끝날 때까지 채권신고를 하지 못하고, 관리인이 그 회생채권의 존재 또는 그러한 회생채권이 주장되는 사실을 알고 있거나 이를 쉽게 알 수 있었음에도 회생채권자목록에 기재하지 아니한 경우, 법 제251조의 규정에 불구하고 회생계획이 인가되더라도 그 회생채권은 실권되지 아니하고, 이때 그 회생채권자는 법 제152조제3항에 불구하고 회생계획안 심리를 위한 관계인집회가 끝난 후에도 회생절차에 관하여 알게 된 날로부터 1개월 이내에 회생채권의 신고를 보완할 수 있다고

회생채권 신고와 관련하여 통합도산법에서는 회생채권목록으로 기재되어 있을 경우에 회생채권으로 신고된 것으로 인정하고 있으나, 채권액 변동이 매월 수시로 이루어지는 4대 사회보험료와 같은 공과금 등은 정확히 산정된 채권액을 별도로 채권신고해 두는 것이 향후 실권 관련 논란을 사전에 방지할 수 있다.

다만, 회사재산이 공익채권의 총액을 변제하기에 부족한 것이 명백하게 된 때에는 공익채권은 법령이 정하는 우선권에 불구하고 아직 변제하지 아니한 채권액의 비율에 따라 변제되며, 회생절차가 파산절차로 이행된 때에는 공익채권은 재단채권이 된다.

참조법령

▶ **채무자회생 및 파산에 관한 법률 제118조【회생채권】** 다음 각 호의 청구권은 회생채권으로 한다.
  1. 채무자에 대하여 회생절차개시 전의 원인으로 생긴 재산상의 청구권
  2. 회생절차개시 후의 이자
  3. 회생절차개시 후의 불이행으로 인한 손해배상금 및 위약금
  4. 회생절차참가의 비용
▶ **채무자회생 및 파산에 관한 법률 제179조【공익채권이 되는 청구권】** ① 다음 각 호의 어느 하나에 해당하는 청구권은 공익채권으로 한다.
  1. 회생채권자, 회생담보권자와 주주·지분권자의 공동의 이익을 위하여 한 재판상 비용청구권
  2. 회생절차개시 후의 채무자의 업무 및 재산의 관리와 처분에 관한 비용청구권

라. 회생계획인가결정

1) 회생계획인가

회생법원은 제2회 및 제3회 관계인집회를 거쳐 회생계획안을 심사한 다음 회생계획에 대한 인부를 결정하여야 하며, 회생계획은 인가결정이 있은 때부터 효력이 발생하게 된다. 만약 회생채권으로 신고된 조세·공과금 중 일부가 누락이 되었다거나 감면되었을 경우(예컨대, 개시결정일 이후부터 인가결정 전까지의 발생한 연체금 등), 회생계획인가결정에 대하여 즉시항고 등을 통해 다투지 않았다면 회생계획인가결정의 효력은 그대로 인정된다.[24]

해석하여야 한다.(대결 2012.2.13. 자, 2011그256)

24) 회사정리계획 중 정리채권으로 신고한 조세채권에 관하여 '정리절차개시결정일부터 이 정리계획안에서 정한 변제기일까지의 이자는 전액 면제'한다는 부분은 정리절차개시결정일부터 위 변제기일까지 발생하였거나 발생할 위

회생계획의 인가결정이 있는 때에는 관리인은 지체 없이 회생계획을 수행하여야 하고, 관리인은 회생계획 수행의 주체로서 채무자의 업무 수행과 재산의 관리·처분 권한을 가지고 회생계획에 포함된 채권자들에 대한 변제 내용대로 수행하게 된다. 회생계획인가의 결정이 있는 때에는 회생계획이나 이 법의 규정에 의하여 인정된 권리를 제외하고는 채무자는 모든 회생채권과 회생담보권에 관하여 그 책임을 면한다.

즉, 조세나 우선권 있는 공과금의 경우 감액을 위해서는 징수권자의 동의를 얻도록 되어 있으므로 원칙상 감액될 가망성은 거의 없으며, 우선권 없는 공과금에 해당되더라고 회생절차개시 전의 벌금·과료·형사소송비용·추징금 및 과태료 등의 공과금도 감면의 대상이 되지 않는다.

조세·공과금 채권자는 회생계획에 따른 이행여부를 정기적으로 점검하여야 하며, 회생계획에 의한 조세·공과금 등의 변제예정일 또는 변제예정금액 등이 회생계획에서 정한 대로 이행되지 아니할 경우, 관리인으로 하여금 그 이행을 독려하거나 부득이 한 경우 체납처분 등 강제징수를 속행할 수도 있다.

참조법령

▶ **채무자회생 및 파산에 관한 법률 제251조【회생채권 등의 면책 등】** 회생계획인가의 결정이 있는 때에는 회생계획이나 이 법의 규정에 의하여 인정된 권리를 제외하고는 채무자는 모든 회생채권과 회생담보권에 관하여 그 책임을 면하며, 주주·지분권자의 권리와 채무자의 재산상에 있던 모든 담보권은 소멸한다. 다만, 제140조제1항의 청구권은 그러하지 아니하다.

▶ **채무자회생 및 파산에 관한 법률 제140조【벌금·조세 등의 감면】** ① 회생절차개시 전의 벌금·과료·형사소송비용·추징금 및 과태료의 청구권에 관하여는 회생계획에서 감면 그 밖의 권리에 영향을 미치는 내용을 정하지 못한다.
② 회생계획에서 「국세징수법」 또는 「지방세징수법」에 의하여 징수할 수 있는 청구권(국세징수의 예에 의하여 징수할 수 있는 청구권으로서 그 징수우선순위가 일반 회생채권보다 우선하는 것을 포함한다)에 관하여 3년 이하의 기간 동안 징수를 유예하거나 체납처분에 의한 재산의 환가를 유예하는 내용을 정하는 때에는 징수의 권한을 가진 자의 의견을 들어야 한다.

조세채권의 중가산금은 이를 면한다는 취지라고 판단한 다음, 이미 회사정리계획이 확정된 이상 회사정리법 제122조제1항에서 정한 징수의 권한을 가진 자의 동의를 받지 아니한 절차상의 하자가 있다는 사정만으로는 회사정리계획의 효력을 다툴 수 없다.(대판 2005.6.10.선고, 2005다15482)

③ 회생계획에서 제2항의 규정에 의한 청구권에 관하여 3년을 초과하는 기간 동안 징수를 유예하거나 체납처분에 의한 재산의 환가를 유예하는 내용을 정하거나, 채무의 승계, 조세의 감면 또는 그 밖에 권리에 영향을 미치는 내용을 정하는 때에는 징수의 권한을 가진 자의 동의를 얻어야 한다.

2) 회생계획인가결정과 강제징수

회생계획인가결정이 있게 되면, 공과금의 경우는 우선권이 있는 공과금인지 여부에 따라서 체납처분절차가 달라지게 됨을 유의하여야 한다. 우선권 있는 공과금(국민건강보험료 등 각종 사회보험료)은 조세와 마찬가지로 회생절차개시결정으로 인해 체납처분절차가 일단 중지되지만, ① 회생절차개시결정이 있는 날부터 회생계획인가가 있는 날까지, ② 회생절차개시결정이 있는 날부터 회생절차가 종료되는 날까지, ③ 회생절차개시결정이 있는 날부터 2년이 되는 날까지, 중에서 그 말일이 먼저 도래하는 날이 있게 되면 중지된 체납처분은 다시 속행된다.

이와는 달리, 우선권이 없는 공과금(과태료, 과징금 등)은 회생절차개시결정이 있게 되면 체납처분은 일단 중지가 되었다가 회생계획인가결정이 있게 되면 중지된 체납처분은 그 효력을 잃게 된다.

따라서 회생계획인가결정이 있게 되더라도 조세 및 우선권 있는 공과금은 종전의 체납처분을 속행하거나 새로운 체납처분의 착수도 할 수 있고, 회생계획인가결정 이후 조세 및 우선권 있는 공과금에 대한 체납처분을 통하여 징수된 환가금을 공익채권에 우선하여 변제 받을 수도 있다. [25)]

다만, 회생절차에서 회생계획인가결정이 있다는 것은 회생법원이 채무자에 대한 회생가능성이 있다는 것을 인정한 것이므로, 회생계획에 따른 변제내용과 변제방법을 별도로 정하고 있는 이상, 회생계획인가결정이 난 이후에는 채무자가 회생계획에 따른 이행여부, 납부의지,

---

25) 정리계획이 정한 징수의 유예기간이 지난 후 정리채권인 조세채권에 기하여 이루어진 국세징수법에 의한 압류처분은 구 회사정리법 제67조제2항, 제122조제1항 등에 비추어 보면 적법하고, 회사정리절차에서 공익채권은 정리채권과 정리담보권에 우선하여 변제한다는 구 회사정리법 제209조제2항은 정리회사의 일반재산으로부터 변제를 받는 경우에 우선한다는 의미에 지나지 아니하며, 구 회사정리법 제209조제2항이 국세기본법 제35조제1항이나 국세징수법 제81조제1항에 대한 예외규정에 해당한다고 볼 수도 없으므로, 국세의 우선권이 보장되는 체납처분에 의한 강제환가절차에서는 정리채권인 조세채권이라 하더라도 공익채권보다 우선하여 변제를 받을 수 있다.(대판 2012.7.12.선고, 2012다23252)

공익채권에 대한 변제 여부 등을 종합적으로 고려하여 강제징수(체납처분)의 속행 여부를 판단하여야 할 것이다.

참조법령

▶ **채무자회생 및 파산에 관한 법률 제256조【중지 중의 절차의 실효】**① 회생계획인가의 결정이 있은 때에는 제58조제2항의 규정에 의하여 중지한 파산절차, 강제집행, 가압류, 가처분, 담보권실행 등을 위한 경매절차는 그 효력을 잃는다. 다만, 같은 조 제5항의 규정에 의하여 속행된 절차 또는 처분은 그러하지 아니한다.

▶ **채무자회생 및 파산에 관한 법률 제58조【다른 절차의 중지 등】**② 회생절차개시결정이 있는 때에는 다음 각 호의 절차는 중지된다.

  3. 국세징수의 예에 의하여 징수할 수 있는 청구권으로서 그 징수우선순위가 일반 회생채권보다 우선하지 아니한 것에 기한 체납처분

③ 회생절차개시결정이 있는 때에는 다음 각 호의 기간 중 말일이 먼저 도래하는 기간 동안 회생채권 또는 회생담보권에 기한 채무자의 재산에 대한 「국세징수법」 또는 「지방세징수법」에 의한 체납처분, 국세징수의 예에 의하여 징수할 수 있는 청구권으로서 그 징수우선순위가 일반 회생채권보다 우선하는 것에 기한 체납처분과 조세채무담보를 위하여 제공된 물건의 처분은 할 수 없으며, 이미 행한 처분은 중지된다. 이 경우 법원은 필요하다고 인정하는 때에는 관리인의 신청에 의하거나 직권으로 1년 이내의 범위에서 그 기간을 늘릴 수 있다.

  1. 회생절차개시결정이 있는 날부터 회생계획인가가 있는 날까지
  2. 회생절차개시결정이 있는 날부터 회생절차가 종료되는 날까지
  3. 회생절차개시결정이 있는 날부터 2년이 되는 날까지

마. 회생절차의 종료

1) 회생절차의 종결

회생절차가 종료되는 사유로는 회생절차종결결정, 회생절차폐지결정, 회생계획불인가결정, 회생절차개시결정의 취소결정 또는 개시신청의 기각결정 등이 있으며, 그중 회생절차의 종결이라 함은 회생계획이 이미 수행되었거나, 앞으로 회생계획의 수행에 지장이 있다고 인정되지 않아 회생절차의 목적을 달성할 수 있다고 판단되는 경우에 법원이 관리인 또는 이해관계인의 신청이나 직권으로 회생절차를 종료시키는 것을 말한다.

회생계획에 따른 변제가 시작되면 회생계획에 따른 변제가 완료되지 않더라도 법원은 해당

하는 자의 신청에 의하거나, 직권으로 회생계획을 수행하는데 지장이 없다고 판단하는 경우라면 조기에 회생절차 종결결정을 할 수 있다. 즉 이같이 조기에 회생절차가 종결되었으나, 실제 회생계획에 따른 변제가 완전히 완료되지 않은 상태에 있는 경우에는 채무자는 회생계획에서 정한대로 채무를 변제하는 등 계속하여 회생계획을 수행할 의무를 부담하게 된다.

2) 회생절차의 폐지

회생절차의 종결이 회생절차의 목적에 대한 성공적 수행을 통하여 회생절차로부터 벗어나는 것에 반해, 회생절차의 폐지는 회생절차의 개시 후에 당해 회생절차가 그 목적을 달성하지 못한 채 법원이 그 절차를 중도에 종료시킴으로써 회생절차로부터 퇴출되는 것을 의미한다.

회생계획인가결정이 있은 후 회생계획을 수행할 수 없는 것이 명백하게 된 때에는 법원은 관리인이나, 목록에 기재되어 있거나 신고한 회생채권자 또는 회생담보권자의 신청에 의하거나, 직권으로 회생절차의 폐지결정을 하여야 하고, 이 경우 회생절차의 폐지결정이 확정된 채무자에 대하여 파산의 원인이 되는 사실이 있다고 인정되는 때에는 직권으로 파산선고를 하여야 한다.

회생절차의 종결과 마찬가지로 회생절차의 폐지결정이 확정되어야 회생절차가 종료되며, 법원의 폐지결정에 대하여 이해관계인은 즉시항고를 할 수 있다. 즉시항고는 동법에서 특별한 정함이 없으면 집행정지의 효력이 있으므로, 즉시항고가 제기되어 소송이 확정되기 전까지는 종전 인가결정의 효력은 계속 유지된다.

회생계획의 인가결정 및 회생절차의 조기종결 등이 있더라도 채무자가 회생계획에 따른 변제를 성실히 이행하지 않은 경우에는 회생절차에 구애받지 않고 정상적인 납부독려 및 강제징수(체납처분) 등을 실시할 수 있다.

아울러, 회생계획의 인가결정 이후 강제징수(체납처분)에 의하더라도 체납액의 징수가 곤란하고, 채무자가 회생계획을 수행할 수 없음이 명백한 경우라면 회생채권자로서 회생절차의 폐지신청 및 파산절차로의 이행을 통한 강제환가 방안도 충분히 고려해 볼 필요가 있을 것이다.

참조법령

▶ **채무자회생 및 파산에 관한 법률 제288조【회생계획인가 후의 폐지】** ① 회생계획인가의 결정이 있은 후 회생계획을 수행할 수 없는 것이 명백하게 된 때에는 법원은 관리인이나 목록에 기재되어 있거나 신고한 회생채권자 또는 회생담보권자의 신청에 의하거나 직권으로 회생절차폐지의 결정을 하여야 한다.

▶ **채무자회생 및 파산에 관한 법률 제6조【회생절차폐지 등에 따른 파산선고】** ① 파산선고를 받지 아니한 채무자에 대하여 회생계획인가가 있은 후 회생절차폐지 또는 간이회생절차폐지의 결정이 확정된 경우 법원은 그 채무자에게 파산의 원인이 되는 사실이 있다고 인정하는 때에는 직권으로 파산을 선고하여야 한다.

▶ **채무자회생 및 파산에 관한 법률 제13조【즉시항고】** ① 이 법의 규정에 의한 재판에 대하여 이해관계를 가진 자는 이 법에 따로 규정이 있는 때에 한하여 즉시항고를 할 수 있다.
② 제1항의 규정에 의한 즉시항고는 재판의 공고가 있는 때에는 그 공고가 있은 날부터 14일 이내에 하여야 한다.
③ 제1항의 규정에 의한 즉시항고는 집행정지의 효력이 있다. 다만, 이 법에 특별한 정함이 있는 경우에는 그러하지 아니하다.

3. 강제징수와 개인회생절차

가. 의의

개인회생이란 재정적 어려움으로 파산의 원인인 사실이 있거나 그러한 염려가 있는 개인 채무자로서 장래 계속적으로 또는 반복하여 수입을 얻을 가능성이 있는 자에 대하여 채권자 등 이해관계인의 법률관계를 조정함으로써 채무자의 효율적 회생과 채권자의 이익을 도모하기 위해 2004.9.23. 도입된 제도이다.

개정 「채무자회생 및 파산에 관한 법률[시행 2021.4.20. 법률 제18084호]」에 따라 개인채무자의 총 채무액이 무담보채무 10억 원(개정 전 5억 원), 담보채무 15억 원(개정 전 10억 원) 이하인 개인채무자로서 장래 계속적으로 또는 반복하여 수입을 얻을 가능성이 있는 자가 3년 동안 일정한 금액을 변제하면 나머지 채무의 면제를 받을 수 있는 절차이다.

여기서 일정한 수입을 전제로 하는 것에는 의사, 변호사, 세무사 등 자격증을 가진 자유 업종에 종사하는 자뿐만 아니라, 농업, 수산업, 임대사업자 등 업종을 불문하며, 정규직, 아르

바이트, 일용직 등 고용형태 여부와도 상관없이 정기적·반복적으로 수입을 얻을 가능성이 있는 개인은 모두가 신청 자격이 있다.

개인채무자가 회생절차나 파산절차가 진행 중인 경우라도 개인회생을 신청할 수 있으며 개인회생절차의 개시결정이 있게 되면 회생절차 또는 파산절차는 중지가 되고, 이미 면책결정(파산에 의한 면책도 포함된다)을 받은 개인채무자는 5년 동안은 개인회생 신청을 할 수 없다.

참조법령

▶ **채무자회생 및 파산에 관한 법률 제579조【용어의 정의】** 이 절차에서 사용하는 용어의 정의는 다음과 같다.
  1. "개인채무자"라 함은 파산의 원인인 사실이 있거나 그러한 사실이 생길 염려가 있는 자로서 개인회생절차개시의 신청 당시 다음 각목의 금액 이하의 채무를 부담하는 급여소득자 또는 영업소득자를 말한다.
   가. 유치권·질권·저당권·양도담보권·가등기담보권·「동산·채권 등의 담보에 관한 법률」에 따른 담보권·전세권 또는 우선특권으로 담보된 개인회생채권은 15억 원
   나. 가목 외의 개인회생채권은 10억 원
▶ **채무자회생 및 파산에 관한 법률 제595조【개인회생절차개시신청의 기각사유】** 법원은 다음 각 호의 어느 하나에 해당하는 때에는 개인회생절차개시의 신청을 기각할 수 있다.
  5. 채무자가 신청일 전 5년 이내에 면책(파산절차에 의한 면책을 포함한다)을 받은 사실이 있는 때
▶ **채무자회생 및 파산에 관한 법률 제600조【다른 절차의 중지 등】** ① 개인회생절차개시의 결정이 있는 때에는 다음 각 호의 절차 또는 행위는 중지 또는 금지된다. 다만, 제2호 내지 제4호의 절차 또는 행위는 채권자목록에 기재된 채권에 의한 경우에 한한다.
  1. 채무자에 대한 회생절차 또는 파산절차
  4. 「국세징수법」 또는 「지방세징수법」에 의한 체납처분, 국세징수의 예(국세 또는 지방세 체납처분의 예를 포함한다. 이하 같다)에 의한 체납처분 또는 조세채무담보를 위하여 제공된 물건의 처분
▶ **채무자회생 및 파산에 관한 법률 제611조【변제계획의 내용】** ⑤ 변제계획에서 정하는 변제기간은 변제개시일부터 3년을 초과하여서는 아니 된다. 다만, 제614조제1항제4호의 요건을 충족하기 위하여 필요한 경우 등 특별한 사정이 있는 때에는 변제개시일부터 5년을 초과하지 아니하는 범위에서 변제기간을 정할 수 있다.

나. 회생절차와 개인회생절차

개인회생은 회생절차에 비하여 그 절차가 간단하고 신속하게 진행되며 변제계획상의 변제기간도 통상 3년으로 회생절차(10년)에 비하여 짧고, 채권자들의 의결절차를 거칠 필요가 없

는 반면, 회생절차에서는 회생채권자의 의결절차를 거쳐야 하는 등 기본적으로 채권자들의 동의가 없이는 인가결정을 받기가 어렵다.

　개인회생절차는 채권자목록에 기재된 채권자에 대해서만 효력이 생기고 목록에 기재되지 않은 개인회생채권은 개별적 집행에 방해도 받지 않을뿐더러 면책대상에도 포함되지 않는다. 따라서 회생절차에서는 채권자목록에 누락되어 채권신고가 되지 못한 경우 원칙적으로 실권되는 반면, 개인회생절차에 있어서는 채권자목록에 누락되어 채권신고를 하지 못하더라도 실권의 문제는 발생되지 않으므로, 누락된 채권자는 강제집행 등을 통해 자기채권의 만족을 구할 수 있다.

　회생절차와 달리, 개인회생절차에서 면책의 효력은 변제계획을 모두 수행한 후 법원의 면책결정이 있어야 비로소 발생한다. 만약 개인회생의 채권자목록에 포함되어 변제계획에 따라 일부만 변제가 되고 면책결정이 이루어 진 경우라면, 비면책 채권에 해당되지 않는 한 면책의 효력은 그대로 발생한다.

참조법령

▶ **채무자회생 및 파산에 관한 법률 제625조【면책결정의 효력】**① 면책의 결정은 확정된 후가 아니면 그 효력이 생기지 아니한다.
② 면책을 받은 채무자는 변제계획에 따라 변제한 것을 제외하고 개인회생채권자에 대한 채무에 관하여 그 책임이 면제된다. 다만, 다음 각 호의 청구권에 관하여는 책임이 면제되지 아니한다.
　1. 개인회생채권자목록에 기재되지 아니한 청구권
　2. 제583조제1항제2호의 규정에 의한 조세 등의 청구권
　3. 벌금 · 과료 · 형사소송비용 · 추징금 및 과태료
　4. 채무자가 고의로 가한 불법행위로 인한 손해배상
　5. 채무자가 중대한 과실로 타인의 생명 또는 신체를 침해한 불법행위로 인하여 발생한 손해배상

다. 우선권 있는 공과금의 변제

　개인회생절차는 해당 채권자들에 대해서 통상 36개월(3년) 동안 매월 일정액을 회생위원에게 임치하면(예금계좌로 송금), 개인회생채권자는 미리 신고한 채권자의 금융기관 계좌로 임치된 금원에 대하여 변제기간 동안 매월 일정금액을 지급받고 나머지 미변제 채권은 면책된다.

일반의 개인회생채권은 변제계획에서 동등하게 취급을 받게 되지만, 조세와 일반채권에 우선하는 공과금(국민건강보험료 등 각종 사회보험료)은 우선하는 개인회생채권으로 인정됨에 따라 신고된 채권액 전액이 변제계획안에 포함되어야 하고, 변제기간에 있어서도 일반 민사상채권보다 우선하여 변제된다. 따라서 조세나 건강보험료 등의 공과금은 개인회생절차에서는 우선으로 전액 변제가 이루어지는 관계로 개인회생절차가 정상적으로 진행되는 경우라면 일반채권과 같은 면책이나 감면 등의 문제는 원칙상 발생되지 않는다.

> **참조법령**
>
> ▶ **채무자회생 및 파산에 관한 법률 제611조【변제계획의 내용】** ① 변제계획에는 다음 각 호의 사항을 정하여야 한다.
>   2. 개인회생재단채권 및 일반의 우선권 있는 개인회생채권의 전액의 변제에 관한 사항
>   3. 개인회생채권자목록에 기재된 개인회생채권의 전부 또는 일부의 변제에 관한 사항

라. 강제징수의 중지와 속행

조세·공과금 징수와 관련, 개인회생절차개시결정 전에 이루어지는 보전처분이나 중지명령은 회생절차와 큰 차이점은 없으며, 포괄적 금지명령의 경우에도 회생절차를 준용하도록 되어 있다. 따라서 조세·공과금 징수를 위한 체납처분은 법원의 중지명령에 따라 그 절차가 중지되는 반면, 포괄적 금지명령으로는 체납처분절차를 금지시킬 수 없다.

법원은 개인회생절차개시신청일로부터 1개월 이내에 개시여부를 결정하여야 하고, 개시결정일부터 2주 이상 2개월 이하의 기간 범위 내에서 개인회생채권에 관한 이의신청을 정하는 것이 원칙이므로, 조세·공과금 채권도 개인회생채권에 변동이 있는 경우라면 이의신청 기일 내에 채권신고를 마쳐 두는 것이 좋다.

회생절차와 마찬가지로 개인회생절차개시결정이 있는 때에는 개인회생채권목록에 기재된 개인회생채권을 원인으로 하여 개인회생재단에 속하는 재산에 이미 절차가 진행 중인 강제집행·가압류·가처분 또는 체납처분 등은 중지되고, 새로이 강제집행·가압류·가처분 또는 체납처분 등을 할 수 없다.

여기서 중지·금지되는 절차는 개인회생채권 중에서도 "개인회생채권자목록에 기재된 개

인회생채권"으로 국한되고, 개인회생채권자목록에 기재되어 있지 않은 채권자는 이에 해당되지 않으므로, 개인회생절차개시결정 후에도 자유롭게 강제집행 또는 체납처분 등이 가능하다.

개인회생절차개시결정에 의하여 중지된 강제집행·가압류 또는 가처분은 변제계획인가결정이 있는 때에는 그 효력을 잃는데, 효력을 잃게 된다는 의미는 앞으로의 속행을 허용하지 않는다는 것이 아니라, 소급하여 그 절차가 효력을 잃게 되는 것이므로, 원칙적으로 별도 법원의 재판 없이도 그 효력을 잃는다.

다만, 개인회생절차개시결정으로 중지된 체납처분 또는 조세채무담보를 위하여 제공된 물건의 처분은 인가결정이 있더라도 실효되지 않는다. 이는 채무자가 조세채무를 변제계획에 따라 변제하지 않을 경우에는 개인회생절차가 폐지가 될 것이고 따라서 중지된 체납처분은 그 속행이 가능하기 때문이다.

> **참조법령**
>
> ▶ **채무자회생 및 파산에 관한 법률 제593조【중지명령】** ① 법원은 개인회생절차개시의 신청이 있는 경우 필요하다고 인정하는 때에는 이해관계인의 신청에 의하거나 직권으로 개인회생절차의 개시신청에 대한 결정시까지 다음 각 호의 절차 또는 행위의 중지 또는 금지를 명할 수 있다.
>   5. 「국세징수법」 또는 「지방세징수법」에 의한 체납처분, 국세징수의 예(국세 또는 지방세 체납처분의 예를 포함한다. 이하 같다)에 의한 체납처분 또는 조세채무담보를 위하여 제공된 물건의 처분. 이 경우 징수의 권한을 가진 자의 의견을 들어야 한다.
> ⑤ 제45조 내지 제47조는 개인회생절차에 관하여 준용한다.
> ▶ **채무자회생 및 파산에 관한 법률 제600조【다른 절차의 중지 등】** ① 개인회생절차개시의 결정이 있는 때에는 다음 각 호의 절차 또는 행위는 중지 또는 금지된다. 다만, 제2호 내지 제4호의 절차 또는 행위는 채권자목록에 기재된 채권에 의한 경우에 한한다.
>   1. 채무자에 대한 회생절차 또는 파산절차
>   2. 개인회생채권에 기하여 개인회생재단에 속하는 재산에 대하여 한 강제집행·가압류 또는 가처분
>   4. 「국세징수법」 또는 「지방세징수법」에 의한 체납처분, 국세징수의 예(국세 또는 지방세 체납처분의 예를 포함한다. 이하 같다)에 의한 체납처분 또는 조세채무담보를 위하여 제공된 물건의 처분
> ▶ **채무자회생 및 파산에 관한 법률 제615조【변제계획인가의 효력】** ① 변제계획은 인가의 결정이 있은 때부터 효력이 생긴다. 다만, 변제계획에 의한 권리의 변경은 면책결정이 확정되기까지는 생기지

아니한다.
③ 변제계획인가결정이 있는 때에는 제600조의 규정에 의하여 중지한 회생절차 및 파산절차와 개인
회생채권에 기한 강제집행·가압류 또는 가처분은 그 효력을 잃는다. 다만, 변제계획 또는 변제계획인
가결정에서 다르게 정한 때에는 그러하지 아니하다.

4. 강제징수와 파산절차

가. 의의

파산제도란 채무자(개인 또는 법인 등)가 과도한 채무초과로 경제적 파탄에 직면하게 되어
채무자 스스로의 능력으로는 그 채무를 변제할 수 없는 상태에 이르게 된 경우, 채권자, 채무
자, 채무자에 준하는 자(법인의 경우 그 이사, 무한책임사원 등) 등의 신청에 의하여 법에서
정하는 절차에 따라 채무자의 모든 재산을 금전으로 환가하여 채권자들에게 공정하게 환가
및 배당하는 절차이다.

다시 말해, 채무자에게 파산의 원인이 있을 때 파산선고를 하고 채권조사절차를 통하여 채
권자의 채권액 등을 확정한 다음, 채무자의 재산을 환가하여 채권자의 우선순위에 따라 환가
된 금전을 배분하는 것으로써 파산선고에 의하여 개시가 되고 폐지결정 또는 종결결정에 의
하여 종료된다.

나. 법인파산과 개인파산

법인은 파산선고로 인하여 해산하고 소멸단계를 거치는 것이므로, 엄격한 파산절차를 통
하여 법인의 해체 및 청산이 이루어져야 하고, 전체 채권자에 대한 채무자의 총재산을 공평
하게 분배 및 변제되도록 하는 것이 원칙이다. 따라서 법인파산(실무상 하합사건으로 다루
어진다)은 최종 소멸단계를 거치게 되는 것이므로, 개인파산자와 같은 면책결정이나 복권절
차 등은 적용되지 않는다.

이에 대하여, 개인파산(실무상 하단사건으로 다루어진다)의 경우에는 파산신청에 이르게
될 경우 금전으로 환가할 자기재산이 없고 파산절차에 소요되는 비용도 충당할 수 없는 경우
가 대부분인 관계로 채권자집회, 파산채권의 조사·확정, 파산재단에 대한 환가 등의 절차를

거치지 않고, 파산선고와 동시에 파산절차를 종료시키는 동시폐지결정을 하는 경우가 많다.

법인파산과 달리, 개인파산의 주된 목적은 면책결정을 통해 경제적으로 갱생을 도모하는 데 있으므로, 채무자가 파산신청을 한 경우 반대의 의사표시를 한 경우를 제외하고는 당해 신청과 동시에 면책신청을 한 것으로 보게 된다.

<table>
<tr><td>참조법령</td></tr>
</table>

▶ **채무자회생 및 파산에 관한 법률 제556조【면책신청】** ① 개인인 채무자는 파산신청일부터 파산선고가 확정된 날 이후 1월 이내에 법원에 면책신청을 할 수 있다.
③ 채무자가 파산신청을 한 경우에는 채무자가 반대의 의사표시를 한 경우를 제외하고, 당해 신청과 동시에 면책신청을 한 것으로 본다.

다. 파산채권 · 재단채권과 면책결정

파산채권이란 파산절차에 의하여 파산재단에 속하는 총재산으로부터 그 채권액의 비율에 따라 배당을 받을 수 있는 채권으로서 원칙적으로 채무자의 파산선고 전의 원인으로 생긴 재산상의 청구권이며, 파산재단이란 함은 채무자가 파산선고 당시에 채권자들에게 배당 될 것으로 예견되는 채무자의 모든 재산으로서 최저생계 보장을 위해 법으로 압류가 금지되는 재산은 파산재단에서 제외된다.

파산채권은 파산재단으로부터 공평하게 만족을 받을 수 있는 채권이므로 채권액에 비례하여 모두 평등한 것이 원칙이나, 채권의 성질 등에 따라 일반의 파산채권에 대하여 우선적 지위를 갖는 파산채권(특별법에 따른 우선변제권 있는 경우 등)과 후순위적 지위를 갖는 파산채권(파산선고 후의 이자, 파산선고 후의 손해배상액 및 위약금 등)이 있으며, 같은 순위의 파산채권 사이에서는 원칙적으로 채권의 비율에 따라서 평등배당을 받게 된다.

재단채권은 파산채권과 달리, 파산절차에 의하지 아니하고 수시로 변제 받을 수 있을 뿐만 아니라, 파산채권에 우선하여 변제 받을 수 있는 채권으로 파산관재인 등의 보수비용, 채무자의 근로자의 임금 · 퇴직금 및 조세와 우선하는 공과금(국민건강보험료 등 각종 사회보험료) 등이 이에 해당된다.

파산 전의 원인으로 인한 조세(우선하는 공과금 포함)는 파산채권이어야 할 것이지만, 조세 등의 징수를 확보하기 위한 정책적 고려에 의하여 재단채권으로 인정받은 것이고, 법원실무에서는 파산선고 전에 성립된 조세(우선하는 공과금 포함) 및 파산선고 전까지의 가산금(연체금) 등 청구권은 재단채권으로 인정하고 파산선고 후에 발생한 공과금의 가산금(연체금) 등은 후순위 파산채권으로 해석하고 있다.

파산절차가 진행이 되면 파산법원으로부터 조세채권(우선하는 공과금 포함) 등에 대하여 "재단채권으로서 부인(이의)한다."라는 내용의 이의통지서가 송달되는데, 이는 조세 및 우선하는 공과금(국민건강보험료 등 각종 사회보험료) 채권이 부인된다는 의미가 아니라, 조세 및 우선하는 공과금 등은 파산채권에 우선하여 변제되는 재단채권으로서 파산채권자표에 기재될 성질의 채권이 아니라는 의미로 부인(이의)된다는 뜻을 통지하는 것이다.

법원실무에서는 개인채무자가 특별히 반대의사를 표시하지 않는 경우라면 파산선고와 동시에 면책을 심리하고, 개인파산자에게 파산선고결정통지서와 함께 채무자의 면책신청에 대한 이의신청기간을 정하여 통지하고 있으며, 이는 이의신청을 통하여 면책불허가사유를 소명받기 위한 것으로써 이의신청을 할 수 있는 자는 검사·파산관재인 또는 면책의 효력을 받는 파산채권자이다.

따라서 파산법원의 면책결정은 파산채권자에 대하여 그 책임이 면제되는 것이므로, 조세나 우선하는 공과금(국민건강보험료 등 각종 사회보험료) 등 재단채권은 파산법원의 면책결정 대상에 포함되지도 않으며, 채무자의 면책신청 시 채권자목록에 조세 또는 우선하는 공과금 등 재단채권이 포함되어 있다고 하더라도 이의신청의 대상이 된다거나, 파산법원의 면책결정에 따른 그 책임이 면제되는 것으로 해석되지 않는다.

참조법령

▶ **채무자회생 및 파산에 관한 법률 제473조【재단채권의 범위】** 다음 각 호의 어느 하나에 해당하는 청구권은 재단채권으로 한다.
  2. 「국세징수법」 또는 「지방세징수법」에 의하여 징수할 수 있는 청구권(국세징수의 예에 의하여 징수할 수 있는 청구권으로서 그 징수우선순위가 일반 파산채권보다 우선하는 것을 포함하며, 제446조의 규정에 의한 후순위파산채권을 제외한다). 다만, 파산선고 후의 원인으로 인한 청구권

은 파산재단에 관하여 생긴 것에 한한다.

▶ **채무자회생 및 파산에 관한 법률 제562조【면책신청에 대한 이의】** ① 검사·파산관재인 또는 면책의 효력을 받을 파산채권자는 제558조의 규정에 의한 심문기일부터 30일(심문기일을 정하지 않은 경우에는 법원이 정하는 날) 이내에 면책신청에 관하여 법원에 이의를 신청할 수 있다. 다만, 법원은 상당한 이유가 있는 때에는 신청에 의하여 그 기간을 늘릴 수 있다.

▶ **채무자회생 및 파산에 관한 법률 제566조【면책의 효력】** 면책을 받은 채무자는 파산절차에 의한 배당을 제외하고는 파산채권자에 대한 채무의 전부에 관하여 그 책임이 면제된다. 다만, 다음 각 호의 청구권에 대하여는 책임이 면제되지 아니한다.

   1. 조세
   2. 벌금·과료·형사소송비용·추징금 및 과태료
   3. 채무자가 고의로 가한 불법행위로 인한 손해배상
   4. 채무자가 중대한 과실로 타인의 생명 또는 신체를 침해한 불법행위로 인하여 발생한 손해배상
   5. 채무자의 근로자의 임금·퇴직금 및 재해보상금
   6. 채무자의 근로자의 임치금 및 신원보증금
   7. 채무자가 악의로 채권자목록에 기재하지 아니한 청구권. 다만, 채권자가 파산선고가 있음을 안
     때에는 그러하지 아니하다.
   8. 채무자가 양육자 또는 부양의무자로서 부담하여야 하는 비용

라. 강제징수와 파산선고

(개인)회생절차에서와 달리, 파산절차가 진행될 경우 체납처분에 따른 강제징수절차는 상대적으로 제한을 적게 받으며, 이는 (개인)회생절차가 장기간 동안 채무자의 사업(영업) 또는 소득생활을 전제로 채권자의 강제집행에 보호받아야 할 필요성이 큰 반면, 파산절차에서는 파산재단의 공평한 배당을 방해받지 않는 범위 내에서 체납처분에 의한 강제징수는 가능하기 때문이다.

파산자의 파산재단에 대한 징수에 있어서 조세나 우선하는 공과금(국민건강보험료 등 각종 사회보험료) 등은 파산선고에 영향을 받지 않게 되므로, 파산선고 전에 이미 파산재단에 대하여 행한 조세 또는 우선하는 공과금채권의 체납처분절차는 파산선고 이후에도 방해받지 않고서 속행할 수 있다. 이는 조세나 우선하는 공과금채권이 파산절차와는 별도로 수시로 변제 받을 수 있는 재단채권으로서의 공익적 특성을 반영한 것으로 볼 수 있다.

조세나 우선하는 공과금(국민건강보험료 등 각종 사회보험료) 등의 재단채권도 파산절차

의 진행을 방해할 수는 없으므로, 파산선고로 인한 파산재단에 대하여 파산선고 전에 압류 등 체납처분을 하지 않았다면 파산선고 후에 새로운 체납처분은 허용되지 않고,[26] 파산관재 인에 대한 교부청구를 통해서 변제 받을 수 있다.

　하지만, 파산자가 파산선고 후에 새로이 취득한 재산은 파산선고로 인한 파산재단에 속하 는 재산에 해당되지 않고, 조세나 우선하는 공과금(국민건강보험료 등 각종 사회보험료) 등 재단채권은 면책대상이 되지도 않으므로, 파산선고 이후 채무자가 새로이 취득한 재산에 대 한 체납처분은 유효하다.

　아울러, 파산자 소유 재산에 대한 별제권의 실행으로 개시된 경매절차에 있어서 체납처분 기관의 교부청구에 따른 배당금 수령권자는 파산관재인에 있는[27] 반면, 파산선고 전에 체납 처분에 의한 압류등기가 있었던 경우에는 체납처분기관이 매각대금을 직접 배당(수령) 받을 수 있을 것으로 해석[28]된다.

---

26) 파산법 제62조는 파산선고 전의 체납처분은 파산선고 후에도 속행할 수 있다는 것을 특별히 정한 취지에서 나온 것이므로 파산선고 후에 새로운 체납처분을 하는 것은 허용되지 아니한다는 것으로 해석함이 상당하고, 또한 파산 법 등 관계 법령에서 국세채권에 터 잡아 파산재산에 속하는 재산에 대하여 체납처분을 할 수 있다는 것을 정한 명 문의 규정이 없는 점 등을 종합하여 보면, 국세채권에 터 잡아 파산선고 후에 새로운 체납처분을 하는 것은 허용되 지 아니한다.(대판 2003.3.28.선고, 2001두9486)

27) 파산자 소유의 부동산에 대한 별제권(담보물권 등)의 실행으로 인하여 개시된 경매절차에서 과세관청이 한 교부청 구는 그 별제권자가 파산으로 인하여 파산 전보다 더 유리하게 되는 이득을 얻는 것을 방지함과 아울러 적정한 배 당재원의 확보라는 공익(共益)을 위하여 별제권보다 우선하는 채권 해당액을 공제하도록 하는 제한된 효력만이 인 정된다고 할 것이므로 그 교부청구에 따른 배당금은 채권자인 과세관청에게 직접 교부할 것이 아니라 파산관재인 이 파산법 소정의 절차에 따라 각 재단채권자에게 안분변제할 수 있도록 파산관재인에게 교부하여야 한다.(대판 2003.6.24.선고, 2002다70129)

28) 파산선고 후에 과세관청이 교부청구를 하는 경우 배당금은 조세채권자인 과세관청에게 직접 교부할 것이 아니라 파산관재인에게 교부하여야 할 것이나, 과세관청이 파산선고 전에 이미 국세징수법 등에 의하여 체납처분으로 부 동산을 압류한 경우에는 그 후 체납자가 파산선고를 받더라도 별제권의 행사에 따라 진행된 부동산경매절차에서 그 매각대금으로부터 직접 배당 받을 수 있고, 이는 파산재단이 재단채권의 총액을 변제하기에 부족한 것이 분명하 게 된 때에도 마찬가지라고 할 것이다.(대판 2003.8.22.선고, 2003다3768)

참조법령

▶ **국세징수법 제59조〔교부청구〕** 관할 세무서장은 다음 각 호의 어느 하나에 해당하는 경우 해당 관할 세무서장, 지방자치단체의 장, 「공공기관의 운영에 관한 법률」 제4조에 따른 공공기관의 장, 「지방공기업법」 제49조 또는 제76조에 따른 지방공사 또는 지방공단의 장, 집행법원, 집행공무원, 강제관리인, 파산관재인 또는 청산인에 대하여 다음 각 호에 따른 절차의 배당·배분 요구의 종기(終期)까지 체납액(제13조에 따라 지정납부기한이 연장된 국세를 포함한다)의 교부를 청구하여야 한다.

    1. 국세, 지방세 또는 공과금의 체납으로 체납자에 대한 강제징수 또는 체납처분이 시작된 경우

    2. 체납자에 대하여 「민사집행법」에 따른 강제집행 및 담보권 실행 등을 위한 경매가 시작되거나 체납자가 「채무자 회생 및 파산에 관한 법률」에 따른 파산선고를 받은 경우

▶ **채무자회생 및 파산에 관한 법률 제348조〔강제집행 및 보전처분에 대한 효력〕** ① 파산채권에 기하여 파산재단에 속하는 재산에 대하여 행하여진 강제집행·가압류 또는 가처분은 파산재단에 대하여는 그 효력을 잃는다. 다만, 파산관재인은 파산재단을 위하여 강제집행절차를 속행할 수 있다.

▶ **채무자회생 및 파산에 관한 법률 제349조〔체납처분에 대한 효력〕** ① 파산선고 전에 파산재단에 속하는 재산에 대하여 「국세징수법」 또는 「지방세징수법」에 의하여 징수할 수 있는 청구권(국세징수의 예에 의하여 징수할 수 있는 청구권으로서 그 징수우선순위가 일반 파산채권보다 우선하는 것을 포함한다)에 기한 체납처분을 한 때에는 파산선고는 그 처분의 속행을 방해하지 아니한다.

② 파산선고 후에는 파산재단에 속하는 재산에 대하여 「국세징수법」 또는 「지방세징수법」에 의하여 징수할 수 있는 청구권(국세징수의 예에 의하여 징수할 수 있는 청구권을 포함한다)에 기한 체납처분을 할 수 없다.

▶ **채무자회생 및 파산에 관한 법률 제382조〔파산재단〕** ① 채무자가 파산선고 당시에 가진 모든 재산은 파산재단에 속한다.

▶ **채무자회생 및 파산에 관한 법률 제423조〔파산채권〕** 채무자에 대하여 파산선고 전의 원인으로 생긴 재산상의 청구권은 파산채권으로 한다.

▶ **채무자회생 및 파산에 관한 법률 제424조〔파산채권의 행사〕** 파산채권은 파산절차에 의하지 아니하고는 행사할 수 없다.

▶ **채무자회생 및 파산에 관한 법률 제475조〔재단채권의 변제〕** 재단채권은 파산절차에 의하지 아니하고 수시로 변제한다.

▶ **채무자회생 및 파산에 관한 법률 제476조〔재단채권의 우선변제〕** 재단채권은 파산채권보다 먼저 변제한다.

V 독촉 등의 하자와 위법성의 승계

1. 독촉

가. 의의

독촉은 납부의무자가 조세·공과금 등을 납부기한까지 납부하지 않는 경우에 그 납부를 촉구하는 최고(催告)로서 강제징수(체납처분)의 전제요건이며, 민법상 최고와는 달리 그 자체로서 소멸시효 중단의 효력이 있다. 따라서 독촉에 의한 납부기한이 경과한 때로부터 시효 중단의 효력이 생기며, 민법상 최고와 같이 최고를 한 뒤 재판상의 청구 등의 행위가 있어야 소멸시효 중단의 효력이 생기는 것도 아니다.

공과금의 수시 독촉에 의한 소멸시효 중단의 효력에 있어서는 다소 이견이 있으며, 이에 대하여 대법원은 국민건강보험법상 부당이득환수금에 대한 체납처분절차에 앞서 행한 독촉은 최초독촉만이 시효중단의 효력이 있는 것으로 해석하고[29] 있으나, 반대로 국민건강보험료에 대한 독촉에 있어서는 최초독촉 이후 매월 정기적·반복적으로 발생되는 수시 독촉에 있어서도 시효중단의 효력이 있는 것으로 인정한 하급심 사례[30]도 있다.

---

29) 구 의료보험법 각 규정에 의하면, 보험자 또는 보험자단체가 사기 기타 부정한 방법으로 보험급여비용을 받은 의료기관에게 그 급여비용에 상당하는 금액을 부당이득으로 징수할 수 있고, 그 의료기관이 납부고지에서 지정된 납부기한까지 징수금을 납부하지 아니한 경우 국세체납절차에 의하여 강제징수 할 수 있는바, 보험자 또는 보험자단체가 부당이득금 또는 가산금의 납부를 독촉한 후 다시 동일한 내용의 독촉을 하는 경우 최초의 독촉만이 징수처분으로서 항고소송의 대상이 되는 행정처분이 되고 그 후에 한 동일한 내용의 독촉은 체납처분의 전제요건인 징수처분으로서 소멸시효중단사유가 되는 독촉이 아니라 민법상의 단순한 최고에 불과하여 국민의 권리의무나 법률상의 지위에 직접적으로 영향을 미치는 것이 아니므로 항고소송의 대상이 되는 행정처분이라 할 수 없다.(대판 1999.7.13.선고, 97누119)

30) 국민건강보험법 조항의 규정체계와 보험료 독촉이 민법상 독촉과 완전히 같은 성질을 갖는다면 국민건강보험법 조항과 같은 별도의 규정을 둘 이유가 없는 점 등에 비추어 보면, 국민건강보험법에서 말하는 보험료 독촉은 예산회계법 제98조, 지방재정법 제84조에서 규정한 납입고지, 국세기본법 제28조, 관세법 제23조의 납세고지, 독촉 또는 납부최고 등과 같이, 시효중단에 있어 잠정적인 시효중단의 효력만이 인정되는 민법상의 최고와 달리 확정적인 시효중단의 효력이 있다고 보아야 할 것이다.(서울중앙지방법원 2005.12.23.선고, 2005가단252692판결, 서울북부지방법원 2009.12.16.선고, 2009가단46504판결)

나. 독촉 없이 행한 압류의 효력

통상, 조세·공과금에 대한 강제징수에 앞서 납입고지와 독촉고지가 순차적으로 사전에 이루어지게 되며, 납입고지 없이 행한 독촉은 당연무효에 해당되므로,[31] 납입고지 없이 행한 강제징수(체납처분)도 당연무효에 해당될 것이지만, 단순 독촉절차가 누락된 경우라면 후행의 압류처분까지 무효로 되지는 않는다.

즉, 독촉절차 없이 행한 압류처분은 위법한 처분으로서 취소의 대상은 되나 그 하자가 중대하고 명백하다고 할 수는 없어 당연무효로까지 되지는 않으며, 판례도 독촉절차 없이 한 참가압류처분에 대하여 위법한 처분이기는 하나 그 처분을 무효로 하는 중대하고도 명백한 하자로 되지는 않는 것으로 해석하고 있다.[32]

2. 체납처분 승인

가. 개념 및 요건

공과금의 징수기관이 국가 또는 지방자치단체가 아닌 공공기관인 경우(국세체납처분의 예에 따라 징수하는 경우 등)에는 대부분 강제징수(체납처분)에 앞서 상급 감독기관인 주무장관으로 하여금 체납처분에 대한 승인을 얻도록 규정되어 있다(예컨대, 국민건강보험공단의 사회보험료징수의 경우 보건복지부장관·고용노동부장관, 공무원연금공단의 부당수급 환수금징수의 경우 인사혁신처장 등).

이는 체납처분 승인은 강제징수의 수단인 체납처분의 중요성을 감안할 때 국가에서 감독

---

31) 당해 산업재해보상보험료 및 산업재해보상보험법에 의한 징수금 채권은 이미 시효로 소멸하였고, 한편 그와 같이 시효로 소멸하기 전의 당해 채권의 징수절차에서 근로복지공단이 당해 탄광업자에게 납부통지를 하지 아니하였으므로, 그와 같은 납부통지의 부존재는 당연히 그 징수절차에서의 독촉에 영향을 미쳐 그 독촉은 당연무효이며, 당연무효인 독촉에 의하여 당해 채권의 시효중단의 효력이 생길 수 없다.(대판 1998.3.24.선고, 96누17059)

32) 납세의무자가 세금을 납부기한까지 납부하지 아니하기 때문에 그 징수를 위하여 참가압류처분에 이른 것이라면 참가압류처분에 앞서 독촉절차를 거치지 아니하였고 또 참가압류조서에 납부기한을 잘못 기재한 잘못이 있다고 하더라도 이러한 위법사유만으로는 참가압류처분을 무효로 할 만큼 중대하고도 명백한 하자라고 볼 수 없다.(대판 1992.3.10.선고 91누6030)
독촉절차 없이 압류처분을 하였다고 하더라도 이러한 사유만으로는 압류처분을 무효로 되게 하는 중대하고도 명백한 하자가 되지 아니한다.(대판 1988.6.28.선고, 87누1009)

함이 적절하다고 인정되어 사전에 감독관청인 주무장관으로 하여금 그 가부를 심사하게 하는 절차로서 법적 성질로는 인가로 볼 수 있다.

나. 체납처분 승인과 압류와의 관계

체납처분 승인은 체납자에 대한 징수의 마지막 수단인 체납처분을 승낙하는 것으로 강제징수 행위의 효력을 보충하여 법률상 효력을 완성시키는 감독관청의 행위이다. 따라서 승인 없이 한 체납처분은 원칙적으로 무효로 볼 수 있고 이같이 무효인 체납처분은 그 후에 승인을 받아도 그 하자가 치유되어 유효한 행위로 되지는 않는 것으로 해석된다.

그러나 승인은 독촉과 함께 체납처분 집행 당시에 갖추어야 할 절차적 요건인바, 압류 당시에 승인 등의 요건을 갖춘 때에는 압류는 유효하게 존속한다 할 것이고 그 후에 발생한 체납액에 대하여도 압류의 효력이 미치는 것으로 볼 수 있다.

체납처분절차에 의한 부동산 등의 압류의 효력에 있어서 압류등기(등록) 이후에 추가로 발생한 체납액에 대하여도 별도의 압류등기(등록) 없이 당연히 압류의 효력이 미친다는 해석[33]과, 이미 압류가 된 상태에서 체납세액이 완납되었다 하더라도 압류해제 전에 체납액이 새롭게 발생하게 되면 그 새로 발생한 체납액에 대해서도 압류의 효력이 미친다는 판례[34] 등으로 비추어 볼 때, 일단 유효한 압류가 있은 후 체납액이 완납되지 않는 한 추가로 발생한 체납액에 대하여 별도의 승인이 있어야만 압류가 가능한 것으로 해석되지는 않는다.

---

33) 국세징수법 제47조제2항의 취지는, 한 번 압류등기를 하고 나면 동일한 사람에 대한 압류등기 이후에 발생한 체납액에 대하여도 새로운 압류등기를 거칠 필요 없이 당연히 압류의 효력이 미친다는 것으로서(대법원 2004.11.12.선고, 2003두6115 판결 등 참조), 여기에서 말하는 '체납액'이란 납세의무가 성립·확정된 이후에 그 납부기한까지 납부되지 아니한 국세와 그 가산금 등을 말한다.(대판 2012.7.26.선고, 2010다50625)

34) 국세징수법 제45조에 의한 압류는 압류 당시의 체납액이 납부되었다 하여 당연히 실효되는 것이 아니며 그 압류가 유효하게 존속하는 한 같은 법 제47조제2항에 의하여 압류등기 이후에 발생한 체납액에 대하여도 효력이 미친다. 증여서 등의 체납으로 그 소유 토지 4필지가 압류되었다가 임의경매신청으로 그중 2필지가 경락되어 그 대금에서 체납액이 전부 교부됨으로써 그 체납절차는 종료되었으나 나머지 이사건 토지 2필지에 관하여 아직 압류가 해제되지 아니한 사이에 동일인에 대하여 부과된 양도소득세에도 위 압류의 효력은 당연히 이에도 미친다 할 것이다.(대판 1989.5.9.선고, 88다카17174)

3. 위법성의 승계

위법성의 승계란 행정처분이 단계적으로 행하여지는 경우 선행처분에 어떠한 하자가 후행의 행정처분에 승계되는지 여부에 대한 판단이고, 통상 협의의 체납처분에 있어서는 압류, 매각, 공매 등 각각의 행정처분이 유기적으로 이루어져 있다.

체납처분도 유효하게 확정된 체납액의 징수를 목적으로 하는 하나의 행정처분에 해당되므로, 선행하는 행정처분의 하자가 중대하고 명백하여 무효인 경우(예컨대 납입고지 없이 압류한 경우 등)에는 그 하자가 후행처분에 승계되어 그 후행처분도 당연무효가[35] 된다.

즉, 체납처분이 조세·공과금채권의 강제적 실현이라는 동일 목적을 위한 일련의 행정처분으로써 체납처분을 구성하는 압류처분, 공매처분 및 청산처분 등에 위법이 있을 경우 이에 기한 후행처분도 위법하게 되므로, 체납처분 내의 선행처분인 압류에 위법이 있으면 후행처분인 공매처분 등도 위법하게 된다.[36]

다만, 서로 독립하여 별개의 행정효과를 목적으로 하는 경우로(예 : 부과처분과 체납처분) 선행처분의 하자가 위법함에 그치는 때에는 그 하자가 후행처분에 승계 되지 아니하고 체납처분의 집행을 방해하지 않는다.

따라서, 부과처분이 취소되지 않는 한 그 부과처분에 의하여 이루어진 체납처분은 위법하

---

35) 납세의무자에 대하여 과세처분이 있었다고 할 수 없는 이상 그 처분이 있었던 것을 전제로 하여 그 소유의 부동산을 압류하였다 하더라도 위 압류 역시 무효라고 할 것이고 이로써 위 과세처분 부존재의 흠이 치유되는 것도 아니다.(대판 1993.7.27.선고, 92누15499)

36) 증여자에게 상속세법시행령 제39조에 의한 납부통지만 하였을 뿐 달리 국세징수법 제9조에 따른 납세고지가 없었다면 아직 적법한 과세처분이 없어 증여세의 연대납세의무가 발생할 수 없는 것이므로 이와 같은 경우에는 세무서장이 징수권을 행사하여 증여자의 재산에 대하여 한 압류처분은 그 하자가 중대하고도 명백하여 당연무효라 할 것이다. 국세징수법 제47조제2항에 의하여 압류가 그 압류의 등기를 한 후에 발생한 체납액에 대하여도 효력을 미치기 위하여는 그 압류가 유효하게 존속함을 전제로 한다고 할 것이고 압류가 당초부터 무효인 경우에는 그 압류등기 후에 체납액이 발생하였다고 하여 바로 그 체납액에 대한 압류로서 유효한 것으로 전환되는 것은 아니므로, 무효인 압류처분에 기한 공매처분 역시 당연무효의 처분이고, 공매처분이 무효인 이상 이에 대해 이의신청 등을 제기하지 아니한 사실만 가지고 그 처분이 유효하게 되었다 할 수 없다.(대법 1991.6.25.선고, 89다카28133판결)

다고 할 수 없으며,[37] 이는 부과처분과 체납처분은 목적을 달리하는 전혀 별개의 절차에 속하는 행정처분에 해당되기 때문이다.

---

37) 납세고지서에 공동상속인들이 납부할 총세액 등을 기재함과 아울러 공동상속인들 각자의 상속재산 점유비율과 그 비율에 따라 산정한 각자가 납부할 상속세액 등을 기재한 연대납세의무자별 고지세액 명세서를 첨부하여 공동상속인들 각자에게 고지하였다면 그와 같은 납세고지에 의하여 공동상속인들 중 1인에게 한 다른 공동상속인들의 상속세에 대한 연대납부의무의 징수고지는 다른 공동상속인들 각자에 대한 과세처분에 따르는 징수절차상의 처분으로서의 성격을 가지는 것이어서, 다른 공동상속인들에 대한 과세처분이 무효 또는 부존재가 아닌 한 그 과세처분에 있어서의 하자는 그 징수처분에 당연히 승계된다고는 할 수 없으므로, 연대납부의무의 징수처분을 받은 공동상속인들 중 1인은 다른 공동상속인들에 대한 과세처분 자체에 취소사유가 있다는 이유만으로는 그 징수처분의 취소를 구할 수 없다.(대법 2001.11.27.선고, 98두9530판결)
일정한 행정목적을 위하여 독립된 행위가 단계적으로 이루어진 경우에 선행처분에 존재하는 하자는 그것이 당연무효의 사유가 아닌 이상 후행처분에 그대로 승계되지 않고 또 행정처분이 당연무효가 되려면 처분에 위법사유가 있다는 것만으로는 부족하고 그 하자가 중대하고도 명백한 것이어야 하며, 하자가 중대하고도 명백한 것인가의 여부는 그 법규의 목적, 의미, 기능 등과 구체적 사안의 특수성 등을 합리적으로 고찰하여 판별하여야 하므로 명의상의 사업자에 대하여 한 부가가치세 부과처분은 실질과세의 원칙에 위반한 중대한 하자가 있기는 하나 그 하자가 객관적으로 명백한 것이라고는 할 수 없어 당연무효라고는 볼 수 없고 따라서 이에 따른 압류처분도 당연무효라고는 볼 수 없다.(대판 1987.9.22.선고, 88누12110)

제 2 장

압류

I 통칙

1. 의의

강제징수(체납처분)에 의한 압류라 함은 조세·공과금채권의 내용을 실현하고 그 만족을 얻기 위하여 체납자의 특정재산을 강제적으로 확보하는 행정처분에 해당된다. 체납처분에 의한 압류가 있게 되면 압류재산에 대한 처분금지적 효력이 생기고, 압류 후에 해당 재산에 대하여 행한 양도, 매매 등의 처분은 당사자 간에만 유효할 뿐이며, 양수인은 압류권자에 대하여 압류 후의 취득 등의 사유로 그 소유권을 주장하지 못하게 된다.

압류는 체납자의 특정재산을 강제로 확보하기 위한 자력집행력에 따른 강제적 행위로써 체납자의 처분권을 박탈하는 데 그 본질이 있다. 즉 압류로 인하여 법률상 또는 사실상 처분을 금지케 하여 그 재산을 추심(공매)할 수 있는 상태로 두어 보전하려는 행위이며 체납처분에 있어서의 최초단계에 해당된다.

압류는 조세·공과금채권의 강제실현을 목적으로 하는 강제적 집행에 해당되고 체납자나 제3자의 권리에 미치는 영향이 크므로, 목적을 달성하기 위해 필요한 최소한의 범위에 그쳐야 하고 초과압류와 무익한 압류는 금지되어야 한다. 국세징수법에서는 압류의 요건, 절차나 효력, 압류금지재산 등, 재산의 종류에 따라 압류방법 등을 별도로 규정[38]하고 있다.

강제징수에 의한 압류는 해당 재산에 대한 처분권을 체납자로부터 징수기관으로 이전하게 되는 것이므로, 동산의 경우에는 처분권뿐만 아니라 사용·수익권도 제한되는 경우가 발생될 수 있다. 또한 체납자의 의사와 관계없이 필요한 때에는 체납자 또는 제3자에 대하여 폐쇄된 문·금고 또는 기구를 열거나 열게 하고, 이를 위하여 적절한 처분을 하는 등 강제적 실력에 의한 수색을 할 수도 있다.

---

38) 국세징수법에서는 부동산 등의 압류(동법 제45조~제47조), 동산과 유가증권의 압류(동법 제48조~제50조, 채권의 압류(동법 제51조~제54조), 그 밖의 재산권의 압류(동법 제55조~제56조) 등 각 구분하여 규정하고 있다.

참조법령

▶ **국세징수법 제32조【초과압류의 금지】** 관할 세무서장은 국세를 징수하기 위하여 필요한 재산 외의 재산을 압류할 수 없다. 다만, 불가분물(不可分物) 등 부득이한 경우에는 압류할 수 있다.

▶ **국세징수법 제33조【압류재산 선택 시 제3자의 권리보호】** 관할 세무서장은 압류재산을 선택하는 경우 강제징수에 지장이 없는 범위에서 전세권·질권·저당권 등 체납자의 재산과 관련하여 제3자가 가진 권리를 침해하지 아니하도록 하여야 한다.

▶ **국세징수법 제35조【수색】** ① 세무공무원은 재산을 압류하기 위하여 필요한 경우에는 체납자의 주거·창고·사무실·선박·항공기·자동차 또는 그 밖의 장소(이하 "주거등"이라 한다)를 수색할 수 있고, 해당 주거등의 폐쇄된 문·금고 또는 기구를 열게 하거나 직접 열 수 있다.

② 세무공무원은 다음 각 호의 어느 하나에 해당하는 경우 제3자의 주거등을 수색할 수 있고, 해당 주거등의 폐쇄된 문·금고 또는 기구를 열게 하거나 직접 열 수 있다.

　1. 체납자 또는 제3자가 제3자의 주거등에 체납자의 재산을 감춘 혐의가 있다고 인정되는 경우

　2. 체납자의 재산을 점유·보관하는 제3자가 재산의 인도(引渡) 또는 이전을 거부하는 경우

③ 제1항 또는 제2항에 따른 수색은 해가 뜰 때부터 해가 질 때까지만 할 수 있다. 다만, 해가 지기 전에 시작한 수색은 해가 진 후에도 계속할 수 있다.

④ 주로 야간에 대통령령으로 정하는 영업을 하는 장소에 대해서는 제3항에도 불구하고 해가 진 후에도 영업 중에는 수색을 시작할 수 있다.

⑤ 세무공무원은 제1항 또는 제2항에 따라 수색을 하였으나 압류할 재산이 없는 경우 수색조서를 작성하고 수색조서에 제37조에 따른 참여자와 함께 서명날인하여야 한다. 다만, 참여자가 서명날인을 거부한 경우에는 그 사실을 수색조서에 적는 것으로 참여자의 서명날인을 갈음할 수 있다.

⑥ 세무공무원은 제5항에 따라 수색조서를 작성한 경우 그 등본을 수색을 받은 체납자 또는 참여자에게 내주어야 한다.

2. 압류의 대상

강제징수(체납처분)에 의한 압류의 대상이 되는 재산이라 함은 압류할 당시에 ① 체납자에게 귀속될 것, ② 국세징수법의 시행지역 내에 있는 재산일 것, ③ 금전적 가치를 가질 것, ④ 양도 또는 추심 가능한 재산일 것, ⑤ 압류금지재산이 아닐 것 등을 요한다.

가. 체납자에게 귀속될 것

압류대상이 되는 재산은 압류 당시에 체납자에게 귀속이 되어 있어야 하므로, 이미 제3자 등 타인 소유의 재산을 압류하였다면 그 압류처분은 압류대상에 관한 중대하고도 명백한 하

자가 있는 것으로써 당연무효에 해당된다. [39]

체납자의 재산이 부동산 등 등기(등록)를 필요로 하는 재산인 경우, 그 재산이 체납자에게 귀속되는지 여부는 등기(등록)의 효력에 의하여 판단되어야 할 것이므로, 압류 당시에 제3자가 시효취득 완성을 원인으로 하여 소유권이전등기청구권을 갖고 있다고 하더라도 그때까지 등기(등록)를 하지 않은 이상 압류권자에 대하여 그 소유권을 주장할 수 없다. [40]

또한, 체납자의 명의로 명의신탁된 재산에 대한 압류처분은 유효하고 압류권자가 명의신탁의 사실을 알고 있었다 하여 그 압류처분의 효력이 부정되지도 않는다. 따라서 명의신탁된 재산이 체납자의 소유로 명의수탁이 되어 있는 이상 대외적으로는 여전히 체납자의 소유에 해당되므로 그 압류처분은 유효하고, [41] 설령 체납자가 타인에게 해당 재산을 매도한 경우에도 아직 그 소유권이전등기를 제3자의 명의로 하지 않는 한 그전에 행한 압류는 유효하다. [42]

---

39) 과세관청이 납세자에 대한 체납처분으로서 제3자의 소유 물건을 압류하고 공매하더라도 그 처분으로 인하여 제3자가 소유권을 상실하는 것이 아니고, 체납처분으로서 압류의 요건을 규정하는 국세징수법 제24조 각 항의 규정을 보면 어느 경우에나 압류의 대상을 납세자의 재산에 국한하고 있으므로, 납세자가 아닌 제3자의 재산을 대상으로 한 압류처분은 그 처분의 내용이 법률상 실현될 수 없는 것이어서 당연무효이다.(대판 2006.4.13.선고, 2005두15151)

40) 국세징수법의 규정에 기한 압류는 압류대상으로 된 재산이 등기되어 있는 부동산인 경우에 그 재산이 납세자의 소유에 속하는지의 여부는 등기의 효력에 의하여 판단하여야 할 것인바, 과세관청이 원고에 의하여 이미 20년의 부동산취득시효기간이 경과된 부동산을 압류하였더라도 그때까지 원고가 등기를 하지 아니하였다면 제3자인 과세관청에 대하여 시효취득을 이유로 소유권을 주장할 수 없고, 압류 후에 소유권이전등기를 하여 그 취득시효로 인한 권리취득의 효력이 점유를 개시한 때에 소급한다고 하더라도 제3자인 과세관청과의 관계에서까지 그 소급효가 인정되는 것은 아니며, 또한 압류에서의 이른바 처분금지의 효력은 압류채권자와 관계에서 상대적으로 발생하는 것으로 압류 후에 원고가 시효취득에 의하여 체납자로부터 소유권이전등기를 경료하였더라도 압류채권자에게는 대항할 수 없다.(대판 1991.2.26.선고, 90누5375)

41) 압류대상이 된 재산이 등기되어 있는 부동산인 경우에 그 재산이 납세자의 소유에 속하는 여부는 등기의 효력에 의하여 판단하여야 할 것이고, 압류대상 건물들에 관한 체납자 명의의 소유권보존등기가 원고의 의사에 기한 명의신탁에 의하여 이루어진 것이라면 비록 그 건물을 원고가 체납자 명의로 건축허가를 받아 신축한 것이었다 하더라도 그 소유권은 명의신탁의 법리에 따라 대외적으로는 체납자에게 귀속되었다고 보아야 할 것이므로 피고(세무서장)가 대외적으로 체납자에게 소유권이 귀속되어 있는 재산을 압류한 이상 그 압류처분은 유효하다 할 것이고 그 대내적인 소유권 귀속관계를 알고 있었다 하여 그 압류처분의 효력을 부정할 사유는 없다 할 것이다.(대판 1984.4.24.선고, 83누506)

42) 납세자에게 귀속되어 있는 재산으로서 금전적 가치가 있고 양도성이 있는 것은 법률상압류가 금지된 것이 아닌 한 모두 압류의 대상이 되는 것이므로, 양도소득세의 발생 원인이 된 재산이라 하더라도 등기명의가 납세자에게 남아 있어 그 소유권이 납세자에게 귀속되어있는 한 압류의 대상이 된다 할 것이다.(대판 1984.1.24.선고, 83누527)

다만, 체납자가 신탁법에 따라서 소유 부동산을 신탁한 경우, 명의신탁과는 달리 신탁재산은 수탁자에게 귀속되고, 신탁 후에까지 위탁자(체납자)의 재산이라고 볼 수는 없으므로, 위탁자의 체납액을 원인으로 하여 수탁자 명의의 신탁재산을 압류할 수는 없다.[43] 하지만 신탁재산에 대하여 위탁자(체납자)의 수닥 전에 이미 압류한 경우에는 압류 후 수탁자 앞으로 신탁된 경우라도 체납처분을 속행할 수 있다.[44]

아울러, 여러 개의 회사가 상호 출자하여(컨소시엄 형태 등) 공사한 공사대금에 대하여는 민법상 조합재산인 합유에 해당되므로, 이들 중 1인의 체납을 원인으로 한 공사대금에 대한 압류는 제3자 소유의 재산을 압류한 것으로서 당연무효인 것으로 해석한 바 있으나,[45] 공사도급계약에서 발생한 채권과 관련하여 공동수급체가 아닌 개별 구성원으로 하여금 지분비율에 따라 직접 도급인에 대한 권리를 취득하는 약정이 있는 경우라면 여럿의 수급인 중 1개 수급자의 체납을 원인으로 공동수급인의 공사대금에 대한 압류가 가능하다.[46]

---

43) 위탁자가 수탁자에게 부동산의 소유권을 이전하여 당사자 사이에 신탁법에 의한 신탁관계가 설정되면 단순한 명의신탁과는 달리 신탁재산은 수탁자에게 귀속되고, 신탁 후에도 여전히 위탁자의 재산이라고 볼 수는 없으므로, 위탁자에 대한 조세채권에 기하여 수탁자 명의의 신탁재산에 대하여 압류할 수 없다.(대판 1996.10.15.선고, 96다17424)

44) 신탁법 제21조제1항 본문의 규정에 따라 원칙적으로 강제집행이나 경매가 금지되어 있고 다만 그 단서의 규정에 따라 신탁전의 원인으로 발생한 권리 또는 신탁사무 처리상 발생한 권리에 기한 경우에만 예외적으로 강제집행이 허용되는데 여기에서 위 신탁전의 원인으로 발생한 권리라 함은 신탁 전에 이미 신탁부동산에 저당권이 설정된 경우 등 신탁재산 그 자체를 목적으로 하는 채권이 발생되었을 때를 의미하는 것이고 신탁 전에 위탁자에 관하여 생긴 모든 채권이 이에 포함된다고 할 수 없다고 판단하였다.(대판 1987.5.12.선고, 86다545,86다카2876)

45) 수급인인 6개 회사가 공동협정서에 터 잡아 상호 출자하여 신축공사 관련 사업을 공동으로 시행하기로 하는 내용을 약정한 경우 그들 사이에는 민법상 조합이 성립하므로, 세무서장이 조합의 구성원인 1개 회사의 부가가치세 체납을 이유로 6개 회사의 조합재산인 공사대금 채권에 대하여 압류처분을 한 것은 체납자 아닌 제3자 소유의 재산을 대상으로 한 것으로서 당연무효에 해당된다.(대판 2001.2.23.선고, 2000다68924)

46) 공동이행방식의 공동수급체는 기본적으로 민법상 조합의 성질을 가지는 것이므로, 공동수급체가 공사를 시행함으로 인하여 도급인에 대하여 가지는 채권은 원칙적으로 공동수급체 구성원에게 합유적으로 귀속하는 것이어서 특별한 사정이 없는 한 구성원 중 1인이 임의로 도급인에 대하여 출자지분 비율에 따른 급부를 청구할 수 없고, 구성원 중 1인에 대한 채권으로써 그 구성원 개인을 집행채무자로 하여 공동수급체의 도급인에 대한 채권에 대하여 강제집행을 할 수 없다. 그러나 공동이행방식의 공동수급체와 도급인이 공사도급계약에서 발생한 채권과 관련하여 공동수급체가 아닌 개별 구성원으로 하여금 지분비율에 따라 직접 도급인에 대하여 권리를 취득하게 하는 약정을 하는 경우와 같이 공사도급계약의 내용에 따라서는 공사도급계약과 관련하여 도급인에 대하여 가지는 채권이 공동수급체 구성원 각자에게 지분비율에 따라 구분하여 귀속될 수도 있고, 위와 같은 약정은 명시적으로는 물론 묵시적으로도 이루어질 수 있다.(대판 2012.5.17.선고, 2009다105406 전원합의체)

　압류집행 당시에 체납자에게 귀속되지 않는 재산이라도 체납자가 자기의 의사표시에 의하여 당해 재산을 취득할 수 있는 경우에는 체납자를 대위하여 해당 의사표시를 하고 이를 체납자의 재산으로 귀속시켜 압류할 수 있으며, 체납자가 압류를 면하기 위하여 재산을 양도하고 양수인이 그 점을 알고 이를 양수한 때에는 사해행위로써 이를 취소하고 체납자에게 귀속시켜서 압류할 수 있다.

참조법령

▶ **구 국세징수법기본통칙 24-0…2〔재산의 귀속〕** ① 압류의 대상이 되는 재산은 압류당시에 체납자에게 귀속되고 있는 것이어야 한다.
② 재산이 다음 각 호의 1에 해당하는 경우에는 체납자에게 귀속되는 것으로 추정한다.
　1. 동산 및 유가증권… 체납자가 소지하고 있을 것(「민법」 제197조 참조)
　2. 등록공사채 등… 등록명의가 체납자일 것(「국채법」 제8조, 「공사채등록법」 제4조 참조)
　3. 등기 또는 등록된 부동산, 선박, 건설기계, 자동차 및 항공기, 지상권, 광업권등의 권리와 특허권 기타의 무체재산권 등… 등기 또는 등록의 명의인이 체납자일 것
　4. 미등기의 부동산소유권, 기타의 부동산에 관한 권리 및 미등록의 저작권… 점유의 사실, 가옥대장, 토지대장 기타 장부서류의 기재 등에 의해 체납자에게 귀속한다고 인정되는 것
　5. 합명회사 및 합자회사의 사원의 지분…정관 또는 상업 등기부상 사원의 명의가 체납자일 것(「상법」 제37조, 제179조, 제180조, 제183조, 제269조, 「상업등기규칙」 제51조 참조)
　6. 유한회사의 사원의 지분…정관, 사원명부 또는 상업 등기부상 명의인이 체납자일 것(「상법」 제543조, 제549조, 제557조 참조)
　7. 채권… 차용증서, 예금통장, 매출장 기타 거래관계장부서류 등에 의해 체납자에게 귀속한다고 인정되는 것
▶ **신탁법 제8조〔사해신탁〕** ① 채무자가 채권자를 해함을 알면서 신탁을 설정한 경우 채권자는 수탁자가 선의일지라도 수탁자나 수익자에게 「민법」 제406조제1항의 취소 및 원상회복을 청구할 수 있다. 다만, 수익자가 수익권을 취득할 당시 채권자를 해함을 알지 못한 경우에는 그러하지 아니하다.
▶ **신탁법 제22조〔강제집행 등의 금지〕** ① 신탁재산에 대하여는 강제집행, 담보권 실행 등을 위한 경매, 보전처분(이하 "강제집행등"이라 한다) 또는 국세 등 체납처분을 할 수 없다. 다만, 신탁 전의 원인으로 발생한 권리 또는 신탁사무의 처리상 발생한 권리에 기한 경우에는 그러하지 아니하다.
③ 위탁자, 수익자나 수탁자는 제1항을 위반한 국세 등 체납처분에 대하여 이의를 제기할 수 있다. 이 경우 국세 등 체납처분에 대한 불복절차를 준용한다.
▶ **신탁법 제53조〔신수탁자의 의무의 승계〕** ③ 제22조제1항 단서에 따른 신탁재산에 대한 강제집행 등의 절차 또는 국세 등 체납처분의 절차는 신수탁자에 대하여 속행(續行)할 수 있다.
▶ **국세징수법 제25조〔사해행위의 취소 및 원상회복〕** 관할 세무서장은 강제징수를 할 때 납세자가 국세의 징수를 피하기 위하여 한 재산의 처분이나 그 밖에 재산권을 목적으로 한 법률행위(「신탁법」 제8

조에 따른 사해신탁을 포함한다)에 대하여 「신탁법」 제8조 및 「민법」 제406조·제407조를 준용하여 사해행위(詐害行爲)의 취소 및 원상회복을 법원에 청구할 수 있다.

▶ **민법 제406조【채권자취소권】** ① 채무자가 채권자를 해함을 알고 재산권을 목적으로 한 법률행위를 한 때에는 채권자는 그 취소 및 원상회복을 법원에 청구할 수 있다. 그러나 그 행위로 인하여 이익을 받은 자나 전득한 자가 그 행위 또는 전득당시에 채권자를 해함을 알지 못한 경우에는 그러하지 아니하다.

② 전항의 소는 채권자가 취소원인을 안 날로부터 1년, 법률행위 있은 날로부터 5년 내에 제기하여야 한다.

▶ **민법 제407조【채권자취소의 효력】** 전조의 규정에 의한 취소와 원상회복은 모든 채권자의 이익을 위하여 그 효력이 있다.

나. 국세징수법의 시행지역 내에 있는 재산일 것

압류대상이 되는 재산은 압류할 당시에 국세징수법이 시행되는 지역 내에 있어야 가능하다. 이와 관련하여 국세징수법에서는 별도의 규정이 없으나, 구 국세징수법기본통칙에서 압류의 대상이 되는 재산은 이 법의 효력이 미치는 지역 내에 있는 재산으로 규정하고 있다.[47]

참조법령

▶ **구 국세징수법기본통칙 24-0…4【재산의 소재】** ① 압류의 대상이 되는 재산은 이 법의 효력이 미치는 지역 내에 있는 재산이어야 한다.

② 전항의 재산의 소재지 결정에 있어서는 「상속세 및 증여세법」 제5조(상속재산 등의 소재지)를 준용한다.

다. 금전적 가치를 가질 것

압류의 목적은 압류재산의 환가대금을 가지고 조세·공과금채권에 충당하는 것이므로 압류의 대상은 금전적 가치가 있어야 한다. 따라서 체납자가 소유하는 것이라도 금전 또는 급여를 목적으로 하지 않는 작위(예 : 연주 또는 연기를 하는 것) 또는 부작위를 목적으로 하는 채권은 압류의 대상이 될 수 없다.

---

47) 과세관청 내부에 있어서 세법의 해석기준 및 집행기준을 시달한 국세징수법 기본통칙에 의하더라도 압류의 대상이 되는 재산은 국세징수법의 효력이 미치는 지역 내에 있는 재산이어야 한다고 밝히고 있고 이러한 점을 종합하면, 원고의 국세체납처분권은 대한민국의 영토 등에 있는 재산에 한하여 미치는 것으로 봄이 타당하다.(서울고등법원 2013.4.18.선고, 2012나63832 판결)

> **참조법령**
>
> ▶ **구 국세징수법기본통칙 24-0…5【재산의 금전적 가치】** 압류의 대상이 되는 재산은 금전적 가치를 가진 것이어야 한다. 따라서 금전 또는 물건의 지급을 목적으로 하지 않는 행위(예 : 연주를 하는 것 등) 또는 부작위(예 : 경업금지)를 목적으로 하는 채권 등은 압류의 대상이 되지 아니한다.

라. 양도 또는 추심 가능한 재산일 것

압류대상인 재산이 양도 또는 추심할 수 없는 재산에 해당될 경우에는 압류의 대상이 될 수 없다. 이는 채권 이외의 재산은 공매 등 매각에 의하여 환가하는 것이므로, 양도성이 없는 것은 결국 매각할 수 없기 때문이다. 또한 채권은 채권자를 대위하여 추심 및 체납액에 충당하는 것이므로, 추심할 수 없는 채권도 압류의 대상이 되지 않는다.

「사립학교법」에 따라 학교법인이 설치·경영하는 사립학교의 교육에 직접 사용하는 교지(校地)·교사(校舍) 등의 재산은 매도 또는 담보에 제공할 수 없어 매매 등의 목적물이 될 수 없으므로 이에 대한 압류는 불가하다.[48]

하지만, 학교법인이 매도나 담보에 제공할 수 없는 교지(校地)·교사(校舍) 등을 제외한 수익용 기본재산에 대한 담보제공 등은 관할청의 허가를 받도록 되어 있으므로, 관할청의 허가를 받을 수 없는 특별한 사정이 있지 않는 한 압류가 가능하다.[49]

아울러, 압류대상 재산에 대한 양도금지의 특약과 관련하여 당사자 사이에 양도금지의 특약이 있는 채권에 해당되더라도 그 채권의 양도금지 특약에 대한 선의·악의 여부와는 상관

---

48) 사립학교법 제28조제2항, 같은 법 시행령 제12조제1항이 학교법인의 재산 중 당해 학교법인이 설치·경영하는 사립학교의 교육에 직접 사용되는 교지 등의 재산은 매도 또는 담보에 제공할 수 없도록 규정하고 있는 취지는, 그것이 매매계약의 목적물이 될 수 없다는 데에 그치는 것이 아니고 매매로 인한 소유권이전 가능성을 전부 배제하는 것으로 국세징수법상 체납처분절차에 의한 매도도 금지하는 것이어서, 이에 대하여는 국세징수법에 의한 압류가 허용되지 아니함이 명백하다.(대판 1996.11.15.선고, 96누4947)

49) 사립학교법 제28조제1항, 제2항, 사립학교법시행령 제12조제1항에 의하면, 학교법인이 매도하거나 담보에 제공할 수 없는 교지, 교사 등을 제외한 기본재산에 대하여는, 학교법인이 이를 매도, 증여, 임대, 교환 또는 용도변경하거나 담보에 제공하고자 할 때 또는 의무의 부담이나 권리의 포기를 하고자 할 때에는 관할청의 허가를 받아야 한다고 제한하고 있을 뿐이므로, 관할청의 허가를 받을 수 없는 사정이 확실하다고 인정되는 등의 특별한 사정이 없는 한, 이러한 기본재산에 대한 압류는 허용된다.(대판 2003.5.16.선고, 2002두3669)

없이 압류가 가능하다.[50)]

참조법령

▶ **구 국세징수법기본통칙 24-0…6[재산의 양도 또는 추심 가능성]** ① 압류의 대상이 되는 재산은 양도 또는 추심할 수 있는 것이어야 한다.
② 전항의 양도 또는 추심 가능성에 관하여는 다음 사항에 유의한다.
　1. 유가증권 중 지시금지어음 및 수표는 「어음법」 제11조(당연한 지시증권성) 또는 「수표법」 제14조(당연한 지시증권성)에 따르며 지명채권의 양도방식에 따라 양도할 수 있다.(민법 제508조 참조)
　2. 상속권, 부양청구권, 위자료청구권, 재산분할청구권 등과 같이 납세자의 일신에 전속하는 권리는 양도할 수 없다. 다만, 그 권리의 행사로 인하여 금전적 채권 등으로 전환되었을 때는 예외이다.
　3. 요역지의 소유권에 부종하는 지역권 또는 채권에 부종하는 유치권, 질권, 저당권 등은 주된 권리와 분리하여 양도할 수 없다.
　4. 상호는 영업을 폐지하거나 영업과 함께 하는 경우가 아니면 양도할 수 없다.(「상법」 제25조 참조)
▶ **구 국세징수법기본통칙 24-0…7[양도금지의 특약이 있는 재산]** 당사자 간의 계약에 의하여 양도금지의 특약이 있는 재산도 압류의 대상이 된다.

마. 압류금지재산이 아닐 것

　법령에 의하여 압류가 금지되는 재산은 압류할 수 없으며, 각 법령에는 그 목적에 따라서 압류금지에 관한 내용이 규정되어 있으므로, 해당 법령에서 압류대상 재산에 관하여 압류를 금지하고 있으면 압류대상이 될 수 없다. 국세징수법에서는 주로 체납자의 생활보호를 위하여 절대적 압류금지재산과 급여의 압류제한에 관한 규정을 두고 있다. 결국 체납자에게 귀속된 재산으로써 금전적 가치가 있고 양도성이 있는 재산은 국세징수법 또는 타 법령 등에서 압류를 금지하고 있지 않는 한 원칙상 모두 압류의 대상이 된다.

　따라서 사업주가 경영상황이 어렵더라도 인원 감축 대신 고용을 유지하도록 장려하기 위해 고용노동부가 지원하는 "고용유지지원금"은 생계와 직결되는 임금으로 보기 어렵고 고용보험법에 규정된 압류금지에 해당되는 실업급여에 포함되지 않으므로 압류가 가능하다. 또한 장애인근로자의 고용촉진을 유도하고자 의무고용률을 초과하여 장애인을 고용하는 사업주에게 한국장애인고용공단에서 보조정책 수단사업의 일환으로 지급하는 "고용장려금" 등

---

50) 당사자 사이에 양도금지의 특약이 있는 채권이라도 압류 및 전부명령에 따라 이전될 수 있고, 양도금지의 특약이 있는 사실에 관하여 압류채권자가 선의인가 악의인가는 전부명령의 효력에 영향이 없다.(대판 2002.8.27.선고, 2001다71699)

도 압류가 가능하다.

구「보조금의 예산 및 관리에 관한 법률(現, 보조금 관리에 관한 법률)」의 규정에 의한 보조금의 경우, 법령상 압류를 금지하는 명문의 규정은 없으나, 그 보조금이 교부 목적에 따른 용도 외에 다른 용도로는 사용이 금지되어 있는 때에는 압류금지에 해당되지만, 이런 보조금이라도 예금계좌로 입금되어 예금채권으로 전환된 경우는 압류가 가능하다. [51]

아울러 「보조금 관리에 관한 법률」 등에 의하여 지급되는 보조금이 경제상의 손실을 보전하려는 보상적인 목적으로 지급되어 다른 용도로의 전환사용이 제한되지 않는 경우라면 압류가 가능한 것으로 해석된다. 하지만 사립학교법에 의하여 설립된 학교법인이 학생으로부터 납부금을 받을 권리와 교비회계의 수입 중 납부금에 대하여 별도계좌로 관리되는 수입에 대한 예금채권은 압류대상이 될 수 없다.

또한, 어린이집 등은 영유아보육법에 의한 복지시설 운영기관으로서 사회복지사업법에 따른 사회복지사업을 수행하는 자는 국가 또는 지방자치단체로부터 보조금 등을 교부받을 수 있고, 사회복지사업법에서는 이에 대한 압류를 금지하도록 규정하고 있으므로 이 같은 보조금에 대한 압류는 불가하다.

---

51) 사립학교법 제43조제1항, 「보조금의예산및관리에관한법률」 제22조제1항 등에 의하여 국가 또는 지방자치단체로부터 교육의 진흥상 필요하다고 인정되어 사립학교 교육의 지원을 위하여 교부되고 그 목적 이외의 사용이 금지되는 보조금은, 그 금원의 목적 내지 성질상 국가나 지방자치단체와 학교법인 사이에서만 수수, 결제되어야 하므로 그 보조금교부채권은 성질상 양도가 금지된 것으로 보아야 하고 따라서 강제집행의 대상이 될 수 없다.

압류금지채권의 목적물이 채무자의 예금계좌에 입금된 경우에는 그 채권은 채무자의 당해 금융기관에 대한 예금채권으로 변하여 종전의 채권과의 동일성을 상실하고, 압류명령은 채무자와 제3채무자의 심문 없이 하도록 되어 있어 압류명령 발령 당시 당해 예금으로 입금된 금원의 성격이 압류금지채권의 목적물인지 혹은 그에 해당하지 아니하는 금원인지, 두 가지 금원이 혼입되어 있다면 예금액 중 압류금지채권액이 얼마인지를 가려낼 수 없는 것인바, 신속한 채권집행을 실현하기 위해서는 압류 단계에서는 피압류채권을 형식적·획일적으로 판단하여야 하므로 압류금지채권의 목적물이 채무자의 예금계좌에 입금된 경우, 채무자의 제3채무자 금융기관에 대한 예금채권에 대하여는 압류금지의 효력이 미치지 아니한다.

압류금지채권의 목적물이 채무자의 예금계좌에 입금되어 그 예금채권에 대하여 더 이상 압류금지의 효력이 미치지 아니하게 되었다 하더라도 원래의 압류금지의 취지는 참작되어야 할 것인바, 그 경우 채무자의 보호는 민사소송법 제579조의2를 적용하여 법원이 채무자의 신청에 의하여 채무자와 채권자의 생활상황 기타의 사정을 고려하여 압류명령의 전부 또는 일부를 취소하는 방법에 의하여야 한다.(대결 1996.12.24.선고, 96마1302·1303)

참조법령

▶ **국세징수법 제41조【압류금지 재산】** 다음 각 호의 재산은 압류할 수 없다.

1. 체납자 또는 그와 생계를 같이하는 가족(사실상 혼인관계에 있는 사람을 포함한다. 이하 이 조에서 "동거가족"이라 한다)의 생활에 없어서는 아니 될 의복, 침구, 가구, 주방기구, 그 밖의 생활필수품

2. 체납자 또는 그 동거가족에게 필요한 3개월간의 식료품 또는 연료

3. 인감도장이나 그 밖에 직업에 필요한 도장

4. 제사 또는 예배에 필요한 물건, 비석 또는 묘지

5. 체납자 또는 그 동거가족의 장례에 필요한 물건

6. 족보 · 일기 등 체납자 또는 그 동거가족에게 필요한 장부 또는 서류

7. 직무 수행에 필요한 제복

8. 훈장이나 그 밖의 명예의 증표

9. 체납자 또는 그 동거가족의 학업에 필요한 서적과 기구

10. 발명 또는 저작에 관한 것으로서 공표되지 아니한 것

11. 주로 자기의 노동력으로 농업을 하는 사람에게 없어서는 아니 될 기구, 가축, 사료, 종자, 비료, 그 밖에 이에 준하는 물건

12. 주로 자기의 노동력으로 어업을 하는 사람에게 없어서는 아니 될 어망, 기구, 미끼, 새끼 물고기, 그 밖에 이에 준하는 물건

13. 전문직 종사자 · 기술자 · 노무자, 그 밖에 주로 자기의 육체적 또는 정신적 노동으로 직업 또는 사업에 종사하는 사람에게 없어서는 아니 될 기구, 비품, 그 밖에 이에 준하는 물건

14. 체납자 또는 그 동거가족의 일상생활에 필요한 안경 · 보청기 · 의치 · 의수족 · 지팡이 · 장애보조용 바퀴의자, 그 밖에 이에 준하는 신체보조기구 및 「자동차관리법」에 따른 경형자동차

15. 재해의 방지 또는 보안을 위하여 법령에 따라 설치하여야 하는 소방설비, 경보기구, 피난시설, 그 밖에 이에 준하는 물건

16. 법령에 따라 지급되는 사망급여금 또는 상이급여금(傷痍給與金)

17. 「주택임대차보호법」 제8조에 따라 우선변제를 받을 수 있는 금액

18. 체납자의 생계유지에 필요한 소액금융재산으로서 대통령령으로 정하는 것

▶ **국세징수법 제42조【급여채권의 압류 제한】** ① 급료, 연금, 임금, 봉급, 상여금, 세비, 퇴직연금, 그 밖에 이와 비슷한 성질을 가진 급여채권에 대해서는 그 총액의 2분의 1에 해당하는 금액은 압류가 금지되는 금액으로 한다.

② 제1항에도 불구하고 다음 각 호의 경우 압류가 금지되는 금액은 각각 다음 각 호의 구분에 따른 금액으로 한다.

1. 제1항에 따라 계산한 급여채권 총액의 2분의 1에 해당하는 금액이 표준적인 가구의 「국민기초생활 보장법」 제2조제7호에 따른 최저생계비를 고려하여 대통령령으로 정하는 금액에 미달하는 경우 : 같은 호에 따른 최저생계비를 고려하여 대통령령으로 정하는 금액

2. 제1항에 따라 계산한 급여채권 총액의 2분의 1에 해당하는 금액이 표준적인 가구의 생계비를 고려하여 대통령령으로 정하는 금액을 초과하는 경우 : 표준적인 가구의 생계비를 고려하여 대통령령으로 정하는 금액

③ 퇴직금이나 그 밖에 이와 비슷한 성질을 가진 급여채권에 대해서는 그 총액의 2분의 1에 해당하는 금액은 압류하지 못한다.

④ 제1항부터 제3항까지의 규정에 따른 총액은 「소득세법」 제20조제1항 각 호에 해당하는 근로소득의 금액의 합계액(비과세소득의 금액은 제외한다) 또는 같은 법 제22조제1항 각 호에 해당하는 퇴직소득의 금액의 합계액(비과세소득의 금액은 제외한다)에서 그 근로소득 또는 퇴직소득에 대한 소득세 및 소득세분 지방소득세를 뺀 금액으로 한다.

▶ **사회복지사업법 제2조【정의】** 이 법에서 사용하는 용어의 뜻은 다음과 같다.

1. "사회복지사업"이란 다음 각 목의 법률에 따른 보호 · 선도(善導) 또는 복지에 관한 사업과 사회복지상담, 직업지원, 무료 숙박, 지역사회복지, 의료복지, 재가복지(在家福祉), 사회복지관 운영, 정신질환자 및 한센병력자의 사회복귀에 관한 사업 등 각종 복지사업과 이와 관련된 자원봉사활동 및 복지시설의 운영 또는 지원을 목적으로 하는 사업을 말한다.

바. 「영유아보육법」

▶ **사회복지사업법 제48조【압류 금지】** 이 법 및 제2조제1호 각 목의 법률에 따라 지급된 금품과 이를 받을 권리는 압류하지 못한다.

3. 압류의 제한

가. 초과압류의 금지

국세징수법에서 강제징수(체납처분)에 의한 체납액을 징수하기 위해 필요한 재산 이외의 재산은 압류할 수 없다는 초과압류금지의 원칙을 두고 있다. 이는 체납자의 재산권보장과 체납처분기관의 징수권 남용을 방지하기 위한 측면에서 볼 때, 체납처분에 의한 압류는 체납액을 징수하기 위한 필요 한도 내에서 집행하여야 함을 뜻한다.

특히, 채권압류의 경우 제3채무자가 실제로 추심에 응할 수 있는 자력에 따라 그 가치가 평가되므로, 단순 피압류채권의 가액으로 초과압류금지의 규정에 해당되는지 여부를 판단할 수 없으며, 채권을 압류하는 때에는 체납액을 한도로 하여야 하지만 필요하다고 인정하는 때에는 그 채권 전액을 압류할 수 있다.

즉, 채권에 대해서는 예외적으로 초과압류가 가능하도록 명문의 규정을 두고 있으며, 여기서 "필요하다고 인정하는 때"라고 함은 당해 채권에 대한 채무자의 자력상태로 보아 그 이행이 확실하다고 인정할 수 없는 경우 또는 당해 채권에 대하여 조세·공과금채권에 우선하는 질권이 설정된 경우 등으로 압류에 관련된 체납액의 징수가 확실하지 아니한 경우를 말한다.

초과압류 금지여부는 "압류당시"를 기준 시점으로 판단하여야 하며, 압류재산의 가액(환가가능 예상액)이 체납액을 초과한다는 예상만으로 바로 초과압류에 해당되는 것은 아니고, 압류재산에 대하여 우선하는 담보물권·임금채권 등이 있는지 여부 등을 종합적으로 판단하여야 한다.

국세징수법에 따라 초과압류는 원칙상 금지되나 압류할 재산이 불가분물인 경우로서 그 재산 외에 체납액 징수에 적합한 다른 재산이 없다거나, 분할 또는 구분이 가능하더라도 분할 또는 구분하여 매각할 경우에 경제적 가치가 현저히 감소하는 때에는 초과압류가 허용된다. 아울러 초과압류금지에 위배된 압류는 위법하나 이를 당연무효라고 볼 수는 없다.[52]

> **참조법령**
>
> ▶ **국세징수법 제32조【초과압류의 금지】** 관할 세무서장은 국세를 징수하기 위하여 필요한 재산 외의 재산을 압류할 수 없다. 다만, 불가분물(不可分物) 등 부득이한 경우에는 압류할 수 있다.
> ▶ **국세징수법 제53조【채권압류의 범위】** 관할 세무서장은 채권을 압류하는 경우 체납액을 한도로 하여야 한다. 다만, 압류하려는 채권에 국세보다 우선하는 질권이 설정되어 있어 압류에 관계된 체납액의 징수가 확실하지 아니한 경우 등 필요하다고 인정되는 경우 채권 전액을 압류할 수 있다.

나. 무익한 압류의 제한

국세징수법에서 초과압류를 금지하고 있는 것에 반해, 무익한 압류 또는 무잉여 압류를 금지하는 명문의 규정은 없다. 이는 압류 이후 해당 재산의 가치가 상승한다거나 선순위채권의 변제 또는 감소 등으로 향후 실익이 있는 것으로 바뀌게 될 여지도 있으므로 이를 입법화할 필요성이 크지 않기 때문이다.

---

52) 세무공무원이 국세의 징수를 위해 납세자의 재산을 압류하는 경우 그 재산의 가액이 징수할 국세액을 초과한다 하여 위 압류가 당연무효의 처분이라고는 할 수 없는 것이고, 이 사건 압류처분이 이른바 과잉압류라 할지라도 거기에 중대하고 명백한 하자가 있는 무효의 처분이라고는 할 수 없다고 판단한 조치는 수긍이 가고 심리미진의 잘못이나, 국세징수법상 압류에 관한 법리를 오해한 위법이 없다.(대판 1986.11.11.선고, 86누479)

다만, 민사집행절차에서 무익한 압류 또는 무잉여 압류를 금지하도록 명문으로 규정하고 있고, 구 국세징수법[시행 2021.1.1. 법률 제17758호로 개정 전] 제53조제1항의 당연 압류해제에 요건 중 "기타의 사유"에 무잉여 압류재산을 포함하도록 해석[53]하고 있으므로, 국세징수법상에 명문의 규정이 없더라도 무익한 압류 또는 무잉여 압류는 제한되어야 할 것으로 보여진다.

> **참조법령**
>
> ▶ **민사집행법 제188조[집행방법, 압류의 범위]** ③ 압류물을 현금화하여도 집행비용 외에 남을 것이 없는 경우에는 집행하지 못한다.
>
> ▶ **민사집행규칙 제140조[초과압류 등의 취소]** ② 집행관은 압류 후에 압류물의 매각대금으로 압류채권자의 채권에 우선하는 채권과 집행비용을 변제하면 남을 것이 없겠다고 인정하는 때에는 압류를 취소하여야 한다.
>
> ▶ **민사집행 제141조[매각의 가망이 없는 경우의 압류의 취소]** 집행관은 압류물에 관하여 상당한 방법으로 매각을 실시하였음에도 매각의 가망이 없는 때에는 그 압류물의 압류를 취소할 수 있다.
>
> ▶ **국세징수법 제57조[압류해제의 요건]** ① 관할 세무서장은 다음 각 호의 어느 하나에 해당하는 경우 압류를 즉시 해제하여야 한다.
>
>   4. 총재산의 추산(推算)가액이 강제징수비(압류에 관계되는 국세에 우선하는 「국세기본법」 제35조제1항제3호에 따른 채권 금액이 있는 경우 이를 포함한다)를 징수하면 남을 여지가 없어 강제징수를 종료할 필요가 있는 경우. 다만, 제59조에 따른 교부청구 또는 제61조에 따른 참가압류가 있는 경우로서 교부청구 또는 참가압류와 관계된 체납액을 기준으로 할 경우 남을 여지가 있는 경우는 제외한다.

4. 압류조서 및 수색 등

가. 압류조서

1) 압류조서의 작성
체납자의 재산을 압류할 때에는 압류조서를 작성하고, 압류재산이 동산 또는 유가증권, 채

---

53) 압류해제신청 당시 과세관청이 압류토지를 공매한다고 하더라도 국세체납액에 우선하는 압류토지의 가등기담보권 피담보채권액이 토지가액을 훨씬 넘게 됨이 분명하여, 공매처분에 의하여 체납처분비에 충당하고 잔여가 생길 여지가 없는 것으로 판명된 경우라면, 이는 국세징수법 제53조제1항제1호 소정의 '기타의 사유로 압류의 필요가 없게 된 때'에 해당하는 것이므로 세무서장은 압류를 해제하여야 한다.(대판 1996.12.20.선고, 95누15193)

권 및 채권과 소유권을 제외한 그 밖의 재산권(이하 "그 밖의 재산권"이라 한다)을 압류한 때에는 그 등본을 체납자에게 교부하여야 한다. 다만 참가압류의 효력이 생긴 경우에는 압류조서를 작성하지 아니할 수 있다.

즉, 체납자의 재산을 압류한 경우 그 재산의 종류를 불문하고 압류조서를 작성하여야 하며, 부동산을 제외한 다른 재산을 압류한 때에는 체납자에게 압류조서의 등본을 교부하여야 한다. 또한 압류조서에는 압류한 재산에 관하여 양도, 제한물권의 설정, 채권의 영수(領受) 및 그 밖의 처분을 할 수 없다는 뜻을 분명히 하여 함께 기재하여야 한다.

2) 압류조서 등본의 교부
동산, 유가증권 및 금전의 경우 그 해당재산을 점유한 때 체납자에게 압류조서를 작성·교부하여야 하며, 질권이 설정된 동산 또는 유가증권을 압류한 경우에는 해당 질권자에게 압류조서의 등본을 내어 주어야 하고, 보관압류하는 때에는 압류조서의 여백에 보관의 뜻과 보관자의 서명날인을 받아 두어야 한다. 특히 점유로써 압류의 효력이 발생하는 재산에 있어서는 참여인의 서명·날인을 받아야 하며, 참여인이 서명·날인을 거부한 때에는 그 거부사실을 압류조서의 여백에 부기하여야 한다.

채권을 압류한 때에는 체납자에게는 채권압류통지서에 압류조서의 등본을 첨부하여 통지하여야 하나, 제3채무자에 대해서는 채권압류통지서를 송달하고 압류조서의 등본은 첨부하지 않는다. 부동산(토지, 건물, 자동차, 건설기계 등)에 대한 압류의 등기 또는 등록을 촉탁할 때에는 압류조서를 작성·첨부하여 관할관청에 촉탁하고, 체납자 및 이해관계인에 대하여는 재산압류통지서를 송달하되 압류조서의 등본은 첨부하지 않는다. 그 밖의 재산권 등에 있어서는 등기 또는 등록을 요하는 재산인 경우에는 부동산에 준하고, 제3채무자 등이 있는 그 밖의 재산권인 경우에는 채권에 준하여 압류조서의 작성·교부 등을 하도록 한다.

3) 압류조서의 하자와 압류의 효력
압류조서는 압류의 사실을 기록·증명하는 데 불과하므로 그 작성 및 기재에 오기, 기재누락 등의 하자가 있다거나, 이를 작성하지 않고 등본을 교부하지 않은 경우라도 이는 압류의 본질적 내용의 하자에 해당되지 않으므로 압류의 효력에는 영향이 없다.[54] 하지만 동산이나 유가증권의 압류(점유)에 있어 압류조서의 교부 등이 누락될 경우 법적 분쟁에 휩싸일 가망성이 많고, 불필요한 논란 등 압류조서에 대한 착오기재·기재누락 및 미송부 등이 없도록 주의하여야 한다.

참조법령

▶ **국세징수법 제34조【압류조서】** ① 세무공무원은 체납자의 재산을 압류하는 경우 압류조서를 작성하여야 한다. 다만, 제61조에 따른 참가압류에 압류의 효력이 생긴 경우에는 압류조서를 작성하지 아니할 수 있다.

② 압류재산이 다음 각 호의 어느 하나에 해당하는 경우 압류조서 등본을 체납자에게 내주어야 한다.

　1. 동산 또는 유가증권

　2. 채권

　3. 채권과 소유권을 제외한 그 밖의 재산권(이하 "그 밖의 재산권"이라 한다)

③ 압류조서에는 압류에 참여한 세무공무원이 제37조에 따른 참여자와 함께 서명날인을 하여야 한다. 다만, 참여자가 서명날인을 거부한 경우에는 그 사실을 압류조서에 적는 것으로 참여자의 서명날인을 갈음할 수 있다.

④ 세무공무원은 질권이 설정된 동산 또는 유가증권을 압류한 경우 그 동산 또는 유가증권의 질권자에게 압류조서의 등본을 내주어야 한다.

⑤ 압류조서에는 압류한 재산에 관하여 양도, 제한물권의 설정, 채권의 영수(領收) 및 그 밖의 처분을 할 수 없다는 뜻이 기재되어야 한다.

나. 수색

국세징수법에 규정된 "수색"이란 조세·공과금 징수를 위해 압류대상인 물건을 찾기 위한 목적으로 주거나 기타 물건이 있는 장소에서 행하는 강제처분을 의미하고, 국세징수법상 "질문·검사"가 임의조사인 것에 반해 수색은 공권력으로 강제하고 실력으로 행사하는 강제조사를 의미한다.

---

54) 국세징수법상 체납처분에 의한 채권압류에서 압류조서의 작성은 과세관청 내부에서 당해 채권을 압류하였다는 사실을 기록·증명하는 것에 불과하여 이를 채권압류의 효력발생요건이라고 할 수 없으므로, 압류조서가 작성되지 않았다고 하여 채권압류 자체가 무효라고 할 수 없으나, 채권압류는 채무자(이하 '제3채무자'라 한다)에게 체납자에 대한 채무이행을 금지시켜 조세채권을 확보하는 것을 본질적 내용으로 하는 것이므로, 제3채무자에 대한 채권압류통지서의 문언에 비추어 피압류채권이 특정되지 않거나 체납자에 대한 채무이행을 금지하는 문언이 기재되어 있지 않다면 채권압류는 효력이 없다.(대판 2017.6.15.선고, 2017다213678)

수색을 할 수 있는 시기는 원칙상 해가 뜰 때부터 해가 질 때까지 할 수 있으나, 해가 지기 전에 시작한 수색은 해가 진 후에도 계속할 수 있으며, 무도장이나 유흥 접객행위업소 등 대통령령으로 정하는 영업을 하는 장소에 대해서는 해가 진 이후라도 영업 중에는 수색을 시작할 수 있다.

체납자에 대한 압류를 위해서 수색을 하였으나 압류할 재산이 없는 경우에는 수색조서를 작성하여 참여자와 함께 서명날인하여 교부하여야 하며, 만약 수색을 통하여 압류할 재산을 발견한 때에는 수색조서가 아닌 국세징수법 제34조에 따른 압류조서를 작성하여 교부하여야 한다. 참여자가 서명날인을 거부하는 경우에는 그 사실을 수색조서에 기재함으로써 참여자의 서명날인에 갈음할 수 있다.

압류를 위하여 수색을 하였으나 압류할 재산을 발견하지 못한 때에도 그 수색을 착수하였을 때에 시효중단의 효력이 발생하고,[55] 이 경우에 그 수색이 제3자의 주거 등에 대하여 행하여진 경우에는 수색한 취지를 수색조서의 등본 등에 의거 체납자에게 통지하여야 시효중단의 효력이 발생한다(구 국세징수법기본통칙 26-0…6).

참조법령

▶ **국세징수법 제35조【수색】** ① 세무공무원은 재산을 압류하기 위하여 필요한 경우에는 체납자의 주거·창고·사무실·선박·항공기·자동차 또는 그 밖의 장소(이하 "주거등"이라 한다)를 수색할 수 있고, 해당 주거등의 폐쇄된 문·금고 또는 기구를 열게 하거나 직접 열 수 있다.
② 세무공무원은 다음 각 호의 어느 하나에 해당하는 경우 제3자의 주거등을 수색할 수 있고, 해당 주거등의 폐쇄된 문·금고 또는 기구를 열게 하거나 직접 열 수 있다.
　1. 체납자 또는 제3자가 제3자의 주거등에 체납자의 재산을 감춘 혐의가 있다고 인정되는 경우
　2. 체납자의 재산을 점유·보관하는 제3자가 재산의 인도(引渡) 또는 이전을 거부하는 경우
③ 제1항 또는 제2항에 따른 수색은 해가 뜰 때부터 해가 질 때까지만 할 수 있다. 다만, 해가 지기 전에 시작한 수색은 해가 진 후에도 계속할 수 있다.
④ 주로 야간에 대통령령으로 정하는 영업을 하는 장소에 대해서는 제3항에도 불구하고 해가 진 후에

---

55) 국세기본법 제28조제1항은 국세징수권의 소멸시효의 중단사유로서 납세고지, 독촉 또는 납부최고, 교부청구 외에 '압류'를 규정하고 있는바, 여기서의 '압류'란 세무공무원이 국세징수법 제24조 이하의 규정에 따라 납세자의 재산에 대한 압류절차에 착수하는 것을 가리키는 것이므로, 세무공무원이 국세징수법 제26조에 의하여 체납자의 가옥·선박·창고 기타의 장소를 수색하였으나 압류할 목적물을 찾아내지 못하여 압류를 실행하지 못하고 수색조서를 작성하는 데 그친 경우에도 소멸시효중단의 효력이 있다.(대판 2001.8.21.선고, 2000다12419)

도 영업 중에는 수색을 시작할 수 있다.

⑤ 세무공무원은 제1항 또는 제2항에 따라 수색을 하였으나 압류할 재산이 없는 경우 수색조서를 작성하고 수색조서에 제37조에 따른 참여자와 함께 서명날인하여야 한다. 다만, 참여자가 서명날인을 거부한 경우에는 그 사실을 수색조서에 적는 것으로 참여자의 서명날인을 갈음할 수 있다.

⑥ 세무공무원은 제5항에 따라 수색조서를 작성한 경우 그 등본을 수색을 받은 체납자 또는 참여자에게 내주어야 한다.

▶ **구 국세징수법기본통칙 26-0…6【시효의 중단】** 압류하기 위하여 수색을 하였으나 압류할 재산이 없어 압류할 수 없는 경우에도 그 수색을 착수했을 때에 시효중단의 효력이 발생한다. 이 경우에 그 수색이 제3자의 주거 등에 대하여 행하여진 경우에는 수색한 취지를 수색조서의 등본 등에 의거 체납자에게 통지하여야 시효중단의 효력이 발생한다.(「국세기본법」 제27조제2항, 「민법」 제176조 참조)

다. 질문·검사

국세징수법에 의한 질문·검사는 압류할 재산의 소재 또는 수량을 알고자 하거나 체납자와 거래가 있을 것으로 의심되는 자 등에 대하여 질문하거나 장부, 서류, 그 밖의 물건을 검사하는 공권력의 행사에 해당된다.

통상, 질문·검사를 위한 방법으로는 체납자와 거래가 있는 것으로 의심되는 제3채무자 등에게 거래대금의 수량 등을 질문하거나, 압류등기 전에 해당 부동산에 가등기가 이루어진 경우 가등기권자를 상대로 매매예약가등기인지 담보가등기인지의 여부를 질문하거나, 대여금고를 보관 중에 은행 등을 대상으로 체납자의 대여금고 보유여부에 대하여 질문하는 경우 등이 이에 해당된다.

참조법령

▶ **국세징수법 제36조【질문·검사】** ① 세무공무원은 강제징수를 하면서 압류할 재산의 소재 또는 수량을 알아내기 위하여 필요한 경우 다음 각 호의 어느 하나에 해당하는 자에게 구두(口頭) 또는 문서로 질문하거나 장부, 서류 및 그 밖의 물건을 검사할 수 있다.

　　1. 체납자

　　2. 체납자와 거래관계가 있는 자

　　3. 체납자의 재산을 점유하는 자

　　4. 체납자와 채권·채무관계가 있는 자

　　5. 체납자가 주주 또는 사원인 법인

　　6. 체납자인 법인의 주주 또는 사원

7. 체납자와 「국세기본법」 제2조제20호가목에 따른 친족관계나 같은 호 나목에 따른 경제적 연관 관계가 있는 자 중에서 체납자의 재산을 감춘 혐의가 있다고 인정되는 자

② 제1항에 따라 구두로 질문한 내용이 중요한 사항인 경우 그 내용을 기록하고 기록한 서류에 답변한 자와 함께 서명날인하여야 한다. 다만, 답변한 자가 서명날인을 거부한 경우 그 사실을 본문의 서류에 적는 것으로 답변한 자의 서명날인을 갈음할 수 있다.

라. 참여자와 증표 등의 제시

국세징수법에 의한 수색이나 검사를 하는 경우, 당해 수색 또는 검사를 받는 사람과 그 가족 동거인 또는 사무원 그 밖의 종업원을 참여시켜야 하고, 만약 참여인이 없는 경우에는 성인 2명 또는 특별시·광역시 등의 공무원이나 경찰공무원 1명 이상을 증인으로 참여시키도록 하고 있다.

개정 국세징수법[시행 2021. 1. 1. 법률 제17758호]에서 강제징수를 위하여 등기나 등록을 요하는 재산 이외의 동산이나 유가증권 등을 압류하거나 수색 및 질문·검사를 하는 경우, 그러한 자격이 있음을 보여 주기 위해 관계자에게 신분증명서와 함께 「압류·수색 등 통지서」를 제시하도록 명문화하였다.

참조법령

▶ **국세징수법 제37조【참여자】** ① 세무공무원은 제35조에 따른 수색 또는 제36조에 따른 검사를 하는 경우 그 수색 또는 검사를 받는 사람, 그 가족·동거인이나 사무원 또는 그 밖의 종업원을 참여시켜야 한다.

② 제1항을 적용할 때 참여시켜야 할 자가 없거나 참여 요청에 따르지 아니하는 경우 성인 2명 이상 또는 특별시·광역시·특별자치시·특별자치도·시·군·자치구의 공무원이나 경찰공무원 1명 이상을 증인으로 참여시켜야 한다.

▶ **국세징수법 제38조【증표 등의 제시】** 세무공무원은 다음 각 호의 어느 하나를 하는 경우 그 신분을 나타내는 증표 및 압류·수색 등 통지서를 지니고 이를 관계자에게 보여 주어야 한다.

  1. 제31조에 따른 압류
  2. 제35조에 따른 수색
  3. 제36조에 따른 질문·검사

5. 압류의 금지 및 제한

가. 절대적 압류금지재산

국세징수법 제41조에서 절대적 압류금지에 관한 재산을 열거하고 있으며, 절대적 압류금지에 해당되는 재산을 압류한 경우에는 압류의 효력이 발생되지 않는다.[56] 아울러 동법에 의한 압류금지재산 외에도 각종 개별법에서 압류를 금지하고 있거나, 「채무자회생 및 파산에 관한 법률」에 따라 회생절차개시결정 이후의 회생채권에 대한 압류금지 등도 이에 해당된다.

개정 국세징수법[시행 2021.1.1. 법률 제17758호]에서는 종전 조건부 압류금지재산에 해당되는 부분을 절대적 압류금지재산에 포함시키고, 안경·보청기·의족·지팡이 등 신체보조기구나 법령에 따라 설치해야 하는 소방설비에 관한 물건 등도 절대적 압류금지재산에 포함하였다.

1) 체납자 또는 그와 생계를 같이하는 가족(사실상 혼인관계에 있는 사람을 포함, 이하 이 조에서 "동거가족"이라 한다)의 생활에 없어서는 아니 될 의복, 침구, 가구, 주방기구, 그 밖의 생활필수품

체납자와 동거가족의 최소한의 생활유지를 위하여 개인적으로 사용하는 물건이나 공동생활을 위한 필수품은 압류가 금지되나, 이런 생활필수품에 해당되더라도 대체할 수 있는 다른 상당한 물건이 있는 경우에는 압류가 허용된다.

아울러, 에어컨, 자개장롱, 도자기 등의 동산은 체납자와 그 동거가족이 기본적인 생활을 영위하기 위하여 꼭 필요한 재산에 해당되지 않아 국세징수법에 규정된 압류금지 재산에 해

---

56) 구 건설산업기본법 제88조 및 구 건설산업기본법시행령 제84조에서 건설업자가 도급받은 건설공사의 도급금액 중 당해 공사의 근로자에게 지급하여야 할 노임에 상당하는 금액에 대하여 압류를 금지한 것은 근로자의 생존권을 최소한도로 보장하려는 헌법상의 사회보장적 요구에서 비롯된 것으로서, 근로자의 임금 등 채권에 대한 우선변제권을 인정하고 있는 근로기준법 규정과 함께 근로자의 생활안정을 실질적으로 보장하기 위한 또 다른 규정이라고 할 것이므로, 이와 같은 압류가 금지된 채권에 대한 압류명령은 강행법규에 위반되어 무효라 할 것이며, 또 전부명령은 압류채권의 지급에 갈음하여 피전부채권을 채무자로부터 압류채권자에게로 이전하는 효력을 갖는 것이므로 전부명령의 전제가 되는 압류가 무효인 경우 그 압류에 기한 전부명령은 절차법상으로는 당연무효라고 할 수 없다 하더라도 실체법상으로는 그 효력을 발생하지 아니하는 의미의 무효라고 할 것이고, 따라서 제3채무자는 압류채권자의 전부금 지급청구에 대하여 위와 같은 실체법상의 무효를 들어 항변할 수 있다.(대판 2000.7.4.선고, 2000다21048)

당되지 않는다.[57]

2) 체납자 또는 그 동거가족에게 필요한 3개월간의 식료품 또는 연료

"식료품"이란 기본적인 주·부식품과 조미료를 말하며, "연료"는 취사용 및 난방용, 연탄, 유류, 가스 등의 연료를 말하고, 그 소요량에 있어서는 보통의 건강유지에 필요한 범위로 하되 체납자의 생활수준 등이 고려되어야 한다.

3) 인감도장이나 그 밖에 직업에 필요한 도장

"직업에 필요한 도장"이라 함은 회사의 사인, 공무원·회사원·변호사·공증인·공인회계사·세무사 등이 직무상 사용하는 도장 및 화가·서예가의 낙관 등 직업 및 생활에 필요불가결한 도장으로써 반드시 인감도장일 필요는 없고 실제 생활 또는 거래에서 사용되고 있는 도장을 말한다.

4) 제사 또는 예배에 필요한 물건, 비석 또는 묘지

"제사·예배에 필요한 물건"이라 함은 체납자 또는 그 동거가족의 제사 또는 예배에 실제로 사용되는 제구 등을 말하며, 단순히 상품 또는 골동품으로서 소장하고 있는 것은 압류금지 대상에 해당되지 않는다.

"묘지"란 공부상 지목에 관계없이 사실상 사람의 시체나 유골이 매장되어 있는 토지와 그 부속시설물의 부수토지를 말한다. 또한 임야 일부에 분묘가 설치되어 있는 사정만으로 임야 전체를 압류금지재산의 묘지로 볼 것인지는 등은 「장사 등에 관한 법률」에 의한 묘지의 점유면적, 분묘 등의 설치상황, 쟁점임야가 묘지로서 시·군·구청장으로부터 허가된 사실이 있는지 여부 등을 종합적으로 판단[58]하여야 한다.

---

57) 에어컨, 자개장롱, 도자기, 식탁 등으로서 국세징수법 제31조제1호에서 규정하는 체납자 및 그 동거가족이 기본적인 의·식·주생활을 영위하기 위하여 꼭 필요한 재산에 해당한다고 볼 수도 없다.(서울고등법원 2005.10.14.선고, 2004누23294 판결)

58) 압류한 쟁점 토지는 청구인의 조상묘지가 있는 토지로서 절대적 압류금지부동산이므로 압류를 취소하여야 한다고 주장하면서 분묘 2기가 나타나 있는 사진을 제시하고 있으나, 압류한 쟁점 토지는 공부상 지목이 전으로 되어 있고, 관련 법령에 의하여 묘지로 허가된 사실도 없는 것으로 확인되고 있으므로, 묘지로 구분되지 않은 쟁점토지의 필지상 일부에 분묘 2기가 설치되어 있다고 하여 쟁점 토지 전체가 압류금지재산이므로 압류가 부당하다는 청구인의 주장은 인정되기 어렵다.[2018-징세-3936(징세과-9962), 2018.12.18]

5) 체납자 또는 그 동거가족의 장례에 필요한 물건

6) 족보·일기 등 체납자 또는 그 동거가족에게 필요한 장부 또는 서류

"족보·일기 등 체납자 또는 그 동거가족에게 필요한 장부 또는 서류"라 함은 체납자가 주관적으로 기억하고 기념하기 위하여 소지하고 있는 유물이나 기념품에 해당되는 것을 말한다. 다만 이에 해당되는 물건이라도 객관적으로 거래의 대상이 되고 재산적 가치가 있는 경우에는 압류금지재산에 해당되지 않는다.

7) 직무 수행에 필요한 제복

8) 훈장이나 그 밖의 명예의 증표

"훈장이나 그 밖의 명예의 증표"라 함은 체납자 또는 그 동거가족이 받은 것으로 훈장은 국내외 것을 불문하고 약장 등도 포함하며, 기타 명예의 증표는 경기, 학예, 기예 등의 표창으로서 수여된 상패, 상배, 메달 등을 말하고, 복제품이나 사인 또는 사적 단체가 수여하는 상패나 매달 등은 압류금지재산에 포함되지 않는다.

9) 체납자 또는 그 동거가족의 학업에 필요한 서적과 기구

10) 발명 또는 저작에 관한 것으로서 공표되지 아니한 것

"발명"이란 자연법칙을 이용한 기술적 사상의 창작으로서 고도의 것을 말하며, "저작"이란 표현의 방법 또는 형식의 여하를 막론하고 문서, 연술, 회화, 조각, 공예, 건축, 지도, 도형, 모형, 사진, 악보, 연주, 가창, 무보, 각본, 연출, 음반, 녹음필름, 영화와 기타 학문 또는 예술의 범위에 속하는 일체의 물건을 말한다. 발명의 특허를 받거나 발명 또는 저작한 것을 간행홍업 또는 전람에 공연한 때에는 공표한 것이 되어(「특허법」 제2조, 「저작권법」 제2조 참조) 압류의 대상이 된다.

11) 주로 자기의 노동력으로 농업을 하는 사람에게 없어서는 아니 될 기구, 가축, 사료, 종자, 비료, 그 밖에 이에 준하는 물건

"농업을 하는 사람에게 없어서는 아니 될 기구"라 함은 현실적으로 당해 사업을 영위하는

자가 그 기계 등 재산을 압류당함으로써 당해 사업의 현재 정도의 계속유지에 지장을 초래한다고 인정될 정도로 당해 사업에 관계가 있는 기구 등을 말하고 당해 사업에 필요불가결한 것에 한정되는 것은 아니다.

12) 주로 자기의 노동력으로 어업을 하는 사람에게 없어서는 아니 될 어망, 기구, 미끼, 새끼 물고기, 그 밖에 이에 준하는 물건

"어업을 하는 사람(어업인)"이라 함은 어업을 경영하는 자(어업자)와 어업자를 위하여 수산동식물을 포획·채취 또는 양식에 종사하는 자(어업종사자)를 말하고, 어선이 고기잡이 도구에 해당하는가에 관하여는 어업의 규모 등을 종합적으로 판단하여야 한다.[59]

13) 전문직 종사자·기술자·노무자, 그 밖에 주로 자기의 육체적 또는 정신적 노동으로 직업 또는 사업에 종사하는 사람에게 없어서는 아니 될 기구, 비품, 그 밖에 이에 준하는 물건

"주로 자기의 정신적 또는 육체적 노동으로 직업 또는 사업에 종사하는 사람"이라 함은 체납자의 업태를 경제적으로 관찰하여 체납자 자신의 노역이 업무상 소득의 주요 요인을 가리키고 있는 경우를 말하는 것이므로, 다른 의사를 고용하여 진료에 종사케 하는 병원장이나 의료법인은 여기에 해당되지 않는다.

"없어서는 아니 될 물건"인가의 여부는 체납자의 영업의 종류, 규모 및 태양, 동종의 영업에 종사하는 다른 사람과의 비교, 압류가 체납자에게 미칠 영향의 정도 등을 종합적으로 고려하여야 한다. 예컨대 수리업자의 수선용구, 사진업자의 사진기계·배경의 도구 및 약품, 재단사의 재봉기, 식육점의 저울, 음악가나 강사의 악기·전문서적, 의사의 산소호흡기 등이 이에 해당된다.[60]

14) 체납자 또는 그 동거가족의 일상생활에 필요한 안경·보청기·의치·의수족·지팡이·장애보조용 바퀴의자, 그 밖에 이에 준하는 신체보조기구 및 「자동차관리법」에 따른 경형자동차

신체보조기구는 일상생활에 필요불가결함에 따라 거래의 대상이 되지 않는다는 점을 고려

---

59) 법원실무제요 민사집행Ⅲ(2014년), 법원행정처, 134면
60) 법원실무제요 민사집행Ⅲ(2014년), 법원행정처, 134면~135면

하여 인도적 차원에서 압류를 금지하는 것으로써 장애인복지법에 따른 장애인보조기구가 대표적이며, 색안경·미용용 신체보조기구는 이에 해당되지 않는다. 또한 일상생활에 필요한 자동차로써 자동차관리법이 정하는 바에 따른 장애인용 경형자동차도 압류금지재산에 해당된다.[61]

15) 재해의 방지 또는 보안을 위하여 법령에 따라 설치하여야 하는 소방설비, 경보기구, 피난시설, 그 밖에 이에 준하는 물건

법령의 규정에 따라 설치하여야 하는 물건 등은 압류금지 물건에 해당되고, 「소방시설 설치 및 안전관리에 관한 법률」 등 법령의 규정상 설비의무가 부과되어 있지 아니하는 경우는 압류금지재산에 해당되지 않는다(예컨대, 개인주택에 화재방지 목적으로 비치된 소방시설 등).[62]

16) 법령에 따라 지급되는 사망급여금 또는 상이급여금(傷痍給與金)

"법령에 따라 지급되는 사망급여금 또는 상이급여금"이라 함은 「국가유공자등 예우 및 지원에 관한 법률」 제12조(보상금)·제14조(생활조정수당)·제15조(간호수당)·제17조(사망일시금), 「근로기준법」 제78조(요양보상)·제79조(휴업보상)·제80조(장해보상)·제82조(유족보상)·제83조(장례비), 「선원법」 제94조(요양보상)·제96조(상병보상)·제97조(장해보상)·제99조(유족보상)·제100조(장제비), 「산업재해보상보험법」 제40조(요양급여)·제52조(휴업급여)·제57조(장해급여)·제62조(유족급여)·제71조(장례비)·제78조(장해특별급여)·제79조(유족특별급여) 등이 있다.

17) 「주택임대차보호법」 제8조에 따라 우선변제를 받을 수 있는 금액

「주택임대차보호법」 제8조에 따른 주택임대차보증금 중 일정액은 다른 담보물권자보다 우선하여 변제 받도록 하고 있고, 「민사집행법」 제246조제1항에서는 주택임대차보증금 중 일정액에 대하여는 체납자 및 그 가족이 주거 확보에 필요한 최소한의 비용으로 보고 압류를 금지하도록 하고 있는 등 타 법령과의 형평성을 고려하여, 개정 국세징수법[시행 2016.3.2. 법률 제14040호]에서는 「주택임대차보호법」에 따라 우선 변제를 받을 수 있는 일정금액에

---

61) 법원실무제요 민사집행III (2014년), 법원행정처, 137면
62) 법원실무제요 민사집행III (2014년), 법원행정처, 138면

있어서도 이를 압류할 수 없도록 명문화하였다.

18) 체납자의 생계유지에 필요한 소액금융재산으로서 대통령령으로 정하는 것

국세징수법에서는 체납자의 기본생활 유지를 위해 대통령령으로서 일정금액의 보장성보험금(1천만 원 이하의 사망보험금·150만 원 이하의 해약·만기환급금 등)과 예금 잔액(개인별 잔액의 합계액이 185만 원 미만인 예금·부금 등)의 소액금융재산에 대하여 압류를 금지하고 있다.

가) 보장성보험의 보험금

압류금지 소액금융재산으로서 ① 1천만 원 이하의 사망보험금, ② 상해·질병·사고 등을 원인으로 체납자가 지급받는 보장성보험의 보험금 중 진료비, 치료비, 수술비, 입원비, 약제비 등 치료 및 장애 회복을 위하여 실제 지출되는 비용을 보장하기 위한 보험금 전액, ③ 치료 및 장애 회복을 위한 보험금 중 실제 지출되는 비용의 보험금을 제외한 보장성 보험금의 2분의 1, ④ 보장성보험의 150만 원 이하 해약환급금 또는 만기환급금을 말한다.

아울러, 둘 이상의 보험계약 시에 ①의 사망보험금 1천만 원과 ④의 보장성보험의 150만 원 이하의 해약환급금·만기환급금은 합산하여 계산하며, ③의 보장성보험금은 보험계약별 계산한다.

민사집행절차에 있어서는 보장성보험의 해약환급금에 대하여 채권자가 임의로 보험계약의 해지권을 대위행사하거나, 추심명령 또는 전부명령을 통한 해지권 행사로 발생하는 해약환급금에 대해서는 압류를 할 수 없도록 명문화를 하고 있는 반면, 국세징수법에서는 이에 대한 별도의 제재 규정이 없다.

참조법령

▶ **민사집행법시행령 제6조【압류금지 보장성 보험금 등의 범위】** ① 법 제246조제1항제7호에 따라 다음 각 호에 해당하는 보장성보험의 보험금, 해약환급금 및 만기환급금에 관한 채권은 압류하지 못한다.

> 3. 보장성보험의 해약환급금 중 다음 각 목에 해당하는 환급금
>   가.「민법」제404조에 따라 채권자가 채무자의 보험계약 해지권을 대위행사하거나 추심명령
>   (推尋命令) 또는 전부명령(轉付命令)을 받은 채권자가 해지권을 행사하여 발생하는 해약환
>   급금
>   나. 가목에서 규정한 해약사유 외의 사유로 발생하는 해약환급금 중 150만 원 이하의 금액

나) 개인별 잔액이 185만 원 미만인 예금

체납자의 전체 금융기관에 개설한 예금(적금, 부금, 예탁금과 우편대체를 포함한다) 계좌에 대한 개인별 잔액[63] 합계가 185만 원 미만인 경우에 압류금지 소액금융재산에 해당되고, 법인의 예금 등은 압류금지의 대상이 되지 않는다.

체납자의 전체 금융기관 예금액이 185만 원을 초과하는 경우, 185만 원을 제외하고 압류 및 추심 가능한지, 전액 압류 및 추심이 가능한지 여부에 대하여 논란이 있을 수 있으나, 동법의 취지가 체납자의 소액금융재산의 압류금지를 통해 국민의 기본적 생존권을 보장하기 위한 것이므로, 소액금융재산인 185만 원을 제외하고 나머지 금액에 대하여 압류 및 추심이 가능할 것으로 해석된다.

예금채권의 압류는 "장래에 발생을 전제로 채권압류"를 하는 것이므로, 만약 압류채권액에 미치지 못하는 예금액을 추심하고 압류해제를 하지 않는 한, 압류금액에 이를 때까지는 계속 압류의 효력이 남아 있게 된다. 따라서 압류채권에 대한 종결이나 정리 등이 필요한 경우에는 반드시 압류해제를 해 두어야 한다.

나. 특별법상 압류금지재산

구 국세징수법기본통칙에서는 특별법에 의한 압류금지에 대하여 규정하고 있다.

---

63)「국세징수법 시행령」제36조의 압류금지 재산인 "개인별 잔액이 150만 원 미만인 예금"을 판단함에 있어 법인은 동 규정의 적용 대상이 아니며, 개인별 잔액은 체납자의 전체 금융기관에 개설한 계좌의 잔액을 의미하는 것이다.(국징, 서면-2018-징세-2375(징세과-9893), 2018.12.14)

참조법령

▶ **구 국세징수법기본통칙 31-0…2【특별법에 의한 압류제한】** 법 이외의 압류를 제한한 특별법의 규정으로 다음과 같은 것이 있다.

  1. 「국가유공자등예우 및 지원에 관한 법률」 제19조(권리의 보호)

  2. 삭제 〈2004.02.19〉

  3. 「선원법」 제124조(양도 또는 압류의 금지)

  4. 삭제 〈2011.03.21〉

  5. 「산업재해보상보험법」 제88조(수급권의 보호)

  6. 「국민기초생활보장법」 제35조(압류금지)

  7. 「우편법」 제8조(우편물의 압류거부권)

  8. 「국민건강보험법」 제59조(수급권의 보호)

  9. 「자동차손해배상보장법」 제40조(압류 등의 금지)

  10. 「형사보상법」 제22조(청구권의 양도 및 압류의 금지)

  11. 「상법」 제744조(선박의 압류·가압류)

  12. 「채무자 회생 및 파산에 관한 법률」 제58조(다른 절차의 중지 등)

  13. 「공장 및 광업재단저당법」 제14조(공장재단 구성물의 양도 등 금지)

  14. 「의료법」 제13조(의료기재의 압류금지)

  15. 「국민연금법」 제58조(수급권의 보호)

  16. 삭제 〈2011.03.21〉

  17. 「건설산업기본법」 제88조(노임에 대한 압류의 금지)

  18. 「공무원연금법」 제32조(권리의 보호)

다. 압류금지재산 관련 주요사례

1) 압류금지채권이 예금계좌에 입금된 경우

압류금지에 해당되는 채권이 예금계좌로 입금되었을 경우 해당 예금채권에까지 압류금지의 효력이 미치는가에 대하여, 체납자의 기본적 생활유지를 보호하기 위한 압류금지에 관한 입법취지 등을 감안해 볼 때, 이를 적극 반영하여 예금채권에 대한 압류금지가 유지되어야 한다는 해석이 있다.

하지만, 대법원판례는 압류금지채권의 예금계좌에 입금되어 민사집행절차에 의해 강제집행이 된 경우, 압류금지 채권의 목적물이 채무자의 예금계좌에 입금된 이상 압류금지의 동일성이 상실되어 더 이상 압류금지의 효력은 미치지 않는다. 다만 종전 압류금지의 취지는 참작되어야 하므로, 예금압류에 대한 압류취소 등으로 전부 또는 일부를 취소할 수 있으나, 이미 추심명령에 의하여 추심이 종료되었다면 이후 법원의 압류명령 취소는 장래에 대해서만 그 효력이 미치는 것으로[64] 해석한다.

압류금지채권이 예금채권으로 전환된 경우에는 더 이상 압류금지의 효력이 미치지 않는다는 대법원 판례의 해석에 따라 이에 대한 보완으로 민사집행절차에서는 압류금지채권이 예금계좌로 입금된 경우, 채무자로 하여금 예금채권의 전부 또는 일부를 취소할 수 있도록 입법화되었다.

민사집행절차에서 압류금지채권이 예금계좌로 입금된 경우의 권리구제에 관한 명문의 규정이 있는 것과 달리, 국세징수법에서는 이에 대한 별도의 규정이 없고 민사집행절차에 관한 규정이 체납처분절차에는 준용될 수 없는 것으로 해석되므로,[65] 체납처분절차에 있어서 일부취소 등 체납자의 권리구제는 별도의 입법마련이 있어야 가능할 것으로 보인다.

> **참조법령**
>
> ▶ **민사집행법 제246조【압류금지채권】** ② 법원은 제1항제1호부터 제7호까지에 규정된 종류의 금원이 금융기관에 개설된 채무자의 계좌에 이체되는 경우 채무자의 신청에 따라 그에 해당하는 부분의 압류명령을 취소하여야 한다.
> ③ 법원은 당사자가 신청하면 채권자와 채무자의 생활형편, 그 밖의 사정을 고려하여 압류명령의 전부 또는 일부를 취소하거나 제1항의 압류금지채권에 대하여 압류명령을 할 수 있다.

---

64) 2011.4.5. 법률 제10539호로 개정된 민사집행법(이하'개정 민사집행법'이라 한다)에서 신설된 제246조제2항은, 압류금지채권이 금융기관에 개설된 채무자의 계좌에 이체되는 경우 더 이상 압류금지의 효력이 미치지 아니하므로 그 예금에 대한 압류명령은 유효하지만, 원래의 압류금지의 취지는 참작되어야 하므로 채무자의 신청에 의하여 압류명령을 취소하도록 한 것으로서 개정 민사집행법 제246조제3항과 같은 압류금지채권의 범위변경에 해당하고, 위 조항에 따라 압류명령이 취소되었다 하더라도 압류명령은 장래에 대하여만 효력이 상실할 뿐 이미 완결된 집행행위에는 영향이 없고, 채권자가 집행행위로 취득한 금전을 채무자에게 부당이득으로 반환하여야 하는 것도 아니다.(대판 2014.7.10.선고, 2013다25552)

65) 민사소송법상 부동산에 대한 강제경매의 배당절차와 국세징수법상 체납처분에서의 청산(배분)절차의 차이는, 강제집행절차가 경합하는 일반채권에 대한 할당변제에 의한 사법적 해결을 그 본지로 함에 반하여 체납처분절차는 행정기관에 의한 조세채권의 신속한 만족을 위한 절차라는 점에서 비롯된 것이므로, 채권계산서 미제출에 의한 채권액 보충의 실기에 관한 규정인 민사소송법 제587조제2항이나 배당요구 및 그 시기에 관한 규정인 민사소송법 제605조는 체납처분에서의 청산(배분)절차에 관하여 이를 준용할 수 없고, 따라서 세무서장으로서는 국세징수법 제81조제1항에 규정된 채권자에게 배분할 금액을 직권으로 확정하여 배분계산서를 작성하여야 한다.(대판 1998.12.11.선고, 98두10578)

2) 「건설산업기본법」에 의한 압류금지

「건설산업기본법」 제88조에서 도급받은 건설공사의 도급금액(하도급 공사를 포함한다) 중 근로자에게 지급하여야 할 임금에 상당하는 기본노무비에 대해서는 압류를 금지하도록 함으로써 취약한 건설근로자의 생존권을 보호하고 있다.

동 규정에 따라 공사대금 중 압류가 금지되는 기본노무비에 해당하기 위해서는 건설공사의 도급금액 중 산출내역서에 기재된 임금을 합산한 것으로써 건설공사의 발주자가 산정된 임금을 도급계약서 또는 하도급계약서에 명시한 금액을 말한다(건설산업기본법시행령 제84조). 따라서 압류가 금지되는 기본노무비를 제외한 나머지 공사대금에 대한 압류는 유효하다.

또한, 건설산업기본법 및 동법 시행령에 따라 압류가 금지되는 기본노무비의 범위를 도급계약서 또는 하도급계약서에 명시한 금액으로 국한됨을 분명히 하고 있는 이상, 공사대금 중 기본노무비가 얼마인지 형식적·획일적으로 구분할 수 없으면 공사대금 전부에 대하여 압류금지의 효력은 미치지 않는다.[66]

참조법령

▶ **건설산업기본법 제88조【임금에 대한 압류의 금지】** ① 건설사업자가 도급받은 건설공사의 도급금액 중 그 공사(하도급한 공사를 포함한다)의 근로자에게 지급하여야 할 임금에 상당하는 금액은 압류할 수 없다.
② 제1항의 임금에 상당하는 금액의 범위와 산정방법은 대통령령으로 정한다.
▶ **건설산업기본법시행령 제84조【압류대상에서 제외되는 임금의 산정방법 등】** ① 법 제88조제2항에 따른 임금에 상당하는 금액은 해당 건설공사의 도급금액 중 산출내역서에 적힌 임금을 합산하여 산정

---

66) 건설산업기본법 제88조 및 같은 법시행령 제84조에서 건설업자가 도급받은 건설공사의 도급금액 중 당해 공사의 근로자에게 지급하여야 할 노임에 상당하는 금액에 대하여 압류를 금지한 것은 근로자의 생존권을 최소한도로 보장하려는 헌법상의 사회보장적 요구에서 비롯된 것으로서 이에 대한 압류명령은 강행법규에 위반되어 무효라 할 것이지만, 같은 법시행령 제84조제1항, 제2항에서 압류가 금지되는 노임채권의 범위를 같은 법 소정의 건설공사의 도급금액 중 산출내역서에 기재된 노임을 합산한 것으로서 위 건설공사의 발주자(하도급의 경우에는 수급인을 포함)가 그 산정된 노임을 도급계약서 또는 하도급계약서에 명시한 금액에 국한됨을 분명히 하고 있는 이상 도급계약서 또는 하도급계약서에서 노임액 부분과 그 밖의 공사비 부분을 구분하지 아니함으로써 압류명령의 발령 당시 압류의 대상인 당해 공사대금채권 중에서 압류금지채권액이 얼마인지를 도급계약서 그 자체의 기재에 의하여 형식적·획일적으로 구분할 수 없는 경우에는 위 공사대금채권 전부에 대하여 압류금지의 효력이 미치지 아니한다.(대판 2005.6.24.선고, 2005다10173)

> 한다.
> ② 건설공사의 발주자(하도급의 경우에는 수급인을 포함한다)는 제1항에 따른 임금을 도급계약서 또는 하도급계약서에 분명하게 적어야 한다.

3) 유류보조금에 대한 압류

국가나 지방자치단체가 지급하는 보조금은 지원목적 내지 성질, 용도 외 사용이 금지되거나, 위반 시의 제재조치 등 그 근거 법령의 취지와 규정 등에 비추어 볼 때 국가 혹은 지방자치단체와 특정의 보조사업자 사이에만 수수·결제되어야 하는 경우에는 압류가 금지된다.[67]

「화물자동차운수사업법」 제58조에서는 현물출자된 차량(지입차량)에 대한 압류와 유류보조금 등에 대한 압류를 금지하는 명문의 규정을 두고 있는 반면, 「여객자동차운수사업법」은 유류보조금에 대한 압류를 금지하는 규정은 없으나, 동법 제51조에서 "보조 또는 융자를 받은 자는 그 자금을 보조받거나 융자받은 목적이 아닌 다른 용도로 사용하지 못한다."라고 규정하고 있는 취지 등을 종합적으로 고려할 때 압류의 대상이 될 수 없을 것으로 해석된다.[68]

참조법령

▶ **화물자동차운수사업법 제58조【압류금지】** 제40조제3항에 따른 계약으로 운송사업자에게 현물출자된 차량 및 제43조제2항 또는 제3항에 따라 지급된 금품과 이를 받을 권리는 압류하지 못한다. 다만, 현물출자된 차량에 대한 세금 또는 벌금·과태료 미납 및 저당권의 설정(운송사업자가 설정한 저당권은 제11조제15항 단서에 따라 설정된 것에 한정한다)으로 인하여 해당 차량을 압류하는 경우에는 그러하지 아니하다.

▶ **여객자동차운수사업법 제51조【보조금의 사용 등】** ① 제50조에 따라 보조 또는 융자를 받은 자는 그 자금을 보조받거나 융자받은 목적이 아닌 용도로 사용하지 못한다.

---

67) 보조금은 국가나 지방자치단체가 특정한 사업을 육성하거나 재정상의 원조하기 위하여 지급하는 금원으로서, 그 금원의 목적 내지 성질, 용도 외 사용의 금지 및 감독, 위반 시의 제재조치 등 그 근거 법령의 취지와 규정 등에 비추어 국가 혹은 지방자치단체와 특정의 보조사업자 사이에서만 수수·결제되어야 하는 것으로 봄이 상당하므로, 보조금청구채권은 양도가 금지된 것으로서 강제집행의 대상이 될 수 없다.(대판 2008.4.24.선고, 2006다33586)

68) 여객자동차 운수사업자에게 지급하는 이 사건 유류보조금은 여객자동차 운수사업의 진흥을 꾀하고자 하는 공공목적을 달성하기 위하여 지급되는 것으로서, 그 금원의 목적과 성질상 국가 또는 지방자치단체와 운수사업자 사이에서만 수수·결제되어야 하는 것이고, 운송업체가 손실보전을 통하여 향후 보다 나은 교통서비스를 제공하도록 하여 국민의 교통편의를 도모하기 위한 것으로서 위 보조금채권은 성질상 압류가 금지된 것으로서 강제집행의 대상이 될 수 없다고 할 것이다(대판 2009.3.12.선고, 2008다77719)

4) 리스(시설대여) 물건에 대한 압류

리스(시설대여)계약은 리스이용자가 선정한 물건을 리스회사가 취득하거나 대여 받아 이를 이용자에게 일정 기간 사용하게 하고, 그 기간 동안 대여료를 정기적으로 분할지급 받는 것을 내용으로 하는 계약을 말한다.

건설기계 또는 자동차를 시설대여하는 경우, 자동차관리법상의 규정에도 불구하고 리스이용자 명의로 등록할 수 있으며, 자동차등록원부상의 등록명의가 체납자로 되어 있다 하더라도 그 소유권은 여전히 리스회사에 있으므로[69] 리스차량에 대한 압류는 제3자 소유의 재산을 압류한 것이므로 그 효력이 없다.

따라서 압류차량이 리스회사와 체납자 간에 리스계약에 따른 차량인 것으로 확인된다면 (리스계약서와 이에 따른 월 이용료 입출금내역 등으로 확인한다) 그 소유권은 리스회사에 유보된 것이므로, 국세징수법 제28조(제3자의 소유권 주장)에 따라 그 압류를 해제하여야 한다.

참조법령

▶ **여신전문금융업법 제33조【등기·등록상의 특례】** ① 시설대여업자가 건설기계나 차량(車輛)의 시설대여등을 하는 경우에는 「건설기계관리법」 또는 「자동차관리법」에도 불구하고 대여시설이용자(연불판매의 경우 특정물건의 소유권을 취득한 자는 제외한다. 이하 같다)의 명의로 등록할 수 있다.
② 시설대여업자가 시설대여 등의 목적으로 그 소유의 선박이나 항공기를 등기·등록하려는 경우 대여시설이용자가 「선박법」 제2조 또는 「항공안전법」 제10조에 따라 등기·등록에 필요한 요건을 갖추고 있는 경우에는 그 이용 기간 동안 시설대여업자가 그 요건을 갖추고 있는 것으로 본다.

---

69) 특정 물건의 소유권은 시설대여회사에게 남겨두고 시설이용자에게 일정 기간 대여하는 방식을 통하여 담보의 목적을 달성하고자 하는 시설대여(리스)의 특성과 시설대여산업을 육성하고자 하는 구 시설대여업법의 입법취지를 염두에 두고, 차량의 시설대여의 경우에도 대여 차량의 소유권은 시설대여회사에 유보되어 있음을 전제로 하고, 다만 현실적·경제적 필요에 따라 차량의 유지·관리에 관한 각종 행정상의 의무와 사고발생시의 손해배상책임은 시설대여이용자로 하여금 부담하도록 하면서 그 편의를 위하여 차량등록을 소유자인 시설대여회사 아닌 시설대여이용자 명의로 할 수 있도록 자동차관리법에 대한 특례규정을 둔 것으로 해석함이 상당하고, 따라서 시설대여이용자의 명의로 등록된 차량에 대한 소유권은 대내적으로는 물론 대외적으로도 시설대여회사에게 있는 것으로 보아야 한다.(대판 2000.10.27.선고, 2000다40025)

5) 지입차량에 대한 압류

"지입제"란 운송사업자(지입회사)와 실제 차주 간 계약으로서 외부적으로는 운송회사 명의로 하되 내부적으로는 각 차주들이 실질적인 소유를 갖고 있으며, 독립된 관리·계산으로 영업하는 독특한 형태의 사업이다.

종전, 지입차량에 대하여 자동차관리법 제6조에 의거 "자동차 소유권의 득실 변경은 자동차등록원부에 등록을 하여야 그 효력이 생긴다."라고 규정하고 있으며, 체납자 소유 차량이 지입상태에 있는 경우에도 자동차등록원부에 등록된 자의 소유로 귀속됨에 따라 지입차량에 대한 압류도 유효한 것으로 해석[70]되었다.

하지만, 개정「화물자동차운수사업법[시행 2014.11.29. 법률 제12707호]」제58조(압류금지)에서 지입제에 따른 현물 출자된 차량인 경우에는 압류가 금지되는 것으로 명문화됨에 따라 화물차량이 지입차량인 경우에는 압류가 불가하게 되었다.

> **참조법령**
>
> ▶ **화물자동차운수사업법 제40조【경영의 위탁】** ③ 운송사업자와 위·수탁차주는 대등한 입장에서 합의에 따라 공정하게 위·수탁계약을 체결하고, 신의에 따라 성실하게 계약을 이행하여야 한다.
> ▶ **화물자동차운수사업법 제58조【압류금지】** 제40조제3항에 따른 계약으로 운송사업자에게 현물출자된 차량 및 제43조제2항 또는 제3항에 따라 지급된 금품과 이를 받을 권리는 압류하지 못한다. 다만, 현물출자된 차량에 대한 세금 또는 벌금·과태료 미납 및 저당권의 설정(운송사업자가 설정한 저당권은 제11조제15항 단서에 따라 설정된 것에 한정한다)으로 인하여 해당 차량을 압류하는 경우에는 그러하지 아니하다.

6) 의정활동비 등에 대한 압류

「지방자치법」에 따라 지방의회 의원들에게 지급되는 의정활동비 등에 대해서는 압류금지에 관한 명문의 규정이 없고, 양도 또는 사용목적 외의 용도의 제한 등에 관해서도 별도의 규

---

70) 화물자동차운송사업면허를 가진 운송사업자와 실질적으로 자동차를 소유하고 있는 차주 간의 계약으로 외부적으로는 자동차를 운송사업자 명의로 등록하여 운송사업자에게 귀속시키고 내부적으로는 각 차주들이 독립된 관리 및 계산으로 영업을 하며 운송사업자에 대하여는 지입료를 지불하는 운송사업형태(이른바 지입제)에 있어, 대외적으로는 그 차량의 소유자인 회사의 위임을 받아 운행·관리를 대행하는 지위에 있는 지입차주가 지입회사를 대리한 행위로서 그 법률효과는 지입회사에 귀속된다.(대판 2000.10.13.선고, 2000다20069판결)

정이 없으므로 압류가 가능할 것으로 해석된다.[71]

7) 정당보조금의 압류

「정치자금법」에 따른 정당보조금은 동법 제28조에서 용도외 사용이 제한되고 위반 시 형사처벌의 대상이 되는 등 해당 목적으로만 사용할 수 있으므로, 압류에 의한 강제징수는 불가능하다.[72]

참조법령

▶ **정치자금법 제28조[보조금의 용도제한 등]** ① 보조금은 정당의 운영에 소요되는 경비로서 다음 각 호에 해당하는 경비 외에는 사용할 수 없다.
▶ **정치자금법 제47조[각종 의무규정위반죄]** ① 다음 각 호의 어느 하나에 해당하는 자는 2년 이하의 징역 또는 400만 원 이하의 벌금에 처한다.
  4. 제28조(보조금의 용도제한 등)제1항 내지 제3항의 규정을 위반하여 보조금을 사용한 자

라. 임금채권의 압류제한

1) 의의

당초 국세징수법은 급여채권의 1/2에 대해서는 일률적으로 압류를 제한하고 있었으나, 급여가 생계수단으로서 저소득자의 생존권을 위협하는 등 개선요구가 제기됨에 따라 「국민기초생활보장법」에 따른 최저생계를 기준으로 압류금지의 범위를 차등하게 적용하는 등 현행과 같이 변경하게 되었다.

---

71) 지방의회의원이 지급받는 비용들은 근로자의 근로의 대가로서의 급여와는 그 성격이 다른 것으로서 지방의회의원은 지방자치법에서 정한 겸직의 제한을 받는 외에는 보수를 수반한 겸직이 금지되고 있지 아니하므로 지방의회의원에게 지급되는 비용들은 민사집행법 제246조제1항에서 정한 압류금지채권에 해당하지 아니한다.(대결 2004.6.18. 2004마336)

72) 정치자금법에 근거하여 국가가 정당에 지급하는 금전이나 유가증권은 특정한 목적, 즉 정당을 보호·육성하고 재정상 원조하기 위한 목적에서 지급하는 것으로서, 정치자금법에서 열거하고 있는 용도 외에 정당보조금을 사용할 수 없고(정치자금법 제28조제1항), 이를 위반한 경우 형사처벌의 대상이 된다(정치자금법 제47조제1항제4호). 위와 같은 정당보조금의 목적, 용도 외 사용의 금지 및 위반 시의 제재조치 등 그 근거 법령의 취지와 규정 등에 비추어 볼 때, 정당보조금은 국가와 정당 사이에서만 수수·결제되어야 하는 것으로 봄이 상당하므로, 정당의 국가에 대한 정당보조금지급채권은 그 양도가 금지된 것으로서 강제집행의 대상이 될 수 없다.(대결 2009.1.28. 2008마1440)

압류가 제한되는 급여채권이란 급료·연금·임금·봉급·상여금·세비·퇴직연금, 그 밖에 이와 비슷한 성질을 가지는 채권으로서 여기서 압류의 기준이 되는 급여금의 총액이란 근로자가 지급받을 수 있는 급여총액에서 그 근로소득에 대한 소득세 및 소득세분 지방소득세를 공제한 금액이 되고, 여러 곳에서 급여를 받는 경우라면 모두 합산하여 계산한다.

퇴직위로금이나 명예퇴직수당은 퇴직자에 대하여 재직 중에 직무의 대가로 지급되는 후불적 임금의 성격에 해당되므로, 퇴직금 등 기타 유사한 급여채권에 해당되어 압류의 제한을 받게 된다.[73]

2) 압류금지의 범위
① 월 급여 185만 원 이하 : 전액 압류금지
② 월 급여 185만 원 초과~370만 원 이하 : 185만 원 압류금지
③ 월 급여 370만 원 초과~600만 원 이하 : 급여의 1/2 압류금지
④ 월 급여 600만 원 초과 : 300만 원 + (급여의 1/2 - 300만 원) × 1/2 압류금지

예컨대, 월 급여가 300만 원이면 115만 원(300만 원 - 185만 원)에 대하여 압류가 가능하며, 월 급여가 1,000만 원이면 300만 원 + (500만 원 - 300만 원) × 1/2 = 400만 원에 대한 압류가 금지되고 나머지 600만 원에 대한 압류가 가능하다.

3) 임금채권의 압류표시(예시)
체납자에 대하여 임금채권을 압류하는 경우에는 채권압류통지서에 "별지목록"을 첨부하여 다음과 같이 압류할 채권을 표시하도록 한다.

---

73) 퇴직위로금이나 명예퇴직수당은 그 직에서 퇴임하는 자에 대하여 그 재직 중 직무집행의 대가로서 지급되는 후불적 임금으로서의 보수의 성질을 아울러 갖고 있다고 할 것이므로 퇴직금과 유사하다고 볼 것이고, 따라서 이들은 민사소송법 제579조제4호 소정의 압류금지채권인 퇴직금 기타 유사한 급여채권에 해당한다.(대결 2000.6.8자, 2000마1439)

"별 지 목 록"

금 10,000,000원정(체납액 기재)

체납자 ○○○이 제3채무자 □□건설(주)로부터 매월 지급 받을 급여(본봉, 각종 수당 및 상여금 등에서 소득세 및 소득세분 지방소득세를 공제한 금액)에서 다음에 기재한 각 경우에 따른 압류금지 금액을 제외한 나머지 금액씩 위 청구금액에 달할 때까지의 금액.

- 다음 -

1. 월급여가 185만 원 이하인 경우에는 전액
2. 월급여가 185만 원을 초과하고 370만 원 이하인 경우에는 185만 원
3. 월급여가 370만 원을 초과하고 600만 원 이하인 경우에는 월급여의 2분의 1
4. 월급여가 600만 원을 초과하는 경우에는 300만 원 + [(월급여의 2분의 1 - 300만 원)/2]

단, 위 청구금액에 이르지 아니한 사이에 퇴직, 명예퇴직 또는 퇴직금 중간정산을 할 때에는 그 퇴직금, 명예퇴직금(또는 명예퇴직수당 등) 또는 중간정산금 중 소득세 및 소득세분지방소득세를 공제한 잔액의 2분의 1씩 위 청구금액에 달할 때까지의 금액.

참조법령

▶ **국세징수법 42조【급여채권의 압류 제한】** ① 급료, 연금, 임금, 봉급, 상여금, 세비, 퇴직연금, 그 밖에 이와 비슷한 성질을 가진 급여채권에 대해서는 그 총액의 2분의 1에 해당하는 금액은 압류가 금지되는 금액으로 한다.
② 제1항에도 불구하고 다음 각 호의 경우 압류가 금지되는 금액은 각각 다음 각 호의 구분에 따른 금액으로 한다.
    1. 제1항에 따라 계산한 급여채권 총액의 2분의 1에 해당하는 금액이 표준적인 가구의 「국민기초생활 보장법」 제2조제7호에 따른 최저생계비를 고려하여 대통령령으로 정하는 금액에 미달하는 경우 : 같은 호에 따른 최저생계비를 고려하여 대통령령으로 정하는 금액
    2. 제1항에 따라 계산한 급여채권 총액의 2분의 1에 해당하는 금액이 표준적인 가구의 생계비를 고려하여 대통령령으로 정하는 금액을 초과하는 경우 : 표준적인 가구의 생계비를 고려하여 대통령령으로 정하는 금액

③ 퇴직금이나 그 밖에 이와 비슷한 성질을 가진 급여채권에 대해서는 그 총액의 2분의 1에 해당하는 금액은 압류하지 못한다.

④ 제1항부터 제3항까지의 규정에 따른 총액은 「소득세법」 제20조제1항 각 호에 해당하는 근로소득의 금액의 합계액(비과세소득의 금액은 제외한다) 또는 같은 법 제22조제1항 각 호에 해당하는 퇴직소득의 금액의 합계액(비과세소득의 금액은 제외한다)에서 그 근로소득 또는 퇴직소득에 대한 소득세 및 소득세분 지방소득세를 뺀 금액으로 한다.

▶ 국세징수법시행령 제32조【급여의 압류 범위】① 법 제42조제2항제1호에서 "대통령령으로 정하는 금액"이란 각각 월 185만 원을 말한다.

② 법 제42조제2항제2호에서 "대통령령으로 정하는 금액"이란 각각 다음 각 호의 금액을 더한 금액을 말한다.

1. 월 300만 원
2. 다음의 계산식에 따라 계산한 금액. 다만, 계산한 금액이 0보다 작은 경우에는 0으로 본다.
[법 제42조제1항에 따른 압류금지 금액(월액으로 계산한 금액을 말한다) − 제1호의 금액] × 1/2

6. 압류의 효력

압류의 효력은 ① 처분금지적 효력, ② 과실에 대한 효력, ③ 채권자 대위의 효력, ④ 질물 인도 요구의 효력, ⑤ 가압류·가처분 재산에 대한 압류의 효력, ⑥ 상속 또는 합병인 경우의 효력 ⑦ 시효중단 및 배당요구의 효력 ⑧ 체납액의 양도·양수(사법상 계약)와 체납처분의 효력 등이 있다.

가. 처분금지적 효력

압류는 체납자의 특정재산에 대하여 법률상 또는 사실상의 처분을 금지하는 효력이 있으므로, 이에 반한 채무의 변제, 채권의 양도, 권리의 설정 등과 같은 압류채권자에게 불리한 처분을 가지고는 압류채권자에게 대항할 수 없다.

하지만, 강제징수에 의한 채권압류는 체납자를 대신하여 추심권을 취득함에 불과하므로 제3채무자의 상계권까지 제한하는 것은 아니다. 따라서 제3채무자는 그 압류통지의 송달 이전에 체납자에 대하여 가지고 있던 자동채권이 상계적상에(변제기한의 도래) 있는 경우라면

압류통지 이후라도 상계로써 대항할 수 있다.[74]

　압류 전에 매매의 예약, 정지조건 또는 기한부 매매 등 권리변동에 관한 계약이 성립되어 있어도 그러한 계약에 기한 권리변동이 압류 후에 생긴 경우에는 원칙적으로 그 권리변동을 가지고 압류채권자에게 대항할 수 없다.

　만약, 권리변동에 관한 가등기가 있은 후 체납처분에 의한 압류등기가 이루어지고 그 뒤 가등기에 기한 본등기가 이루어진 경우, 그 가등기가 매매예약을 위한 순위보전의 가등기라면 그 가등기의 효력으로써 압류등기의 효력은 상실된다.

　다만, 그 가등기가 매매예약이 아닌 담보목적의 가등기인 때에는 이후 압류등기 이후 본등기가 이루어지더라도 압류등기의 효력은 상실되지 않으며, 그 가등기는 담보로서의 효력만 있게 되므로, 조세·공과금과 담보물권 상호 간의 우선순위에 관한 문제만 남게 된다.[75]

참조법령

▶ **국세징수법 제43조【처분의 제한】** ① 세무공무원이 재산을 압류한 경우 체납자는 압류한 재산에 관하여 양도, 제한물권의 설정, 채권의 영수, 그 밖의 처분을 할 수 없다.
② 세무공무원이 채권 또는 그 밖의 재산권을 압류한 경우 해당 채권의 채무자 및 그 밖의 재산권의 채무자 또는 이에 준하는 자(이하 "제3채무자"라 한다)는 체납자에 대한 지급을 할 수 없다.

나. 과실에 대한 효력

"천연과실"이란 물건의 용법에 따라 수취하는 산출물이며, "법정과실"이란 원물의 사용대

---

74) 국세징수법에 의한 채권압류는 강제집행에 의한 경우와 같이 그 압류의 결과 피압류채권에 관해서 변제, 추심 등 일체의 처분행위를 금지하는 효력이 있기는 하나 체납자에 대신하여 추심권을 취득함에 불과한 것으로 국세에 의한 채권압류가 있었다고 하여 제3채무자의 상계권까지 이를 무조건 제한하는 것은 아니라 할 것이므로 위 국세징수법에 의한 채권압류에 있어서도 제3채무자는 그 압류통지가 송달되기 이전에 채무자에 대하여 상계적상에 있었던 반대채권(자동채권)을 가지고 그 명령이 송달된 이후에도 상계로써 압류채권자에게 대항할 수 있다.(대판 1985.4.9.선고, 82다카449)

75) 국세 압류등기 이전에 소유권이전청구권 보전의 가등기가 경료 되고 그 후 본등기가 이루어진 경우, 그 가등기가 매매예약에 기한 순위 보전의 가등기라면 그 이후에 경료된 압류등기는 효력을 상실하여 말소되어야 할 것이지만, 그 가등기가 채무담보를 위한 가등기 즉 담보 가등기라면 그 후 본등기가 경료되더라도 가등기는 담보적 효력을 갖는 데 그치므로 압류등기는 여전히 유효하므로 말소될 수 없다.(대결 1998.10.7. 98마1333)

가로 받은 이자·차임 등 금전 기타의 물건을 말한다. 압류의 효력은 압류재산으로부터 생기는 천연과실과 법정과실에도 미치고, 체납자 또는 제3자가 압류재산을 사용 또는 수익하는 경우에는 그 재산의 매각으로 인하여 권리를 이전하기 전까지 이미 수취한 천연과실을 제외하고는 압류의 효력이 미친다.

따라서 천연과실의 경우 압류 시에 미분리된 과실과 압류 이후에 발생된 과실에 대해서는 압류의 효력이 미치고, 압류 시에 이미 분리된 과실에 대해서는 압류의 효력이 미치지 않는다. 법정과실도 금전채권을 압류한 경우 압류 이후에 발생한 이자에 대해서는 압류의 효력이 미치지만, 압류 전에 발생하였으나 미지급한 이자에 있어서는 압류의 효력이 미치지 않아 별도의 압류를 하여야 한다.

다. 채권자 대위의 효력

국세징수법에 따라 채권압류를 한 때에는 체납액(연체금과 강제징수비 등을 포함한다)을 한도로 하여 채권자를 대위하므로, 채권이 압류된 때에는 체납처분권자는 추심권을 취득하게 되고, 피압류채권의 채무자로서는 이행기가 도래하면 대위권자인 체납처분권자에게 이를 이행할 의무를 진다.[76]

체납자가 채무이행을 하지 않으면 압류 후 1년 이내에 체납처분권자는 그 이행의 최고를 하고, 체납자에 대위하여 제3채무자를 상대로 "지급명령" 또는 "압류금지급(추심금)청구의 소"를 제기하여야 한다. 다만 체납액과 관련하여 분쟁이 있거나 법률상·사실상 추심이 불가능한 경우에는 그러하지 아니할 수 있다.

---

76) 국세징수법에 의한 체납처분절차에 따라 세무서장에 의하여 채권이 압류된 경우 피압류채권의 채무자는 채권자에게 그 채무를 변제할 수 없고 한편 동법 제41조제2항에 의하여 세무서장이 피압류채권의 채무자에게 그 압류통지를 함으로써 채권자에게 대위하게 되는 때에는 세무서장은 그 채권의 추심권을 취득한다고 볼 것이므로 피압류채권의 채무자로서는 이행기가 도래한 때에는 대위채권자인 세무서장에게 이를 이행할 의무를 진다.(대판 1988.4.12.선고, 86다카2476)

참조법령

▶ **국세징수법 제52조【채권압류의 효력 및 추심】**② 관할 세무서장은 제51조제1항에 따른 통지를 한 경우 체납액을 한도로 하여 체납자인 채권자를 대위(代位)한다.

③ 관할 세무서장은 제2항에 따라 채권자를 대위하는 경우 압류 후 1년 이내에 제3채무자에 대한 이행의 촉구와 채무 이행의 소송을 제기하여야 한다. 다만, 체납된 국세와 관련하여 「국세기본법」에 따른 이의신청·심사청구·심판청구, 「감사원법」에 따른 심사청구 또는 「행정소송법」에 따른 행정소송(이하 "심판청구등"이라 한다)이 계속 중이거나 그 밖에 이에 준하는 사유로 법률상·사실상 추심이 불가능한 경우에는 그러하지 아니하다.

라. 질물인도 요구의 효력

국세징수법에 따른 동산 및 유가증권의 압류절차에 있어서는 이를 점유함으로써 행하고, 국세징수법에서는 압류물권에 질권을 가지고 있는 질권자는 그 질권에 담보된 채권이 조세·공과금에 우선하는지 여부에 관계없이 점유하고 있는 질물을 압류권자에게 인도할 수 있도록 규정하고 있다. 만약 질권자가 질물을 인도하지 않을 때에는 질권자에게 질물의 인도를 요구하고 그 질권자가 요구에 불응할 때에는 수색권을 행사하여 강제적으로 이를 압류할 수 있다.

참조법령

▶ **국세징수법 제48조【동산과 유가증권의 압류】**② 세무공무원은 제3자가 점유하고 있는 체납자 소유의 동산 또는 유가증권을 압류하기 위해서는 먼저 그 제3자에게 문서로 해당 동산 또는 유가증권의 인도를 요구하여야 한다.

③ 세무공무원은 제2항에 따라 인도를 요구받은 제3자가 해당 동산 또는 유가증권을 인도하지 아니하는 경우 제35조제2항에 따라 제3자의 주거등에 대한 수색을 통하여 이를 압류할 수 있다.

마. 가압류·가처분 재산에 대한 압류의 효력

국세징수법 제26조【가압류·가처분 재산에 대한 강제징수】에 따라 강제징수(체납처분)는 재판상의 가압류 또는 가처분으로 인하여 그 집행에 영향을 받지 아니한다.["2. 강제징수(체납처분)와 가압류·가처분과의 관계"- 32쪽 참조]

참조법령

▶ **국세징수법 제26조【가압류·가처분 재산에 대한 강제징수】** 관할 세무서장은 재판상의 가압류 또는 가처분 재산이 강제징수 대상인 경우에도 이 법에 따른 강제징수를 한다.

바. 상속 또는 합병인 경우의 효력

체납처분이 체납자의 사망에 의한 상속 또는 체납자인 법인의 합병에 의한 일반승계(포괄승계)가 있기 전에 행한 경우, 그 효력은 그 상속인 및 합병법인에 대하여 승계된다. 또한 체납자가 사망한 경우 체납자 명의의 재산을 압류한 때에는 그 재산의 상속인에 대하여 압류한 것으로 간주된다.

1) 상속과 체납처분의 효력

상속인은 그 상속이 개시된 때로부터 피상속인(체납자)의 재산에 관한 포괄적 권리의무를 승계하게 된다. 따라서 체납자의 재산을 압류한 후에 체납자가 사망하여 상속이 개시된 경우에는 상속인은 압류라는 처분제한의 효과를 가진 부담 있는 재산을 승계 취득하게 되고, 상속으로 얻은 재산을 한도로 하여 체납액을 납부해야 할 의무를 지게 된다.

사망은 실종선고에 의하여 사망한 것으로 간주되는 경우도 포함되며, 상속이 개시된 때에 체납액은 상속인 또는 상속재산관리인에게 납부의무에 대한 별도의 조치가 없어도 당연히 승계되고, 체납자에 대한 통지의 절차는 상속인 또는 상속재산관리인에게 하면 된다.

상속인에 대한 체납처분은 상속인이 상속받은 재산에만 한정하여 집행할 수 있는 것이 아니라, 상속받은 재산 이외의 상속인 소유의 고유재산에 대하여도 체납처분 할 수 있다.[77] 체납자가 이미 사망하여 상속이 개시된 경우 체납자 명의의 재산에 대하여 압류를 한 때에는 재산을 승계한 상속인에 대하여 압류한 것으로 간주되므로 체납처분을 속행할 수 있다.

---

77) 상속인이 상속 재산의 한도 내에서 승계한 피상속인의 체납국세의 납부의무를 이행하지 아니하는 경우 그 징수를 위해서 하는 압류는 반드시 상속재산에만 한정된다고 할 수 없고 상속인의 고유재산에 대해서도 압류할 수 있다.(대판 1982.8.24선고, 81누162)

2) 합병법인에 대한 체납처분의 효력

법인의 합병이란 2개 이상의 법인이 계약에 의하여 1개의 법인으로 합동하는 것을 말한다. 합병 후 존속하는 법인 또는 합병에 의하여 설립된 법인은 합병에 의하여 소멸한 법인의 권리의무를 합병한 법인이 이를 승계한다.

체납자인 법인의 재산에 대하여 체납처분을 집행한 후에 그 법인이 합병에 의하여 소멸한 때에는 상속의 경우와 마찬가지로 그 재산에 대한 체납처분의 효력은 합병 후 존속하는 법인 (또는 합병에 의하여 설립된 법인)에게 승계되므로 체납처분을 속행하여야 한다.

참조법령

▶ **국세징수법 제27조【상속 또는 합병의 경우 강제징수의 속행 등】** ① 체납자의 재산에 대하여 강제징수를 시작한 후 체납자가 사망하였거나 체납자인 법인이 합병으로 소멸된 경우에도 그 재산에 대한 강제징수는 계속 진행하여야 한다.
② 제1항을 적용할 때 체납자가 사망한 후 체납자 명의의 재산에 대하여 한 압류는 그 재산을 상속한 상속인에 대하여 한 것으로 본다.
▶ **민법 제1005조【상속과 포괄적 권리의무의 승계】** 상속인은 상속 개시된 때로부터 피상속인의 재산에 관한 포괄적 권리의무를 승계한다. 그러나 피상속인의 일신에 전속한 것은 그러하지 아니하다.
▶ **민법 제28조【실종선고의 효과】** 실종선고를 받은 자는 전조의 기간이 만료한 때에 사망한 것으로 본다.

사. 시효중단 및 배당요구의 효력

체납처분에 의한 압류가 있게 되면 압류와 관계된 체납액에 대하여 소멸시효 진행은 중단되고 그간 진행된 시효기간은 압류에 의하여 소멸된다. 또한 이미 압류한 재산에 있어서는 민사집행절차나 다른 체납처분절차에 의하여 환가된 배당금의 교부청구나 배당요구가 없어도 체납액을 배당 받을 수 있다.

다만, 민사집행절차에 의하여 부동산이 환가되는 경우에 있어서 집행법원의 경매개시결정의 등기가 있은 후에 압류나 참가압류한 때에는 배당요구의 종기(첫 매각기일 이전으로 집행법원에서 지정한 기일)까지 배당요구(교부청구)를 하여야 배당 받을 수 있다.

아. 체납액의 양도·양수(사법상 계약)와 체납처분의 효력

조세·공과금의 징수에 있어 강제징수(체납처분)가 아닌 민사집행절차에 의한 강제집행의 방법으로 체납액을 징수하는 것은 허용되지 않으며, 설령 납부의무자(체납자)에게 사법상의 계약에 따라 조세·공과금 등의 납부의무를 부담하게 하더라도 이에 대한 효력은 발생되지 않는다.[78]

따라서 사업의 양도·양수에 따라 그 사업에 관한 모든 권리의무가 포괄적으로 양수인에게 승계되었다거나, 승계하기로 한 약정이 있었다 하더라도 그 효력은 당사자 간의 사법적인 법률관계에 지나지 않으므로, 이를 근거로 하여 양수인에게 납부의무를 부담(또는 체납처분)하게 하는 것은 효력이 없다.[79]

다만, 사업의 포괄적 양도·양수가 이루어진 경우 그 양수인에게 체납액의 승계가 가능하도록 양수인에 대한 제2차 납부의무에 관한 법률적 근거가 마련되어 있다면(국세기본법 제41조, 지방세기본법 제48조, 국민건강보험법 제77조의2, 국민연금법 제90조의2 등), 사업의 양수인에 대한 강제징수는 가능하다.

---

78) 조세채권은 국세징수법에 의하여 우선권 및 자력집행권 등이 인정되는 권리로서 사적 자치가 인정되는 사법상의 채권과 그 성질을 달리할 뿐 아니라, 부당한 조세징수로부터 국민을 보호하고 조세부담의 공평을 기하기 위하여 그 성립과 행사는 법률에 의해서만 가능하고 법률의 규정과 달리 당사자가 그 내용 등을 임의로 정할 수 없으며, 조세채무관계는 공법상의 법률관계로서 그에 관한 쟁송은 원칙적으로 행정소송법의 적용을 받고, 조세는 공익성과 공공성 등의 특성을 갖는다는 점에서도 사법상의 채권과 구별된다. 따라서 조세에 관한 법률이 아닌 사법상 계약에 의하여 납세의무 없는 자에게 조세채무를 부담하게 하거나 이를 보증하게 하여 이들로부터 조세채권의 종국적 만족을 실현하는 것은 앞서 본 조세의 본질적 성격에 반할 뿐 아니라 과세관청이 과세징수상의 편의만을 위해 법률의 규정 없이 조세채권의 성립 및 행사 범위를 임의로 확대하는 것으로서 허용될 수 없다.(대판 2017.8.29.선고, 2016다224961)

79) 산업재해보상보험법 제6조, 제19조, 제25조의 각 규정에 비추어 보면 이미 확정된 보험료의 납부의무는 당시의 보험가입자인 사업주가 지는 것으로서, 보험시행자인 국가는 특별한 법령상의 근거가 없는 한 당해 사업에 대하여 종전 보험가입자에게 귀속되었던 보험료를 새로운 보험가입자에게 다시 징수할 수는 없으며, 사업의 양도, 양수가 있어 그 사업에 관한 모든 권리의무가 포괄적으로 사업양수인에게 승계되었다거나 혹은 사업주들 간에 산재보험에 관한 사항을 승계하기로 한 약정이 있었다 하더라도 그 효력은 당사자 간의 사법적인 법률관계에 미칠 뿐이다.(대법 1991.9.10.선고, 90누8848)

참조법령

▶ **국세기본법 제41조【사업양수인의 제2차 납세의무】** ① 사업이 양도·양수된 경우에 양도일 이전에 양도인의 납세의무가 확정된 그 사업에 관한 국세 및 강제징수비를 양도인의 재산으로 충당하여도 부족할 때에는 대통령령으로 정하는 사업의 양수인은 그 부족한 금액에 대하여 양수한 재산의 가액을 한도로 제2차 납세의무를 진다.

▶ **국민건강보험법 제77조의2【제2차 납부의무】** ② 사업이 양도·양수된 경우에 양도일 이전에 양도인에게 납부의무가 부과된 보험료, 연체금 및 체납처분비를 양도인의 재산으로 충당하여도 부족한 경우에는 사업의 양수인이 그 부족한 금액에 대하여 양수한 재산의 가액을 한도로 제2차 납부의무를 진다. 이 경우 양수인의 범위 및 양수한 재산의 가액은 대통령령으로 정한다.

Ⅱ 재산별 압류절차

1. 부동산 등의 압류

가. 부동산의 범위 및 대상

1) 의의

민법 제99조【동산, 부동산】에서는 부동산을 "토지 및 그 정착물"로 규정하고 있으나, 강제 징수(체납처분)에서 말하는 부동산 등에는 민법에서 규정한 부동산(토지, 건물 등) 외에 등기를 요하는 공장재단·광업재단, 선박등기법에 따라 등기된 선박(20톤 이상의 기선과 범선 및 100톤 이상의 부선)이 있다.

동산에 해당되지만 물권변동의 효력이 등록에 의하여 이루어짐에 따라 부동산에 준하여 공시방법을 취하는 자동차, 항공기, 선박(등록을 요하는 20톤 미만의 기선과 범선 및 100톤 미만의 부선), 건설기계 등도 부동산 등에 포함된다.

> **참조법령**
>
> ▶ **민법 99조【부동산, 동산】** ① 토지 및 그 정착물은 부동산이다.
> ② 부동산 이외의 물건은 동산이다.
> ▶ **국세징수법 제45조【부동산 등의 압류절차】** ① 관할 세무서장은 다음 각 호의 재산을 압류하려는 경우 압류조서를 첨부하여 압류등기를 관할 등기소에 촉탁하여야 한다. 그 변경등기에 관하여도 또한 같다.
>   1. 「부동산등기법」 등에 따라 등기된 부동산
>   2. 「공장 및 광업재단 저당법」에 따라 등기된 공장재단 및 광업재단
>   3. 「선박등기법」에 따라 등기된 선박
> ② 관할 세무서장은 다음 각 호의 재산을 압류하려는 경우 압류의 등록을 관계 행정기관의 장 또는 지방자치단체의 장에게 촉탁하여야 한다. 그 변경 등록에 관하여도 또한 같다.
>   1. 「자동차관리법」에 따라 등록된 자동차
>   2. 「선박법」에 따라 등록된 선박(「선박등기법」에 따라 등기된 선박은 제외한다)
>   3. 「항공안전법」에 따라 등록된 항공기 또는 경량항공기(이하 "항공기"라 한다)
>   4. 「건설기계관리법」에 따라 등록된 건설기계

③ 관할 세무서장은 압류를 하기 위하여 부동산, 공장재단 및 광업재단의 재산을 분할하거나 구분하려는 경우 분할 또는 구분의 등기를 관할 등기소에 촉탁하여야 한다. 그 합병 또는 변경등기에 관하여도 또한 같다.
④ 관할 세무서장은 등기되지 아니한 부동산을 압류하려는 경우 토지대장 등본, 건축물대장 등본 또는 부동산종합증명서를 갖추어 보존등기를 관할 등기소에 촉탁하여야 한다.
⑤ 관할 세무서장은 제2항에 따라 압류한 자동차, 선박, 항공기 또는 건설기계가 은닉 또는 훼손될 우려가 있다고 인정되는 경우 체납자에게 인도를 명하여 이를 점유할 수 있다.
⑥ 관할 세무서장은 제1항, 제2항 및 제4항에 따라 압류를 한 경우 그 사실을 체납자에게 통지하여야 한다.

2) 토지 및 그 정착물

토지는 일정한 범위의 지표면을 말하고 지적법에서는 이를 1필지로 하여 필지마다 지번, 지목, 경계 또는 좌표와 면적을 정하여 지적공부에 등록하도록 되어 있으므로, 압류에 있어서도 이를 기준으로 하여야 한다. 또한 토지의 소유권은 정당한 이익이 있는 범위 내에서 토지의 상하에 미치고 암석이나 토사 등도 토지에 포함은 되지만, 광업법에 의한 미채굴의 광물은 광업권 또는 조광권의 객체에 해당되고 토지의 소유권에는 미치지 않는다.

"토지의 정착물"이란 토지에 고정적으로 부착되어 있어 용이하게 이동할 수 없는 물건으로서 그 토지와 같이 사용되는 것이 통상적으로 용인되는 것을 말한다. 따라서 토지의 구성부분이 되는 포장·교량·담 및 식재된 수목 등은 토지의 일부로 취급되므로 토지에 대한 압류의 효력은 그 정착물에도 미친다.

하지만 간단한 방법에 의하여 토지에 고정시킨 기계, 불상 등과 같은 것은 단지 토지에 부착되어 있을 뿐 토지의 정착물에는 해당되지 않으므로, 토지와는 별도로 동산으로써 압류하여야 한다.

건물은 토지의 정착물에 해당되지만 토지로부터 독립한 별개의 부동산에 해당되어 토지와는 별개로 압류하여야 하고, 건물의 개수는 사회통념에 의하여 정할 것이므로, 1동의 건물이라도 독립성이 있는 구획으로 구분하여 구분소유를 하고 있을 때에는 별개의 부동산으로 압류의 대상이 된다.

완성된 건물이 준공검사를 받지 않아 보존등기를 마치지 못한 상태에 있는 경우, 완성된 건물은 부동산등기법상 당연히 등기적격이 있는 것이므로 유체동산으로서는 압류의 대상이 되지 않는다.[80]

이럴 경우, 국세징수법 제45조제4항에 따라 토지대장등본, 건축물대장등본 또는 부동산종합증명서를 교부 받아 부동산보존등기촉탁을 하여야 하고, 소관 등기소에 미등기부동산 대위등기촉탁 요청과 함께 「국세강제징수에 의한 압류등기촉탁서(촉탁서에 대위등기의 원인 기재)」 및 「압류조서」를 첨부하여야 한다.

수목 또한 토지의 정착물이긴 하나, 토지에 부착된 수목은 집단으로서 입목에 관한 법률의 규정에 의하여 소유권보존등기를 받은 경우는 이를 독립한 부동산으로 취급되므로 토지와는 별개로 압류한다. 다만 토지에 대한 기타의 정착물(입목에 관한 법률의 적용을 받지 않는 수목의 집단 등)은 원칙적으로 토지의 일부로 취급되므로 토지를 압류한 때에는 그 정착물에도 압류의 효력이 미친다.

하지만, 등기를 하지 아니한 수목의 집단이나 개개의 수목 등도 독립하여 거래의 가치가 있고, 당사자가 토지와 따로 거래의 의사가 있을 때에는 별개의 부동산으로 취급된다.[81] 따라서 이런 정착물에 대해서는 입찰이나 새끼치기 등의 명인방법을 실시하여 토지로부터 독립한 부동산으로 압류하여야 한다.

3) 공장재단 및 광업재단

특별법의 규정에 의하여 부동산으로 간주되는 것으로는 공장재단과 광업재단이 있다. "공

---

80) 건물이 이미 완성되었으나 단지 준공검사만을 받지 아니하여 그 보존등기를 경료하지 못한 상태에 있다면 위와 같이 완성된 건물은 부동산등기법상 당연히 등기적격이 있는 것이고, 비록 준공검사를 마치지 아니함으로써 부동산등기법상 보존등기 신청 시에 필요한 서류를 교부받지 못하여 아직 등기를 하지 못하고 있는 경우라고 하더라도 그와 같은 사정만으로 위 완성된 건물이 민사소송법 제527조제2항제1호의 "등기할 수 없는 토지의 정착물로서 독립하여 거래의 객체가 될 수 있는 것"에 해당하여 유체동산집행의 대상이 되는 것이라고 할 수 없다.(대결 1994.4.12. 자 93마1933)

81) 경매의 대상이 된 토지 위에 생립하고 있는 채무자 소유의 미등기 수목은 토지의 구성 부분으로서 토지의 일부로 간주되어 특별한 사정이 없는 한 토지와 함께 경매되는 것이므로 그 수목의 가액을 포함하여 경매 대상 토지를 평가하여 이를 최저경매가격으로 공고하여야 하고, 다만 입목에 관한 법률에 따라 등기된 입목이나 명인방법을 갖춘 수목의 경우에는 독립하여 거래의 객체가 되므로 토지 평가에 포함되지 아니한다.(대결 1998.10.28. 자 98마1817)

장재단"이란 공장에 속하는 일정한 기업용 재산으로 구성되는 일련의 기업재산으로서 「공장 및 광업재단 저당법」에 의하여 소유권과 저당권의 목적이 되는 것을 말한다. "광업재단"이란 광업권과 그 광업권에 기하여 광물을 채굴, 취득하기 위한 제설비 및 이에 부속하는 사업의 제설비로 구성되는 일련의 기업재산으로서 「공장 및 광업재단 저당법」에 의하여 소유권과 저당권의 목적이 되는 것을 말한다.

공장재단은 공장재단등기부(광업재단은 광업재단등기부)에 그 소유권보존등기를 함으로써 설정되며, 공장재단(광업재단)은 이를 1개의 부동산으로 보는 것이므로, 공장재단(광업재단)의 구성물로서 공장재단목록(광업재단목록)에 기재되어 있는 부동산, 동산, 그 밖의 재산권 등 기타의 권리는 개개의 물건 또는 권리로서 압류할 수 없고, 공장재단(광업재단) 전체를 1개의 부동산으로 압류하여야 한다.

> **참조법령**
>
> ▶ **공장 및 광업재단 저당법 제2조【정의】** 이 법에서 사용하는 용어의 뜻은 다음과 같다.
>   2. "공장재단"이란 공장에 속하는 일정한 기업용 재산으로 구성되는 일단(一團)의 기업재산으로서 이 법에 따라 소유권과 저당권의 목적이 되는 것을 말한다.
>   3. "광업재단"이란 광업권(鑛業權)과 광업권에 기하여 광물(鑛物)을 채굴(採掘)·취득하기 위한 각종 설비 및 이에 부속하는 사업의 설비로 구성되는 일단의 기업재산으로서 이 법에 따라 소유권과 저당권의 목적이 되는 것을 말한다.
>
> ▶ **공장 및 광업재단 저당법 제3조【공장 토지의 저당권】** 공장 소유자가 공장에 속하는 토지에 설정한 저당권의 효력은 그 토지에 부합된 물건과 그 토지에 설치된 기계, 기구, 그 밖의 공장의 공용물(供用物)에 미친다. 다만, 설정행위에 특별한 약정이 있는 경우와 「민법」 제406조에 따라 채권자가 채무자의 행위를 취소할 수 있는 경우에는 그러하지 아니하다.
>
> ▶ **공장 및 광업재단 저당법 제4조【공장 건물의 저당권】** 공장 소유자가 공장에 속하는 건물에 설정한 저당권에 관하여는 제3조를 준용한다. 이 경우 "토지"는 "건물"로 본다.
>
> ▶ **공장 및 광업재단 저당법 제12조【공장재단의 단일성 등】** ① 공장재단은 1개의 부동산으로 본다.
> ② 공장재단은 소유권과 저당권 외의 권리의 목적이 되지 못한다. 다만, 저당권자가 동의한 경우에는 임대차의 목적물로 할 수 있다.

4) 선박

"선박"이라 함은 수상 또는 수중에서 항행용으로 사용하거나 사용될 수 있는 배 종류를 말하는 것으로 기선(기관과 돛을 사용), 범선(돛을 사용) 및 부선(자력항행 능력이 없이 다른 선박에 끌려 항행)으로 구분된다. 「선박등기법」 제2조의 규정에 의하여 등기할 수 있는 선박이라 함은 총톤수 20톤 이상의 기선 및 범선과 총톤수 100톤 이상의 부선을 말하고, 이에 대한 압류는 관할 등기소에 선박압류등기를 촉탁하는 방법으로 한다.

「선박법」에 의한 소형선박(총톤수 20톤 미만의 기선 및 범선, 총톤수 100톤 미만의 부선)은 2008. 7. 1.부터는 "점유"가 아닌 "압류등록"에 의한 방법으로 압류하여야 하므로, 선적항을 관할하는 해운관청(지방해양항만청장)에 선박압류등록을 촉탁하여야 한다. 다만, 총톤수 5톤 미만의 범선 중 기관을 설치하지 않은 범선, 총톤수 20톤 미만의 부선 등은 압류등록이 불가하여 동산으로 압류하여야 한다.

선박에 대한 공매처분은 선박국적증서 및 그 밖에 선박운행에 필요한 문서를 수취하지 않으면 곤란할 수 있으므로, 선박국적증서 등을 인도받고 정박된 상태에 두어야 공매 진행이 가능하다. 또한 민사집행절차에서와 같은 감수·보존처분(선박에 대한 정박 및 운항중단 등 법원의 조치명령)이 필요하므로, 체납처분절차에 있어서는 징수권자가 직접 감수·보전처분을 행하는 등 선박의 인도 및 관리 등을 수행하여야 한다.

> **참조법령**
>
> ▶ **선박등기법 제2조【적용 범위】** 이 법은 총톤수 20톤 이상의 기선(機船)과 범선(帆船) 및 총톤수 100톤 이상의 부선(艀船)에 대하여 적용한다. 다만, 「선박법」 제26조제4호 본문에 따른 부선에 대하여는 적용하지 아니한다.
> ▶ **선박법 제1조의2【정의】** ② 이 법에서 "소형선박"이란 다음 각 호의 어느 하나에 해당하는 선박을 말한다.
>   1. 총톤수 20톤 미만인 기선 및 범선
>   2. 총톤수 100톤 미만인 부선

5) 자동차

자동차관리법에 따른 자동차란 원동기에 의하여 지상에서 이동할 목적으로 제작한 용구 또는 이에 견인되어 육상을 이동할 목적으로 제작한 용구를 말하고, 종류로는 승용자동차, 승합자동차, 화물자동차, 특수자동차 및 이륜자동차 등으로 구분된다. 자동차는 시·도지사가 관장하는 자동차등록원부에 등록하여야 하며 등록한 후가 아니면 원칙적으로 운행하지 못한다.

또한, 자동차의 소유권에 관한 득실변경은 그 등록을 하여야 효력이 생기고 자동차등록원부에 등록된 자동차가 아니면 부동산 등의 압류대상이 될 수 없으므로, 이륜자동차, 농업기계, 군수품인 차량, 궤도차량 또는 상품으로 진열된 자동차 등 미등록의 자동차에 대해서는 동산의 압류절차에 따라야 한다.

자동차의 소유권은 자동차등록원부에 등록하여야 효력이 발생하고,[82] 등록된 자동차의 소유자는 자동차등록원부상의 등록명의인으로 되어야 하지만, 예외적으로 리스자동차인 경우에는 리스물건의 소유권은 리스회사에 유보되어 있으며 자동차등록원부상의 등록명의에도 불구하고 그 소유권은 리스회사에 있다.[83]

참조법령

▶ **여신전문금융업법 제33조[등기·등록상의 특례]** ① 시설대여업자가 건설기계나 차량(車輛)의 시설대여등을 하는 경우에는 「건설기계관리법」 또는 「자동차관리법」에도 불구하고 대여시설이용자(연불판매의 경우 특정물건의 소유권을 취득한 자는 제외한다. 이하 같다)의 명의로 등록할 수 있다.

6) 항공기

「항공안전법」에 의한 항공기라 함은 공기의 반작용(지표면 또는 수면에 대한 공기의 반작용은 제외한다)으로 뜰 수 있는 기기로써 비행기·헬리콥터·비행선·활공기 기타 대통령령으로 정하는 기기를 말한다. 항공기는 대통령령이 정하는 항공기를 제외하고는 국토교통부장관이 관장하는 항공기등록원부에 등록하여야 하며 항공기에 대한 소유권의 득실변경은 그 등록에 따라 효력이 생긴다.

부동산 등의 적용을 받는 항공기라 함은 항공안전법 규정에 따라 항공기등록원부에 등록된 항공기 중에서 비행기와 헬리콥터를 말하고, 항공안전법에 의하여 등록할 수 없는 대통령

82) 자동차소유권의 득실변경은 등록을 함으로써 그 효력이 생기고 그와 같은 등록이 없는 한 대외적 관계에서는 물론 당사자의 대내적 관계에 있어서도 그 소유권을 취득할 수 없다.(대판 1977.7.12.선고, 76다4)

83) 차량의 시설대여의 경우에도 대여 차량의 소유권은 시설대여회사에 유보되어 있음을 전제로 하고, 다만 현실적·경제적 필요에 따라 차량의 유지·관리에 관한 각종 행정상의 의무와 사고발생시의 손해배상책임은 시설대여이용자로 하여금 부담하도록 하면서 그 편의를 위하여 차량등록을 소유자인 시설대여회사 아닌 시설대여이용자 명의로 할 수 있도록 자동차관리법에 대한 특례규정을 둔 것으로 해석함이 상당하고, 시설대여이용자의 명의로 등록된 차량에 대한 소유권은 대내적으로는 물론 대외적으로도 시설대여회사에게 있는 것으로 보아야 한다.(대판 2000.10.27.선고, 2000다40025)

령이 정한 항공기 또는 비행선, 활공기(항공기 등록여부 불문) 및 초경량비행장치 등은 부동산 등에 대한 압류의 적용을 받지 않으므로, 동산으로서 별도로 압류(점유)하여야 한다.

참조법령

▶ **항공안전법 제2조【정의】** 이 법에서 사용하는 용어의 뜻은 다음과 같다.
　1. "항공기"란 공기의 반작용(지표면 또는 수면에 대한 공기의 반작용은 제외한다. 이하 같다)으로 뜰 수 있는 기기로서 최대이륙중량, 좌석 수 등 국토교통부령으로 정하는 기준에 해당하는 다음 각 목의 기기와 그 밖에 대통령령으로 정하는 기기를 말한다.
　　가. 비행기 나. 헬리콥터 다. 비행선 라. 활공기(滑空機)
▶ **항공안전법 제9조【항공기 소유권 등】** ① 항공기에 대한 소유권의 취득·상실·변경은 등록하여야 그 효력이 생긴다.
② 항공기에 대한 임차권(賃借權)은 등록하여야 제3자에 대하여 그 효력이 생긴다.

---

7) 건설기계

"건설기계"란 건설공사에 사용할 수 있는 기계로서 불도저, 굴삭기, 로더, 지게차, 스크레이퍼, 덤프트럭(12톤 이상 20톤 미만의 것으로 화물운송에 사용하기 위하여 자동차관리법에 의한 자동차로 등록된 것은 제외한다), 기중기, 모터그레이더, 롤러, 노상안정기, 콘크리트살포기, 콘크리트믹서트럭(레미콘), 콘크리트펌프, 아스팔트믹싱플랜트, 아스팔트피니셔, 골재살포기, 준설선, 특수건설기계 등 건설기계관리법시행령 제2조에 규정된 기계를 말하고, 건설기계의 소유자는 시·도지사가 관장하는 건설기계등록원부에 등록하여야 하며, 등록을 한 후가 아니면 원칙적으로 이를 사용할 수 없다.

또한, 건설기계는 저당권의 목적이 될 수 있으며 저당권의 득실변경은 등록을 하여야만 효력이 발생하게 되고, 본조의 적용을 받는 건설기계는 건설기계관리법의 규정에 의하여 건설기계등록원부에 등록된 건설기계에 한정된다. 따라서 등록되지 아니한 건설기계는 동산으로서 압류하여야 한다.

참조법령

▶ **건설기계관리법 제2조【정의 등】** ① 이 법에서 사용하는 용어의 뜻은 다음과 같다.
　1. "건설기계"란 건설공사에 사용할 수 있는 기계로서 대통령령으로 정하는 것을 말한다.
▶ **건설기계관리법 제3조【등록 등】** ① 건설기계의 소유자는 대통령령으로 정하는 바에 따라 건설기계

를 등록하여야 한다.

> ▶ **건설기계관리법시행령 제2조【건설기계의 범위】**「건설기계관리법」(이하 "법"이라 한다) 제2조제1항 제1호에 따른 건설기계는 별표 1과 같다.(별표 생략)

나. 부동산 등의 압류절차

부동산 등을 압류할 때에는 국세징수법시행령 제34조에 게기한 사항을 기재한 압류등기(등록)촉탁서에 등기원인을 증명하는 압류조서의 원본 또는 등본을 첨부하여 관할 등기소(관청)에 촉탁한다. 토지 또는 건물이 「공장 및 광업재단 저당법」에 해당하는 경우, 공장(광업)재단에 관한 재산목록은 압류등기촉탁서에 첨부할 필요가 없으며, 이들 공장(광업)재단을 압류할 경우에는 공장의 명칭, 위치, 주된 영업소 및 영업의 종류를 기재하여 촉탁하여야 한다.

토지 및 건물 또는 공장(광업)재단에 대한 압류는 「강제징수에 따른 부동산(공장재단·광업재단) 압류(변경) 등기촉탁서」를, 선박에 대한 압류는 「강제징수에 따른 선박 압류(변경) 등기(등록)촉탁서」를 관할 등기소로 촉탁한다(등록을 요하는 선박의 경우는 지방해양항만청장이 된다). 또한 압류의 등록을 요하는 자동차, 항공기, 건설기계는 「강제징수에 따른 자동차·항공기·건설기계 압류(변경) 등록촉탁서」에 의하되 항공기는 국토교통부장관에게 촉탁하고, 자동차 및 건설기계는 시·도지사에게 압류의 등록을 촉탁하여야 한다.

아울러, 특별법에 의하여 설립된 공공단체가 체납처분절차를 준용하는 경우, 국세징수법에 규정된 압류(말소) 등기(등록)에 소요되는 등록면허세가 면제된다는 규정도 준용되어야 한다는 해석[84]에 따라, 일선 지방자치단체에서 공과금의 징수를 위해 자동차의 압류(말소)에 소요되는 등록세를 면제하고 있다.

---

84) 산업재해보상보험법 제74조제1항은 '독촉을 받은 자가 그 기한 내에 보험료 기타 이 법에 의한 징수금을 납부하지 아니한 때에는 노동부장관의 승인을 얻어 국세체납처분의 예에 의하여 이를 징수할 수 있다.'고 규정하고, 국세체납처분과 관련한 규정인 국세징수법 제55조제2항은 '압류 또는 압류해제의 등기 또는 등록에 관하여 등록세를 면제한다.'고 규정하고 있으므로 근로복지공단이 보험료를 체납한 사람의 자동차 등을 압류하고 등록을 하는 때에는 등록세가 면제된다.(대판 2003.6.24.선고, 2003두2830)

참조법령

▶ **국세징수법시행령 제34조【부동산 등의 압류등기】** ① 관할 세무서장은 법 제45조제1항에 따라 부동산·공장재단 또는 광업재단의 압류등기 또는 그 변경등기를 촉탁하는 경우 다음 각 호의 사항을 적은 문서로 해야 한다.

    1. 재산의 표시

    2. 등기 원인과 그 연월일

    3. 등기의 목적

    4. 등기권리자

    5. 등기의무자의 주소와 성명

② 관할 세무서장은 법 제45조제1항에 따라 선박의 압류등기 또는 그 변경등기를 촉탁하는 경우 다음 각 호의 사항을 적은 문서로 해야 한다.

    1. 선박의 표시

    2. 선적항

    3. 선박소유자의 성명 또는 명칭

    4. 등기원인과 그 연월일

    5. 등기의 목적

    6. 등기권리자

    7. 등기의무자의 주소와 성명

▶ **국세징수법시행령 제35조【항공기 등의 압류등록】** 법 제45조제2항에 따른 자동차·선박·항공기 또는 건설기계의 압류등록 또는 그 변경등록의 촉탁에 관하여는 제34조제2항을 준용한다.

다. 부동산 등의 압류효력

1) 압류의 일반적 효력

부동산 등의 압류의 효력은 그 압류의 등기(등록)가 완료된 때에 발생하므로, 부동산 등은 그 압류의 등기(등록)가 효력의 발생요건이 된다.[85] 체납처분에 의한 압류는 등기(등록)된 부동산, 선박, 건설기계 등이 체납자 명의로 등기(등록)된 때에는 체납자에게 귀속되는 것으로 추정되므로, 압류대상이 부동산 등인 경우 체납자의 소유 여부는 등기(등록)의 효력에 의하여 판단되어야 한다.

---

85) 과세관청이 세금의 징수를 위하여 체비지를 압류하고 체비지매각대장에 압류사실을 등재하였다면 그 압류 후에 위 체비지를 양도받은 자들은 체비지매각대장상 소유자로 등재되었더라도 위 압류처분에 대하여 사실상이며 간접적인 이해관계를 가진 데 불과하여 위 압류처분이나 이에 기한 공매처분의 취소나 무효확인을 구할 원고적격이 없다.(대판 1990.6.23.선고, 89누4918)

압류할 당시에 부동산에 대하여 취득시효기간이 경과되었다 할지라도 소유권이전등기를 하지 않았다면 이후 이루어진 체납처분에 의한 압류권자에게 시효취득을 이유로 그 소유권을 주장할 수 없고, 압류에 의한 처분금지적 효력은 상대적으로 발생하는 것이므로, 체납처분권자는 제3취득자에 대하여 압류의 효력을 주장할 수 있는 반면, 제3취득자는 압류권자에게 대항할 수 없다.[86]

압류의 대상인 자동차가 체납자의 소유에 귀속되는지 여부는 자동차등록원부상의 등록에 의하여 판단되어야 하고,[87] 체납자 소유부동산을 압류한 경우 압류등기가 된 부동산을 양도받아 소유권이전등기를 마친 사람은 압류처분이나 공매처분에 대하여 법률상 직접적이고 구체적인 이익을 가지지 못하므로, 그 압류처분이나 공매처분의 실효나 무효확인을 구할 당사자적격이 없다.[88]

다만, 이럴 경우라도 제3취득자는 체납처분권자를 상대로 먼저 압류해제를 신청하고 그 거부처분에 대하여 압류해제거부처분의 취소를 구하는 행정소송을 제기하거나,[89] 체납처분에

---

86) 국세징수법의 규정에 기한 체납처분으로서의 압류는 납세자의 재산을 대상으로 하여야 하고, 그 압류대상으로 된 재산이 등기되어 있는 부동산인 경우에 그 재산이 납세자의 소유에 속하는지의 여부는 등기의 효력에 의하여 판단하여야 할 것인바, 과세관청이 원고에 의하여 이미 20년의 부동산취득시효기간이 경과된 부동산을 압류하였더라도 그때까지 원고가 등기를 하지 아니하였다면 제3자인 과세관청에 대하여 시효취득을 이유로 소유권을 주장할 수 없고, 압류 후에 소유권이전등기를 하여 그 취득시효로 인한 권리취득의 효력이 점유를 개시한 때에 소급한다고 하더라도 제3자인 과세관청과의 관계에서까지 그 소급효가 인정되는 것은 아니며, 또한 압류에서의 이른바 처분금지의 효력은 압류채권자와 관계에서 상대적으로 발생하는 것으로 압류채권자는 제3취득자에 대하여 압류의 효력을 주장할 수 있고 제3취득자는 이로써 압류채권자에게 대항할 수 없게 된다 할 것이므로 압류 후에 원고가 시효취득에 의하여 체납자로부터 소유권이전등기를 경료하였더라도 압류채권자에게는 대항할 수 없다.(대판 1991.2.26.선고, 90누5375)

87) 자동차세에 관한 구지방세법 규정에 비추어 볼 때, 자동차세는 자동차의 소유사실을 과세요건으로 하여 부과되는 재산세의 성질을 가진 조세임이 분명하나, 같은 법 제196조의2, 자동차관리법 제5조 규정상 자동차의 소유 여부는 자동차등록원부상의 등록 여부로 결정되는 것이고, 면허세 또한 자가용자동차의 등록을 과세요건으로 하고 있으므로 자동차등록원부상 소유자로 등록된 자가 실제로는 소유자가 아니라는 사정만으로는 자동차세나 면허세의 납부의무를 면하지 못한다.(대판 1999.3.23.선고, 98도3278)

88) 과세관청이 조세의 징수를 위하여 납세의무자 소유의 부동산을 압류한 경우 그 이후에 압류등기가 된 부동산을 양도받아 소유권이전등기를 마친 사람은위 압류처분이나 그에 터 잡아 이루어지는 국세징수법상의 공매처분에 대하여 사실상이고 간접적인 이해관계를 가질 뿐 법률상 직접적이고 구체적인 이익을 가지는 것은 아니어서 그 압류처분이나 공매처분의 실효나 무효확인을 구할 당사자적격이 없다.(대판 1992.3.31.선고, 91누6023)

89) 국세징수법상의 압류등기가 된 부동산을 양도받아 그 이름으로 소유권이전등기를 마친 부동산취득자는 같은 법 제24조제5항 및 제53조의 압류해제의 요건이 충족되었음을 이유로 세무서장에게 압류해제의 신청을 할 수 있고,

의한 압류가 당연무효 사유에 해당되면 민사소송으로 압류등기의 말소를 구할 수는 있다.[90]

참조법령

▶ **국세징수법 제46조【부동산 등의 압류의 효력】** ① 제45조에 따른 압류의 효력은 그 압류등기 또는 압류의 등록이 완료된 때에 발생한다.
② 제1항에 따른 압류의 효력은 해당 압류재산의 소유권이 이전되기 전에 「국세기본법」 제35조제2항에 따른 법정기일이 도래한 국세의 체납액에 대해서도 미친다.

---

2) 압류의 효력이 미치는 범위

가) 소유권 변동에 따른 압류의 효력 범위

부동산 등에 대한 압류의 효력은 그 압류등기 또는 등록이 완료한 때에 발생하고 압류재산이 등기(등록)를 요하는 경우라면 동일한 체납자에 대하여 한 번 압류등기(등록)한 이후에 새로이 발생되는 체납액에 대해서도 압류의 효력이 미치게 되므로,[91] 체납액이 발생될 때마다 새로운 압류등기(등록)를 할 필요가 없다.

따라서 부동산 등에 대하여 압류한 이후 새롭게 발생한 체납액에 대해서는 별도의 압류가 필요 없으며, 설령 새로운 체납액에 대해서 제2차적으로 압류를 하더라도 이는 이중의 압류처분으로서 무효에 해당된다.[92]

그 압류해제신청을 거부한 행정처분이 있는 경우 그 행정처분의 취소를 구할 법률상 이익이 있다.(대판 2001.7.13. 선고, 2000두5333)

90) 체납처분에 기한 압류처분은 행정처분으로서 이에 기하여 이루어진 집행방법인 압류등기와는 구별되므로 압류등기의 말소를 구하는 것을 압류처분 자체의 무효를 구하는 것으로 볼 수 없고, 또한 압류등기가 말소된다고 하여도 압류처분이 외형적으로 효력이 있는 것처럼 존재하는 이상 그 불안과 위험을 제거할 필요가 있다고 할 것이므로, 압류처분에 기한 압류등기가 경료되어 있는 경우에도 압류처분의 무효확인을 구할 이익이 있다.(대판 2003.5.16. 선고, 2002두3669)

91) 국세징수법 제47조제2항의 취지는 한번 압류등기를 하고 나면 동일한 자에 대한 압류등기 이후에 발생한 체납세액에 대하여도 새로운 압류등기를 거칠 필요 없이 당연히 압류의 효력이 미친다는 것일 뿐이고 국세기본법 제3조가 규정하는 국세기본법의 우선 적용의 원칙상국세징수법 제47조제2항의 규정이 국세기본법 제35조제2항 단서 및 같은 법 제42조제1항 단서의 규정을 배제하는 효력까지 있는 것은 아니다.(대판 1988.1.19.선고, 87누827)

92) 공장저당법에 의하여 근저당권이 설정된 공장의 부지 및 건물에 대하여 과세관청이 체납처분으로서 압류를 하였다면 그 압류의 효력은 공장에 설치된 기계, 기구에도 미치는 것이고 비록 그 압류 이후에 새로이 발생된 체납세액이 있다고 하더라도 위 압류의 효력은 국세징수법 제47조에 의하여 이에도 미치는 것이므로 과세관청이 새로 발생

또한, 압류재산의 소유권이 제3자로 이전된 경우, 당해 압류재산의 소유권이 이전되기 전에 체납자에 대하여 납부의무가 성립한 체납액에까지는 압류의 효력이 미친다. 압류등기한 부동산이 제3자에게 양도된 경우의 적용범위와 관련한 판례는 그 양도로 인한 소유권이전등기 시기를 기준으로 전소유자의 납세의무가 성립한 체납세액에 대해서는 압류의 효력이 미치는 것으로 해석하고 있다.[93]

나) 체납액의 납부와 압류의 효력

부동산에 대한 압류의 효력은 압류 이후에 발생된 체납액에 대해서도 당연히 압류의 효력이 미치므로, 압류 당시의 체납액이 모두 납부되었다고 해서 압류의 효력이 없어지지 않으며, 압류 이후에 발생한 새로운 체납액에 대하여도 압류의 효력이 미치는 것으로 해석된다.

이와 관련, 판례는 압류와 관련된 체납액이 전액 납부되어 압류의 원인이 소멸된 경우라도 압류처분은 행정처분이기 때문에 그 압류가 적법하게 취소되거나 해제되지 않는 한 그 효력은 지속되고,[94] 아울러 부동산 등을 압류한 뒤 압류해제하기 전에 동일한 납부의무자에게 종별을 달리하는 다른 세목에 대해서도 압류의 효력이 미치는 것으로 해석하고 있다.[95]

3) 부동산의 양도와 압류의 효력

체납자(양도인)의 소유 부동산이 양도되어 제3자가 그 소유권을 취득한 경우, 양도 이전에

된 체납세액을 이유로 위 공장에 설치된 기계, 기구에 대하여 다시 압류를 하였다면 이는 이중 압류처분으로 무효이다.(대판 1986.9.23.선고, 86누103)

93) 국세징수법상 압류등기를 한 부동산이 제3자에게 양도되어 소유권이전등기가 경료된 경우 그 압류는 그때까지 전 소유자의 납세의무가 성립한 세액에 관하여 발생한 체납액에 대하여만 효력이 미치는 것이고 그 등기가 경료된 후에 전소유자의 납세의무가 성립한 세액에 관하여 발생한 체납액에 대하여는 그 효력이 미치지 아니한다(대판 1992.2.14.선고, 91누1462)

94) 원심이 확정한 바와 같이, 원심 피고에 대한 증여서 등의 체납으로 그 소유 토지 4필지가 압류되었다가 그 지상 근저당권자의 임의경매신청으로 그중 2필지가 경락되어 그 대금에서 체납액이 전부 교부됨으로써 그 체납절차는 종료되었으나, 나머지 이 사건 토지 2필지에 관하여 아직 압류가 해제되지 아니한 사이에 동일인에 대하여 부과된 양도소득세에 위 압류의 효력은 당연히 이에도 미친다 할 것임(대판 1989.5.9.선고, 88다카17174)

95) 국세징수법 제45조의 규정에 의한 압류는 압류 당시의 체납액이 납부되었다고 하여 당연히 실효되지 아니하고, 그 압류가 유효하게 존속하는 한 압류등기 이후에 발생한 체납액에 대하여도 효력이 미친다고 할 것이므로, 원고 지분에 대한 애초의 압류는 그 기초가 된 체납액인 제1차 국세(부가가치세 및 종합소득세)가 납부되었다고 해서 당연히 실효되지 아니하고 그 압류가 해제되지 아니한 상태에서 새로이 발생한 체납액인 제2차 국세(과점주주로서 제2차 납세의무)에 대하여도 효력이 미치게 된다.(대판 2012.7.26.선고, 2010다50625)

체납자의 체납액을 원인으로 한 압류가 있지 않았다면, 양도인의 체납액은 매각대금에서 우선징수권에 따른 배당을 받을 수 없다.[96]

또한, 전 소유자(양도인)의 채무를 원인으로 하여 저당권이 설정된 부동산이 양도되었을 경우, 양수인(체납자)에게 부과된 조세 체납액의 법정기일이 양도 전에 설정된 저당권에 우선하더라도, 양수인의 체납을 원인으로 하여서는 저당권에 대하여 그 우선권을 행사할 수 없다.[97]

아울러, 부동산 등의 경매절차에서 매수인이 매수대금을 내고 그 소유권을 취득하였으나, 경매 목적물인 부동산 등의 권리가 타인에 속하게 되어 그 소유권을 상실하게 된 때에는 매수인은 해당 매각대금을 배당 받은 채권자를 상대로 부당이득반환청구를 통해 권리구제를 받을 수 있다.[98]

라. 압류된 부동산의 사용 및 수익

체납자 및 압류된 부동산 등을 사용·수익할 권리를 가지는 지상권자, 전세권자, 임차권자 등 제3자는 원칙적으로 압류된 부동산 등에 대하여 통상의 용법에 따라 사용·수익할 수 있다. 따라서 압류채권자는 압류 당시의 재산 가치보다 현저하게 감손될 우려가 있는 것으로 인정되는 경우 외에는 체납자 또는 사용수익권을 가진 제3자에게 그 사용·수익을 허용할 수 있다.

---

96) 납세의무자의 소유가 아닌 재산에 의하여 국세를 징수할 수는 없으므로 국세의 체납처분 등에 의하여 납세의무자의 재산이 압류되기 전에 제3자가 그 소유권을 취득하였다면 그 재산에 대하여는 원칙적으로 국세의 우선징수권이 미치지 아니하므로, 그 목적물이 제3자에게 양도된 경우에도 그 이전에 양도인의 체납 국세에 관하여 체납처분 등으로 압류를 한 바 없다면 그 이후에 그 체납 국세에 관하여 교부청구를 하더라도 낙찰대금으로부터 우선 배당을 받을 수 없다.(대판 1998.8.21.선고, 98다24396)

97) 지방세 등에 우선적으로 보호되는 저당권으로 담보되는 채권은 원래 저당권 설정 당시의 저당권자와 설정자와의 관계를 기본으로 하여 그 설정자의 납세의무를 기준으로 한 것으로 해석되고, 저당 부동산이 설정자로부터 제3자에게 양도된 경우에도 설정자에게 저당권의 피담보채권에 우선하여 징수당할 지방세의 체납이 있지 않는 한 그 양수인에게 지방세의 체납이 있었다 하더라도 그 양수인에게 부과한 지방세 등을 우선징수할 수 없다.(대판 2000.10.13.선고, 2000다32826)

98) 부동산 경매절차에서 매수인이 매각대금을 내고 소유권을 취득한 후 매매 목적물의 권리가 타인에게 속하게 되거나 매매 목적물에 설정된 담보권이 실행되는 등의 사유로 소유권을 상실한 경우에는 경매를 취소할 수 없고, 이 경우 채무자의 자력이 없는 경우에는 매각대금의 배당을 받은 채권자를 상대로 그 대금의 전부 또는 일부의 반환을 청구할 수 있을 뿐이다.(대결 2017.4.19. 자 2016그172)

"가치가 현저하게 감손될 우려가 있다고 인정하는 때"라 함은 압류부동산 등을 그 본래의 사용목적에 의하여 사용·수익하게 하거나, 달리 사용·수익하는 경우를 포함하여 압류 당시의 그 재산의 가치를 감손시킴으로써 체납액의 징수에 지장을 줄 우려가 있다고 인정되는 경우를 말한다.

압류된 부동산 등을 사용·수익하고자 하는 자는 "압류재산 사용·수익허가신청서"에 사용·수익하고자 하는 자의 주소와 성명, 기간, 재산의 표시, 방법과 장소 및 이유를 기재하여 체납처분권자에게 제출하여 허가를 받아야 하고, 체납처분권자는 필요한 경우, 사용·수익 기간 만료 전이라도 당초 인수한 장소로 반환한다는 것, 멸실, 손괴, 분실 등 그 재산 가치가 감소되었을 때에는 손해액을 배상한다는 사항을 사용·수익자로부터 서명·날인을 받아 두도록 한다.

체납처분권자는 압류재산 사용·수익 허가신청서를 제출받은 경우 30일 이내에 그 허가 여부를 신청인에게 통지해야 한다. 체납자 등의 압류 부동산에 대한 사용·수익 신청에 승낙할 의무가 있는 것은 아니나, 통상 체납자 등이 압류 부동산의 사용·수익을 달리하여 재산상 가치를 높이려는 경우가 대부분이므로, 보다 적극적으로 이를 활용하는 것이 효과적일 것이다.

참조법령

▶ **국세징수법 제47조【압류 부동산 등의 사용·수익】** ① 체납자는 압류된 부동산, 공장재단, 광업재단, 선박, 항공기, 자동차 또는 건설기계(이하 "부동산등"이라 한다)를 사용하거나 수익할 수 있다. 다만, 관할 세무서장은 그 가치가 현저하게 줄어들 우려가 있다고 인정할 경우에는 그 사용 또는 수익을 제한할 수 있다.

② 압류된 부동산등을 사용하거나 수익할 권리를 가진 제3자의 사용·수익에 관하여는 제1항을 준용한다.

③ 관할 세무서장은 자동차, 선박, 항공기 또는 건설기계에 대하여 강제징수를 위하여 필요한 기간 동안 정박 또는 정류를 하게 할 수 있다. 다만, 출항준비(出航準備)를 마친 선박 또는 항공기에 대해서는 정박 또는 정류를 하게 할 수 없다.

④ 관할 세무서장은 제3항에 따라 정박 또는 정류를 하게 하였을 경우 그 감시와 보존에 필요한 처분을 하여야 한다.

▶ **국세징수법시행령 제38조【압류 부동산 등의 사용·수익 절차】** 법 제47조제1항 및 제2항에 따라 압

류된 재산을 압류 당시와 달리 사용하거나 수익하려는 경우에 관하여는 법 제49조제3항 및 이 영 제40조를 준용한다.

▶ **구 국세징수법기본통칙 49-0…1【가치가 현저하게 줄어들 우려】** 법 제49조제1항에서 "가치가 현저하게 줄어들 우려가 있다고 인정하는 때"라 함은 압류부동산을 그 본래의 사용목적에 따라 사용·수익하거나 달리 사용·수익하는 경우를 포함하여 압류당시의 그 재산의 가치를 감소시킴으로써 체납액 징수에 지장을 줄 것으로 인정되는 때를 말한다.

마. 부동산 등의 압류 관련 특이사항

1) 타인 명의로 등기(등록)된 부동산 등의 압류

부동산 등에 대하여 압류의 등기를 촉탁하는 경우에는 등기명의인이 체납자로 되어 있어야 가능하므로, 사실상 체납자의 부동산에 해당되지만 체납자 이외의 자의 명의로 등기가 되어 있는 경우에는 그 타인의 명의로 되어 있는 원인에 따라 이전·말소 또는 보존의 등기를 하고, 당해 부동산 등에 관하여 체납자의 명의로 등기를 함과 동시에 압류의 등기를 촉탁하여야 한다.

가) 상속 등으로 체납자에게 소유권이 이전된 경우

부동산 등에 관하여 상속, 포괄유증 또는 법인의 합병에 기한 일반승계에 의하여 체납자에게 권리의 이전이 있음에도 불구하고 체납자가 권리이전의 등기를 하지 않고서 피승계인(사망자 등)의 명의 그대로 등기가 되어 있는 경우가 있다.

이럴 경우, 민법 제404조【채권자대위권】 규정에 의거 체납자를 대위하여 일반승계에 의한 권리이전의 등기를 하고(부동산등기법 제28조), 체납처분으로 인한 압류의 등기를 촉탁하여야 한다. 권리이전의 대위등기는 상속으로 인한 경우에는 「상속으로 인한 소유권이전 대위 등기촉탁서」에 의하고, 그 이외의 경우에는 이에 준하여 대위등기를 하면 된다.

참조법령

▶ **민법 제404조【채권자대위권】** ① 채권자는 자기의 채권을 보전하기 위하여 채무자의 권리를 행사할 수 있다. 그러나 일신에 전속한 권리는 그러하지 아니하다.
② 채권자는 그 채권의 기한이 도래하기 전에는 법원의 허가 없이 전항의 권리를 행사하지 못한다. 그

러나 보전행위는 그러하지 아니하다.

▶ **부동산등기법 제28조【채권자대위권에 의한 등기신청】** ① 채권자는 「민법」 제404조에 따라 채무자를 대위(代位)하여 등기를 신청할 수 있다.

② 등기관이 제1항 또는 다른 법령에 따른 대위신청에 의하여 등기를 할 때에는 대위자의 성명 또는 명칭, 주소 또는 사무소 소재지 및 대위원인을 기록하여야 한다.

나) 명의신탁의 경우

체납자(명의신탁자)가 그 소유의 부동산 등을 타인의 명의를 빌려 소유권보존등기 또는 이전등기를 한 경우(명의신탁)에는 체납자를 대위하여 당해 명의신탁계약을 해지하고 체납자(명의신탁자) 앞으로 소유권이전등기를 경료함과 동시에 압류할 수 있다.

이럴 경우, 등기의무자(명의수탁자)의 협력이 필요하지만 그 협력을 얻을 수 없는 경우라면 명의수탁자를 상대로 소유권이전등기 청구소송을 제기하여 승소의 확정판결을 받아 그 판결정본에 기하여 소유권이전등기를 하여야 할 것이다.

「부동산실권리자 명의등기에 관한 법률」의 규정에 의하면, 명의신탁 등기를 금지하며 명의신탁 약정은 무효로 하고, 명의신탁 약정에 따라 이루어진 등기에 의한 물권변동은 원칙적으로 무효인 것으로 규정하고 있다. 다만, 예외적으로 종중이 보유한 부동산에 관한 물권을 종중 외의 자의 명의로 등기하는 경우나, 배우자 명의로 부동산에 관한 물권을 등기하는 경우에는 그 명의신탁등기가 조세포탈, 강제집행의 면탈 또는 법령상 제한의 회피를 목적으로 하는 경우가 아니면 명의신탁등기의 금지에 관한 동 법의 규정이 적용되지 않는다.

반대로, 체납자가 명의수탁자인 경우에는 재산이 체납자의 소유에 속하는지 여부는 등기의 효력에 의하여 판단하여야 할 것이므로, 압류대상 부동산에 관하여 명의신탁의 의사에 따라 체납자 명의의 소유권보존등기가 이미 되었다면, 그 소유권은 대외적으로는 체납자에게 귀속되어 있는 것이어서 그에 대한 압류는 유효한 것으로 해석된다.[99]

---

99) 압류대상이 된 재산이 등기되어 있는 부동산인 경우에 그 재산이 납세자의 소유에 속하는 여부는 등기의 효력에 의하여 판단하여야 할 것이고, 압류대상 건물들에 관한 체납자 명의의 소유권보존등기가 원고의 의사에 기한 명의신탁에 의하여 이루어진 것이라면 비록 그 건물을 원고가 체납자 명의로 건축허가를 받아 신축한 것이었다 하더라도 그 소유권은 명의신탁의 법리에 따라 대외적으로는 체납자에게 귀속되었다고 보아야 할 것이므로 피고(세

참조법령

▶ **부동산실권리자 명의등기에 관한 법률 제3조【실권리자명의 등기의무 등】** ① 누구든지 부동산에 관한 물권을 명의신탁약정에 따라 명의수탁자의 명의로 등기하여서는 아니 된다.
▶ **부동산실권리자 명의등기에 관한 법률 제4조【명의신탁약정의 효력】** ① 명의신탁약정은 무효로 한다.
▶ **부동산실권리자 명의등기에 관한 법률 제8조【종중, 배우자 및 종교단체에 대한 특례】** 다음 각 호의 어느 하나에 해당하는 경우로서 조세 포탈, 강제집행의 면탈(免脫) 또는 법령상 제한의 회피를 목적으로 하지 아니하는 경우에는 제4조부터 제7조까지 및 제12조제1항부터 제3항까지를 적용하지 아니한다.
　1. 종중(宗中)이 보유한 부동산에 관한 물권을 종중(종중과 그 대표자를 같이 표시하여 등기한 경우를 포함한다) 외의 자의 명의로 등기한 경우
　2. 배우자 명의로 부동산에 관한 물권을 등기한 경우
　3. 종교단체의 명의로 그 산하 조직이 보유한 부동산에 관한 물권을 등기한 경우

2) 압류부동산이 수용된 경우

압류부동산이 수용된 경우,「공익사업을 위한 토지 등의 취득 및 보상에 관한 법률」제45조【권리의 취득·소멸 및 제한】에 따라 기업가(토지를 수용하는 주체)는 수용부동산의 소유권을 원시취득하고, 그 부동산상의 압류, 저당권 등의 권리는 수용에 의하여 소멸하는 대신, 피수용자(체납자)는 수용으로 인한 "손실보상청구권(수용보상금청구권)"을 취득하게 된다.

또한, 동 규정에 의하여 소멸된 권리는 피수용자(체납자)가 취득한 수용보상금청구권에까지는 미치지 않으므로, 수용보상금이 지급되기 전에 수용보상금에 대하여 기업가를 제3채무자로 하는 별도의 채권압류를 하여야 한다.[100]

아울러, 체납처분에 의한 압류가 집행되어 있는 토지가 수용되고 수용보상금에 대하여 채권압류를 한 경우, 물상대위의 법리에서처럼 수용 전 토지에 대하여 조세 상호 간에 적용되는 압류선착수주의(국세기본법 제36조)에 따른 우선권이 수용보상금채권의 배당절차에까지

무서장)가 대외적으로 체납자에게 소유권이 귀속되어 있는 재산을 압류한 이상 그 압류처분은 유효하다 할 것이고 그 대내적인 소유권 귀속관계를 알고 있었다 하여 그 압류처분의 효력을 부정할 사유는 없다 할 것이다.(대판 1984.4.24.선고, 83누506)

100) 토지수용법 제67조제1항에 의하면, 기업자는 토지를 수용한 날에 그 소유권을 취득하며 그 토지에 관한 다른 권리는 소멸하는 것인바, 수용되는 토지에 대하여 가압류가 집행되어 있어도 토지의 수용으로 기업자가 그 소유권을 원시취득함으로써 가압류의 효력은 소멸되는 것이고, 토지에 대한 가압류가 그 수용보상금청구권에 당연히 전이되어 그 효력이 미치게 된다고는 볼 수 없다.(대판 2000.7.4선고, 98다62961)

종전의 순위대로 유지되는 것은 아니다.[101]

3) 화재보험에 가입된 압류건물이 멸실된 경우

압류한 건물이 화재 등의 사유로 멸실되었으나, 등기부상에 그대로 존재한 상태에서 같은 장소에 비슷하게 건물이 새로이 신축된 경우, 동일한 건물이라고 할 수 없으므로 신축된 건물에 대해서는 압류의 효력이 미치지 않는다.[102]

아울러, 손해보험에 가입된 압류재산이 화재 등에 의하여 멸실된 경우, 압류의 효력은 보험금을 지급 받을 권리에는 미치지 않으므로, 보험계약에 따라 체납자가 가지는 "보험금지급청구권"에 대하여 별도로 채권압류를 하여야 한다.

4) 압류차량이 직권말소된 경우

「자동차관리법」 제13조에 따라 차령이 초과된 환가가치가 없는 차량의 경우 직권말소가 가능하고, 종전 압류는 말소됨에 따라 압류의 효력도 소멸하게 된다. 다만 시·도지사는 차령초과말소차량에 대하여 폐차대금을 지급하게 되어 있으므로, 이럴 경우 해당 "폐차대금지급청구권"에 대하여 채권압류할 수 있다.

참조법령

▶ **자동차관리법 제13조【말소등록】** ① 자동차 소유자(재산관리인 및 상속인을 포함한다. 이하 이 조에서 같다)는 등록된 자동차가 다음 각 호의 어느 하나의 사유에 해당하는 경우에는 대통령령으로 정하

---

101) 구 토지수용법(2002.2.4. 법률 제6656호로 폐지되기 전의 것) 제67조제1항에 의하면, 기업자는 토지를 수용한 날에 그 소유권을 취득하며 그 토지에 관한 다른 권리는 소멸하는 것인바, 수용되는 토지에 대하여 체납처분에 의한 압류가 집행되어 있어도 토지의 수용으로 기업자가 그 소유권을 원시취득함으로써 그 압류의 효력은 소멸되는 것이고, 토지에 대한 압류가 그 수용보상금청구권에 당연히 전이되어 그 효력이 미치게 된다고는 볼 수 없다고 할 것이므로, 수용 전 토지에 대하여 체납처분으로 압류를 한 체납처분청이 다시 수용보상금에 대하여 체납처분에 의한 압류를 하였다고 하여 물상대위의 법리에 의하여 수용 전 토지에 대한 체납처분에 의한 우선권이 수용보상금 채권에 대한 배당절차에서 종전 순위대로 유지된다고 볼 수도 없다.(대판 2003.7.11.선고, 2001다83777)

102) 멸실된 건물과 신축된 건물이 위치나 기타 여러 가지 면에서 서로 같다고 하더라도 그 두 건물이 동일한 건물이라고는 할 수 없으므로 신축건물의 물권변동에 관한 등기를 멸실건물의 등기부에 등재하여도 그 등기는 무효이고 가사 신축건물의 소유자가 멸실건물의 등기를 신축건물의 등기로 전용할 의사로써 멸실 건물의 등기부상 표시를 신축건물의 내용으로 표시변경등기를 하였다고 하더라도 그 등기가 무효임에는 변함이 없다.(대판 1980.11.11.선고, 80다441)

는 바에 따라 자동차등록증, 등록번호판 및 봉인을 반납하고 시·도지사에게 말소등록(이하 "말소등록"이라 한다)을 신청하여야 한다. 다만, 제7호 및 제8호의 사유에 해당되는 경우에는 말소등록을 신청할 수 있다.

　7. 제14조의 압류등록을 한 후에도 환가(換價) 절차 등 후속 강제집행절차가 진행되고 있지 아니하는 차량 중 차령 등 대통령령으로 정하는 기준에 따라 환가가치가 남아 있지 아니하다고 인정되는 경우. 이 경우 시·도지사가 해당 자동차 소유자로부터 말소등록 신청을 접수하였을 때에는 즉시 그 사실을 압류등록을 촉탁(囑託)한 법원 또는 행정관청과 등록원부에 적힌 이해관계인에게 알려야 한다.

2. 동산과 유가증권의 압류

가. 동산의 압류

1) 동산의 범위

　민법상 "동산"이라 함은 부동산 이외의 물건을 말하고, 부동산은 토지와 그 정착물을 말하므로, 토지와 그 정착물을 제외한 유체물 및 전기 등 기타 관리할 수 있는 자연력은 동산으로 다루어진다. 국세징수법의 적용을 받는 동산은 민법에서 규정한 동산 중 국세징수법상 부동산에 준해서 다루어지는 공장재단·광업재단·선박·항공기·건설기계·자동차 등을 제외한 유체동산이다.

　동산은 부동산 이외의 물건이므로, 토지에 부착되어 있더라도 정착물이 아닌 물건으로서 독립하여 거래의 객체가 될 수 있는 미완성의 건물, 등기(등록)되지 아니한 선박·항공기·자동차·건설기계 등과 미분리의 과실[103]·뽕잎 등은 동산으로 취급된다.

　국세징수법에 의한 강제징수절차에 있어서는 부동산이나 채권에 비하여 동산에 대한 압류처분은 그다지 활발하지 않다. 이는 국세청의 「체납추적팀」이나 서울시청 「38세금징수과」 등 특화된 일부 징수기관을 제외하고는 조세·공과금 체납자에 대한 동산의 압류처분은 집행과

---

103) 민사집행법 제189조제2항제2호에 의하면, "토지에서 분리하기 전의 과실로서 1월 이내에 수확할 수 있는 것"은 유체동산으로 다루어진다.

정에서 체납자 등과의 물리적 충돌이 예견될 뿐만 아니라, 고가의 미술품이나 현금 등을 찾기가 쉽지 않으며 현실적으로 환가가치가 높은 유체동산이 드물기 때문이다.

참조법령

▶ **국세징수법 제48조【동산과 유가증권의 압류】**① 동산 또는 유가증권의 압류는 세무공무원이 점유함으로써 하고, 압류의 효력은 세무공무원이 점유한 때에 발생한다.
② 세무공무원은 제3자가 점유하고 있는 체납자 소유의 동산 또는 유가증권을 압류하기 위해서는 먼저 그 제3자에게 문서로 해당 동산 또는 유가증권의 인도를 요구하여야 한다.
③ 세무공무원은 제2항에 따라 인도를 요구받은 제3자가 해당 동산 또는 유가증권을 인도하지 아니하는 경우 제35조제2항에 따라 제3자의 주거등에 대한 수색을 통하여 이를 압류할 수 있다.
④ 세무공무원은 체납자와 그 배우자의 공유재산으로서 체납자가 단독 점유하거나 배우자와 공동 점유하고 있는 동산 또는 유가증권을 제1항에 따라 압류할 수 있다.

2) 토지의 정착물

토지 위의 수목, 담장, 교량 등은 그 정착물로서 특별한 사정이 없는 한 토지의 일부로 간주되어 토지와 함께 목적물이 되지만, 단순히 토지에 고정시킨 기계류, 쉽게 이동이 가능한 가건물, 가식되어 있는 정원석·정원수 등은 토지의 정착물에 해당되지 않아 독립된 거래의 객체가 되는 유체동산에 해당된다.

또한, 등기하지 않은 수목(樹木)의 집단, 가식(假植) 중에 있는 수목(樹木), 송신용 철탑, 주유소의 급유기, 자연석을 조각한 석불 등은 토지에 정착은 되어 있으나 환가 후에 토지로부터 분리되는 것을 전제로 독립된 거래의 대상이 될 수 있는 경우에는 유체 동산[104]으로 집행된다.

3) 건축 중인 건물

건물이 건축 중인 경우 그 사용목적에 따라 사용 가능할 정도로 완성되지 아니한 때에는 독립된 부동산이 아니므로 동산으로서 압류하여야 한다. 판례는 독립한 부동산에 해당하는

---

104) "등기할 수 없는 토지의 정착물"은 토지에의 정착성은 있으나 현금화한 후 토지로부터 분리하는 것을 전제로 하여 거래의 대상으로서의 가치를 가지는 것이라고 보아야 하고, 독립하여 거래의 객체가 될 수 있는 것인지의 여부는 그 물건의 경제적 가치 및 일반적인 거래의 실정이나 관념에 비추어 판단하여야 한다.(대판 2003.9.26.선고, 2001다52773)

건물이란 목재를 조립하여 지상에 정착시키고 지붕이 바람을 막을 정도의 상태에 이르러야 하는 것으로 해석하고 있으므로,[105] 압류한 미완성의 건물이 완성된 때에는 다시 부동산으로 압류하여야 한다. 만약 건물이 이미 완성되었으나 준공검사만을 받지 아니하여 그 보존등기를 경료하지 않은 상태에 있는 미등기 건물은 유체동산에 해당되지 않으므로,[106] 이럴 경우에는 소유권보존등기를 한 다음 이를 부동산으로서 압류하여야 한다.

4) 금전

체납자가 소지하고 있는 금전은 체납자가 자의적으로 납부제공을 하지 않는 한 동산으로서 압류하여야 한다. 외국통화, 수입인지, 우표 등의 금권은 임의제공을 하더라도 바로 충당할 수 없으므로 동산으로 압류하여야 하며, 금전을 압류한 경우에는 그 금전만큼 압류에 관계되는 체납액을 징수한 것으로 보게 된다.

참조법령

▶ **국세징수법 제50조【금전의 압류 및 유가증권에 관한 채권의 추심】** ① 관할 세무서장이 금전을 압류한 경우에는 그 금전 액수만큼 체납자의 압류에 관계되는 체납액을 징수한 것으로 본다.

5) 등기(등록)되지 않은 선박 · 항공기 · 자동차 등

「국세징수법」제45조의 규정에 따라 부동산 등의 압류절차에 따라 압류등기(등록)의 대상이 되지 않은 선박 · 항공기 · 건설기계 · 자동차 등은 동산으로서 압류의 대상이 된다.

동산으로 압류대상이 되는 선박은 단주(端舟)[107] 또는 노도(櫓櫂)[108]만으로 운전하거나, 총

---

105) 독립된 부동산으로서의 건물이라고 하기 위하여는 최소한의 기둥과 지붕 그리고 주벽이 이루어지면 된다.(대판 2001.1.16.선고, 2000다51872)

106) 건물이 이미 완성되었으나 단지 준공검사만을 받지 아니하여 그 보존등기를 경료하지 못한 상태에 있다면 위와 같이 완성된 건물은 부동산등기법상 당연히 등기적격이 있는 것이고, 비록 준공검사를 마치지 아니함으로써 부동산등기법상 보존등기 신청 시에 필요한 서류를 교부받지 못하여 아직 등기를 하지 못하고 있는 경우라고 하더라도 그와 같은 사정만으로 위 완성된 건물이 민사소송법 제527조제2항제1호의 "등기할 수 없는 토지의 정착물로서 독립하여 거래의 객체가 될 수 있는 것"에 해당하여 유체동산집행의 대상이 되는 것이라고 할 수 없다.(대결 1994.4.12.선고, 93마1933)

107) 단주(端舟) : 작은 배

108) 노도(櫓櫂) : 배 젓는 막대기

톤수 5톤 미만인 범선 중 기관을 설치하지 아니한 범선, 총톤수 20톤 미만의 부선[109] 등이 해당된다. 국세징수법상 부동산 등의 항공기는 비행기와 회전익항공기로 한정되어 있으므로, 활공기 및 비행선, 동력비행장치, 인력활공기(人力滑空機) 및 기구류 등에 대해서는 동산으로서 압류하여야 한다.

자동차등록원부에 등록될 수 없는 자동차나(이륜자동차, 농업기계, 군수품인 차량 등), 자동차등록원부에 아직 등록되지 아니한 자동차·건설기계 등(상품으로 진열된 자동차, 출고 전의 자동차, 출고 후 임시운행허가를 받은 등록 전의 자동차 등)은 동산으로 압류하여야 한다. 등록이 말소되어 현재 등록되어 있지 않은 자동차·건설기계 등에 대해서도 동산으로 압류하여야 한다.

6) 경주마 등

경주용 말이나, 가축 등도 유체동산에 해당되므로 동산으로 취급하여 압류하여야 하고, 체납자 또는 제3자로 하여금 보관하여 압류 할 경우에는 압류재산임을 식별할 수 있도록 봉표를 부착하여야 한다(국세징수법 시행규칙 별지 44호 서식). 아울러 경주용 말의 경우는 동산 압류와 별도로 한국마사회로부터 마주(馬主)가 지급 받을 경마상금에 대한 채권압류도 가능하다.

나. 유가증권의 압류

"유가증권"이라 함은 사법상의 재산권을 표창하는 증권으로서 증권상에 기재한 권리의 행사 또는 이전에 관해서는 증권의 소지 또는 교부를 필요로 하며, 그 예로는 어음·수표·화물상환증·선하증권·주권·사채권·국채권·출자증권·상품권·양도성예금증서 등을 들 수 있다.

다만, 유가증권과 유사하나 증권이 그 권리를 표창하지 아니함에 따라 유가증권으로 취급되지 않는 것들이 있다. 예를 들어 운송장, 차용증서, 수취증권 등과 같이 재산상의 어떤 사실을 기재하여 그 권리·의무관계를 증명하는 것에 불과한 증거증권은 유가증권에 해당되지 않는다.

---

109) 부선(艀船) : 자력 항행 능력이 없어 다른 선박에 의하여 끌리거나 밀려서 항행하는 선박을 말한다.

또한, 우표, 수입인지, 지폐 등과 같이 증권 자체가 특정한 금전적 가치를 가지는 증권인 "금권"이나, 옷표, 신발표, 휴대물예치증, 은행예금증서처럼 채무자가 증권의 소지인에게 변제를 하면 비록 그 소지인이 정당한 권리가 아닌 경우에도 채무자에게 악의 또는 중대한 과실이 없는 한 채무를 면하는 효력을 가진 "면책증권" 등은 유가증권의 압류대상이 될 수 없다.

참조법령

▶ **구 국세징수법기본통칙 38-0…6〔화물상환증 등이 발행된 물건〕** 화물상환증, 창고증권 또는 선화증권이 발행된 물건에 대하여는 동산으로 압류할 수 없고, 이들 증권을 유가증권으로서 압류하여야 한다.(「상법」 제129조 내지 제133조, 제156조, 제157조 참조)

▶ **구 국세징수법기본통칙 38-0…7〔유가증권이 아닌 것의 압류〕** 유가증권이란 재산권을 표시하는 증권으로서 그 권리의 행사 또는 이전을 증권으로써 하는 것을 말하는 것으로 재산권을 표시하는 것이 아닌 차용증서 또는 수취증권과 같은 증거증권은 유가증권이 아니므로 채권의 압류절차에 따라 압류한다.

▶ **구 국세징수법기본통칙 38-0…8〔유가증권의 종류〕** 유가증권에는 어음, 수표, 국채증권, 지방채증권, 사채권, 주권, 출자증권, 신탁의 무기명 수익증권, 창고증권, 화물상환증, 선화증권, 상품권 등이 있다.

다. 압류의 절차와 효과

1) 압류의 절차

동산 및 유가증권의 압류는 점유함으로써 행하고,[110] 점유란 당해 재산을 압류할 의사로써 사실상 지배하는 것을 의미한다. 따라서 압류한 재산을 제3자가 점유하고 있을 때에는 인도요구를 하거나 수색에 의하여 점유하고, 동산 및 유가증권을 압류하여 운반하기 곤란한 재산은 봉인 기타의 방법으로 체납자 또는 제3자로 하여금 보관하게 하여 압류할 수 있다.

특히, 압류한 재산을 체납자 또는 그 재산을 점유하는 제3자에게 보관시킨 경우(보관압류의 경우) 봉인 기타의 방법으로 압류재산임을 명백히 표시하여야 압류의 효력이 생긴다.[111]

---

110) 건설공제조합법 제5조, 제9조 등을 비롯한 여러 관계규정에 비추어 보면, 이 사건 압류의 대상인 건설공제조합의 출자금 전좌란 위 조합에 대한 조합원의 출자지분으로서 유가증권인 출자증권에 표상되는 것이므로 국세징수법에 의한 압류는 같은 법 제38조에 의하여 세무공무원이 출자증권을 점유함으로써 효력이 생기는 것이라 할 것이다.(대판 1987.1.20.선고, 86다카1456)

111) 세무공무원이 동산 또는 유가증권의 압류를 실시함에 있어서 국세징수법 제29조의 규정에 의한 압류조서를 작성하고 체납자에게 압류동산을 보관시켰다 하더라도 봉인 기타의 방법으로 압류재산임을 명백히 하지 아니한 이상

등기되지 아니한 수목의 집단, 수확하지 않은 농산물, 골재·철근, 자갈 등은 개개의 동산이 아니라, 그 집단으로 압류하는 경우라면 압류 및 처분금지의 뜻이 기재된 공시문, 목찰, 입찰, 새끼치기 등의 명인방법을 갖추어야 압류의 효력이 생긴다.[112]

"명인방법"이라 함은 그 내용이 특정 및 구체화되고 그 표시가 제3자에게 용이하게 인식될 수 있는 계속적 상태에 있어야 하는 것이므로, 압류대상인 물건이 모래나 자갈 등 골재와 같이 야적되어 있는 경우라면 물리적·직접적인 "봉표"의 부착이 현실적으로 곤란하므로, 새끼치기 등의 방법으로 압류재산의 범위를 표시하고 표지판 등을 통해 압류된 물건임을 명백히 해 두어야 한다.

점유는 압류의 효력요건이나 그 효력의 존속요건은 아니므로, 압류하여 점유한 뒤 압류권자의 의사에 반하여 점유를 상실하거나(도난 등), 봉인 등의 표시가 제거되더라도 압류의 효력이 소멸되는 것은 아니다. 아울러 조세·공과금의 징수에 지장이 있다고 인정하는 때를 제외하고는 압류가 집행된 동산에 대하여 체납자 또는 제3자로 하여금 사용·수익을 허가할 수도 있다.

체납처분에 의한 동산압류에 있어 체납자가 점유하고 있는 물건은 체납자의 소유인 것으로 간주되고 그 외형상 제3자임이 명백하거나, 제3자가 소유자임을 증명하는 경우가 아니면 체납처분을 속행할 수 있다.[113] 또한 체납자와 그 배우자가 공유로써 체납자가 점유하거나, 그 배우자와 공동으로 점유하는 유체동산의 경우에도 압류집행이 가능하다.[114]

압류의 효력이 없다.(대판 1982.9.14.선고, 82누18)

112) 토지의 주위에 울타리를 치고 그 안에 수목을 정원수로 심어 가꾸어 온 사실만으로는 명인방법을 갖추었다고 보기 어렵다고 한 사례.(대판 1991.4.12.선고, 90다20220)

113) 동산집행에 있어서 채무자가 점유하고 있는 물건은 그의 소유일 개연성이 많으므로 집달관은 외형상 제3자의 소유임이 명백한 경우를 제외하고는 실체적인 소유권의 존부를 조사하지 않고 적법하게 압류할 수 있고, 만약 타인 소유물을 압류했을 때에는 실질적인 소유자가 제3자 이의의 소를 제기하여 그 집행을 배제할 수 있다.(서울동부지방법원 1986.12.13. 자, 86타15782결정)

114) 민사소송법 제527조의2는 채무자와 그 배우자의 공유에 속하는 유체동산은 채무자가 점유하거나 그 배우자와 공동 점유하는 때에는 같은 법 제527조의 규정에 의하여 압류할 수 있다고 규정하고 있는바, 위와 같은 규정은 부부 공동생활의 실체를 갖추고 있으면서 혼인신고만을 하지 아니한 사실혼관계에 있는 부부의 공유 유체동산에 대하여도 유추적용된다.(대판 1997.11.11.선고, 97다34273)

특히, 동산 및 유가증권의 압류에 있어서는 직접·물리적인 마찰이 예상되는 관계로 신분증의 제시, 참여자의 설정 및 압류조서의 작성·교부 등 체납처분의 집행절차를 철저히 준수하여야 한다. 아울러 압류한 동산 및 유가증권은 그 직무를 행함에 있어서 고의 또는 과실로 위법하게 압류재산을 망실하거나 훼손하여 체납자 등에게 손해를 입힌 경우에는 손해배상의 책임이 있으므로, 그 보관 및 운반에 있어서 각별한 주의가 요망된다.

유가증권의 압류는 봉인할 필요가 없고 그 증권을 점유한 뒤 압류조서에 기록 및 참여인으로부터 서명·날인을 받도록 하고, 체납자 소유의 증권을 제3자가 점유(보관)하고 있을 때에는 그 점유(보관)자의 협조를 얻어 압류하도록 한다.

압류할 유가증권이 질권의 목적물로서 질권자의 점유하에 있는 때에는 질물의 압류방법에 따라 먼저 질물의 인도를 요구한 뒤 이를 인도받아 압류(점유) 및 압류조서를 교부하도록 하고, 질권자가 인도를 거부하는 경우에는 수색을 통한 압류로써 강제적으로 점유할 수도 있다. 압류한 동산 및 유가증권을 점유하고 있는 체납자나 제3자에게 보관하게 하는 경우에는 보관자로부터 보관증을 받는 것이 원칙이지만 압류조서의 여백에 기재하는 것으로 갈음할 수 있다.

참조법령

▶ **국세징수법 제49조【압류 동산의 사용·수익】** ① 제48조에도 불구하고 운반하기 곤란한 동산은 체납자 또는 제3자에게 보관하게 할 수 있다. 이 경우 봉인(封印)이나 그 밖의 방법으로 압류재산임을 명백히 하여야 한다.
② 관할 세무서장은 제1항에 따라 압류한 동산을 체납자 또는 이를 사용하거나 수익할 권리를 가진 제3자에게 보관하게 한 경우 강제징수에 지장이 없다고 인정되면 그 동산의 사용 또는 수익을 허가할 수 있다.
③ 제2항에 따라 허가를 받은 자는 압류 동산을 사용하거나 수익하는 경우 선량한 관리자의 주의의무를 다하여야 하며, 관할 세무서장이 해당 재산의 인도를 요구하는 경우 즉시 이에 따라야 한다.
▶ **구 국세징수법기본통칙 38-0…9【압류재산의 보관과 책임】** 압류한 동산 또는 유가증권(법 제39조 제1항 규정에 의하여 체납자 또는 제3자가 보관하는 것은 제외)은 세무서장이 선량한 관리자의 주의로서 관리하여야 하며, 세무서장이 그 직무를 행함에 있어서 고의 또는 과실에 의하여 위법하게 압류한 재산을 망실하거나 훼손하여 체납자 등에게 손해를 끼친 경우에는 국가는 국가배상법이 정하는 바에 따라 체납자 등에 대하여 그 손해를 배상할 책임을 진다.

▶ **구 국세징수법기본통칙 38-0…10【제3자등에 대한 인도요구】** 압류할 재산을 제3자가 질권 이외의 사유로서 점유하는 경우에 세무공무원은 특히 체납처분의 집행상 지장이 있다고 인정되는 경우를 제외하고는 법 제34조제1항의 규정을 준용하여 그 인도요구를 문서에 의하여야 한다.

▶ **구 국세징수법기본통칙 38-0…11【운반하기 곤란한 동산】** 법 제39조제1항에서 압류물건을 체납자 또는 제3자에게 보관하게 할 수 있는 사유가 되는 "운반하기 곤란한 동산"이란 다음 각 호의 재산을 말하는 것으로 한다.

　　1. 압류물건이 상당히 중량물인 것, 그 기초가 견고하게 부착되어 분리하기 곤란한 것, 대형물인 것, 산간벽지의 공장현장 등에 있는 것, 분량이 많은 것 등 운반에 곤란함이 있다고 인정되는 것
　　2. 압류물건을 체납자와의 계약에 의한 임차권, 사용대차권, 기타 동산의 사용·수익할 권리에 기하여 제3자가 점유하는 경우로서 법 제39조(압류동산의 사용·수익)의 규정에 의하여 사용·수익을 허가할 필요가 있다고 인정하는 것

▶ **구 국세징수법기본통칙 38-0…13【봉인등의 효과】** 봉인, 기타의 방법에 의한 압류의 표시가 된 때에는 그 재산의 양수로써 압류에 대항할 수 없다.

▶ **구 국세징수법기본통칙 38-0…14【보관증의 제출】** 법 제39조제1항의 규정에 의하여 운반하기 곤란한 재산을 체납자 또는 제3자에게 보관하게 할 경우에는 원칙으로 보관자로부터 보관증을 제출하게 하여야 하며, 이 보관증은 압류조서의 여백을 사용하여 작성하게 할 수 있다.

▶ **구 국세징수법기본통칙 39-0…1【사용 또는 수익】** 법 제39조에서 "압류한 동산을 사용 또는 수익할 권리를 가진 제3자"라 함은 대체로 체납자와의 계약에 의한 임차권, 사용대차권, 기타 동산의 사용 또는 수익을 할 권리[예를 들면 수치인이 임치인(체납자)의 동의를 얻어 임치물을 사용하는 경우 등]를 가진 자를 말한다.

2) 압류의 효과

　동산 또는 유가증권에 대한 압류물건을 체납자 또는 제3자에게 보관하게 한 경우에는 봉인 기타의 표시를 한 때 압류의 효력이 생긴다. 여기서 "봉인"이란 압류재산임을 표시하는 표식을 말하고, "기타의 방법"이란 입찰, 목찰, 새끼치기 등에 의하여 압류재산임을 명백히 하는 방법으로써 이와 같은 절차를 통하여 압류를 명백히 한 경우라면 비록 압류조서의 목록에 그 기재가 누락되었더라도 압류의 효력은 유효하다.[115]

　압류한 유가증권을 환가하는 방법에는 채권처럼 추심하는 경우와 공매하는 경우가 있다.

---

115) 유체동산 압류에 있어 봉인 기타 방법으로 압류를 명백히 한 경우에는 그 압류처분은 유효하고 압류조서의 작성은 압류의 사실을 기록 증명하는 것에 불과하여 압류처분의 효력발생 요건이라고는 할 수 없으므로 비록 압류조서 목록에 그 기재가 누락되었다 하더라도 그 물건에 관하여도 압류한 이상 압류처분은 유효하고 그 압류물건을 대상으로 공매처분이 이루어져 피고인이 이를 경락받았다면 피고인이 위 물건들을 취거하였다 하여 절도죄에 문의할 수는 없다.(대판 1984.8.22선고, 84도855)

즉 금전채권을 표창한 유가증권(예 : 어음, 수표 등)은 금융기관을 통한 추심에 의하여 환가하고, 금전채권을 제외한 재산권을 표창하는 그 밖의 유가증권(예 : 선하증권, 창고증권, 화물상환증 등)은 추심하는 방법으로는 환가할 수 없으므로 매각에 의하여 환가하여야 한다.

압류의 효력은 압류재산으로부터 생기는 천연과실에 대해서도 그 효력이 미치게 되므로, 압류한 가축 등이 낳은 알이나 새끼 등도 압류 가축으로부터 분리됨과 동시에 독립된 동산에 해당되지만, 종전의 압류에 대한 효력이 그대로 미치게 됨에 따라 별도의 압류절차 없이 체납처분을 진행할 수 있다.

참조법령

> ▶ **구 국세징수법기본통칙 38-0…12【봉인 또는 기타의 방법】** 법 제39조제1항에서 "봉인"이라 함은 압류재산임을 표지하는 표식을 말하고 "기타의 방법"이라 함은 공시문, 입찰, 목찰, 새끼치기 등에 의하여 압류재산임을 명백히 하는 방법을 말한다.

라. 동산 및 유가증권 압류 시 주의사항

1) 출자증권

가) 의의

"출자증권"이라 함은 건설공제조합, 전기공사공제조합 등 특수법인에 대한 출자자(조합원)의 출자지분을 표창하는 증권을 의미한다. 따라서 그 압류에 있어서는 유가증권의 압류절차에 의하게 되므로, 각종 공제조합에 대한 출자지분은 지시채권의 방법에 따라 그 출자증권을 점유함으로써 압류의 효력이 생긴다.[116]

그러나 합명회사, 합자회사, 유한회사 및 민법상 조합에 해당하는 각종 협동조합 등의 출

---

116) 이 사건 압류의 대상인 건설공제조합의 출자금 전좌란 위 조합에 대한 조합원의 출자지분으로서 유가증권인 출자증권에 표상되는 것이므로 국세징수법에 의한 압류는 같은 법 제38조에 의하여 세무공무원이 출자증권을 점유함으로써 효력이 생기는 것이라 할 것이고, 국세징수법 제41조제1항에 의하여 채무자에 대한 압류의 통지만으로 그 효력이 없다. 이 사건 강제집행절차에서 소외 회사의 출자증권의 매각대금을 집달관이 영수할 때까지 교부청구나 계산서를 제출하지 아니한 이상 원고의 직업훈련분담금 채권은 이 사건 배당절차에서 배당 받을 수 없다.(대판 1987.1.20.선고, 86다카1456)

자에 관한 증권은 증거증권으로서 유가증권에 해당되지 않는다. 따라서 이를 유가증권으로서 압류할 수는 없고, 무체재산권의 압류방법에 따라 그 지분권을 압류하여야 한다.

나) 질권이 설정된 출자증권의 압류

체납자가 공제조합으로부터 출자증권을 담보로 대출을 받거나, 보증을 받는 경우에는 통상적으로 공제조합에 출자증권을 담보로 제공하게 된다(질권설정). 이와 같이 출자증권이 질권의 목적물로 제공되어 질권자(공제조합)의 점유하에 있는 때에는 질권자에게「점유물인도요구서」에 의하여 출자증권(질물)을 인도받아 유가증권으로 압류하여야 한다.

통상, 실무에 있어서 체납자(건설사)의 출자증권에 대한 압류는 (전문)건설공제조합 등을 제3채무자로 하여 체납자가 가지는 출자지분에 대하여 무체재산권 또는 채권으로 압류한 다음, 해당 (전문)건설공제조합 등으로부터 「점유물인도요구서」에 의하여 출자증권을 동산으로서 재차 압류(점유)하고, 한국자산관리공사에 공매를 의뢰하는 등의 절차로 진행되고 있다.

"질권"은 채권자가 채권의 담보로서 그 채권의 변제 시까지 질물을 유치하고 우선변제를 받을 수 있는 권리이기는 하나 체납처분에 의한 압류권자가 질물의 인도를 요구할 경우 질권설정을 이유로 질물인도를 거부할 수 없으며, 질권자가 질물인도를 거부할 때에는 수색권을 행사하여 질물을 강제로 압류할 수 있다.

다만, 출자증권에 질권이 설정된 경우, 그 질권자는 질권설정(약정담보물권)으로 다른 채권보다 자기채권의 우선변제권을 갖게 되므로, 출자증권에 질권이 설정된 경우의 조세·공과금(국민건강보험료 등 각종 사회보험료)과의 우선순위는 질권의 설정일자와 조세·공과금(국민건강보험료 등 각종 사회보험료)의 법정기일(납부기한)과의 선·후에 따라 그 우선 여부가 결정된다.

따라서 체납된 조세·공과금(국민건강보험료 등 각종 사회보험료)의 법정기일(납부기한)에 앞서 건설공제조합의 질권이 설정되어 있고, 출자증권의 가액이 강제징수비(체납처분비)를 제외하고 질권에 담보된 채권액에 우선 변제하고 나면 잔여액이 생길 여지가 없는 경우라면 출자증권에 대한 점유(인도) 및 매각의 실익은 없다할 것이다.

2) 주식에 대한 강제징수

가) 주권에 대한 압류

"주식"이란 주식회사의 자본을 구성하는 단위로 주식을 표창하여 형식적으로 구체화한 유가증권을 "주권"이라고 하며, 회사는 성립 후 또는 신주의 납입기일 후에는 주권을 발행하여야 하므로, 이 같은 "권리주"에 대해서는 "주권교부청구권"을 압류하여 주권을 교부받아서 매각할 수 있다.

만약, "주권발행 전의 주식"은 회사성립 후 또는 신주의 납입기일 후 6월이 경과하기 전까지는 권리주와 마찬가지로 "주권교부청구권"을 압류하여 주권을 교부받아 매각할 수 있으나, 이미 주권이 발행된 경우라면 기명이나 무기명주식 모두 양도가 가능하므로 바로 주권을 점유(압류)하여 매각하면 된다.

나) 예탁증권 등에 대한 압류

주식거래의 대량화와 주권의 원활한 유통을 위해 증권대체결제제도[117]가 도입됨에 따라 일반투자자는 증권이나 은행 등의 예탁자에게 예탁을 하고, 예탁자는 이를 다시 한국예탁결제원에 재예탁을 하게 되며, 한국예탁결제원에 예탁된 증권에 관하여는 예탁자의 자기 소유분과 투자자 예탁분으로 구분하여 장부에 기재된다.

증권 소유자는 증권회사의 투자자계좌부에, 증권회사는 한국예탁결제원의 예탁계좌부에 각기 자기 계좌를 개설하면, 예탁된 증권의 이전이나 담보권설정은 증권의 교부 없이 양도인의 계좌에서 양수인의 계좌로 장부상의 기재만으로 이루어지게 되므로, 증권의 교부와 동일한 효력을 갖게 된다.

따라서 이러한 예탁유가증권에 대한 압류는 증권 자체인 동산으로서가 아닌 예탁된 증권에 대한 공유지분으로 압류하게 되는 것이다. 「국세징수법」에 따른 유가증권의 압류는 점유로 행하도록 되어 있지만, 「자본시장과 금융투자업에 관한 법률」에 의거, 투자자계좌부와 예

---

117) 주식 그 밖의 유가증권을 일정한 기관에 집중 보관하여 매매거래나 담보거래가 이루어지는 경우에 주식 등의 이전을 증권의 현실인도로 행하지 않고 장부상 계좌의 대체로 행하는 제도로서 증권대체결제업무를 전담하는 기관으로는 한국예탁결제원이 있다.[법원실무제요 민사집행Ⅲ(2014년), 법원행정처, 433면]

탁자계좌부에 기재된 자는 그 유가증권을 점유한 것으로 간주되므로, 계좌로 거래되는 상장주식의 경우에는 별도의 주권을 점유할 필요 없이 증권계좌의 압류로써 점유의 효력이 인정된다.

예탁증권을 압류하는 경우, 일반투자자가 체납자인 경우에는 예탁자(증권회사 등)를 제3채무자로 하고, 예탁자(증권회사 등)가 체납자인 경우에는 한국예탁결제원을 제3채무자로 체납자의 공유지분에 대하여 압류통지를 하면 된다.

압류통지 시에 ① 체납자에 대해서는 "예탁증권등에 대한 계좌대체청구 및 「자본시장과 금융투자업에 관한 법률」 제312조제2항에 따른 증권반환의 청구와 그 밖에 처분을 금지한다."는 뜻을, ② 제3채무자에 대해서는 "예탁증권 등의 계좌대체와 증권의 반환을 금지한다."라는 뜻을 명기하여 압류통지를 하고, 체납처분권자 명의로 증권예탁계좌를 개설한 후, 제3채무자로부터 체납자 예탁계좌의 주권을 체납처분권자의 예탁계좌로 계좌의 대체청구를 요청한 다음 현금화한다.

압류재산의 표시

체납자 ●●●이 ◆◆증권 주식회사의 증권예탁계좌(계좌번호 : ****-****)에 대하여 보유 중인 예수금 및 예탁유가증권의 공유지분(압류 이후 합병 또는 분할, 회사의 합병, 무상증자 등이 이루어져서 새로이 주식이 발행된 때에는 그 새로이 발행된 주식 및 동일한 사유로 다시 새로이 주식이 발생된 때에는 그 새로이 발행된 주식을 모두 포함) 중 체납액(향후에 가산될 가산금·연체금·강제징수비 등 포함)에 이를 때까지의 금액
※ 압류 이후 계좌대체청구 및 증권반환청구 그 밖의 처분을 금지함

다만, 체납자 소유 주권이 발행회사를 통하여 보호예수[118]된 경우에는 발행회사를 제3채무자로 하여 체납자의 발행회사에 대한 주권교부청구권 또는 주권반환청구권을 압류하되, 압류되는 주식의 표시는 "보호예수주권 반환청구권"으로 특정하여 기재하고, 주권을 인도받아 유체동산으로 압류하여야 한다.

---

118) 한국예탁결제원에 임치된 주권으로서 예탁된 것이 아니고, 보호예수된 주권은 투자자가 자기소유의 유가증권을 유통시키지 않고 안전하게 별도로 분리하여 관리하기 위하여 한국예탁결제원에 보관을 시키는 것을 말한다.(법원실무제요 민사집행III(2014년), 법원행정처, 433면)

한편, 2019.9.16부터 「주식·사채 등의 전자등록에 관한 법률」이 시행됨에 따라 전자증권이 발행된 경우에는 비상장주식에 대해서도 체납처분권자 명의의 증권계좌 개설 후 증권의 입고를 요구하는 방법으로 압류처분을 할 수 있다.

참조법령

▶ **자본시장과 금융투자업에 관한 법률 제311조【계좌부 기재의 효력】** ① 투자자계좌부와 예탁자계좌부에 기재된 자는 각각 그 증권등을 점유하는 것으로 본다.
② 투자자계좌부 또는 예탁자계좌부에 증권등의 양도를 목적으로 계좌 간 대체의 기재를 하거나 질권설정을 목적으로 질물(質物)인 뜻과 질권자를 기재한 경우에는 증권등의 교부가 있었던 것으로 본다.
③ 예탁증권등의 신탁은 예탁자계좌부 또는 투자자계좌부에 신탁재산인 뜻을 기재함으로써 제3자에게 대항할 수 있다.

▶ **자본시장과 금융투자업에 관한 법률 제312조【권리 추정 등】** ① 예탁자의 투자자와 예탁자는 각각 투자자계좌부와 예탁자계좌부에 기재된 증권등의 종류·종목 및 수량에 따라 예탁증권등에 대한 공유지분을 가지는 것으로 추정한다.
② 예탁자의 투자자나 그 질권자는 예탁자에 대하여, 예탁자는 예탁결제원에 대하여 언제든지 공유지분에 해당하는 예탁증권등의 반환을 청구할 수 있다. 이 경우 질권의 목적으로 되어 있는 예탁증권등에 대하여는 질권자의 동의가 있어야 한다.

▶ **민사집행규칙 제177조【압류명령】** 법원이 예탁유가증권지분을 압류하는 때에는 채무자에 대하여는 계좌대체청구, 「자본시장과 금융투자업에 관한 법률」 제312조제2항에 따른 증권반환청구, 그 밖의 처분을 금지하고, 채무자가 같은 법 제309조제2항에 따른 예탁자(다음부터 "예탁자"라 한다)인 경우에는 예탁결제원에 대하여, 채무자가 고객인 경우에는 예탁자에 대하여 계좌대체와 증권의 반환을 금지하여야 한다.

---

3. 채권의 압류

가. 채권압류의 대상 및 범위

1) 채권압류의 대상

"채권"이라 함은 특정인(채권자)이 상대방인 다른 특정인(채무자)에 대하여 이익을 초래하기 위한 일정한 급부, 즉 채권자의 이익을 위한 채무자의 작위 또는 부작위를 청구할 수 있는 권리를 말한다. 강제징수(체납처분)에 의한 압류대상인 채권은 일반적인 채권 중에서 금전 또는 매각할 수 있는 재산의 급여를 목적으로 하는 채권을 의미하므로, 그 밖의 작위(예 : 연기하는 것) 또는 부작위(예 : 경업하지 않을 것)를 목적으로 하는 채권 등은 압류의 대상이 될 수 없다.

또한, 장래의 불확실한 사실의 성립여부에 따라 효력이 달라지는 경우(예 : 신용보증금, 계약보증금 등)에는 조건부채권으로, 아직 변제기가 도래하지 않은 채권이라도 압류당시 그 원인이 확정되어 있고 그 발생이 확실하다고 인정되는 때에는 장래 발생할 채권으로써 압류가 가능하다.[119] 다만 장래 발생할 채권으로 인정되기 위해서는 장래에 구체적 액수나 그 이행기의 도래여부에 대해 상당한 정도의 개연성이 인정되어야 압류의 대상이 된다.[120]

장래에 발생할 채권으로써의 압류는 장래 발생하는 임금채권 및 퇴직금청구권, 임차보증금반환채권, 예금반환채권, 신용카드매출채권 등 그 종류도 다양하다. 다만 원계약과 동일성이 유지되지 않은 추가계약이나 변경계약에 따라서 장래에 발생되는 채권에 대해서는 압류의 효력이 미치지 않는다.[121]

아울러, 장래의 미확정 채권이 압류 당시에 기초와 내용이 어느 정도 구체화되어 있으면 압류의 대상이 될 수 있는 이상, 피압류채권의 총액까지 압류 당시 현실적으로 확정할 수 없

---

119) 채권에 대한 압류 및 전부명령이 유효하기 위하여 채권압류 및 전부명령이 제3채무자에게 송달될 당시 반드시 피압류 및 전부채권이 현실적으로 존재하고 있어야 하는 것은 아니고, 장래의 채권이라도 채권 발생의 기초가 확정되어 있어 특정이 가능할 뿐 아니라 권면액이 있고, 가까운 장래에 채권이 발생할 것이 상당한 정도로 기대되는 경우에는 채권압류 및 전부명령의 대상이 될 수 있다.(대판 2002.11.8.선고, 2002다7527)

120) 원고의 이 사건 장래이행청구가 인용되기 위해서는, 이 사건 공사계약에 따라 실제로 공사에 착수하였거나 적어도 조만간 착공할 것이 예상되고, 이에 따라 공사대금채권의 구체적 액수나 그 이행기의 도래 여부에 관하여 상당한 정도의 개연성이 인정되어야 할 것인바, 앞에서 든 증거들에 변론 전체의 취지를 종합하여 인정되는 다음과 같은 사정, 즉 이 사건 공사계약에 의하면 착공예정일로부터 3년 가까이 경과되었으나 공사 진행이 이루어지지 않았다면 채권발생의 기초가 되는 법률상·사실상 관계가 현존 또는 계속되는 것으로 경우에 해당되기 어렵다.(서울고등법원 2011.5.31선고, 2010나102610 판결)
매매계약에 있어서와 같이 중도금 및 잔대금의 지급이 여러 단계로 나누어져 있고 연체료 지체상금의 지급 등의 지급약정이 당사자 간에 원만히 이행되지 않았던 사정이 인정되는 상황 하에서는 장래 발생할 원상회복청구채권이 가압류 당시 그 권리를 특정할 수 있고 가까운 장래에 그 발생이 상당정도 기대되기 어렵다.(대판 1982.10.26.선고, 82다카508)

121) 채권에 대한 압류명령은 압류목적채권이 현실로 존재하는 경우에 그 한도에서 효력을 발생할 수 있는 것이고 그 효력이 발생된 후 새로 발생한 채권에 대하여는 압류의 효력이 미치지 아니하고, 따라서 공사금채권에 대한 압류 및 전부명령은 그 송달 후 체결된 추가 공사계약으로 인한 추가 공사금채권에는 미치지 아니한다.(대판 2001.12.24.선고, 2001다62640)

더라도 무방하다.[122] 또한 양도금지의 특약이 있는 채권 및 기한의 정함이 없는 채권에 해당되더라도 일정 기간을 지정함과 동시에 그 기한까지 이행할 것을 채권압류통지서에 기재하여 압류할 수도 있다.

2) 채권압류의 범위

채권압류에 의하여 보전되는 채권의 범위는 압류의 효력범위가 확장되는 부동산 등의 경우와 달리 채무자에게 통지된 압류금액으로 한정되고,[123] 채권을 압류할 때에는 원칙적으로 징수할 체납액을 한도로 하여야 한다.

그러나, 채권의 실질가치는 채무자의 변제능력에 따라 달라지고, 체납액에 우선하는 담보물권의 존재 등 채무자의 이행이 확실하지 않은 상태에서 1개의 채권을 압류할 경우에는 징수할 체납액에도 불구하고 당해 채권의 전액을 압류할 수 있다.

나. 채권압류의 절차 및 효력

1) 채권압류의 절차

채권압류는 채무자(체납자의 채무자에 해당하는 제3채무자를 의미한다)에게 채권압류의 뜻을 통지[채권압류통지서(채무자용)]하여야 하고, 체납자에게도 그 뜻을 통지[채권압류통지서(체납자용)와 압류조서]하여야 한다.

채권압류의 효력은 체납자에 대한 통지로써 발생하는 것은 아니고, 채권압류통지서가 채무자(제3채무자)에게 송달된 때에 발생하게 되므로, 제3채무자에게 송달되지 못하거나 타인에게 송달된 경우에는 압류의 효력이 발생되지 않는다.

---

122) 국세징수법의 규정에 의하면 국세징수절차에 따라 채권을 압류한 때에는 '압류한 채권의 종류와 금액'에 관한 사항 등을 채무자에게 통지하여야 하는데, 이 경우 압류채권의 '종류'를 표시하는 것은 그 특정을 위하여 불가결하다고 하겠지만, 특정에 특별한 문제가 없는 이상 그 채권의 '총액'까지 정확히 표시하여야 하는 것은 아니고, 따라서 "채권 중 위 청구채권액"과 같은 방식으로 표시하면 압류채권의 특정방법이 유효하다.(대판 2006.3.9.선고, 2005다64439판결)

123) 국세징수법 제41조제1항, 제2항, 제42조, 제43조 및 같은 법시행령 제44조의 규정들에 의하면 국세징수법상 채권압류에 의하여 보전되는 국세의 범위는 압류의 원인이 된 체납국세로서 채무자에게 통지된 당해 국세만으로 한정된다.(대판 2000.6.23.선고, 98다34812)

또한, 공시송달에 의한 채권압류의 효력도 허용되지 않으므로, 부득이한 경우 제3채무자에 대한 직접교부 또는 유치송달 등이 필요하다. 향후 채권압류의 효력과 관련한 송달 여부가 논란이 될 수도 있으므로, 제3채무자에 대한 통지는 원칙상 "내용증명"에 의한 우편송달의 방법으로 하여야 한다.

2) 채권압류의 효력

채권압류의 효력은 계속수입을 압류하거나, 장래 발생할 채권을 압류한 경우가 아니라면 압류 당시에 존재하는 채권 중에서 압류채권액의 범위 내에서만 그 효력이 미치고, 압류 당시에는 존재하지 않았으나 압류 후에 새로 발생한 채권에는 압류의 효력이 미치지 않는다.

따라서 채권압류에 있어 그 효력은 압류하는 채권이 존재하는 경우에 한하여 발생하게 되므로, 존재하지 않는 채권을 압류하였거나 장래 발생하는 채권을 압류한 경우라도 그 채권이 발생하지 않는 것으로 확정된 때에는 압류의 효력이 생기지 않는다.[124]

체납처분에 의한 채권압류는 채무자에 대하여 압류한 채권을 체납자에게 채무이행을 금지시킴으로써 조세·공과금채권을 확보하는 것이 본질적 내용이다. 따라서 채권압류통지서에서 피압류채권을 특정하지 않거나, 지급금지의 문언이 누락된다거나,[125] 압류할 채권의 종류와 금액에 대한 기재가 불충분한 경우에는 압류의 효력에 관하여 문제가 발생될 수 있다.[126]

---

124) 전부명령이 제3채무자에게 송달되어 효력이 발생된 경우에는 제3채무자는 임차인의 건물명도 당시까지 존재하였던 임대차관계로 인하여 발생한 자신의 채권을 공제하고 남는 금액에 대하여는 전부 채권자에게 변제한 것으로 간주되는 것이므로, 전부명령이 있은 후에 당해 피전부채권을 목적으로 한 세무서장의 국세징수법 제41조에 의한 압류는 비록 그것이 임차인의 건물명도 전에 행해신 것이다 해도 효력이 없는 것으로 보아야 한다.(대판 1990.4.10.선고, 89다카25936)

125) 채권압류는 채무자(이하 '제3채무자'라 한다)에게 체납자에 대한 채무이행을 금지시켜 조세채권을 확보하는 것을 본질적 내용으로 하는 것이므로, 제3채무자에 대한 채권압류통지서의 문언에 비추어 피압류채권이 특정되지 않거나 체납자에 대한 채무이행을 금지하는 문언이 기재되어 있지 않다면 채권압류는 효력이 없다.(대판 2017.6.15. 선고, 2017다213678)

126) 채권에 대한 가압류 또는 압류명령을 신청하는 채권자는 신청서에 압류할 채권의 종류와 액수를 밝혀야 하고, 특히 압류할 채권 중 일부에 대하여만 압류명령을 신청하는 때에는 그 범위를 밝혀 적어야 함에도 채권자가 가압류나 압류를 신청하면서 압류할 채권의 대상과 범위를 특정하지 않음으로 인해 가압류결정 및 압류명령(이하 '압류 등 결정'이라 한다)에서도 피압류채권이 특정되지 아니한 경우에는 그 압류 등 결정에 의해서는 압류 등의 효력이 발생하지 않는다 할 것이다.(대판 2013.12.26.선고, 2013다26296)

하지만, 채권압류통지서상에 단순한 기재상의 하자(체납연도, 납부기한 등)는 채권압류의 본질적 내용을 이루는 요소가 아니므로, 그 하자로 인하여 채권압류가 무효로 되지 않는다.[127]

참조법령

▶ **국세징수법【채권의 압류절차】**① 관할 세무서장은 채권을 압류하려는 경우 그 뜻을 제3채무자에게 통지하여야 한다.
② 관할 세무서장은 제1항에 따라 채권을 압류한 경우 그 사실을 체납자에게 통지하여야 한다.
▶ **국세징수법 제52조【채권압류의 효력 및 추심】**① 채권압류의 효력은 제51조제1항에 따라 채권압류통지서가 제3채무자에게 송달된 때에 발생한다.

다. 압류채권의 표시

1) 피압류채권의 특정

"피압류채권"이라 함은 체납자(채권자)가 제3채무자(채무자)에 대하여 가지는 채권을 말하며, 채권압류에 있어서 피압류채권에 대한 범위 등은 「채권압류통지서」에 기재된 문언의 따라 해석되어야 한다. 여기서 "피압류채권의 특정"은 압류할 채권에 대하여 체납자, 제3채무자, 채권의 수액 및 급여의 내용 등을 구체적으로 표시하여 압류할 채권을 특정하여야 함을 의미한다.

채권압류에 있어 특정될 채권표시의 정도는 구체적 사실에 따라 다를 수 있지만 피압류채권이 다른 채권과 구별할 수 있을 정도로 기재되어 그 동일성이 저해될 정도에 이르지 않은 것으로 인정되어야 한다.[128] 따라서 압류하는 채권의 종류, 수액 등에 대하여 가급적 구체적

---

127) 국세징수법상 체납처분에 의한 채권압류는 채무자에 대하여 압류한 채권에 관하여 체납자에 대한 채무이행을 금지시켜 조세채권을 확보하는 것을 본질적 내용으로 하는 것이므로, 채권압류통지서에 의하여 피압류채권이 특정되지 않거나 채권압류통지서에 피압류채권에 대한 지급금지의 문언이 기재되어 있지 않다면 그 효력이 없으나, 채권압류통지서에 국세징수법시행령 제44조에 규정된 기재사항들 중 하나인 '압류에 관계되는 국세의 과세연도, 세목, 세액과 납부기한'의 기재가 누락되었다고 하여 채권압류통지에 중대하고 명백한 하자가 있어 채권압류가 당연무효라고 볼 수는 없다.(대판 1997.4.22.선고, 95다41611)

128) 압류 및 전부명령의 목적인 채권의 표시가 이해관계인 특히 제3채무자로 하여금 다른 채권과 구별할 수 있을 정도로 기재되어 동일성 인식을 저해할 정도에 이르지 아니하였다면, 그 압류 및 전부명령은 유효하다고 보아야 한다.(대판 2011.4.28.선고, 2010다89036)

으로 기재하여 제3채무자가 어떠한 채권을 압류하였는지를 명확히 인식할 수 있도록 기재해 두는 것이 좋다.

예금채권의 압류에 있어서 단순히 "위 청구금액에 이를 때(달할 때)까지"라고 기재된 경우, 채권압류통지서 송달 이후에 입금된 예금액에 대해서는 압류의 효력이 미치지 않는 것으로 해석하고 있으므로,[129] "장래에 입금될 예금액"에 대해서도 압류한다는 표기를 명확히 기재 함으로써 향후 논란을 예방하여야 할 것이다.

2) 압류채권의 표시사례

통상, 채권압류 시 압류할 채권의 기재는 아래와 같이 표기한다.

장래 발생할 채권의 압류

☞ 제3채무자인 (주)◇◇은행(또는 카드)이 체납자 홍●●에게 지급할 예금채권(또는 카드매출채권) 중 압류 당시의 채권액과 압류 이후에 발생될 예금채권(또는 신용카드매출채권)을 포함하여 체납 액 금 ○○○원에 달할 때까지

⇒ 장래 발생할 채권을 포함하여 압류한 경우에 해당되므로, 압류 이후에 추가로 발생된 예금채권(신 용카드매출채권)에도 압류의 효력이 미침

공사(용역)대금 압류

☞ 체납자 홍●●과 ◇◇공영(주)과 사이의 지하철 9호선 11-5공구 건설공사 도급계약(또는 용역계 약)에 따라 제3채무자가 체납자에게 지급해야 할 공사(용역)대금 채권 중 체납액 금 ○○○원에 이 르는 금액

⇒ 채권압류통지서 송달 이후 추가 발생된 공사대금채권에 대해서는 별도의 채권압류를 하여야 함

---

129) 채권압류에서 압류될 채권에 장래 채무자의 계좌에 입금될 예금채권이 포함되는지는 압류명령에서 정한 압류할 채권에 그 예금채권이 포함되었는지에 의해 결정되는 것이고 이는 곧 압류명령의 '압류할 채권의 표시'에 기재된 문언의 해석에 따라 결정되는 것이 원칙이다. 그런데 제3채무자는 순전히 타의에 의하여 다른 사람들 사이의 법 률분쟁에 편입되어 압류명령에서 정한 의무를 부담하는 것이므로 이러한 제3채무자는 압류된 채권이나 그 범위 를 파악할 때 과도한 부담을 가지지 않도록 보호할 필요가 있다. 따라서 '압류할 채권의 표시'에 기재된 문언은 그 문언 자체의 내용에 따라 객관적으로 엄격하게 해석하여야 하고, 문언의 의미가 불명확한 경우 그로 인한 불이익 은 압류신청 채권자에게 부담시키는 것이 타당함으로 위 문언의 기재로써 이 사건 압류 및 추심명령의 송달 이후 에 새로 입금되는 예금채권까지 포함하여 압류되었다고 보는 것은 통상의 주의력을 가진 사회평균인을 기준으로 할 때 의문을 품을 여지가 충분하다고 보이므로, 이 부분 예금채권까지 압류의 대상이라고 해석할 수는 없다.(대판 2012.10.25.선고, 2010다47117)

공탁금출급(회수)청구권 압류

☞ 체납자 홍●●이 제3채무자인 대한민국(소관 : ●●지방법원 세입세출외 현금출납공무원)에 대하여 가지는 ●●지방법원 20◇◇년 금제 ◇호로 공탁한 금 ○○○원의 공탁금출급청구권(공탁금회수청구권) 중 체납액 금 ○○○원에 해당하는 금액

임대차보증금 반환청구권 압류

☞ 체납자(임차인) (주)○○○가 부동산임대차계약의 종료 또는 해지 시에 제3채무자인(임대인) ●●●●(주)에 대하여 가지는「서울특별시 마포구 마포대로 45(도화동 50-1) ●●빌딩 2305호」의 임대차보증금 중 체납액 금 ○○○원에 달할 때까지

라. 제3채무자에 대한 추심

1) 의의

추심은 매각처분과 더불어 압류재산을 환가하는 하나의 방법으로써 금전채권으로 환가하는 것을 말한다. 민사집행절차에 있어서는 압류채권을 현금화하기 위해서는 법원의 추심명령 또는 전부명령을 별도로 발부받아야 가능하지만, 체납처분절차에 의한 채권압류는 추심명령의 권한을 포함하고 있기 때문에 별도로 추심명령 등이 필요 없이 체납처분권자가 직접 추심할 수 있다.

압류권자는 체납자의 대리인 자격이 아닌 압류권자가 자기 명의로써 추심하는 것이다. 따라서 제3채무자는 압류채권자의 압류통지 전에 채무의 변제, 채권양도 등으로 항변할 수 있는 경우를 제외하고는 별도의 추심행위가 없더라도 압류채권의 범위 내에서 압류권자의 추심에 응하여야 한다.[130]

체납처분에 의한 채권압류 이후 그 압류에 우선하는 가압류채권 등이 경합되고, 그 가압류

---

130) 국세징수법에 의한 체납처분절차에 따라 세무서장에 의하여 채권이 압류된 경우 피압류채권의 채무자는 채권자에게 그 채무를 변제할 수 없고 한편 동법 제41조제2항에 의하여 세무서장이 피압류채권의 채무자에게 그 압류통지를 함으로써 채권자에게 대위하게 되는 때에는 세무서장은 그 채권의 추심권을 취득한다고 볼 것이므로 피압류채권의 채무자로서는 이행기가 도래한 때에는 대위채권자인 세무서장에게 이를 이행할 의무를 진다.(대판 1988.4.12.선고, 86다카2476)

가 조세·공과금에 우선하는 임금가압류채권에 해당되더라도 제3채무자는 체납처분에 의한 압류권자의 추심요청을 거부할 수 없다.[131]

또한, 제3채무자로부터 채권을 추심하게 되면 그 범위 내에서 압류된 채권은 소멸하게 되므로, 추심금을 수령한 뒤 충당 등을 지연함으로써 발생된 연체금이나 가산금 등 지연이자는 이를 체납자의 부담으로 할 수 없다.

여기서 주의해야 할 점은 피압류채권에 대한 소멸시효중단과 관련하여 체납처분에 의한 채권압류로 압류채권자의 체납자에 대한 소멸시효는 중단되지만, 이 같은 채권압류는 체납자의 제3채무자에 대한 소멸시효에는 영향이 없다.[132]

따라서 체납처분에 의한 채권압류 이후 추심을 지연하거나 소송절차로의 이행을 해태함으로써 체납자의 제3채무자에 대한 소멸시효 완성 등으로 손해가 발생된 경우에는 법적분쟁이 야기될 수 있다. 개정 국세징수법[시행 2021.1.1. 법률 제17758호]은 채권압류 이후 정당한 사유 없이 장기간 방치하는 것을 예방하기 위해 법률상·사실상 추심이 불가능한 경우를 제외하고는 채권압류 후 1년 이내에 제3채무자에 대한 이행의 촉구와 채무이행의 소송을 제기하도록 규정하고 있다.

---

131) 현행법상 국세체납 절차와 민사집행절차는 별개의 절차로서 양 절차 상호 간의 관계를 조정하는 법률의 규정이 없으므로 한쪽의 절차가 다른 쪽의 절차에 간섭할 수 없는 반면, 쌍방 절차에서 각 채권자는 서로 다른 절차에 정한 방법으로 그 다른 절차에 참여할 수밖에 없고, 동일 채권에 관하여 양 절차에서 각각 별도로 압류하여 서로 경합하는 경우에도 공탁 후의 배분(배당)절차를 어느 쪽이 행하는가에 관한 법률의 정함이 없어 제3채무자의 공탁을 인정할 여지가 없다.(대판 1999.5.14.선고, 99다3686)

132) 채권자가 채무자의 제3채무자에 대한 채권을 압류 또는 가압류한 경우에 채무자에 대한 채권자의 채권에 관하여 시효중단의 효력이 생긴다고 할 것이나, 압류 또는 가압류된 채무자의 제3채무자에 대한 채권에 대하여는 민법 제168조제2호 소정의 소멸시효중단사유에 준하는 확정적인 시효중단의 효력이 생긴다고 할 수 없다.(대판 2003.5.13.선고, 2003다16238)

참조법령

▶ **국세징수법 제52조【채권압류의 효력 및 추심】** ② 관할 세무서장은 제51조제1항에 따른 통지를 한 경우 체납액을 한도로 하여 체납자인 채권자를 대위(代位)한다.

③ 관할 세무서장은 제2항에 따라 채권자를 대위하는 경우 압류 후 1년 이내에 제3채무자에 대한 이행의 촉구와 채무 이행의 소송을 제기하여야 한다. 다만, 체납된 국세와 관련하여「국세기본법」에 따른 이의신청·심사청구·심판청구,「감사원법」에 따른 심사청구 또는「행정소송법」에 따른 행정소송(이하 "심판청구등"이라 한다)이 계속 중이거나 그 밖에 이에 준하는 사유로 법률상·사실상 추심이 불가능한 경우에는 그러하지 아니하다.

④ 관할 세무서장은 제3항 단서의 사유가 해소되어 추심이 가능해진 때에는 지체 없이 제3채무자에 대한 이행의 촉구와 채무 이행의 소송을 제기하여야 한다.

▶ **국세징수법시행령 제42조【채무불이행에 따른 절차】** ① 관할 세무서장은 법 제51조제1항에 따라 채권압류의 통지를 받은 제3채무자가 채무이행의 기한이 지나도 이행하지 않은 경우 체납자인 채권자를 대위(代位)하여 이행의 촉구를 해야 한다.

② 관할 세무서장은 제1항에 따라 이행의 촉구를 받은 제3채무자가 촉구한 기한까지 채무를 이행하지 않는 경우 체납자인 채권자를 대위하여 제3채무자를 상대로 소송을 제기해야 한다. 다만, 채무이행의 자력(資力)이 없다고 인정하는 경우에는 소송을 제기하지 않고 채권의 압류를 해제할 수 있다.

2) 압류가 경합된 경우 채무자의 추심 및 공탁

체납처분에 의한 채권압류와 민사집행절차에 의한 추심명령 등이 경합된 경우, 제3채무자는 양쪽 중 어느 한쪽을 임의로 선택하여 변제하면 그 채무를 면하게 된다.[133] 왜냐하면 제3채무자가 민사집행법에 의한 압류권자에게 추심함으로써 면책되는 것은 적법한 추심명령에 응한 것이기 때문이다.

이럴 경우, 제3채무자가 여럿 채권자 중에서 정당한 추심권자 1인에게 변제하는 것은 집행법원의 수권에 기하여 일종의 추심기관으로서 모든 채권자를 위하여 추심하는 것이다. 따라서 제3채무자로서도 정당한 추심권자에게 변제하면 그 효력은 모든 채권자에게 미치게 되

---

133) 추심명령이 동시 또는 이시에 이중으로 발부된 경우 그 사이에는 우열의 순위가 있을 수 없고, 추심명령을 얻어 채권을 추심하는 압류채권자의 지위는 자기채권의 만족을 위한다는 목적을 가지는 것이기도 하지만 압류가 경합된 경우 혹은 배당요구가 있는 경우에는 집행법원의 수권에 기하여 일종의 추심기관으로서 압류 또는 배당에 참가한 모든 채권자를 위하여 제3채무자로부터 추심을 한다고 할 수 있으므로, 제3채무자의 변제도 정당한 추심권자에게 한 것인 이상 당연히 위 모든 채권자에 대하여 효력을 가진다 할 것이고, 그 변제에 의하여 제3채무자는 채무를 면하게 되고 따라서 다른 압류채권자가 또 다시 제3채무자에 대하여 변제의 청구를 할 수는 없다.(대판 1986.9.9.선고, 86다카988)

고, 경합된 압류채권자 및 또 다른 추심권자의 집행채권액에 안분하여 변제하여야 하는 것도
아니다.[134]

민사집행법 제248조【제3채무자의 채무액의 공탁】제1항에 따라 채권압류가 경합된 경우,
제3채무자는 피압류채무액을 공탁(집행공탁)할 수 있도록 규정하고 있으나 국세징수법에는
아무런 규정이 없다. 다만 선행하는 체납처분에 의한 채권압류와 민사집행절차에 의한 가압
류만이 경합하는 경우에는 제3채무자의 공탁은 허용되지 않으며 체납처분권자의 추심에 응
하도록 하고 있다.[135]

다시 말해, ① 체납처분에 의한 선행의 채권압류와 민사집행절차에 의한 가압류, ② 체납
처분에 의한 채권압류가 단독 존재하는 경우, ③ 체납처분에 의한 채권압류만이 복수로 존재
하는 경우라면 제3채무자의 공탁은 허용되지 않는다.[136]

다만, 민사집행절차의 집행공탁은 다수의 채권자에 대한 채권의 만족이 어려운 상황에서 국
가관여하에 배당요구 또는 중복압류의 유무, 각 압류의 적부를 심사케 하여 제3채무자로 하여
금 극히 무거운 부담을 제거하는 데 그 취지가 있는 것이므로, 체납처분절차와 민사집행절차
에 의한 추심명령 등이 경합하는 경우에는 제3채무자의 공탁이 허용되는 것으로 해석된다.[137]

---

134) 제3채무자로서도 정당한 추심권자에게 변제하면 그 효력은 위 모든 채권자에게 미치므로 압류된 채권을 경합된
압류채권자 및 또 다른 추심권자의 집행채권액에 안분하여 변제하여야 하는 것도 아니다.(대판 2001.3.27.선고,
2000다43819)

135) 채권에 대한 체납처분에 의한 압류와 그 이후에 행해진 가압류가 경합하는 경우 제3채무자는 체납처분에 의한 압
류채권자의 추심권 행사에 응하여야 하므로, 변제공탁이나 집행공탁이 허용될 수 없고, 제3채무자가 공탁하였다
고 하더라도 체납처분에 의한 압류채권자는 여전히 제3채무자를 상대로 직접 피압류채권을 추심할 수 있다.(대판
2008.11.13.선고, 2007다33842)

136) 국세징수법상의 체납처분에 의한 압류만을 이유로 하여 사업시행자가 공익사업을 위한 토지 등의 취득 및 보상에
관한 법률(이하 '공익사업보상법'이라 한다) 제40조제2항제4호 또는 민사집행법 제248조제1항에 의한 집행공탁
을 할 수는 없으므로, 체납처분에 의한 압류만을 이유로 집행공탁이 이루어지고 사업시행자가 민사집행법 제248
조제4항에 따라 법원에 공탁사유를 신고하였다고 하더라도, 이러한 공탁사유의 신고로 인하여 민사집행법 제247
조제1항에 따른 배당요구종기가 도래하고 그 후의 배당요구를 차단하는 효력이 발생한다고 할 수는 없다.(대판
2008.4.10.선고, 2006다60557)

137) 제3채무자는 체납처분에 의한 압류채권자와 민사집행절차에서 압류 및 추심명령을 받은 채권자 중 어느 한쪽의
청구에 응하여 그에게 채무를 변제하고 그 변제 부분에 대한 채무의 소멸을 주장할 수 있으며, 또한 민사집행법 제
248조제1항에 따른 집행공탁을 하여 면책될 수도 있다. 그리고 체납처분에 의한 압류채권자가 제3채무자로부터
압류채권을 추심하면 국세징수법에 따른 배분절차를 진행하는 것과 마찬가지로, 민사집행절차에서 압류 및 추심

　　주의할 점은 제3채무자가 채권경합에 따른 집행공탁을 하면서 공탁사유신고 시 채권자 중 일부를 누락한다거나, 압류채권액의 일부를 누락하여 신고함으로 배당에서 제외된 경우, 해당 채권자는 과다 배당 받은 다른 채권자를 상대로 배당이의를 구하거나,[138] 부당이득반환청구를 통하여 권리를 구제받을 수 있다.

참조법령

▶ **민사집행법 제248조【제3채무자의 채무액의 공탁】** ① 제3채무자는 압류에 관련된 금전채권의 전액을 공탁할 수 있다.

② 금전채권에 관하여 배당요구서를 송달 받은 제3채무자는 배당에 참가한 채권자의 청구가 있으면 압류된 부분에 해당하는 금액을 공탁하여야 한다.

③ 금전채권 중 압류되지 아니한 부분을 초과하여 거듭 압류명령 또는 가압류명령이 내려진 경우에 그 명령을 송달 받은 제3채무자는 압류 또는 가압류채권자의 청구가 있으면 그 채권의 전액에 해당하는 금액을 공탁하여야 한다.

④ 제3채무자가 채무액을 공탁한 때에는 그 사유를 법원에 신고하여야 한다. 다만, 상당한 기간 이내에 신고가 없는 때에는 압류채권자, 가압류채권자, 배당에 참가한 채권자, 채무자, 그 밖의 이해관계인이 그 사유를 법원에 신고할 수 있다.

---

3) 추심절차

　　체납처분에 의한 채권압류통지 이후 변제기(제3채무자가 체납자에게 지급해야 하는 계약서상의 지급기일)가 도래하였음에도 채무이행이 되지 않으면 1년 이내에 이행을 촉구한 다음, 제3채무자를 상대로 채무이행의 소송을 제기하여야 한다. 다만 채무이행의 자력(資力)이 없다고 인정하는 경우에는 소송을 제기하지 않고 채권의 압류를 해제할 수 있다.

　　제3채무자가 채권압류 이후 그 채무를 이행하지 않을 경우, 제3채무자를 상대로 체납처분을 할 수는 없다. 왜냐하면 제3채무자에 대하여 이행을 구하는 금전적 채권은 체납자를 대위한 권리로서 조세·공과금채권(공법관계에 의한 채권)이 아니라, 일반 사법관계에 의한 민사

　　명령을 받은 채권자가 제3채무자로부터 압류채권을 추심한 경우에는 민사집행법 제236조제2항에 따라 추심한 금액을 바로 공탁하고 그 사유를 신고하여야 한다.(대판 2007.4.12.선고, 2004다20326)

138) 압류가 경합된 상태에서 제3채무자가 집행공탁 사유를 신고하면서 경합된 압류 중 일부에 관한 기재를 누락한 경우, 압류채권자가 제3채무자의 공탁사유 신고 시까지 배당요구를 하지 않더라도 배당절차에 참가할 수 있으며, 공탁금에 대한 배당절차에서 기재가 누락된 압류의 집행채권이 배당에서 제외된 경우, 압류채권자가 과다배당을 받게 된 다른 압류채권자 등을 상대로 배당이의의 소를 제기할 수 있다.(대판 2015.4.23.선고, 2013다207774)

상(民事上)의 채권에 해당되어 민사소송 및 민사집행절차에 따라 강제집행을 할 수밖에 없기 때문이다.

통상, 민사집행절차에 의한 강제집행은 체납처분절차에 비하여 시간 및 금전적 비용 등 행정비용이 많이 소요되기 때문에 제3채무자가 폐업·도산하여 이미 변제능력을 상실하고 경매 등을 통해 환가할 재산이 없는 경우에는 민사소송 등을 통한 강제집행의 실익이 없다. 따라서 이 같은 경우에 해당되면 채무이행 소송을 제기할 필요가 없으며 압류해제의 대상이 될 수 있을 것이다.

또한, 제3채무자에 대한 채무이행의 소송(압류금지급청구의 소) 제기에 앞서 자력(資力)이 있는지 여부를 면밀히 조사한 다음, 재산이 확인될 경우에는 가압류 등 보전처분을 먼저 실시하여 제3채무자가 재산을 회피하는 것을 방지함으로써 향후 소송의 효율성을 높일 필요가 있다. 아울러 체납자가 제3채무자에 대하여 이미 소송을 제기한 경우라면 그 소송에 참가(민사소송법 제79조)할 수 있고, 체납자가 제3채무자에 대하여 확정판결에 따른 집행권원을 가지고 있는 경우에는 승계집행문(민사집행법 제31조)을 부여받아 바로 강제집행할 수 있다.

참조법령

▶ **민사소송법 제79조【독립당사자참가】** ① 소송목적의 전부나 일부가 자기의 권리라고 주장하거나, 소송결과에 따라 권리가 침해된다고 주장하는 제3자는 당사자의 양쪽 또는 한쪽을 상대방으로 하여 당사자로서 소송에 참가할 수 있다.
② 제1항의 경우에는 제67조 및 제72조의 규정을 준용한다.
▶ **민사집행법 제31조【승계집행문】** ① 집행문은 판결에 표시된 채권자의 승계인을 위하여 내어 주거나 판결에 표시된 채무자의 승계인에 대한 집행을 위하여 내어 줄 수 있다. 다만, 그 승계가 법원에 명백한 사실이거나, 증명서로 승계를 증명한 때에 한한다.
② 제1항의 승계가 법원에 명백한 사실인 때에는 이를 집행문에 적어야 한다.

---

4) 피압류채권의 이행장소 및 이행비용

가) 이행의 장소

채무자가 피압류채권에 대하여 임의로 변제할 경우, 변제의 장소에 있어서는 채권자의 주소 또는 영업소를 장소로 하는 지참채무가 원칙이 되며(민법 제467조), 특별한 규정이나 관습 또는 특약이 있는 경우에 한하여 채무자의 주소 또는 영업소를 변제의 장소로 하는 추심채무를 예외로 하고 있다.

아울러, 채권자의 주소 또는 채무자의 주소 이외에 변제의 장소에 관한 특약이나 특별규정(예 : 특정물의 인도를 채권성립 당시의 물건이 있던 장소 등)이 있는 경우에는 그 규정에 의한다. 따라서 피압류채권이 지참채무인 경우에는 그 이행장소는 원래 채권자인 체납자의 주소지이지만 당해 채권의 압류에 의하여 그 채권의 추심권능이 압류권자에게 이전되는 때에는 당해 피압류채권의 이행장소는 원칙적으로 추심권자의 주소, 즉 체납처분기관의 소재지가 된다.

나) 이행의 비용

제3채무자가 피압류채권에 대하여 임의변제를 하는 경우에 소요되는 변제비용(수수료)은 추심채무에 해당되고, 그 추심에 소요되는 비용은 체납자가 부담하여야 하므로 체납처분비로서 지출되어야 한다. 하지만 제3채무자가 편의상 당해 비용을 지출하고 채무액으로부터 공제하고 지급한 때(예 : 송금비용을 채무액으로부터 공제하고 송금한 경우 등)에는 체납처분비로 지출할 필요가 없다.

추심비용(수수료) 비용예시

☞ 피압류채권이 100만 원 및 송금수수료가 3천 원인 경우, 압류권자가 체납처분비로 우선 3천 원을 지출하고 100만 원을 지급 받은 경우에는 그 100만 원 중 우선 체납처분비로서 지출한 3천 원을 징수하고, 잔액 97만 원을 체납액에 충당하여야 할 것이다. 이에 반해 제3채무자가 송금수수료 3천 원을 공제하고 97만 원을 지급한 때에는 체납처분비의 지출이 없으므로 지급 받은 97만 원을 체납액에 충당하게 되므로, 결국 같은 결과가 있게 된다.

지참채무인 경우에는 그 변제에 소요되는 비용은 채무자의 부담으로 한다. 다만 체납자의 주소 또는 영업소와 체납처분기관의 소재지가 다르기 때문에 비용이 증가한 때에는 그 증가된 부분의 비용은 체납처분기관이 부담해야 할 성질의 것이므로 증가된 비용은 체납처분비가 된다.

참조법령

▶ **민법 제467조【변제의 장소】** ① 채무의 성질 또는 당사자의 의사표시로 변제장소를 정하지 아니한 때에는 특정물의 인도는 채권성립당시에 그 물건이 있던 장소에서 하여야 한다.
② 전항의 경우에 특정물인도 이외의 채무변제는 채권자의 현주소에서 하여야 한다. 그러나 영업에 관한 채무의 변제는 채권자의 현영업소에서 하여야 한다.
▶ **민법【변제의 장소】** 증서에 변제장소를 정하지 아니한 때에는 채무자의 현영업소를 변제장소로 한다. 영업소가 없는 때에는 현주소를 변제장소로 한다.

5) 압류채권의 추심과 상계

가) 상계의 금지

"상계"란 채권자와 채무자가 서로 같은 종류의 채권·채무를 가지는 경우에 그 채권과 채무를 대등액에 있어서 소멸하게 하는 일방적인 의사표시이다. 상계에 있어서 상계권자가 가지는 채권을 자동채권이라 하고, 상계를 당하는 상대방이 가지는 채권을 수동채권이라 한다.

상계를 하려면 동종이 대립하는 양 채권의 변제기가 도래하여야(상계적상의 상태) 가능함이 원칙이다(민법 제492조). 일방적인 의사표시인 상계권의 행사라도 법률상 상계가 금지되거나, 상계 전에 (가)압류 등으로 그 지급이 제한되거나, 임금채권에 대한 상계는 불가능하고, 상계의 의사표시가 있는 때에는 상계적상에 놓여 있었던 때로 소급하여 상계의 효력이 발생한다(민법 제493조).

따라서 제3채무자는 체납처분에 의한 채권압류통지를 받은 후 취득한 체납자에 대한 반대채권을 자동채권으로 하여 피압류채권과 상계할 수 없으며, 세3채무자가 압류 진에 반대채권을 취득하였더라도 그 반대채권의 변제기가 압류 전에 도래하지 않았다면 상계적상의 상태가 아니므로 압류권자에 대항할 수 없다.[139)]

왜냐하면, 압류 후에 상계적상으로 된 경우는 압류 후에 발생한 상계권에 기한 것이므로,

---

139) 상계는 그 쌍방의 채무의 이행기가 도래하여야 즉 상계적상에 있어야 하고 각 채무자는 대등액으로 상계할 의사를 표시하여 상계를 할 수 있으나, 지급을 금지하는 명령을 받은 제3채무자는 그 후에 취득한 채권에 의한 상계로 그 명령을 신청한 채권자에게 대항할 수 없다.(대판 1986.2.11선고, 85다카1087)

압류에 의한 처분금지적 효력에 반하기 때문이다. 하지만 제3채무자가 체납자에 대하여 가지고 있는 반대채권(자동채권)과 피압류채권이 압류 전에 상계적상에 있는 경우에는 제3채무자는 압류 후에도 상계할 수 있다.[140]

이는 압류 후에 상계의 의사표시에 따른 그 효력은 상계적상의 시기로 소급하여 발생하게 되므로, 제3채무자는 압류권자에 대항할 수 있기 때문이다.

> **참조법령**
>
> ▶ **민법 제492조【상계의 요건】** ① 쌍방이 서로 같은 종류를 목적으로 한 채무를 부담한 경우에 그 쌍방의 채무의 이행기가 도래한 때에는 각 채무자는 대등액에 관하여 상계할 수 있다. 그러나 채무의 성질이 상계를 허용하지 아니할 때에는 그러하지 아니하다.
> ② 전항의 규정은 당사자가 다른 의사를 표시한 경우에는 적용하지 아니한다. 그러나 그 의사표시로써 선의의 제3자에게 대항하지 못한다.
> ▶ **민법 제493조【상계의 방법, 효과】** ① 상계는 상대방에 대한 의사표시로 한다. 이 의사표시에는 조건 또는 기한을 붙이지 못한다.
> ② 상계의 의사표시는 각 채무가 상계할 수 있는 때에 대등액에 관하여 소멸한 것으로 본다.

나) 예금채권과의 상계

통상, 금융기관은 「은행여신거래기본약관」의 적용을 받는 "대출거래약정서"에 의거, 거래 상대방과의 대출금약정을 하면서 거래예금(보통, 당좌, 정기예금 등) 등에 대하여 체납처분절차 또는 민사집행절차에 의한 채권(가)압류 등이 있게 되면, 거래 상대방은 제3채무자(금융기관)의 자동채권(대출금)에 대하여 기한의 이익이 상실되도록 약정하고 있다.

따라서 제3채무자(금융기관)는 체납자에 대한 채권압류통지서가 송달된 경우, 체납자에 대한 수동채권(보통, 당좌, 정기예금 등)의 변제기가 도래하지 않더라도 기한의 이익을 포기하고

---

140) 국세징수법에 의한 채권압류는 강제집행에 의한 경우와 같이 그 압류의 결과 피압류채권에 관해서 변제, 추심 등 일체의 처분행위를 금지하는 효력이 있기는 하나 체납자에 대신하여 추심권을 취득함에 불과한 것으로 국세에 의한 채권압류가 있었다고 하여 제3채무자의 상계권까지 이를 무조건 제한하는 것은 아니라 할 것이므로 위 국세징수법에 의한 채권압류에 있어서도 제3채무자는 그 압류통지가 송달되기 이전에 채무자에 대하여 상계적상에 있었던 반대채권(자동채권)을 가지고 그 명령이 송달된 이후에도 상계로써 압류채권자에게 대항할 수 있다.(대판 1985.4.9.선고, 82다카449)

자동채권(대출금채권)과 수동채권(보통, 당좌, 정기예금 등)과의 상계를 주장할 수 있다.[141]

6) 압류채권의 추심과 채권양도

가) 대항요건을 결하여 채권이 양도된 경우

"채권양도"란 채권내용의 동일성을 변경시키지 않고 타인에게 이전시키는 계약으로 압류할 채권이 이미 제3자(양수인)에게 양도된 경우에는 채권압류를 하여도 존재하지 않는 채권을 압류한 것이 된다. 따라서 이런 경우에 채권압류를 하더라도 그 효력이 발생되지 않으므로, 유효한 채권양도 이후에 이루어진 채권압류로써 채권양수인에게 대항할 수 없다.

하지만, 채권양도에 있어 확정일자 있는 증서에 의하여 양도인(체납자)이 이를 채무자(제3채무자)에게 통지하지 않거나, 채무자(제3채무자)가 이를 승낙하지 않으면 채무자 이외의 제3자에게 대항할 수 없으므로(민법 제450조), 이 요건을 갖추지 못한 경우에는 채권양도에 의한 우선권을 주장할 수 없다.

또한, 채권양도의 통지와 채무자(제3채무자)의 승낙이라는 외형을 갖추었다 하더라도 이것이 내용증명 등의 확정일자가 있는 증서(민법 부칙 제3조)에 의한 것이 아닌 경우에는 양도통지나 승낙으로는 제3자에게 대항할 수 없으므로, 양도인(체납자)의 당해 채권을 압류한 압류채권자는 채권양도를 부인함으로써 채권양수인에게 대항할 수 있다.[142]

"확정일자"라 함은 증서에 대하여 그 작성한 일자에 관한 완전한 증거가 될 수 있도록 법률상 인정되는 일자를 말하며, 당사자가 나중에 변경하는 것이 불가능한 확정된 일자를 가리키고, "확정일자 있는 증서"란 위와 같은 일자가 있는 증서로서 민법 부칙 제3조에 해당하는 소

---

141) 채권가압류명령을 받은 제3채무자는 그 후에 취득한 채권에 의한 상계로 그 가압류채권자에게 대항하지 못하지만 수동채권이 가압류될 당시 자동채권과 수동채권이 상계적상에 있거나 자동채권의 변제기가 수동채권의 그것과 동시 또는 그보다 먼저 거래하는 경우에는 제3채무자는 자동채권에 의한 상계로 가압류채권자에게 대항할 수 있다.(대판 1989.9.12.선고, 88다카25120)

142) 지명채권이 그 양도인과 양수인 및 채무자 3인의 합의에 따라 양도되고 비록 채권양도 통지와 채무자의 승낙의 외형을 갖추었다 하더라도 이것이 확정일자 있는 증서에 의한 것이 아닌 경우에는 위 양도통지나 승낙으로서는 제3자에 대항할 수 없는 것이므로 위 채권에 관하여 전대명령을 받은 자는 위 채권양도를 부인하는 우월한 권리를 가진다.(대판 1986.2.11.선고, 85다카1087)

정의 증서를 말한다. 특별배달(증명)은 우편물의 배달만을 증명하기 위하여 그 배달사항을 기재하고 서명날인한 것에 불과하여 확정일자 있는 증서로 볼 수 없으나, 공증인가 합동법률 사무소에서 인증을 받은 경우에는 확정일자 있는 증서에 해당된다.[143]

내용증명과 배달증명

☞ **내용증명우편** : 발송인이 수취인에게 어떤 내용의 문서를 언제 발송하였다는 사실을 우편관서가 증명하는 등기취급제도로서 소송이나 재판 시 강력한 증거력이 인정되며, 민법부칙 제3조의 규정에 의한 확정일자 있는 증서로서도 인정되고 있다.

☞ **배달증명우편** : 우편관서가 우편물의 배달일자 및 수취인을 증명하여 발송인에게 통지하는 등기취급제도로서 우편물의 내용에 대한 증명이 없으므로, 확정일자 있는 증서로 인정되지 않으며 소송이나 재판에서의 증거력이 약하다.

참조법령

▶ **민법 제450조【지명채권양도의 대항요건】** ① 지명채권의 양도는 양도인이 채무자에게 통지하거나 채무자가 승낙하지 아니하면 채무자 기타 제3자에게 대항하지 못한다.
② 전항의 통지나 승낙은 확정일자 있는 증서에 의하지 아니하면 채무자 이외의 제3자에게 대항하지 못한다.

▶ **민법 부칙 제3조【공증력 있는 문서와 그 작성】** ① 공증인 또는 법원서기의 확정일자 있는 사문서는 그 작성일자에 대한 공증력이 있다.
② 일자확정의 청구를 받은 공증인 또는 법원서기는 확정일자부에 청구자의 주소, 성명 및 문서명목을 기재하고 그 문서에 기부번호를 기입한 후 일자인을 찍고 장부와 문서에 계인을 하여야 한다.
③ 일자확정은 공증인에게 청구하는 자는 법무부령이, 법원서기에게 청구하는 자는 대법원규칙이 각각 정하는 바에 의하여 수수료를 납부하여야 한다.
④ 공정증서에 기입한 일자 또는 공무소에서 사문서에 어느 사항을 증명하고 기입한 일자는 확정일자로 한다.

---

143) 민법 제450조 소정의 확정일자란 증서에 대하여 그 작성한 일자에 관한 안전한 증거가 될 수 있는 것으로 법률상 인정되는 일자를 말하며, 당사자가 나중에 변경하는 것이 불가능한 확정된 일자를 가리키고, 확정일자 있는 증서란 위와 같은 일자가 있는 증서로서 민법 부칙 제3조 소정의 증서를 말한다. 특별배달(증명)은 우체관서가 우편물의 내용을 확인하거나 그에 확정일자를 기재하는 것이 아니고, 다만, 우편물의 배달만을 증명하기 위하여 집배원으로 하여금 별도의 증명서에 그 배달사항을 기재하고 서명날인한 것에 불과하다는 것이므로, 이를 가리켜 앞서 본 확정일자 있는 증서라고 할 수 없다.(대판 1988.4.12.선고, 87다카2429)
채권양도인이 채권양도통지서에 공증인가 합동법률사무소의 확정일자 인증을 받아 그 자리에서 채무자에게 교부하였다면 하나의 행위로서 확정일자 인증과 채권양도 통지가 이루어진 것으로 보아 확정일자 있는 증서에 의한 채권양도의 통지가 있었다고 해석함이 타당하다.(대판 1986.12.9.선고, 86다카858)

나) 양도금지의 특약이 있는 채권이 양도된 경우

지명채권(임차보증금, 공사대금, 임금, 대여금 등)에 관하여 당사자 사이의 특약으로 양도가 금지된 경우라도 체납처분에 의한 압류는 가능하다.[144]

또한, 양도금지의 특약이 있는 지명채권에 관하여 양수인이 그 특약을 알고 있었거나 과실로 알지 못하였다면 채권양도의 효과가 발생되지 않으므로,[145] 양도인의 채권으로써 체납처분에 의한 압류는 유효하다.

다) 채권압류통지와 채권양도통지가 동시에 송달된 경우

제3채무자에게 채권압류통지와 채권양도의 통지가 같은 날 도달된 경우, 그 선후관계에 대하여 달리 입증할 수 없으면 동시에 도달된 것으로 추정된다.

따라서 그들 상호 간에는 법률상의 지위가 대등하여 양 채권 상호 간에 우열을 정할 수 없으므로 각 채권이 차지하는 비율에 따라 정산할 수밖에 없으며,[146] 이럴 경우, 압류채권액과 양수금과의 비율에 따라 안분한 금액에 대하여 압류채권자는 그 권리를 행사할 수 있다.

144) 당사자 사이에 양도금지의 특약이 있는 채권이라도 압류 및 전부명령에 따라 이전될 수 있고, 양도금지의 특약이 있는 사실에 관하여 압류채권자가 선의인가 악의인가는 전부명령의 효력에 영향이 없다.(대판 2002.8.27.선고, 2001다71699)

145) 양도금지특약을 위반하여 채권을 제3자에게 양도한 경우에 채권양수인이 양도금지특약이 있음을 알았거나 중대한 과실로 알지 못하였다면 채권이전의 효과가 생기지 아니한다. 반대로 양수인이 중대한 과실 없이 양도금지특약의 존재를 알지 못하였다면 채권양도는 유효하게 되어 채무자는 양수인에게 양도금지특약을 가지고 채무 이행을 거절할 수 없다.(대판 2019.12.19.선고, 2016다24284 전원합의체)

146) 채권양도 통지, 가압류 또는 압류명령 등이 제3채무자에 동시에 송달되어 그들 상호 간에 우열이 없는 경우에도 그 채권양수인, 가압류 또는 압류채권자는 모두 제3채무자에 대하여 완전한 대항력을 갖추었다고 할 것이므로, 그 전액에 대하여 채권양수금, 압류전부금 또는 추심금의 이행청구를 하고 적법하게 이를 변제 받을 수 있고, 제3채무자로서는 이들 중 누구에게라도 그 채무 전액을 변제하면 다른 채권자에 대한 관계에서도 유효하게 면책되는 것이며, 만약 양수채권액과 가압류 또는 압류된 채권액의 합계액이 제3채무자에 대한 채권액을 초과할 때에는 그들 상호 간에는 법률상의 지위가 대등하므로 공평의 원칙상 각 채권액에 안분하여 이를 내부적으로 다시 정산할 의무가 있다.(대판 1994.4.26.선고, 93다24223 전원합의체)

마. 채권압류의 다양한 사례

1) 예금반환채권의 압류

가) 공동명의의 예금반환채권에 대한 압류

체납자와 제3자가 은행에 공동명의로 예금하고 은행에 대하여 그 권리를 함께 행사하기로 한 경우, 그 예금채권이 동업자금이라면 그 채권은 준합유관계에 있다고 보아 압류가 불가하다. 하지만 예금채권자들 각자가 분담하여 출연한 자금을 동업 이외의 특정 목적을 위하여 공동명의로 예치해 둠으로써 그 목적이 달성되기 전에는 공동명의 예금채권자가 단독으로 예금을 인출할 수 없도록 방지·감시하고자 하는 등의 목적으로 예금을 개설한 경우라면 그 예금채권은 각 공동명의 예금채권자들에게 귀속되어[147] 압류가 가능하다.

또한, 공동명의 예금자 중 1인의 체납자를 상대로 한 채권압류에 대하여 제3채무자인 금융기관이 공동명의 예금채권자들과의 공동반환특약을 근거로 하여 공동명의 예금채권자가 공동으로 그 반환을 청구해야 한다는 사유를 가지고서는 압류채권자의 압류 및 추심을 거절할 수 없다.[148]

나) 예금 잔액이 없는 경우의 소멸시효중단 여부

채권압류에 있어서 압류할 당시에 그 피압류채권이 이미 소멸하여 부존재하는 경우라도 일단 권리행사가 있는 것으로 보아 소멸시효는 중단된다.

---

147) 은행에 공동명의로 예금을 하고 은행에 대하여 그 권리를 함께 행사하기로 한 경우에 그것이 동업자금이라면 채권의 준합유관계에 있다고 볼 것이나, 예금채권자들 각자가 분담하여 출연한 돈을 동업 이외의 특정 목적을 위하여 공동명의로 예치해 둠으로써 그 목적이 달성되기 전에는 공동명의 예금채권자가 단독으로 예금을 인출할 수 없도록 방지·감시하고자 하는 등의 목적으로 예금을 개설한 경우라면 하나의 예금채권이 분량적으로 분할되어 각 공동명의 예금채권자들에게 귀속될 수 있을 뿐이며, 다만 은행과 공동명의 예금채권자들 사이에 공동반환의 특약이 존재하는 경우에는 은행에 대한 지급 청구만을 예금채권자들 모두가 공동으로 하여야 하는 부담이 남게 되는 것이다.(대판 2008.10.9.선고, 2005다72430)

148) 공동명의 예금채권자 중 1인에 대한 채권자로서는 그 1인의 지분에 상응하는 예금채권에 대한 압류 및 추심명령 등을 얻어 이를 집행할 수 있고, 한편 이러한 압류 등을 송달 받은 은행으로서는 압류채권자의 압류명령 등에 기초한 단독 예금반환청구에 대하여, "공동명의 예금채권자가 공동으로 그 반환을 청구하는 절차를 밟아야만 예금 청구에 응할 수 있다."는 공동명의 예금채권자들과 사이의 공동반환특약을 들어 그 지급을 거절할 수는 없다고 보아야 할 것이다.(대판 2005.9.9.선고, 2003다7319)

따라서 압류 당시에 예금 잔액이 없더라도 일단 소멸시효는 중단되고, 다만 후속절차를 진행할 수가 없어 채권압류에 따른 집행절차도 끝이 나고 소멸시효중단사유도 종료되므로 그 때부터 다시 소멸시효는 진행된다.[149]

2) 공사대금의 하도급 직불합의와의 우선권 여부

「하도급거래 공정화에 관한 법률」에 따라 발주자가 하도급대금을 직접 수급자에게 지급하기로 발주자, 원사업자 및 수급사업자 간에 합의한 경우, 발주자는 수급사업자가 제조·수리·시공 또는 용역을 수행한 분에 상당하는 하도급대금을 해당 수급자에게 직접 지급하도록 규정하고 있다.

이 같은 직불합의를 한 경우, 발주자는 수급사업자의 하도급대금을 수급사업자에게 직접 지급할 의무가 생기고, 그 범위 내에서 발주자의 원사업자에 대한 대금지급의 채무는 소멸하게 된다.[150]

발주자, 원사업자 및 수급사업자 간의 직불합의 시점보다 하도급대금에 대한 채권압류가 먼저 이루어진 경우, 압류에 의한 처분금지적 효력으로 발주자는 수급사업자에게 하도급대금을 지급할 수 없다.

하지만, 직불합의 후에 채권압류가 통지된 때에는 당사자 간 직불합의에 의해 원도급대금채권이 수급사업자에게 이미 이전된 상태이므로, 원도급대금채권에 대한 압류의 효력은 발생되지 않는다.

---

149) 체납처분에 의한 채권압류로 인하여 채권자의 채무자에 대한 채권의 시효가 중단된 경우에 압류에 의한 체납처분절차가 채권추심 등으로 종료된 때뿐만 아니라, 피압류채권이 기본계약관계의 해지·실효 또는 소멸시효 완성 등으로 인하여 소멸함으로써 압류의 대상이 존재하지 않게 되어 압류 자체가 실효된 경우에도 체납처분절차는 더 이상 진행될 수 없으므로 시효중단사유가 종료한 것으로 보아야 하고, 그때부터 시효가 새로이 진행한다.(대판 2017.4.28.선고, 2016다239840, 대판 2020.11.26.선고, 2020다239601)

150) 발주자·원사업자 및 수급사업자 사이에서 발주자가 하도급대금을 직접 수급사업자에게 지급하기로 합의하여 구 하도급법 제14조제1항, 제2항에 따라 수급사업자의 발주자에 대한 직접 지급청구권이 발생함과 아울러 발주자의 원사업자에 대한 대금지급채무가 하도급대금의 범위 안에서 소멸하는 경우에, 발주자가 직접지급의무를 부담하게 되는 부분에 해당하는 원사업자의 발주자에 대한 공사대금채권은 동일성을 유지한 채 수급사업자에게 이전된다.(대판 2014.12.24.선고, 2012다85267)

직불합의는 원사업자가 발주자에 대한 공사대금채권을 수급사업자에게 양도하고 그 채무자인 발주자가 이를 승낙한 것이므로, 채권양도와 같은 발주자의 승낙이 확정일자 있는 증서에 의하여 이루어지지 않은 이상, 그 효력을 가지고 원사업자의 채권자 등에게 대항할 수 없다.[151]

결국, 원사업자의 발주자에 대한 공사대금채권의 우선권 여부는 확정일자 있는 증서에 의한 직불합의 통지와 채권압류통지의 선·후에 따라 결정되므로, 채권압류의 통지 전에 직불합의가 통지된 경우에는 압류채권자에게 대항할 수 있다. 다만 이같이 직불합의가 압류채권자에 우선하더라도 하도급대금의 전부가 아니라, 채권압류통지 전까지 수급사업자가 제조·수리·시공 또는 용역을 수행한 기성고 상당액으로 한정된다.[152]

참조법령

▶ **하도급거래 공정화에 관한 법률 제14조【하도급대금의 직접 지급】** ① 발주자는 다음 각 호의 어느 하나에 해당하는 사유가 발생한 때에는 수급사업자가 제조·수리·시공 또는 용역수행을 한 부분에 상당하는 하도급대금을 그 수급사업자에게 직접 지급하여야 한다.
    2. 발주자가 하도급대금을 직접 수급사업자에게 지급하기로 발주자·원사업자 및 수급사업자 간에 합의한 때
② 제1항에 따른 사유가 발생한 경우 원사업자에 대한 발주자의 대금지급채무와 수급사업자에 대한 원사업자의 하도급대금지급채무는 그 범위에서 소멸한 것으로 본다.

3) 수용보상금채권의 압류

체납처분에 의하여 압류된 토지가 「공익사업을 위한 토지 등의 취득 및 보상에 관한 법률」

---

151) 발주자·원사업자 및 수급사업자 사이에서 발주자가 하도급대금을 직접 수급사업자에게 지급하기로 합의한 경우에, 실질적으로 원사업자가 발주자에 대한 공사대금채권을 수급사업자에게 양도하고 그 채무자인 발주자가 이를 승낙한 것에 해당한다. 그런데 이러한 채권양도에 대한 발주자의 승낙이 확정일자 있는 증서에 의하여 이루어지지 않는 이상, 발주자는 위와 같은 채권양도와 그에 기한 채무의 변제를 들어서 원사업자의 위 공사대금채권에 대한 압류채권자에게 대항할 수 없다.(대판 2014.12.24.선고, 2012다85267)

152) 하도급거래 공정화에 관한 법률 제14조제2항의 규정 취지는 같은 조 제1항의 규정 내용에 비추어 보면, '발주자가 하도급대금을 직접 수급사업자에게 지급하기로 발주자·원사업자 및 수급사업자 간에 합의한 경우'에, 발주자는 바로 그 하도급대금 전액을 해당 수급사업자에게 직접 지급할 의무가 발생하는 것이 아니라, '수급사업자가 제조·수리·시공 또는 용역수행한 분에 상당하는' 하도급대금을 해당 수급사업자에게 직접 지급할 의무가 발생하는 것이고 그 범위 내에서 발주자의 원사업자에 대한 대금지급채무가 소멸한다고 해석함이 상당하다.(대판 2008.2.29.선고, 2007다54108)

에 따라 수용된 경우, 수용 전에 토지를 압류하였다 하더라도 물상대위의 효력이 인정되지 않으며, 채권으로 변형된 수용보상금채권에 대해서까지 압류의 효력이 미치지 않으므로 별도의 채권압류를 실시하여야 한다.[153]

아울러, 토지수용재결 후 보상금 지급 전에 체납처분에 의한 채권압류만이 송달된 경우에 기업가(사업시행자 등)는 집행공탁을 할 수 없으며, 압류채권자에게 직접 보상금채권을 지급하여야 한다.[154]

압류한 토지가 수용된 경우, 기업가는 수용된 토지의 소유권을 원시취득하고(승계취득에 해당되지 않는다), 그 토지에 대한 압류, 저당권 등의 권리는 수용에 의하여 소멸함과 아울러 수용보상청구권으로 바뀌게 된다. 조세의 경우 해당 수용 전에 토지를 압류한 경우 압류선착수주의에 따른 우선권이 수용보상청구권에 종전대로 유지되는 것은 아니므로, 추후 수용보상청구권에 대하여 먼저 채권압류한 조세가 참가압류한 조세 등에 우선하게 된다.[155]

토지수용보상금청구권에 대하여 별도의 채권압류를 하는 경우, 압류할 채권을 "토지수용보상금"으로 표기한 때에는 토지수용보상금만을 압류한 것으로 해석될 여지가 있으므로, 토지수용에 따른 일체의 손실보상금에 대하여 압류하였음을 명확히 기재함으로써 향후 논란의 소지를 사전에 예방해 두는 것이 좋다.

---

153) 토지수용법 제67조제1항에 의하면, 기업자는 토지를 수용한 날에 그 소유권을 취득하며 그 토지에 관한 다른 권리는 소멸하는 것인바, 수용되는 토지에 대하여 가압류가 집행되어 있어도 토지의 수용으로 기업자가 그 소유권을 원시취득함으로써 가압류의 효력은 소멸되는 것이고, 토지에 대한 가압류가 그 수용보상금청구권에 당연히 전이되어 그 효력이 미치게 된다고는 볼 수 없다.(대판 2000.7.4.선고, 98다62961)

154) 토지수용재결 후 보상금의 지급 전에 세무서장이 그 보상금지급청구권에 대하여 체납처분에 의한 압류를 하고 채권압류통지서를 송달한 후에 그 보상금에 대한 지급청구를 한 때에는, 사업시행자인 기업자는 직접 세무서장에게 그 토지수용보상금을 지급하여야 하며, 토지수용법 제61조제2항제4호의 사유를 준용하여 공탁을 할 수는 없다.(등기선례5-345 ; 1998.10.31.제정, 등기선례 3402-1100 질의회답)

155) 수용 전 토지에 대하여 체납처분으로 압류를 한 체납처분청이 다시 수용보상금에 대하여 체납처분에 의한 압류를 하였다고 하여 물상대위의 법리에 의하여 수용 전 토지에 대한 체납처분에 의한 우선권이 수용보상금채권에 대한 배당절차에서 종전 순위대로 유지된다고 볼 수도 없다. 압류선착주의의 입법취지와, 압류재산이 금전채권인 경우에 제3채무자가 그의 선택에 의하여 체납처분청에 지급하는지 집행법원에 집행공탁을 하는지에 따라 조세의 징수액이 달라지는 것은 부당하다는 점을 고려하여 보면, 압류선착주의는 조세가 체납처분절차를 통하여 징수되는 경우뿐만 아니라 구 민사소송법에 의한 강제집행절차를 통하여 징수되는 경우에도 적용되어야 한다.(대판 2003.7.11.선고, 2001다83777)

압류할 채권 기재예시

☞ 제3채무자(사업시행자)인 LH공사(소관 : ○○지역본부)가 체납자인 ◇◇건설(주)에게 ●●택지사업 조성공사(고시번호 : 제●●호)로 인하여 지급하여야 할 토지보상금, 건물이전보상금 및 영업손실보상금 등 일체의 수용보상금채권 중 체납액 금 ○○○원에 달할 때까지의 금액

    토지수용 전에 설정된 근저당권자는 물상대위권의 행사를 통하여 수용보상금채권에 대해서도 그 우선권 행사가 가능하므로,[156] 토지가 수용되기 전 근저당권설정일과 조세·공과금(국민건강보험료 등 각종 사회보험료)의 법정기일(납부기한)과의 선·후에 따른 우선권은 수용보상금채권에도 적용된다. 다만 근저당권자의 물상대위권 행사에 의한 우선변제권은 배당요구의 종기까지 하여야 가능한 것이므로, 근저당권자가 물상대위권 행사를 하지 않는 동안 체납처분에 의한 수용보상금채권에 대하여 채권압류 및 추심을 종료한 때에는 부당이득금으로써 반환 대상이 되지 않는다.[157]

참조법령

▶ 공익사업을 위한 토지 등의 취득 및 보상에 관한 법률 제40조【보상금의 지급 또는 공탁】① 사업시행자는 제38조 또는 제39조에 따른 사용의 경우를 제외하고는 수용 또는 사용의 개시일(토지수용위원회가 재결로써 결정한 수용 또는 사용을 시작하는 날을 말한다. 이하 같다)까지 관할 토지수용위원회가 재결한 보상금을 지급하여야 한다.
② 사업시행자는 다음 각 호의 어느 하나에 해당할 때에는 수용 또는 사용의 개시일까지 수용하거나 사용하려는 토지등의 소재지의 공탁소에 보상금을 공탁(供託)할 수 있다.
    1. 보상금을 받을 자가 그 수령을 거부하거나 보상금을 수령할 수 없을 때

---

156) 저당권자는 물상대위권을 행사하기 위하여 저당권설정자가 받을 금전 기타 물건의 지급 또는 인도 전에 압류하여야 한다고 규정한 것은 물상대위의 목적인 채권의 특정성을 유지하여 그 효력을 보전함과 동시에 제3자에게 불측의 손해를 입히지 않으려는 데 있는 것이므로, 저당목적물의 변형물인 금전 기타 물건에 대하여 일반 채권자가 물상대위권을 행사하려는 저당채권자보다 단순히 먼저 압류나 가압류의 집행을 함에 지나지 않은 경우에는 저당권자는 그 전은 물론 그 후에도 목적채권에 대하여 물상대위권을 행사하여 일반 채권자보다 우선변제를 받을 수가 있다.(대판 1994.11.22.선고, 94다25728)

157) 근저당권자인 원고가 토지수용보상금지급청구권에 관하여 압류 및 전부명령을 신청하는 등의 방법으로 물상대위권을 행사하기 전에, 피고 산하 서대구세무서장이 국세징수법 제41조에 의하여 토지수용보상금지급청구권을 압류함으로써 소외인을 대위하여 추심권을 취득하고 이러한 추심권자의 자격으로 한국토지공사로부터 토지수용보상금을 지급받은 이상, 원고는 우선변제권을 상실하였으므로, 피고 산하 서대구세무서장이 위 보상금을 국세에 충당하는 것이 우선변제권을 상실한 원고와의 관계에서 법률상 원인 없는 이득에 해당한다고 볼 수 없다고 판단하였다.(대판 2010.10.28.선고, 2010다46756)

2. 사업시행자의 과실 없이 보상금을 받을 자를 알 수 없을 때
3. 관할 토지수용위원회가 재결한 보상금에 대하여 사업시행자가 불복할 때
4. 압류나 가압류에 의하여 보상금의 지급이 금지되었을 때

▶ **공익사업을 위한 토지 등의 취득 및 보상에 관한 법률 제45조[권리의 취득·소멸 및 제한]** ① 사업시행자는 수용의 개시일에 토지나 물건의 소유권을 취득하며, 그 토지나 물건에 관한 다른 권리는 이와 동시에 소멸한다.
② 사업시행자는 사용의 개시일에 토지나 물건의 사용권을 취득하며, 그 토지나 물건에 관한 다른 권리는 사용 기간 중에는 행사하지 못한다.
③ 토지수용위원회의 재결로 인정된 권리는 제1항 및 제2항에도 불구하고 소멸되거나 그 행사가 정지되지 아니한다.

4) 임차보증금반환채권의 압류

가) 의의

"임대차보증금"이란 부동산 등의 임대차계약에 있어서 임차인의 임차료지급 등에 대한 채무불이행에 따른 위험을 담보하기 위하여 임대인에게 제공하는 금전을 말한다. 임대차계약에 있어서 임대인의 권리는 임대차존속에 따른 임료뿐만 아니라, 건물명도의 미이행에 이르기까지 발생한 손해배상채권 등 임대인의 임차인에 대한 일체의 권리를 담보로 하게 된다.

체납처분에 의하여 임차보증금채권을 압류한 경우, 임대인은 압류 전에 임차인에게 대항할 수 있는 사유를 가지고서 압류채권자에 대해서도 대항할 수 있으므로, 압류채권자는 임차보증금에서 연체차임 등 모든 피담보채무를 공제하고 남은 임차보증금반환채권에 대하여 압류의 효력을 주장할 수 있다.

나) 임차보증금과의 상계

통상, 임대인의 임차인에 대한 임차보증금채권의 반환범위는 임대차종료부터 건물명도 시까지 발생하는 임료 상당의 부당이득 반환채권뿐만 아니라, 손해배상금 등을 포함하여 임차보증금과 상계할 수 있으므로,[158] 이를 가지고 임차보증금에 대한 압류채권자 등에게 대항할

---

158) 부동산 임대차에 있어서 수수된 보증금은 차임채무, 목적물의 멸실·훼손 등으로 인한 손해배상채무 등 임대차에 따른 임차인의 모든 채무를 담보하는 것으로서 그 피담보채무 상당액은 임대차관계의 종료 후 목적물이 반환될 때에 특별한 사정이 없는 한 별도의 의사표시 없이 보증금에서 당연히 공제되는 것이므로, 임대보증금이 수수된

수 있다.

다만, 임차인이 임대차계약 종료 이후에도 임차보증금을 반환 받기 위해 임차건물을 부분 점유한 경우에는(동시이행의 항변권 행사) 임차인(체납자)의 임대인에 대한 손해배상에 따른 부당이득반환의무가 없다.[159] 따라서 체납자가 임대차계약 종료 이후 임차보증금을 반환 받기 위해 점유하여 발생된 임료 및 손해배상금 등에 대해서는 상계를 이유로 압류채권자에게 대항할 수 없다할 것이다.

5) 배당금출급청구권의 압류

체납자가 경매사건에서 배당 받을 채권자에 포함되어 있거나, 배당금에 대하여 각 채권자들에게 배당 후 체납자에게 지급될 잉여금액이 있는 때에는 법원을 제3채무자로 하여 체납자의 지급받을 배당금에 대해서 채권압류를 할 수 있다.

만약, 채권자(체납자)가 가압류채권자인 경우에는 확정판결이 날 때까지 배당금의 지급이 보류되고 법원에 공탁되므로, 채권자대위소송으로 금전의 지급을 구하는 소송을 제기한 후 이를 집행권원으로 하여 배당금을 출급할 수 있다.

■ 압류할 채권 기재예시

☞ ●●지방법원 20◇◇년 타경 ◇◇호 부동산임의(강제)경매사건과 관련하여 체납자 홍●●이 제3채무자인 대한민국(소관 : ●●지방법원 경매 ◆계 세입세출외 현금출납공무원)에 대하여 가지는 배당금출급청구권 중 아래의 체납액에 해당하는 금액

임대차계약에서 차임채권에 관하여 압류 및 추심명령이 있었다 하더라도, 당해 임대차계약이 종료되어 목적물이 반환될 때에는 그때까지 추심되지 아니한 채 잔존하는 차임채권 상당액도 임대보증금에서 당연히 공제된다.(대판 2004.12.23.선고, 2004다56554)

159) 임차인이 임대차계약 종료 이후에도 동시이행의 항변권을 행사하는 방법으로 목적물의 반환을 거부하기 위하여 임차건물부분을 계속 점유하기는 하였으나 이를 본래의 임대차계약상의 목적에 따라 사용 수익하지 아니하여 실질적인 이득을 얻은 바 없는 경우에는 그로 인하여 임대인에게 손해가 발생하였다 하더라도 임차인의 부당이득반환의무는 성립되지 않는다.(대판 1992.4.14.선고, 91다45202)

6) 공탁금 출급(회수)청구권의 압류

가) 공탁금 출급청구권

"공탁금출급청구권"이란 공탁소에 공탁되어 있는 공탁금을 청구할 수 있는 권리로서 일종의 지명채권에 해당되어 압류의 대상이 되며, 피공탁자인 채권자(체납자)가 국가를 제3채무자로 하여 행사하는 권리이다.

통상, 체납자가 경매사건의 배당절차에서 배당 받을 채권자이나 배당기일에 참석하지 않아 관할법원에 공탁된 경우 또는 제3자(채무자)가 체납자를 피공탁자(채권자)로 공탁한 경우(변제공탁) 등 체납자가 해당 공탁금에 대하여 출급청구를 할 수 있는 권리에 대하여 대위권 행사를 통한 채권압류를 하는 것이다.

압류할 채권 기재예시

☞ 체납자 홍●●이 제3채무자인 대한민국(소관 : ●●지방법원 세입세출외 현금출납공무원)에 대하여 가지는 ●●지방법원 20◇◇년 금제 ◇호의 공탁금출급청구권 금 ○○○원 중 아래의 체납액 금 ○○○원에 해당하는 금액

나) 공탁금 회수청구권

공탁자는 민법 제489조에 의하여 변제 공탁물을 회수하거나, 착오로 공탁을 한 때, 또는 공탁의 원인이 소멸한 때 등과 같은 사유가 발생할 경우, 공탁자가 그 공탁금을 회수할 수 있으며, 이같이 공탁금을 회수할 수 있는 권리를 공탁금회수청구권이라 한다.

예컨대, 체납자(공탁자)가 채무자로서 제3자(채권자)에게 채무를 면하기 위해 채권자를 피공탁자로 공탁을 하는 경우라면 채권자가 공탁을 승인하거나 공탁유효의 판결이 확정되기까지 체납자는 다시 이를 회수할 수 있다. 또한 공탁자가 추후 소송에서 승소할 경우에 공탁금을 회수할 수 있는 조건부청구권을 가지는 경우에도 체납자(공탁자)를 대위하여 공탁금회수청구권을 압류할 수 있다.

또한, 가압류의 채무자가 가압류집행정지 또는 집행취소를 위하여 가압류에 보전될 금전채권을 공탁하는 "가압류해방공탁"에 있어서, 체납자가 채권자로서 제3자의 재산을 가압류

하자 제3자가 가압류를 면할 목적으로 공탁한 가압류해방공탁에 대하여 향후 체납자가 본안 소송에서 승소하게 된 때에는 체납자를 대위하여 공탁금출급청구권을 압류할 수 있다.

반대로, 체납자가 채무자로서 가압류해방공탁을 한 경우에 제3자인 채권자가 본안소송에 패소하게 되면 체납자는 가압류해방공탁금을 회수할 수 있으므로, 이럴 경우에는 공탁금회 수청구권을 압류할 수 있다.

■ 압류할 채권 기재예시

☞ 체납자 홍●●이 제3채무자인 대한민국(소관 : ●●지방법원 세입세출외 현금출납공무원)에 대하 여 가지는 ●●지방법원 20◇◇년 금제 ◇호의 공탁금회수청구권 중 아래의 체납액 금 ○○○원 에 해당하는 금액

■ 참조법령

▶ **민법 제487조【변제공탁의 요건, 효과】** 채권자가 변제를 받지 아니하거나 받을 수 없는 때에는 변 제자는 채권자를 위하여 변제의 목적물을 공탁하여 그 채무를 면할 수 있다. 변제자가 과실 없이 채권 자를 알 수 없는 경우에도 같다.

▶ **민법 제489조【공탁물의 회수】** ① 채권자가 공탁을 승인하거나 공탁소에 대하여 공탁물을 받기를 통고하거나 공탁유효의 판결이 확정되기까지는 변제자는 공탁물을 회수할 수 있다. 이 경우에는 공탁 하지 아니한 것으로 본다.

② 전항의 규정은 질권 또는 저당권이 공탁으로 인하여 소멸한 때에는 적용하지 아니한다.

7) 근저당권부채권의 압류

가) 의의

"근저당권"이란 저당권의 일종으로서 일정한 범위의 담보할 채무의 최고액만을 정하고 피 담보채권이 소멸하여도 근저당권에는 영향이 없으며, 해당 채권이 다시 발생하면 그 채권은 근저당권으로 담보된다.

근저당권의 피담보채권이 압류되면 근저당권에도 압류의 효력이 미치게 되며, 근저당권부 채권의 압류는 해당 근저당권설정자(소유자)를 제3채무자로 하여 체납자인 근저당권자가 담 보하는 권리에 대하여 채권압류를 하여야 효력이 발생하게 된다. 따라서 근저당권부채권에

대한 압류의 등기는 단순한 공시의 효과밖에는 없으며, 압류의 효력발생 요건이나 대항요건이 되는 것은 아니다.

나) 압류절차 및 방법

근저당권부채권의 압류는 먼저 근저당권설정자(소유자)에게 채권압류통지서를 송달함으로써 행하고, 민사집행절차와 같이 근저당권설정등기에 부기등기의 방법으로 피담보채권의 압류사실을 기입 등기할 수 있으므로, 「근저당권부채권압류등기촉탁서」에 의하여 관할 등기소에 압류등기를 촉탁할 수 있다.

근저당권부채권에 대한 채권압류 이후 제3채무자가 추심요구에 응하지 않을 경우 제3채무자 소유 부동산에 대하여 체납처분에 의한 공매를 진행할 수 있는지는 다소 의문스럽다. 체납처분에 의한 채권압류는 체납자를 대위하도록 되어 있으므로, 채권압류통지서나 근저당권부채권압류등기촉탁서 등 관련 서류를 첨부하여 근저당권자(체납자)의 대위권행사의 일환으로서 집행법원의 임의경매에 의한 담보권 실행을 통해 강제환가를 할 수 있을 것으로 해석된다.

아울러, 근저당권부채권을 압류한 경우, 근저당권자의 피담보채권이 소멸(변제 또는 시효 등)하였거나, 압류 당초부터 존재하지 않았다면 압류의 효력은 발생되지 않으므로, 근저당권의 피담보채권의 소멸을 근거로 근저당권의 말소를 요구하는 때에는 승낙의 의사표시를 하여야 한다.[160]

채권압류 시 기재(제3채무자용)

☞ 체납자 홍●●이 제3채무자인 김◆◆에 대하여 가지는 ◎◎지방법원 ◆◆등기소 20**. **. **. 접수 제**호에 의한 근저당권설정등기에 기한 피담보채권 중 아래의 체납액 금 ○○○원에 해당하는 금액

〈부동산의 표시〉
서울특별시 강남구 도곡동 949-1, 도곡●●●● **동 제*층 제***호

---

160) 피담보채권이 소멸하면 저당권은 그 부종성에 의하여 당연히 소멸하게 되므로, 그 말소등기가 경료되기 전에 그 저당권부채권을 가압류하고 압류 및 전부명령을 받아 저당권이전의 부기등기를 경료한 자라 할지라도, 그 가압류 이전에 그 저당권의 피담보채권이 소멸된 이상, 그 근저당권을 취득할 수 없고, 실체관계에 부합하지 않는 그 근저당권 설정등기를 말소할 의무를 부담한다.(대판 2002.9.24.선고, 2002다27910)

> **국세체납처분의 예에 의한 근저당권부채권압류등기촉탁서(등기소)**
>
> ☞ 체납자 홍●●이 제3채무자인 김◆◆에 대하여 가지는 ◎◎지방법원 ◆◆등기소 20**. **. **. 접수
> 제**호에 의한 근저당권설정등기에 기한 피담보채권의 압류기입등기
>
> 〈부동산의 표시〉
> 서울특별시 강남구 도곡동 949-1, 도곡●●●● 제 **동 제*층 제***호

8) 요양급여비용(진료비채권)의 압류

종합병원, 병원, 의원 등의 요양기관(약국도 포함한다)은 피보험자의 진찰, 치료 등에 있어서 피보험자의 부담 부분을 제외한 요양급여에 관한 비용(이하 "요양급여비"라고 한다)을 국민건강보험공단(이하 "공단"이라 한다)에 대하여 청구할 수 있다. 이때 공단에 대한 요양급여비의 청구는 건강보험심사평가원에 요양급여비의 심사청구를 하는 방법으로 하게 된다.

건강보험심사평가원은 요양기관으로부터 요양급여비의 심사청구가 있게 되면 그 날로부터 40일 이내(전자문서교환방식에 의하여 심사청구한 경우에는 15일 이내)에 이를 심사하여 그 심사결과통보서를 공단 및 요양기관에 통보하도록 되어 있다. 따라서 이를 통보받은 공단은 지체 없이 요양급여비를 해당 요양기관에 지급하게 되므로, 요양기관(체납자)의 체납액 징수를 위해 공단을 제3채무자로 하여 체납자에게 지급할 요양급여비에 대한 채권압류를 할 수 있다.

요양기관이 운영 중에 있는 경우에는 대부분 매월 반복적으로 요양급여비를 청구하므로, 향후에 발생될 요양급여비를 포함하여 장래 발생하는 채권으로서 압류하는 것이 보다 더 효과적이다.

> **압류할 채권 기재예시**
>
> ☞ 체납자 홍●●이 제3채무자인 국민건강보험공단(소관 : ○○관리실)에 대하여 가지는 요양급여비용(진료비등)청구권으로써 압류할 당시의 요양급여비용과 압류 이후 발생할 요양급여비용을 포함하여 아래의 체납액 금 ○○○원에 해당하는 금액

9) 국세환급금의 압류

국세환급금은 납세자가 국세·가산금 또는 강제징수비로 국가에 납부한 금액 중 과오납
세액, 초과납부 세액 또는 환급세액 등이 발생하여 세법에 따라 환급하여야 할 환급세액에
해당되므로, 국가가 법률상 원인 없이 보유하고 있는 부당이득에 해당됨에 따라 반환해 줘야
할 의무가 있게 된다.

국세환급금에는 부가가치세 환급금과 법인세 환급금이 있으며, 부가가치세 환급금의 경
우, 일반환급은 확정신고(매년 1기분 : 1월 25일, 2기분 : 7월 25일) 경과 후 30일 이내에 사
업자에게 환급하여야 하고, 조기환급(주로 수출업체 등이 해당된다)은 조기환급 신고기한
경과 후 15일 이내에 지급하게 된다.

법인세 환급은 각 사업연도의 소득에 대한 법인세액을 초과하여 발생한 환급세액이나 내
국 중소기업의 결손금 발생에 따른 소급공제의 경우, 보통 법인세 신고납부기한으로부터 1
개월 이내에 환급된다(예컨대, 사업연도가 1월 1일부터 12월 31일까지인 12월 말 결산법인
인 경우에는 과세표준 신고 및 법인세 납부를 3월 31일까지 하여야 하고, 이에 대한 환급금
은 4월 중에 지급된다).

국세환급금은 대부분 환급결정 즉시 수일 내에 지급되므로, 환급결정 및 그 지급전의 적절
한 시기에 압류하는 것이 좋다. 참고로 국가(세무서)의 환급세액이 얼마 확정되었는지 또는
그 발생 존부를 확인하여 압류하여야 효력이 생기는 것은 아니고,[161] 환급의 기초가 되는 서
류 등이 이미 제출된 경우에는 장래 발생하는 채권 또는 조건부채권으로서 미리 압류할 수
있다.

---

161) 국세징수법의 규정에 의하면 국세징수절차에 따라 채권을 압류한 때에는 '압류한 채권의 종류와 금액'에 관한 사
항 등을 채무자에게 통지하여야 하는데, 이 경우 압류채권의 '종류'를 표시하는 것은 그 특정을 위하여 불가결하
다고 하겠지만 특정에 특별한 문제가 없는 이상 그 채권의 '총액'까지 정확히 표시하여야 하는 것은 아니고, 따라
서 "… 채권 중 위 청구채권액"과 같은 방식으로 표시하면 압류채권의 특정방법이 유효하다(대판 2006.3.9.선고,
2005다64439)

압류할 채권 기재예시

☞ 체납자 주식회사 ●●유통이 제3채무자인 ◇◇세무서에 대하여 가지는 20**년도 ◆기분 부가가
치세 환급금(압류 이후 발생할 부가가치세 환급금 포함) 중 아래의 체납액 금 ○○○원에 해당하는
금액

---

10) 신용카드매출채권의 압류

신용카드가맹점은 카드회사용 매출전표(매출전표는 일반가맹점의 경우 회원용, 가맹점용
및 카드회사용 등 3매로 되어 있다)를 제휴은행이나 신용카드회사에 제출하여 신용카드대금
을 청구한다. 신용카드회사는 제휴은행이나 신용카드회사에 직접 접수된 매출전표를 근거
로 신용카드가맹점에 대금을 지급하며, 대금은 보통 청구일로부터 3일 내에 지정된 계좌로
입금되는 형식으로 지급된다.

채권압류는 체납자(신용카드가맹점)가 가맹하고 있는 신용카드회사를 제3채무자로 하여
그 본점 또는 지점에 "채권압류통지서"를 송달하도록 하고, 신용카드대금을 압류할 당시에
가맹점(체납자)의 청구가 없어 지급할 카드대금이 없을 수도 있으므로, 채권압류통지서에
"장래 발생할 카드대금도 함께 압류한다."는 취지를 명기함으로써 향후 발생될 수 있는 논란
을 예방하여야 한다.

"피압류채권의 특정"과 관련 체납자의 표시는 가맹점번호를 아는 경우에는 그 가맹점번호
를 기재하면 되고, 가맹점 여부 등의 사항은 해당 신용카드회사의 인터넷 홈페이지를 통하여
확인하여 볼 수 있다. 만일 가맹점번호를 알 수 없는 경우에는 그 가맹점의 상호, 소재지 및
사업자등록번호 등에 의하여 다른 가맹점의 매출채권과 구별될 수 있을 정도로 표시하면 된
다.

압류할 채권 기재예시

☞ 체납자 홍●●이 제3채무자인 주식회사 ◇◇카드에 대하여 가지는 신용카드매출채권으로 압류할
당시에 신용카드매출채권과 향후 발생할 신용카드매출채권을 포함하여 체납액 금 ○○○원에 해
당하는 금액

바. 계속적 거래관계에서 발생하는 채권의 압류

체납처분에 의한 채권압류의 효력은 원칙적으로 압류 당시 발생한 채권에 대해서만 미치는 것이나, 그 피압류채권이 계속적 거래관계에서 발생하는 채권인 경우에는 체납액을 한도로 하여 압류 이후에 수입(收入)되는 금액에 대하여도 압류의 효력이 계속적으로 미치게 된다.

여기서, "계속적 거래관계에서 발생하는 채권"이라 함은 임금, 세비, 퇴직연금, 임대차계약에 의한 월세 등과 같이 계속적 급부를 목적으로 하는 계약에 의하여 발생하는 수입을 청구하는 권리로서 기본채권계약(예 : 임대차계약, 고용계약 등)을 바탕으로 하여 반복적·정기적으로 개별채권(예 : 월세, 임금 등)이 생기게 하는 계속적 거래관계에 있는 채권을 말한다.

이와는 반대로, "일시적 채권"이라 함은 기본채권계약과는 관계없이 구체적인 계약의 이행이 있어야만 개별채권이 발생하는 경우로서 해당 개별채권이 발생할 때마다 이를 압류하여야 효력이 발생한다. 예를 들어, 납품대금은 물품공급계약(기본채권계약) 자체에 의해서는 채권이 발생하지 않고, 별도의 납부계약에 따라 납품대금채권(개별채권)이 발생하게 된다.

참조법령

▶ **국세징수법 제54조【계속적 거래관계에서 발생하는 채권의 압류】** 급료, 임금, 봉급, 세비, 퇴직연금 또는 그 밖에 계속적 거래관계에서 발생하는 이와 유사한 채권에 대한 압류의 효력은 체납액을 한도로 하여 압류 후에 발생할 채권에도 미친다.

▶ **구 국세징수법기본통칙 44-0…1【그 밖에 이와 유사한 채권】** 법 제44조에서 "그 밖에 이와 유사한 채권"이란 계속적 지급을 목적으로 하는 계약에 의하여 발생하는 수입을 청구할 수 있는 권리, 예를 들면 임대차계약에 따른 토지임대료, 가임의 청구권 등을 말한다.

▶ **구 국세징수법기본통칙 44-0…2【압류된 계속수입이 증액된 경우】** 세무서장이 체납자의 계속수입을 압류한 경우에는 겸임, 승급 등으로 증액된 수입의 부분에도 당초의 압류의 효력이 미친다.

4. 그 밖의 재산권의 압류

가. 압류의 대상

1) 의의

개정 국세징수법[시행 2021.1.1. 법률 제17758호]에서 그 밖의 재산권의 압류절차에 관한 규정은 종전 "무체재산권"의 압류절차에 관한 규정이다.

"그 밖의 재산권"이라 함은 채권과 소유권을 제외한 재산권을 말하는 것으로서 권리의 변동에 등기 또는 등록이 필요한 그 밖의 재산권에 대해서는 등기(등록)를 관할하는 등기소, 행정기관의 장, 지방자치단체의 장 등에게 압류의 등기(등록)를 촉탁하여야 한다. 대표적 예로는 전세권, 지상권, 광업권·어업권, 산업재산권(특허권·실용신안권·의장권·상표권), 저작권 등이 이에 해당된다.

또한, 제3채무자 등이 있는 그 밖의 재산권에는 임차권, 합명회사 등의 사원지분, 중소기업협동조합 등의 지분, 민법상 조합에 대한 조합원의 지분, 산업재산권의 실시권 또는 사용권, 출판권, 환매권 등이 있다. 그 밖의 재산권의 압류는 압류의 등기(등록)가 필요한 경우와 제3채무자 등이 있는 그 밖의 재산권으로 구분되고 그 압류집행의 방법도 달리하게 된다.

다만, 체납처분에 의한 압류는 압류재산을 현금화하여 체납액에 충당하는 것이 그 목적인 바, 압류 및 환가에 적합하지 아니한 자동차운수사업면허 및 건설업면허 등은 그 밖의 재산권의 압류대상이 되지 않는다.[162]

2) 압류의 대상

"제3채무자 등이 없는 그 밖의 재산권"(지상권, 전세권, 광업권, 어업권, 산업재산권, 저작권, 상호권, 영업권, 토사채취권, 채석권 등)은 부동산의 압류절차에 준하여 압류하고, "제3

---

[162] 자동차운수사업법의 관계 규정에 따르면, 인가를 받아 자동차운수사업의양도가 적법하게 이루어지면 그 면허는 당연히 양수인에게 이전되는 것일 뿐, 자동차운수사업을 떠난 면허 자체는 자동차운수사업을 합법적으로 영위할 수 있는 자격에 불과하므로, 자동차운수사업자의 자동차운수사업면허는 법원이강제집행의 방법으로 이를 압류하여 환가하기에 적합하지 않은 것이다.(대결 1996.9.12. 자. 96마1088,1089)

채무자 등이 있는 그 밖의 재산권"(임차권, 합명회사 등의 사원의 지분, 중소기업협동조합 등의 조합원의 지분, 민법상 조합의 지분, 출판권 등)은 채권의 압류절차에 준하여 압류하면 된다.

전세권, 지상권, 특허권 등과 같이 등기 또는 등록에 의한 공시방법을 갖춘 재산은 그 등기 또는 등록명의에 의하고, 등기 또는 등록에 의한 공시방법을 갖추지 않은 경우에는 그 권리를 배타적으로 가지는 자를 소유자로 본다. 예컨대 저작권의 경우에는 그 저작자, 저작권을 타인에게 이전한 경우에는 그 이전받은 자를 소유자로 본다.

나. 압류의 절차

1) 압류통지와 압류조서의 작성 · 교부
체납처분에 의한 그 밖의 재산권을 압류한 때에는 당해 재산권의 종류 여하를 불문하고 당해 권리자(체납자)에게 압류의 통지를 하여야 한다. 즉 등기 또는 등록을 요하는 재산에 대해 촉탁하는 경우뿐만 아니라, 제3채무자가 있는 그 밖의 재산을 압류하는 때에도 체납자에게 압류사실을 통지하여야 한다.

그 밖의 재산권을 압류할 때에도 압류조서를 작성하여야 하고 등기 또는 등록을 요하는 재산권인 경우에는 「체납처분에 의한 그 밖의 재산권압류(변경, 압류말소)등기(등록)촉탁서」에 「압류조서」의 등본을 첨부하여 관할 관서에 압류등기 또는 등록을 촉탁하여야 한다. 제3채무자가 있는 그 밖의 재산권의 경우, 체납자에 대하여는 재산압류통지서에 압류조서의 등본을 첨부하여 압류의 통지를 하여야 하지만, 이해관계인에 대해서는 재산압류통지서를 송달한다.

2) 제3채무자 등에 대한 통지 및 압류의 효력
등기 또는 등록을 요하지 않는 그 밖의 재산권인 경우, 채권의 압류절차를 준용하게 되므로, 제3채무자 또는 체납자 등 해당하는 자에 대하여 압류의 통지를 하여야 그 효력이 발생하게 된다. 따라서 압류의 통지를 우편송달에 의할 때에는 송달 및 송달내용의 증명이 가능한 "내용우편증명"으로 송달하도록 한다.

그 밖의 재산권의 권리변동에 관하여 등기 또는 등록이 효력발생 요건으로 되어 있는 경우에는 그 압류의 등기 또는 등록이 완료될 때에 압류의 효력이 생기므로, 제3채무자(체납자) 등에 대한 압류통지와 등기(등록)의 선·후에 관계없이 그 등기(등록)가 완료된 때에 압류의 효력이 생긴다.

그러나 등기 또는 등록이 효력발생이 아닌 대항요건에 해당하는 경우에는 제3채무자에 대한 통지(예 : 출판권) 또는 체납자에 대한 통지로써 압류의 효력이 생기므로, 이들에 대한 압류의 효력은 압류등기 또는 등록이 완료되거나 또는 제3채무자(체납자) 등에 대한 압류통지의 송달이 먼저 된 시점에 그 압류의 효력이 생긴다.

참조법령

▶ **국세징수법 제55조【그 밖의 재산권의 압류절차 등】** ① 관할 세무서장은 권리의 변동에 등기 또는 등록이 필요한 그 밖의 재산권을 압류하려는 경우 압류의 등기 또는 등록을 관할 등기소, 관계 행정기관의 장, 지방자치단체의 장(이하 "관할 등기소등"이라 한다)에게 촉탁하여야 한다. 그 변경의 등기 또는 등록에 관하여도 또한 같다.

② 관할 세무서장은 권리의 변동에 등기 또는 등록이 필요하지 아니한 그 밖의 재산권을 압류하려는 경우 그 뜻을 다음 각 호의 구분에 따른 자에게 통지하여야 한다.

　1. 제3채무자가 있는 경우 : 제3채무자

　2. 제3채무자가 없는 경우 : 체납자

③ 관할 세무서장은 제2항에 따라 「특정 금융거래정보의 보고 및 이용 등에 관한 법률」 제2조제3호에 따른 가상자산(이하 "가상자산"이라 한다)을 압류하려는 경우 체납자[같은 법 제2조제1호하목에 따른 가상자산사업자(이하 "가상자산사업자"라 한다) 등 제3자가 체납자의 가상자산을 보관하고 있을 때에는 그 제3자를 말한다]에게 대통령령으로 정하는 바에 따라 해당 가상자산의 이전을 문서로 요구할 수 있고, 요구받은 체납자 또는 그 제3자는 이에 따라야 한다.

④ 관할 세무서장은 제1항 및 제2항제1호에 따라 압류를 한 경우 그 사실을 체납자에게 통지하여야 한다.

⑤ 관할 세무서장이 그 밖의 재산권을 압류한 경우 제52조제3항 및 제4항을 준용하거나 제64조에 따라 매각·추심에 착수한다.

▶ **국세징수법시행령 제43조【그 밖의 재산권의 압류등기 또는 등록】** 관할 세무서장은 법 제55조제1항에 따라 채권과 소유권을 제외한 그 밖의 재산권(이하 "그 밖의 재산권"이라 한다)의 압류등기 또는 등록과 그 변경등기 또는 등록을 촉탁하는 경우 다음 각 호의 사항을 적은 문서에 압류조서를 첨부하여 제출해야 한다.

　1. 그 밖의 재산권의 표시

　2. 등기 또는 등록의 원인과 그 연월일

> 3. 등기 또는 등록의 목적
> 4. 등기 또는 등록의 권리자
> 5. 그 밖의 재산권의 권리자의 주소와 성명

다. 제3채무자가 없는 그 밖의 재산권의 압류

1) 지상권 · 전세권

"지상권"이란 타인의 토지에 건물 기타 공작물(예 : 교량, 터널 등)이나 수목을 소유하기 위하여 토지를 사용하는 물권이고, "전세권"이란 전세권자가 타인에게 전세금을 지급하고 타인의 부동산(농경지 제외)을 점유하여 그 부동산의 용도에 좇아 사용 · 수익하며, 그 부동산 전부에 대하여 후순위권리자 기타 채권자보다 전세금의 우선변제를 받을 물권을 말한다. 또한 지상권 및 전세권은 그 등기를 함으로써 성립하며 양도 또는 담보로 제공할 수도 있다.

지상권자가 소유하는 건물 기타 공작물이나 수목에 대하여 지상권과 별개로 이들만을 환가하기 위하여 압류할 경우에는 이들에 대하여 부동산 및 동산으로서 별개로 압류하여야 하며, 이들과 지상권을 함께 압류할 수도 있다. 특히 지상권이 설정된 토지에 그 토지의 소유자(지상권설정자)가 체납자인 경우는 지상권자를 제3채무자로 하여 정기적 · 반복적으로 발생되는 지료(地料)에 대하여 채권압류(계속적 거래관계에서 발생하는 채권에 해당된다)할 수 있다.

전세권은 전세금, 존속기간 및 기타 특이사항에 대하여 등기를 요건으로 하고, 성격상 임차권(임차인이 임대의 목적물을 사용 · 수익할 것을 약정하고 차임을 지급하는 것을 말한다)과 유사하다. 또한 전세금은 전세권과 분리하여 양도가 가능하고 전세권에 대한 압류의 효력은 전세금에는 미치지 않는다.

전세권에 대한 존속기간이 만료하거나 합의 해제된 경우에는 그 압류도 전세권과 함께 소멸한다.[163] 따라서 전세권의 압류와는 별도로 임대인을 제3채무자로 하여 채권의 압류절차

---

163) 전세권이 기간 만료로 종료된 경우 전세권은 전세권설정등기의 말소등기 없이도 당연히 소멸하고, 저당권의 목적물인 전세권이 소멸하면 저당권도 당연히 소멸하는 것이므로 전세권을 목적으로 한 저당권자는 전세권의 목적물인 부동산의 소유자에게 더 이상 저당권을 주장할 수 없다.(대판 1999.9.17.선고, 98다31301)

에 따라 전세금반환채권(전세권부채권)에 대한 압류를 하는 것이 보다 더 효과적이다.[164]

지상권 또는 전세권을 압류한 때에는 지상권(전세권)의 표시(지상권설정의 목적과 범위·존속기간 및 지료 등, 전세권은 전세금·존속기간 등), 등기의 원인과 그 연월일, 등기의 목적, 지상권(전세권)의 주소와 성명 등을 기재하여 「체납처분에 의한 그 밖의 재산권압류(변경, 압류말소)등기(등록)촉탁서」에 「압류조서」의 등본을 첨부하여 관할 등기소에 압류등기를 촉탁하여야 한다.

압류할 채권 기재예시

☞ 서울특별시 마포구 마포대로 45(도화동 50-1) ●●빌딩 25층 제1호의 전세권
  1. 전세권자 : ○○주식회사
             주소 : 서울특별시 강남구 ○○동 112-3
  2. 전세권 설정의 범위 : 건물의 전부
  3. 존속기간 : 2021년 3월 1일부터 2023년 2월 28일까지(2년간)
  4. 전세금 : 금 오억 원정(₩500,000,000)
  5. 전세금 반환시기 : 2023년 2월 28일

---

2) 광업권·어업권

가) 광업권

"광업권"은 등록을 한 일정한 토지의 구역(광구)에서 등록을 한 광물과 동일 광상(유용한 광물이 묻힌 부분) 중에 부존하는 다른 광물을 채굴·채취하는 물권이다. 광업권의 설정, 이전 및 처분의 제한 등에 관해서는 산업통상자원부장관이 관장하는 광물원부에 등록하여야 효력이 생기고 부동산의 강제징수에 준하여 집행할 수 있다.

---

164) 전세권의 존속기간이 만료되면 전세권의 용익물권적 권능이 소멸하기 때문에 더 이상 전세권 자체에 대하여 저당권을 실행할 수 없게 되고, 이러한 경우는 민법 제370조, 제342조 및 민사소송법 제733조에 의하여 저당권의 목적물인 전세권에 갈음하여 존속하는 것으로 볼 수 있는 전세금반환채권에 대하여 추심명령 또는 전부명령을 받거나(이 경우 저당권의 존재를 증명하는 등기부등본을 집행법원에 제출하면 되고 별도의 채무명의가 필요한 것이 아니다), 제3자가 전세금반환채권에 대하여 실시한 강제집행절차에서 배당요구를 하는 등의 방법으로 자신의 권리를 행사할 수 있을 뿐이다.(대결 1995.9.18. 자 95마684)

아울러, 설정행위에 의하여 타인의 광구에서 광업권의 목적으로 되어 있는 광물을 채굴 및 취득할 수 있는 권리인 조광권은 상속 기타 일반승계의 목적 외에는 권리의 목적이 될 수 없으므로 이를 압류할 수 없다. 하지만 조광료 지급 등 채무를 담보할 목적으로 조광권자가 광업권자에게 교부하는 조광보증금에 대하여는 계약기간이 만료(사업장이 폐쇄 등)된 경우 그 반환청구권을 가지게 되므로, 체납자인 조광권자를 대위하여 "조광보증금반환청구권"을 압류할 수 있다.

광업권을 압류한 때에는 「체납처분에 의한 그 밖의 재산권압류(변경, 압류말소)등기(등록)촉탁서」에 「압류조서」의 등본을 첨부하여 광업등록사무소에 압류촉탁을 하는 방법으로 하고, 압류절차는 부동산의 압류절차를 준용하도록 하되 압류하는 광업권의 표시는 광업권의 소재지 및 지번, 광업등록번호, 광업권의 권리자 등을 기재하고, 그 표시내용은 광물원부상의 기재내용과 일치하도록 한다.

광업권이 공동광업권자의 소유인 경우는 공동광업권자의 합유에 속하며, 공동광업권자의 광업권의 지분에 대해서는 다른 공동광업권자의 동의 없이는 양도할 수 없으므로, 그 지분을 압류하더라도 공매할 때에는 다른 공동광업권자의 동의를 얻어야 한다. 공동광업권의 지분을 압류한 경우 공동광업권의 대표자에게 압류통지로써도 유효하나,[165] 체납자와 제3채무자 등에 해당하는 다른 공동광업권자 전원에게 압류통지를 하여 압류의 효력에 대한 논란이 없도록 하는 것이 좋다.

참조법령

▶ **광업등록령 제1조의2【등록관청】** 광업에 관한 권리의 등록은 산업통상자원부 소속 광업등록사무소장(이하 "소장"이라 한다)이 한다.
▶ **광업법 제9조의2【광업권의 종류】** 광업권의 종류는 다음 각 호와 같다.
　1. 탐사권
　2. 채굴권
▶ **광업법 제17조【공동광업출원인】** ① 2명 이상이 공동으로 광업권설정의 출원을 한 자(이하 "공동광업출원인"이라 한다)는 그중 1명을 대표로 정하여 산업통상자원부장관에게 신고하여야 한다. 대표자

---

165) 구 광업권(51.12.23. 법률 제234호) 제26조제1항, 제5항에 의한 공동광업권대표자의 대표권은 그 광업권에 대한 재산세 부과 시에 납세의 고지나 독촉을 받는 경우와 세금을 체납한 공동광업권자에 대한 체납처분을 하기 위한 광업권압류에 있어서의 압류통지 내지 공매공고통지를 받는 경우에 세무관청에 대하여 공동광업권자를 대표할 권한까지도 포함하는 것이다.(대판 1967.12.18.선고, 67누124)

를 변경한 경우에도 또한 같다.

⑤ 공동광업출원인은 조합계약을 한 것으로 본다.

▶ **광업법 제30조[공동광업권자]** ① 광업권을 공동 소유하는 자(이하 "공동광업권자"라 한다)의 대표자 신고·지정·변경 등에 관하여는 제17조를 준용한다. 이 경우 "공동광업출원인"을 "공동광업권자"로 본다.

② 공동광업권자의 광업권의 지분은 다른 공동광업권자의 동의 없이는 양도하거나 조광권 또는 저당권의 목적으로 할 수 없다.

▶ **광업법 제38조[광업권의 등록]** ① 다음 각 호의 사항은 광업 원부에 등록한다.

1. 광물 및 광업권의 종류
2. 광업권 또는 저당권의 설정·변경·이전·소멸 및 처분의 제한
3. 광업권의 존속기간
4. 공동광업권자의 탈퇴

② 제1항에 따른 등록은 등기를 갈음한다.

③ 광업권의 처분이 제한된 경우에는 폐업 등의 사유로 광업권의 소멸등록을 할 수 없다

④ 광업권의 등록 및 등록된 사항의 변경에 관한 사항은 대통령령으로 정한다.

나) 어업권

"어업권"이란 시장, 군수 또는 자치구의 구청장의 면허를 받아 해수면 또는 내수면에서 어업을 경영할 수 있는 권리를 말한다. 어업권은 바다, 바닷가 또는 어업을 목적으로 인공적으로 조성한 육상의 해수면(海水面)에서 수산동식물을 포획, 채취 또는 양식하는 사업을 경영할 수 있는 "해수면어업권"과 하천, 댐, 호수, 저수지 기타 인공으로 조성된 담수(淡水)나 기수(汽水)의 수류(水流) 또는 수면(水面)에서 수산동식물을 포획, 채취 또는 양식하는 사업을 경영할 수 있는 "내수면어업권"으로 분류된다.

어업의 면허를 받거나 이전·분할 받은 자는 어업권원부에 등록함으로써 어업권을 취득하고, 원칙적으로 이전, 분할 또는 변경할 수 없으므로 압류의 대상이 되지 않는다. 하지만 마을어업권을 제외한 어업권은 그 등록 후 어업을 개시한 날로부터 1년이 경과한 뒤에는 시장, 군수 또는 구청장의 허가를 받아 이전, 분할 또는 변경할 수 있으므로, 어업권 등록 후 어업 개시일로부터 1년이 경과한 어업권은 압류의 대상이 된다.

어업권의 압류는「체납처분에 의한 그 밖의 재산권압류(변경, 압류말소)등기(등록)촉탁서」에「압류조서」의 등본을 첨부하여 등록관청(시, 군, 구)에 압류등록을 촉탁하는 등 부동산의

압류절차를 준용하면 된다. 다만 어촌계가 취득한 어업권은 어촌계의 총유에 속하므로, 정관 또는 규약에서 정하여지거나 총회에서 그 처분의 승낙이 없으면 매각을 할 수 없다.

참조법령

▶ **어업·양식업등록령 제2조【등록관청】** 제1조에 따른 등록은 어업·양식업의 면허권을 가진 행정관청(이하 "등록관청"이라 한다)이 하여야 한다.

▶ **수산업법 제19조【어업권의 이전·분할 또는 변경】** ① 어업권은 이전·분할 또는 변경할 수 없다. 다만, 「어장관리법」에 따른 어장정화·정비에 따라 변경하는 경우, 어업권(마을어업권은 제외한다)을 등록한 후 어업을 시작한 날(시설물의 설치를 끝낸 날을 말한다)부터 1년이 지난 후 해양수산부령으로 정하는 바에 따라 시장·군수·구청장의 인가를 받은 경우, 법인의 합병 또는 상속으로 이전하거나 분할하는 경우에는 각각 어업권을 이전·분할하거나 변경할 수 있다.

---

3) 산업재산권(특허권·실용신안권·디자인권·상표권)

"특허권"은 특허 받은 발명을 독점할 수 있는 권리로서 특허권자는 업(業)으로 특허 받은 발명을 생산, 사용, 양도, 대여, 수입, 전시할 수 있는 권리를 가지며, 그 존속기한은 특허출원일 후 20년이 되는 날까지이다.

"실용신안권"이란 산업상 이용할 수 있는 물품의 형상·구조 또는 조합에 관한 고안을 독점할 수 있는 권리이다. 실용신안권자는 업(業)으로써 등록실용신안 물품을 생산, 사용, 양도, 대여, 수입, 전시할 권리를 가지며, 그 존속기한은 실용신안권을 설정등록한 날부터 실용신안등록출원일 후 10년이 되는 날까지이다.

"디자인권"은 공업상 이용할 수 있는 디자인 고안을 한 자가 이를 등록받아 그 디자인을 독점할 수 있는 권리이다. 디자인이라 함은 물품의 형상·모양·색채 또는 이들을 결합하여 시각을 통해 미감을 일으키게 하는 것을 말하고, 설정등록한 날부터 발생하여 디자인등록출원일 후 20년이 되는 날까지 존속한다.

"상표권"이란 상표등록을 받은 자기의 상표를 지정 상품에 대하여 독점적으로 이용할 수 있는 권리로 일정한 사용자가 자기의 상품을 타인의 상품과 식별하기 위하여 사용하는 표식이며, 그 존속기한은 설정등록일로부터 10년이나, 갱신등록에 의하여 10년씩 갱신할 수 있다.

특허권·실용신안권·디자인권·상표권은 등록원부에 설정등록을 하여야 성립하며, 그 권리의 이전·변경·포기에 의한 소멸, 처분의 제한 등의 행위는 등록하지 않으면 효력이 없다. 또한 특허권·실용신안권·디자인권·상표권의 등록사무는 특허청(대전 본청 및 서울사무소)에서 관할하며, 이를 열람하거나 등본의 교부를 신청할 수 있다.

법령에 특별한 규정이 없는 한 특허권·실용신안권·디자인권·상표권의 우선순위는 등록의 전후에 의하며, 부기등록의 순위는 주등록의 순위에 의하고 부기등록 상호 간의 순위는 그 전후에 의한다. 아울러 가등록을 한 사항에 대하여 본등록을 한 경우에는 그 본등록의 순위는 가등록의 순위에 따르게 된다.

특허권·실용신안권·디자인권·상표권을 압류한 때에는 「체납처분에 의한 그 밖의 재산권압류(변경, 압류말소)등기(등록)촉탁서」에 「압류조서」의 등본을 첨부하여 특허청에 압류등록을 촉탁하고, 특허권·실용신안권·디자인권·상표권이 공유인 경우에는 그 지분을 압류하여야 한다.

특허권·실용신안권·디자인권·상표권에 대한 공유자는 다른 공유자의 동의를 얻지 못하면 그 지분을 양도하거나 그 지분을 목적으로 하는 질권을 설정할 수 없다.[166] 따라서 지분권을 압류하여 매각하고자 하는 때에는 다른 공유자의 동의를 얻어야 하며, 압류할 재산을 표시에 있어서는 특허권 등의 특허번호(등록번호)나 특허권 등의 명칭(특허권·실용신안권·디자인권·상표권 등의 그 명칭)을 정확히 기재하여야 한다.

■ 참조법령

▶ **특허법 제88조【특허권의 존속기간】**① 특허권의 존속기간은 제87조제1항에 따라 특허권을 설정등록한 날부터 특허출원일 후 20년이 되는 날까지로 한다.

▶ **특허법 제99조【특허권의 이전 및 공유 등】**② 특허권이 공유인 경우에는 각 공유자는 다른 공유자 모두의 동의를 받아야만 그 지분을 양도하거나 그 지분을 목적으로 하는 질권을 설정할 수 있다.

▶ **실용신안법 제22조【실용신안권의 존속기간】**① 실용신안권의 존속기간은 제21조제1항에 따라 실

---

166) 특허권을 공유하는 경우에 각 공유자는 다른 공유자의 동의를 얻지 아니하면 그 지분을 양도하거나 그 지분을 목적으로 하는 질권을 설정할 수 없고, 그 특허권에 대하여 전용실시권을 설정하거나 통상실시권을 허락할 수 없는 등 특허권의 공유관계는 합유에 준하는 성질을 가진다.(대판 1999.3.26.선고, 97다41295)

용신안권을 설정등록한 날부터 실용신안등록출원일 후 10년이 되는 날까지로 한다.
▶ **실용신안법 제28조「특허법」의 준용** 실용신안권에 관하여는 「특허법」 제97조, 제99조, 제99조의
2, 제100조부터 제103조까지, 제103조의2, 제106조, 제106조의2, 제107조부터 제111조까지, 제111조
의2, 제112조부터 제115조까지, 제118조부터 제125조까지 및 제125조의2를 준용한다.
▶ **상표법 제48조【출원의 승계 및 분할이전 등】** ④ 상표등록출원이 공유인 경우에는 각 공유자는 다
른 공유자 전원의 동의를 받지 아니하면 그 지분을 양도할 수 없다.

4) 저작권

"저작권"은 저작인격권(공표권, 성명표시권, 동일성유지권)과 저작재산권(복제권, 공연권
등)으로 구분되며, 저작인격권은 저작자 일신에 전속하는 권리이므로 압류의 대상이 되지 않
고, 저작재산권이 압류의 대상이 된다.

"저작재산권"은 저작자가 저작물을 복제, 공연, 방송, 전송, 전시, 배포 또는 2차적 저작물
작성 등을 하는 독점적·배타적 권리를 말한다. 여기서 2차적 저작물은 원저작물을 번역, 편
곡, 변형, 각색, 영상제작 그 밖의 방법으로 작성한 창작물을 의미하며, 특별한 규정이 있는
경우를 제외하고는 저작자가 생존하는 동안과 사망 후 70년간 존속하며 전부 또는 일부를 양
도할 수 있다.

아울러 "저작인접권"이란 저작물을 일반 공중에 전달하는 매체인 실연, 음반, 방송의 권리
를 말하는데 저작인접권도 저작권법에 의하여 보호되고, 그 전부 또는 일부를 양도할 수 있
으므로 압류의 대상이 된다.

따라서 등록된 저작재산권 또는 저작인접권을 압류한 때에는 「체납처분에 의한 그 밖의 재
산권압류(변경, 압류말소)등기(등록)촉탁서」에 「압류조서」의 등본을 첨부하여 문화체육관광
부장관에게 그 압류등록을 촉탁하여야 하며, 저작재산권의 공유자의 지분을 압류한 경우라
도 다른 공유자의 동의 없이는 처분할 수 없으므로 이를 매각할 때에는 다른 공유자의 동의
를 얻어야 한다.

체납처분에 의한 압류는 처분제한에 속하므로, 하나의 저작재산권에 대하여 양도와 체납
처분에 의한 압류가 이루어진 경우, 어느 것이 우선하는지는 특별한 사정이 없는 한 양도 또

는 압류의 등록 선후로 판단하여야 한다. [167)]

5) 채석권 · 토사채취권 및 복구비용의 압류

채석권은 산지 안의 토석 중 시 · 군 · 구의 허가를 받아 건축용 · 공예용 · 조경용 · 쇄골재용 또는 토목용으로 사용할 가치가 있는 암석(이를 "석재"라 한다)을 굴취 · 채취하는 권리를 말한다. 토사채취권은 산지 안의 토석 중 시 · 군 · 구의 허가를 받아 석재를 제외한 토사를 굴취 · 채취하는 권리를 말한다.

채석권 및 토사채취권은 시장 · 군수의 허가를 받아 이를 양도할 수 있는 물권적인 권리로 볼 수 있으므로 그 밖의 재산권으로서 압류할 수 있다. 아울러 이들 권리는 등기 · 등록 등의 공시제도가 없으므로, 권리자인 체납자에게 "재산압류통지서"를 송달함으로써 행하며, 체납자 등 상대방에게 압류의 통지가 송달된 때에 압류의 효력이 발생한다.

우편송달의 경우에는 반드시 그 송달 및 송달내용의 증명이 가능한 "내용증명우편"에 의하도록 하고, "재산압류통지서"에는 압류재산의 처분을 금지한다는 뜻을 부기하여 압류하도록 한다.

토사채취권 및 채석권의 양도에는 시장 · 군수의 허가를 받아야 하므로, 압류 후 매각할 때에는 시장 또는 군수의 허가를 별도 받아야 한다. 또한 산림청장은 대통령령이 정하는 기준에 의하여 채석 · 토사채취를 허가한 경우, 재해방지 또는 복구에 필요한 비용을 예치토록 할 수 있으므로, 이런 복구비용이 예치되어 있는 때에는 "복구비용반환청구권"을 채권으로 압류할 수 있다.

---

167) 저작재산권을 양수한 사람이 저작재산권의 양도 등록을 하지 않은 사이에 과세관청이 저작재산권 양도인을 납세자로 하여 저작재산권을 압류하고 압류등록을 하면, 과세관청이 저작재산권양수인에게 우선하므로 저작재산권양수인은 과세관청에 저작재산권의 양도로써 대항할 수 없다. 반대로 과세관청이 저작재산권을 압류하였더라도 압류에 따른 처분 제한에 관한 등록을 하지 않은 사이에 저작재산권을 양수한 사람이 저작재산권의 양도 등록을 마치면 저작재산권양수인이 과세관청에 우선하므로 저작재산권양수인은 과세관청에 저작재산권의 양도로써 대항할 수 있다.(대판 2018.11.15.선고, 2017두54579)

참조법령

▶ **산지관리법 제38조【복구비의 예치 등】** ① 제37조제1항 각 호의 어느 하나에 해당하는 허가 등의 처분을 받거나 신고 등을 하려는 자는 농림축산식품부령으로 정하는 바에 따라 미리 토사유출의 방지 조치, 산사태 또는 인근 지역의 피해 등 재해의 방지나 산지경관 유지에 필요한 조치 또는 복구에 필요한 비용(이하 "복구비"라 한다)을 산림청장등에게 예치하여야 한다. 다만, 산지전용을 하려는 면적이 660제곱미터 미만인 경우 등 대통령령으로 정하는 경우에는 그러하지 아니하다.

6) 상호권 · 영업권

"상호권"은 상호의 정당한 선정 · 사용에서 생기는 권리를 말하고, 영업을 폐지하거나 영업과 함께하는 경우가 아니면 양도의 대상이 되지 못한다. 따라서 상호권만의 압류는 허용되지 않으며, 상호권을 압류하는 경우에는 영업권과 함께 압류하여야 한다.

이에 반해, "영업권"은 영업에 있어서의 단골거래처, 영업의 명성 및 영업상의 비결 등 영업을 구성하는 개개의 물건 및 권리의 단순한 집합 외에 재산적 가치가 인정되고, 임의로 양도할 수 있는 재산권에 해당되므로 국세징수법상 그 밖의 재산권으로서 압류대상이 된다.

상호권을 압류한 때에는 「체납처분에 의한 그 밖의 재산권압류(변경, 압류말소)등기(등록)촉탁서」에 「압류조서」의 등본을 첨부하여 소재지를 관할하는 상업등기소에 압류등록을 촉탁하여야 하고, 압류재산의 표시를 할 때에는 등기상호, 등기상호번호 등을 기재한다.

영업권은 등기하는 제도가 없으므로 체납자에게 압류의 통지("재산압류통지서"에 의한다)를 함으로써 행하며, 압류의 효력은 상대방에게 압류의 통지가 송달된 때에 발생한다. 따라서 압류통지를 우편에 의하여 송달하는 경우에는 그 송달 및 송달내용의 증명이 가능한 "내용증명우편"에 의하도록 하고, "재산압류통지서"에는 압류재산의 처분을 금지한다는 뜻을 부기하여 압류하도록 한다.

참조법령

▶ **상법 제25조【상호의 양도】** ① 상호는 영업을 폐지하거나 영업과 함께 하는 경우에 한하여 이를 양도할 수 있다.
② 상호의 양도는 등기하지 아니하면 제3자에게 대항하지 못한다.

라. 제3채무자가 있는 그 밖의 재산권의 압류

1) 골프회원권의 압류

가) 골프회원권의 유형 및 압류대상

골프회원권은 골프장의 경영형태에 따라 집행방법이 다르다. 기본적으로는 골프회원이 골프장을 경영하는 사단법인의 구성원이 되는 "사단법인회원제", 골프회원이 골프장을 경영하는 주식회사의 주주가 되는 "주주회원제" 및 골프회원이 골프장을 경영하는 회사에 예탁금을 예탁하는 "예탁금회원제" 등으로 구분된다.

예탁금회원제는 예탁금반환청구권이라는 채권과 결부된 권리임에 대하여, 사단법인회원제와 주주회원제는 사단법인의 사원 또는 주주인 지위와 결합하는 점에서 차이가 있다. 사단법인회원제는 공익법인 등이 설치한 골프장의 경우에 예외적으로 존재하고 대부분의 경우는 예탁금회원제로 운영된다.

사단법인회원제 회원권의 경우는 정관에서 지분의 양도를 인정하는 경우를 제외하고는 일반적으로 양도성을 가지지 않으므로, 원칙적으로 압류대상이 되지 않으나, 주주회원제나 예탁금회원제 회원권의 경우는 회칙 등에서 양도·상속을 부정하는 경우를 제외하고는 일반적으로 양도성이 인정되므로 압류할 수 있다.

또한, 주주회원제 회원권은 주권에 대한 압류도 함께 하여야 집행에 실효성을 확보할 수 있다. 예탁금회원제는 예탁금반환청구권 등의 권리와 연회비납입 등의 의무를 포함하는 일종의 계약상의 지위에 해당되고, 대부분 정관이나 회칙에서 회원권을 예탁금반환청구권과 함께 양도할 수 있도록 규정하고 있으므로, 예탁금반환청구권도 함께 기재하여 압류하는 것이 효과적이다.

나) 압류절차

골프회원권을 압류할 때에는 권리자인 체납자와 제3채무자 등에 해당하는 골프장을 경영하는 회사에 대하여 압류의 통지를 하여야 하고, 이 경우 골프장을 경영하는 회사에 압류통지가 송달된 때에 압류의 효력이 발생한다.

예탁금회원제 회원권에 대한 압류의 효력은 예탁금반환청구권에도 당연히 미치는 것이나, 재산압류통지서에 예탁금반환청구권도 압류의 대상이 됨을 명기하여 두는 것이 좋으며, 정지조건부 채권인 예탁금반환청구권에 대하여 채권의 압류절차에 따라 별도로 압류할 수도 있다.[168]

예탁금회원제 회원권과는 별도로 예탁금반환청구권만을 압류하는 경우, 골프회원권이 당초의 예탁금에 비해 고액으로 거래되는 것이 보통이므로, 체납자를 대위한 계약해지 및 추심권을 행사할 경우, 자칫 골프회원권의 재산적 가치를 과도하게 파괴할 수도 있다. 따라서 체납자의 회원탈퇴가 있거나, 골프장이 폐쇄되는 등의 사정이 발생할 경우에 추심하는 것이 바람직할 것이다.

다) 구체적 압류방법

국세징수법에 의한 그 밖의 재산권으로서 골프회원권을 압류할 경우, 압류집행의 목적재산의 표시를 기재할 때에는 그 특정방법으로 골프장의 명칭, 등록자의 이름, 회원번호, 예탁금액 등을 적어야 하고, 제3채무자에 대하여 체납자에 대한 예탁금의 반환이나(예탁금회원제의 경우), 회원권양도의 승낙 또는 명의개서를 금지(주주회원제의 경우)하는 내용을 반드시 기재하여야 한다.

> **압류할 재산 기재예시**
>
> ☞ 체납자 홍○○가 제3채무자 □□(주) 경영의 컨트리클럽에 대하여 가지는 골프회원권(회원증번호 기재)을 압류한다. 제3채무자는 위 골프회원권에 대하여 양도를 승낙하거나 체납자의 신청으로 예탁금의 반환 또는 명의개서 그 밖의 일체의 변경행위를 하여서는 아니 되고, 체납자는 위 골프회원권에 대하여 예탁금의 반환을 청구하거나, 매매, 양도 그 밖의 처분행위를 하여서는 아니 된다.

---

168) 골프클럽회원의 회원가입계약 해지권이 일신전속적인 권리가 아니고 그 해지(탈퇴)에 특별한 제약이 없는 이상, 입회금반환청구권은 비록 입회금반환사유가 발생할 것을 정지조건으로 하는 채권이라 할지라도 그에 대한 압류 및 전부명령이 제3자인 골프장운영회사에게 송달된 때에 채권자가 집행법원을 통하여 제3자에게 채무자를 대위하여 회원가입계약 해지권을 행사한 것이라고 볼 수 있으므로 입회금반환 사유는 그 송달 시에 이미 발생하였다고 볼 것이다.(대판 1989.11.10.선고, 88다카19606)

2) 콘도회원권의 압류

"콘도회원권"에는 부동산 등의 지분등기가 가능하고 등기함으로써 재산권을 보장받으며, 계약기간이 만료되어 재계약을 원하지 않을 경우에 매도할 수 있는 "오너십회원권"이 있다. 반면 등기는 불가능하나 분양회사에 대하여 우선적인 채권을 가지게 되고 계약기간이 만료된 때에 재계약을 원하지 않을 경우 분양회사에 회원권을 반납하고, 분양금을 돌려받을 수 있는 "멤버십회원권"이 있다.

콘도회원권을 압류할 경우 등기되어 있는 오너십회원권인 때에는 「체납처분에 의한 그 밖의 재산권압류(변경, 압류말소)등기(등록)촉탁서」에 「압류조서」의 등본을 첨부하여 관할 등기소에 압류등기의 촉탁을 하여야 하고, 압류등기의 촉탁, 압류의 통지 등 압류절차는 부동산의 압류절차를 준용하면 된다.

멤버십회원권은 골프회원권의 경우와 유사하므로 골프회원권의 압류절차에 따라 압류하면 되고 특별한 제한이 없는 한 양도 및 권리이전은 자유롭다. 따라서 입회금의 반환은 계약에 따르되 입회기간 만료 후 반환하여야 하는 때에는 반환시점부터 추심권을 행사하면 된다.

3) 사원의 지분에 대한 압류

가) 사원권의 유형

사원의 지분은 신분상의 권리를 동반하는 동시에 그 법인에 대하여 출자를 이행하고 이익, 배당 및 잔여재산의 분배를 청구하는 등 재산상의 권리·의무의 주체로서의 지위를 가지게 되며, 이를 현금화할 수도 있는 것이므로 압류의 대상이 된다. 따라서 합명회사·합자회사 및 유한회사 사원의 지분 등이 이에 해당되고, 비영리법인의 사원권 또는 순수한 신분상의 권리는 재산적 가치가 없으므로 압류의 대상이 되지 않는다.

"합명회사"는 모든 사원이 무한책임사원으로 구성되고 회사채무에 대하여 직접 연대하여 무한책임을 지게 된다. "합자회사"는 무한책임사원과 유한책임사원으로 구성되고, 유한책임사원은 회사채무에 대하여 출자액을 한도로 책임을 지므로 출자를 완료한 때에는 그 책임이 없다. "유한회사"는 다수의 출자로 구성된 자본을 가지고 사원이 인수한 출자가액에 대한 출자의무만 부담하고 회사의 채무에 대해서는 아무런 책임을 지지 않는 물적 회사이다.

합명회사·합자회사 및 유한회사 사원의 지분을 압류한 때에는 제3채무자 등에 해당하는 당해 회사에 대하여 압류의 통지를 하여야 하고, 당해 회사에 대한 재산압류통지서가 송달된 때에 압류의 효력이 생긴다.

나) 합명회사·합자회사 사원의 지분에 대한 압류

합명회사·합자회사 사원의 지분은 그 출자에 따른 지분을 말하고 이들 사원의 지분에 대한 양도에는 총사원(합자회사에서 유한책임사원의 지분의 경우에는 무한책임사원 전부)의 승낙이 없는 때에는 타인에게 양도할 수 없다. 따라서 합명회사·합자회사 사원의 지분을 압류한 경우에도 이를 매각할 때에는 위 절차에 따른 승낙을 얻어야 한다.

사원권에는 의결권, 업무집행권 등과 같은 공익권과 이익배당청구권 및 잔여재산분배청구권 등과 같은 자익권이 있다. 합명회사·합자회사 및 유한회사 사원의 지분을 압류하더라도 체납자가 사원으로서의 지위에 기인한 공익권 행사에는 아무런 지장이 없으며, 압류 후에 정관변경 등의 방법에 의하여 압류권자에게 불이익한 처분을 하여도 이로써 압류권자에게는 대항할 수 없다.

다) 유한회사 사원의 지분에 대한 압류

유한회사 사원의 지분은 그 출자지분을 말하는 것으로 각 사원은 자신의 출자좌수에 따른 지분을 가지며, 원칙적으로 사원총회의 특별결의가 있는 때에 한하여 그 지분의 전부 또는 일부를 양도할 수 있지만, 사원 상호 간 지분의 양도에 대하여는 정관에서 달리 정할 수 있으므로 이를 확인하여 압류토록 한다.

유한회사 사원의 지분은 사원명부에 취득자의 성명, 주소와 그 목적이 되는 출자좌수를 기재하지 않으면 회사와 제3자에게 대항할 수 없다. 따라서 압류한 지분에 관하여 그 압류 전에 이를 양도받은 자가 있더라도 회사에 대한 압류의 통지가 있기까지 사원명부에 그 이전에 관한 기재가 없으면, 그 지분을 양수한 자는 지분의 취득으로써 압류권자에게 대항할 수 없다.

라) 이익배당청구권 등에 대한 압류의 효력

합명회사·합자회사 사원에 대한 지분의 압류는 그 사원의 회사에 대한 장래이익의 배당청구권, 지분반환청구권 및 잔여재산배분청구권에도 효력이 미치므로, 이들 채권이 확정된 때에는 별도로 채권압류의 절차를 밟을 필요 없이 회사의 결산확정 시 이익의 배당(퇴사의 경우는 지분의 환급, 회사가 해산한 경우는 잔여재산의 분배)을 청구할 수 있다.

압류할 재산 기재예시

☞ 체납자 홍○○가 제3채무자 □□(주) 대하여 가지는 지분(무한 책임 및 유한책임 사원인지 여부를 기재)을 압류한다. 제3채무자는 체납자에게 위 지분에 관하여 이익금의 배당 및 지분의 환급을 하여서는 아니 된다. 체납자는 위 지분을 추심하거나 그 밖의 방법으로 처분하여서는 아니 된다.

유한회사 사원의 지분을 압류한 경우에는 합명회사·합자회사와는 달리 지분반환청구권은 존재하지 않고, 그 압류의 효력이 장래이익의 배당청구권 등에 미친다는 규정이 없다. 따라서 지분을 압류한 당해 사원에 관하여 그 압류 중에 이익배당청구권 또는 잔여재산분배청구권이 확정된 경우에는 이들 청구권을 별개의 채권으로써 압류하여야 한다.

유한회사 사원의 지분에 관하여 질권이 설정되어 사원명부에 기재가 된 때에는 그 사원의 이익배당청구권 및 잔여재산분배청구권에도 질권의 효력이 미치므로, 이럴 경우 체납처분에 따라 압류한 이익배당청구권 및 잔여재산분배청구권에 대해서는 사원명부에 질권이 설정된 날과 조세·공과금(국민건강보험료 등 각종 사회보험료)의 법정기일(납부기한) 선·후에 따라 그 우선순위가 결정된다.

마) 압류권자의 퇴사청구

합명회사·합자회사 사원의 지분에 대한 압류 후 매각을 위해서는 다른 사원의 동의가 필요하기 때문에 그 지분을 압류하더라도 사실상 이를 매각하는 것은 쉽지 않다. 따라서 압류권자에게 그 사원을 퇴사시키는 권리를 인정하여 지분환급청구권으로부터 압류의 목적을 달성할 수 있도록 하는 것이 압류권자의 퇴사청구권이다.

합명회사·합자회사 사원의 지분을 압류한 경우, 회사와 사원에 대하여 영업연도 말 6개월 전에 예고를 하면 영업연도 말에 퇴사의 효력이 생기고 회사에 대하여 사원의 지분에 대한 환급을 청구할 수 있게 된다. 다만 체납자인 사원이 체납액을 납부하거나 상당한 담보를 제공하면 그 예고는 효력을 상실하게 되므로, 이런 때에는 체납자가 담보로 제공한 재산을 압류하면 된다.

참조법령

▶ **상법 제197조【지분의 양도】** 사원은 다른 사원의 동의를 얻지 아니하면 그 지분의 전부 또는 일부를 타인에게 양도하지 못한다. (합명회사)
▶ **상법 제223조【지분의 압류】** 사원의 지분의 압류는 사원이 장래이익의 배당과 지분의 환급을 청구하는 권리에 대하여도 그 효력이 있다.
▶ **상법 제224조【지분 압류채권자에 의한 퇴사청구】** ① 사원의 지분을 압류한 채권자는 영업년도 말에 그 사원을 퇴사시킬 수 있다. 그러나 회사와 그 사원에 대하여 6월 전에 그 예고를 하여야 한다.
② 전항 단서의 예고는 사원이 변제를 하거나 상당한 담보를 제공한 때에는 그 효력을 잃는다.
▶ **상법 제276조【유한책임사원의 지분양도】** 유한책임사원은 무한책임사원 전원의 동의가 있으면 그 지분의 전부 또는 일부를 타인에게 양도할 수 있다. 지분의 양도에 따라 정관을 변경하여야 할 경우에도 같다. (합자회사)
▶ **상법 제556조【지분의 양도】** 사원은 그 지분의 전부 또는 일부를 양도하거나 상속할 수 있다. 다만, 정관으로 지분의 양도를 제한할 수 있다. (유한회사)
▶ **상법 제557조【지분이전의 대항요건】** 지분의 이전은 취득자의 성명, 주소와 그 목적이 되는 출자좌수를 사원명부에 기재하지 아니하면 이로써 회사와 제3자에게 대항하지 못한다.

바) 협동조합 등의 조합원 및 회원의 지분에 대한 압류

중소기업협동조합법, 농업협동조합법, 수산업협동조합법 등 각종 협동조합의 조합원(새마을금고의 경우는 회원)에 대한 지분(출자금)의 양도는 이사회의 승인 등 권리제한이 각각 다르므로, 이들의 지분(출자금)을 압류하여 매각하는 경우에는 해당 법령의 규정에 따라 권리제한(조합 또는 이사회의 승인 등)의 요건 등을 확인하여야 한다.

각 조합(새마을금고)의 조합원의 지분(출자금)을 압류한 때에는 해당 조합(새마을금고)을 제3채무자로 하여 압류의 통지를 하여야 하며, 조합에 대한 압류의 통지는 "재산압류통지서"에 의한다. 여기에 지분의 양도 등 처분이 금지된다는 뜻을 명기하여 통지하도록 하고, 압류의 효력은 제3채무자인 조합에 압류의 통지가 송달된 때에 발생하므로 "내용증명우편"에 의하여 송달하는 것이 좋다.

또한, 조합원(회원)의 지분(출자금)을 압류한 경우에 장래의 이익배당청구권, 잉여이익청구권 등에도 미친다는 규정이 없으므로, 이들에 대한 청구권은 별개의 채권으로서 압류하여야 한다. 아울러 조합원에 대하여 탈퇴를 사전에 예고하거나 탈퇴의 의사를 통지함으로써 조합을 탈퇴시킬 수 있고, 탈퇴한 조합원은 조합에 대하여 지분의 환급을 청구할 수 있으므로, 조합원의 지분을 압류한 때에는 체납자를 대위하여 조합에 탈퇴 의사표시를 한 다음에 그 지분의 "환급청구권"을 압류할 수 있다.

참조법령

▶ **중소기업협동조합법 제24조【임의 탈퇴】** 조합원은 30일 전에 예고하고 탈퇴할 수 있다.
▶ **농업협동조합법 제23조【지분의 양도·양수와 공유금지】** ① 조합원은 지역농협의 승인 없이 그 지분을 양도(讓渡)할 수 없다.
▶ **농업협동조합법 제29조【탈퇴】** ① 조합원은 지역농협에 탈퇴 의사를 알리고 탈퇴할 수 있다.
▶ **수산업협동조합법 제24조【지분의 양도·양수와 공유 금지】** ① 조합원은 이사회의 승인 없이 그 지분을 양도할 수 없다.

회사의 종류별 강제징수 범위

☞ **주식회사** : 모든 사원(주주)이 주식인수가액을 한도로 하여 출자의무만 부담할 뿐 회사의 채무에 대해서는 아무런 책임을 지지 않으므로 회사 명의의 재산에 대해서만 체납처분을 할 수 있으며, 대표이사, 이사, 주주 등에 대하여는 체납처분을 할 수 없다.

☞ **유한회사** : 모든 사원은 자신이 인수한 출자가액에 대한 출자의무만 질 뿐 회사채무에 대하여 아무런 책임이 없으므로 회사소유의 재산에 대해서만 체납처분이 가능하다. 다만, 회사에 대하여 사원이 미이행한 출자가액이 있는 경우에는 사원의 미이행한 출자가액에 대해서는 체납처분이 가능하다.

☞ **합명회사** : 2인 이상의 사원이 설립등기함으로써 성립하고 회사의 사원 모두가 무한책임사원으로 구성되며 회사채무에 대하여 직접 연대하여 무한책임을 지는 회사이다. 따라서 1차적으로 회사 명의의 재산에 대하여 체납처분을 할 수 있으며, 이로써 부족하거나 회사의 재산을 확보할 수 없는 경우에는 2차적으로 사원의 전부 또는 1인 이상을 택하여 사원의 재산을 압류할 수 있다.

☞ **합자회사** : 무한책임사원과 유한책임사원으로 구성된 회사로서 무한책임사원은 합명회사와 같이 회사채무에 대하여 직접 연대하여 무한책임이 있으나, 유한책임사원은 자신의 출자액을 한도로 하여 책임을 지는 회사이다. 따라서 1차적으로 회사 명의의 재산에 대하여 체납처분하고 이로써 부족하거나 회사의 재산을 확보할 수 없는 경우에는 2차적으로 무한책임사원의 전부 또는 1인 이상을

택하여 사원의 재산을 압류할 수 있다. 하지만 유한책임사원의 경우는 회사에 대하여 자신의 출자액을 완료한 때에는 압류할 수 없다.

☞ **조합** : 공동사업을 경영할 목적으로 2인 이상이 상호 출자하여 결합된 단체로서 조합재산은 조합원에게 공동으로 귀속되는 합유재산에 해당되고 조합원은 조합의 채무에 대하여 변제의 책임이 있으므로, 조합재산 또는 조합원 소유의 재산에 대하여 선택하여 압류할 수 있으나, 압류재산에 대해서 매각할 경우에는 조합원 전원의 동의를 얻어야 한다.

4) 민법상 조합의 조합원 지분에 대한 압류

가) 의의

민법상 조합이란 2인 이상이 상호 출자하여 공동사업을 경영할 것을 약정하는 계약을 말하고, 조합원이 조합원의 자격으로 조합에 대하여 가지는 권리·의무의 총체를 조합원의 지분이라 한다. 합명회사 등이나 각종 협동조합 등과는 달리 민법상 조합은 법인격이 없으므로 조합재산을 구성하는 개개의 물건 또는 권리는 조합원의 합유에 속하게 된다.

따라서 조합원의 지분에 대하여 조합의 청산 전에는 분할을 청구할 수 없으며, 조합원 전원의 동의 없이 그 지분을 처분할 수도 없다. 이는 조합재산에 대한 압류는 조합계약에 따라 공동 목적을 수행하는 조합재산으로서의 의미를 잃게 되는 결과를 낳게 되므로 그 압류가 허용되지 않는 것이다. 다만 그 조합원의 장래 발생하는 각종의 지분권을 현금화하거나, 탈퇴로 인한 지분반환청구권을 대상으로 하는 압류는 인정된다.

따라서 조합을 구성하는 개개의 조합원 중 1인이 체납자인 경우 조합재산을 압류할 수는 없고,[169] 그 조합원이 조합에 대하여 가지는 지분에 의하여 장래 발생할 이익배당청구권, 지분반환청구권 및 잔여분배청구권 등에 대한 압류는 가능하다.

---

169) 수급인인 6개 회사가 공동협정서에 터 잡아 상호 출자하여 신축공사 관련 사업을 공동으로 시행하기로 하는 내용을 약정한 경우 그들 사이에는 민법상 조합이 성립하므로, 세무서장이 조합의 구성원인 1개 회사의 부가가치세 체납을 이유로 6개 회사의 조합재산인 공사대금 채권에 대하여 압류처분을 한 것은 체납자 아닌 제3자 소유의 재산을 대상으로 한 것으로서 당연무효이다.(대판 2001.2.23.선고, 2000다68924)

압류할 재산 기재(예시)

☞ 귀 □□조합(제3채무자)의 조합원인 체납자 홍○○에 대한 지분 및 그 지분에 의하여 장래 발생하는 이익배당청구권, 지분반환청구권, 잔여재산분배청구권 등을 압류한다. 제3채무자는 체납자에게 위 지분에 대한 양도·매매 등을 할 수 없고, 체납자는 위 지분에 대한 추심 및 처분이 금지되며, 제3채무자는 이들 청구권이 발생할 때마다 그에 따른 배당금 등을 압류권자에게 지급하여야 한다.

나) 압류의 절차 및 효력

조합원 지분에 대한 압류의 효력은 그 조합원의 장래이익의 배당청구권, 지분의 환급청구권 및 잔여재산분배청구권에도 미치므로, 이들 채권이 확정된 때에는 별도로 채권압류의 절차를 밟을 필요가 없으며, 조합의 결산확정 시 이익의 배당, 탈퇴 시 지분의 반환 및 해산 시 잔여재산의 분배금 등을 청구하면 된다.

다만, 재산압류통지를 함에 있어서 장래 발생하는 이익배당청구권, 지분반환청구권, 잔여재산분배청구권 등에 대하여 이들 청구권이 발생할 때마다 압류채권자에 지급하도록 명기함으로써 압류효력에 대하여 향후 발생될 수 있는 논란을 사전에 방지할 필요가 있다.

조합원의 지분압류는 업무집행자인 조합원(대표 조합원)을 제3채무자로 하여 압류의 통지를 하여야 하고, 업무집행자가 없는 때에는 조합원 전원에게 통지하여야 하며, 압류의 효력은 압류통지서가 제3채무자에 해당하는 업무집행자 또는 조합원에게 송달된 때에 발생한다.

조합원의 지분압류 후 조합계약의 변경 등에 의하여 지분을 줄이는 등 압류채권자에게 불리한 처분으로는 압류채권자에 대항하지 못하며, 조합원은 합유자 전원의 동의가 없으면 지분을 처분할 수 없으므로, 압류한 조합원의 지분을 매각하고자 하는 경우에는 미리 합유자 전원의 동의를 얻어야 한다.

참조법령

▶ **민법 제273조【합유지분의 처분과 합유물의 분할금지】** ① 합유자는 전원의 동의 없이 합유물에 대한 지분을 처분하지 못한다.
② 합유자는 합유물의 분할을 청구하지 못한다.
▶ **민법 제703조【조합의 의의】** ① 조합은 2인 이상이 상호 출자하여 공동사업을 경영할 것을 약정함

으로써 그 효력이 생긴다.

▶ **민법 제704조【조합재산의 합유】** 조합원의 출자 기타 조합재산은 조합원의 합유로 한다.

▶ **민법 제714조【지분에 대한 압류의 효력】** 조합원의 지분에 대한 압류는 그 조합원의 장래의 이익배당 및 지분의 반환을 받을 권리에 대하여 효력이 있다.

5) 도메인네임의 압류

가) 의의

"도메인네임"이란 인터넷 사용자들을 위하여 영문자와 숫자 등으로 구성된 인터넷상의 주소를 말하는 것으로써 가상공간에서 활용되지만 그 재산적 가치가 수억 원에 달할 만큼 상당하며, 압류를 금지하는 별도의 규정이 없고 양도가 가능함에 따라 체납처분의 대상이 됨은 의문의 여지가 없다.

도메인네임은 정보통신의 발달과 함께 금전적 가치도 상승함에 따라 단순한 주소나 전화번호 정도로 취급되는 것이 아니라, 상표 또는 상호 등과 같은 그 밖의 재산권에 해당된다고 볼 수 있다.

나) 압류의 절차

도메인네임에 대한 압류는 제3채무자인 한국인터넷진흥원을 대상으로 실시하여야 하며, 국세징수법상 그 밖의 재산권에 대하여 권리이전에 등기(등록)가 필요한 경우에는 압류에 대한 그 등기(등록)를 촉탁하여야 한다.

▨ 압류할 재산 기재(예시)

☞ 체납자 홍○○이 제3채무자인 한국인터넷진흥원과의 도메인네임에 관한 위임계약에 따른 도메인네임(http://www.◎◎◎◎.com)의 사용권으로서 제3채무자는 체납자에게 위 도메인네임에 대하여 반환 또는 그 밖의 일체의 변경행위를 하여서는 아니 되고 체납자는 매매·양도 등 그 밖의 처분행위를 하여서는 아니 된다.

압류한 도메인네임은 감정평가를 통해 공매절차로 매각할 수 있으며, 매수인이 매수대금을 지급하게 되면 그 소유권을 취득하게 되므로, 체납자를 대위하여 도메인네임등록부상의 체납자 명의를 말소하고 매수인 명의로 기입할 것을 인터넷진흥원에 촉탁하여야 한다.

마. 가상자산의 압류

1) 의의

"가상자산"이라 함은 가치를 지닌 것으로서 전자적으로 거래 또는 이전될 수 있는 전자적 증표(그에 관한 일체의 권리를 포함한다)를 말한다. 즉 지폐나 동전과 같은 실물은 없지만, 가상공간에서 컴퓨터를 통한 전자 형태로 사용되는 자산의 일종으로 "암호화폐" 또는 "가상화폐" 등으로 불리었으나 자산이란 정식 용어로 바뀌게 되었다.

"가상자산거래소"란 가상자산을 팔려는 사람과 가상자산을 사고자 하는 사람을 기능적으로 연결시켜 주는 역할을 하는 곳으로 가상자산 거래는 대부분 전용거래소(가상자산거래소)에서 이뤄지고, 가상자산거래소에 회원가입을 한 뒤 "가상지갑"으로 실물화폐를 보내고 이를 통해 가상자산을 매매하게 된다.

2021. 3. 25. 시행, 「특정 금융거래정보의 보고 및 이용 등에 관한 법률」에서는 가상자산사업자(가상자산거래소)에게도 자금세탁행위 및 공중협박자금조달행위의 효율적 방지를 위한 의무를 부과하고 있으며, 금융회사 등이 가상자산사업자와 금융거래를 수행할 때 준수할 사항을 명시하고 있다.

개정 국세징수법[시행 2022. 1. 1. 법률 제18587호] 제55조【그 밖의 재산권의 압류절차 등】를 통해 체납자의 가상자산을 압류하려는 경우에 체납자 또는 가상자산사업자에게 가상자산의 이전을 요구하도록 하였고, 이에 따르지 아니하는 경우 주거 등을 수색할 수 있도록 하는 등 가상자산의 압류와 매각에 관한 절차를 입법화함으로써 가상자산에 대한 강제징수의 근거를 마련하였다.

국내의 대표적인 가상자산거래소로는 코●(Kor*), 업○○(Up*), 빗◆(Bit*), 코인◇(Coin*) 등이 있으며, 가상자산을 압류하려는 경우 가상자산사업자(가상자산거래소)를 제3채무자로 하여 가상자산에 대한 이전을 요구하고, 가상자산을 가상자산거래소(가상자산사업자)를 통해 직접 매각할 수 있다.

참조법령

▶ **국세징수법 제55조【그 밖의 재산권의 압류절차 등】** ③ 관할 세무서장은 제2항에 따라 「특정 금융 거래정보의 보고 및 이용 등에 관한 법률」 제2조제3호에 따른 가상자산(이하 "가상자산"이라 한다)을 압류하려는 경우 체납자[같은 법 제2조제1호하목에 따른 가상자산사업자(이하 "가상자산사업자"라 한다) 등 제3자가 체납자의 가상자산을 보관하고 있을 때에는 그 제3자를 말한다]에게 대통령령으로 정하는 바에 따라 해당 가상자산의 이전을 문서로 요구할 수 있고, 요구받은 체납자 또는 그 제3자는 이에 따라야 한다.

⑤ 관할 세무서장이 그 밖의 재산권을 압류한 경우 제52조제3항 및 제4항을 준용하거나 제64조에 따라 매각·추심에 착수한다.

▶ **국세징수법시행령 제43조의2【가상자산의 압류】** ① 관할 세무서장은 법 제55조제3항에 따라 「특정 금융거래정보의 보고 및 이용 등에 관한 법률」 제2조제3호에 따른 가상자산(이하 "가상자산"이라 한다)의 이전을 문서로 요구하는 경우에는 다음 각 호의 구분에 따라 이전하도록 요구해야 한다.

1. 체납자나 제3자가 체납자의 가상자산을 보관하고 있는 경우(제2호의 경우는 제외한다) : 체납자 또는 제3자에게 해당 가상자산을 관할 세무서장이 지정하는 가상자산주소(「특정 금융거래정보 의 보고 및 이용 등에 관한 법률 시행령」 제10조의10제2호나목에 따른 가상자산주소를 말하며, 제2호에 따른 계정은 제외한다. 이하 같다)로 이전하도록 요구

2. 「특정 금융거래정보의 보고 및 이용 등에 관한 법률」 제2조제1호하목에 따른 가상자산사업자(이 하 "가상자산사업자"라 한다)가 체납자의 가상자산을 보관하고 있는 경우 : 가상자산사업자에게 해당 가상자산을 체납자의 계정(가상자산사업자가 가상자산의 거래·보관 등의 서비스 제공을 위해 고객에게 부여한 고유식별부호를 말한다. 이하 같다)에서 관할 세무서장이 지정하는 계정 으로 이전하도록 요구

② 법 제55조제3항에 따라 가상자산의 이전을 요구하는 문서에는 다음 각 호의 사항이 포함되어야 한다.

1. 체납자의 성명 또는 명칭과 주소

2. 체납자의 가상자산을 보관하고 있는 자의 성명 또는 명칭과 주소(제3자가 체납자의 가상자산을 보관하고 있는 경우로 한정한다)

3. 이전하여야 할 가상자산 및 그 규모

4. 이전 기한

5. 제1항에 따라 관할 세무서장이 지정한 가상자산주소 또는 계정

6. 그 밖에 가상자산의 이전에 필요한 사항

③ 관할 세무서장은 체납자의 가상자산이 두 종류 이상인 경우에는 매각의 용이성 및 가상자산의 종 류별 규모 등을 고려하여 특정 가상자산을 우선하여 이전하도록 요구할 수 있다.

▶ **국세징수법 제66조【공매】** ① 관할 세무서장은 압류한 부동산등, 동산, 유가증권, 그 밖의 재산권과 제52조제2항에 따라 체납자를 대위하여 받은 물건(금전은 제외한다)을 대통령령으로 정하는 바에 따라 공매한다.

② 제1항에도 불구하고 관할 세무서장은 다음 각 호의 어느 하나에 해당하는 압류재산의 경우에는 각 호의 구분에 따라 직접 매각할 수 있다.

　　1. 「자본시장과 금융투자업에 관한 법률」 제8조의2제4항제1호에 따른 증권시장(이하 "증권시장"이라 한다)에 상장된 증권 : 증권시장에서의 매각

　　2. 가상자산사업자를 통해 거래되는 가상자산 : 가상자산사업자를 통한 매각

▶ **특정 금융거래정보의 보고 및 이용 등에 관한 법률 제2조【정의】** 이 법에서 사용하는 용어의 뜻은 다음과 같다.

　　1. "금융회사등"이란 다음 각 목의 자를 말한다.

　　　하. 가상자산과 관련하여 다음 1)부터 6)까지의 어느 하나에 해당하는 행위를 영업으로 하는 자 (이하 "가상자산사업자"라 한다)

　　　　1) 가상자산을 매도, 매수하는 행위

　　　　2) 가상자산을 다른 가상자산과 교환하는 행위

　　　　3) 가상자산을 이전하는 행위 중 대통령령으로 정하는 행위

　　　　4) 가상자산을 보관 또는 관리하는 행위

　　　　5) 1) 및 2)의 행위를 중개, 알선하거나 대행하는 행위

　　　　6) 그 밖에 가상자산과 관련하여 자금세탁행위와 공중협박자금조달행위에 이용될 가능성이 높은 것으로서 대통령령으로 정하는 행위

　　2. "금융거래등"이란 다음 각 목의 것을 말한다.

　　　라. 가상자산사업자가 수행하는 제1호하목1)부터 6)까지의 어느 하나에 해당하는 것(이하 "가상자산거래"라 한다)

　　3. "가상자산"이란 경제적 가치를 지닌 것으로서 전자적으로 거래 또는 이전될 수 있는 전자적 증표(그에 관한 일체의 권리를 포함한다)를 말한다. 다만, 다음 각 목의 어느 하나에 해당하는 것은 제외한다.

　　　가. 화폐·재화·용역 등으로 교환될 수 없는 전자적 증표 또는 그 증표에 관한 정보로서 발행인이 사용처와 그 용도를 제한한 것

　　　나. 「게임산업진흥에 관한 법률」 제32조제1항제7호에 따른 게임물의 이용을 통하여 획득한 유·무형의 결과물

　　　다. 「전자금융거래법」 제2조제14호에 따른 선불전자지급수단 및 같은 조제15호에 따른 전자화폐

　　　라. 「주식·사채 등의 전자등록에 관한 법률」 제2조제4호에 따른 전자등록주식등

　　　마. 「전자어음의 발행 및 유통에 관한 법률」 제2조제2호에 따른 전자어음

　　　바. 「상법」 제862조에 따른 전자선하증권

　　　사. 거래의 형태와 특성을 고려하여 대통령령으로 정하는 것

2) 압류의 절차 및 방법

과거, 체납자가 가상자산을 탈세수단으로 이용한다거나, 채무자가 가상자산을 강제집행

회피 수단으로 악용하는 사례가 빈번하였다. 이에 「특정 금융거래정보의 보고 및 이용 등에 관한 법률」에서 가상자산에 대하여 일반 금융거래에 준하는 의무를 부과한다거나, 「국세징수법」에서 가상자산에 대한 압류절차와 매각방법 등을 규정함으로써 강제징수에 관한 제도적 장치가 마련되었다.

가상자산을 체납자 또는 제3자, 가상자산사업자(가상자산거래소) 등이 체납자의 가상자산을 보관하고 있을 때에는 체납자 또는 제3자, 가상자산사업자 등에게 가상자산에 대하여 문서로 이전을 요구할 수 있고, 체납자 또는 제3자, 가상자산사업자 등은 이에 응하여야 한다.

또한, 체납자나 제3자가 체납자의 가상자산을 보관하고 있는 경우에는 체납자 또는 제3자에게 해당 가상자산을 체납처분권자가 지정하는 가상자산주소로 이전하도록 요구하고, 가상자산사업자가 체납자의 가상자산을 보관하고 있는 경우에는 가상자산사업자에게 해당 가상자산을 체납자의 계정에서 관할 체납처분권자가 지정하는 계정으로 이전하도록 요구할 수 있다.

국세징수법에 따라 가상자산의 이전요청을 하는 경우, 체납자의 성명 또는 명칭과 주소, 체납자의 가상자산을 보관하고 있는 자의 성명 또는 명칭과 주소(제3자가 체납자의 가상자산을 보관하고 있는 경우로 한정한다), 이전하여야 할 가상자산 및 그 규모, 이전기한, 체납처분권자가 지정한 가상자산주소 또는 계정, 그 밖에 가상자산의 이전에 필요한 사항 등을 기재한 문서로 하여야 한다.

압류된 가상자산에 관한 매각절차에 있어서는 상장된 증권을 증권시장에 직접 매각하는 것과 같은 방법으로 할 수 있으므로, 체납처분권자의 지정된 계좌로 이전받은 가상자산에 대하여 체납처분권자가 직접 가상자산사업자(가상자산거래소)를 통해 매각할 수 있다.

5. 국·공유재산에 대한 압류

가. 국·공유재산의 범위

"국유재산"이란 국가의 소유에 속하는 일체의 동산, 부동산 및 그 권리로서 국가부담이나 기부채납 또는 법령이나 조약의 규정에 의하여 국유로 된 것을 말하고, "공유재산"이란 지방 자치단체의 부담이나 기부채납 또는 법령이나 조례의 규정에 의하여 지방자치단체의 소유로 된 재산을 말한다.

국유재산·공유재산은 용도에 따라 행정재산, 보존재산, 잡종재산(행정재산과 보존재산 이외의 모든 국유재산)으로 구분되며, 행정재산과 보존재산은 이를 대부, 매각, 교환, 양여, 신탁하거나 출자의 목적으로 할 수 없으므로, 잡종재산만이 처분의 대상이 된다.

나. 정부와 공공단체의 범위

국·공유재산에 관한 권리의 압류에 관하여 국세징수법 제56조의 적용을 받는 정부와 공 공단체에 있어서 정부는 국유잡종재산의 관리·처분기관인 총괄청(기획재정부장관) 또는 관리청(중앙관서의 장)을 말한다.

공공단체란 국가로부터 그 존립목적이 부여된 공법상의 법인으로서 공법인 또는 자치단체 라고도 하며, 지방자치단체, 공공조합, 영조물법인 등이 이에 속한다. 지방자치단체(地方自 治團體)란 국가 아래서 국가영토의 일부를 구성요소로 하고 그 구역 내의 주민에 대하여 지 배권을 가지는 공법인으로서 서울특별시·광역시·도 및 시·군·자치구를 말한다.

공공조합(公共組合)이란 공법상의 사단법인을 말하고, 일정한 사원의 결합에 의하여 조직 되고 그 목적은 국가로부터 부여받는다. 따라서 국가적 목적을 위해 존재하고 국가적 임무를 담당하게 되며, 농지개량조합, 토지구획정리조합, 산림조합 등이 이에 속한다.

영조물법인(營造物法人)은 영조물로서 독립의 법인격을 갖춘 법인으로 공적 재단법인 또 는 공재단이라고도 하며, 한국조폐공사, 한국토지주택공사, 대한석탄공사, 한국은행, 한국산 업은행 등이 여기에 속한다.

다. 국·공유재산의 압류절차

국유 또는 공유재산의 압류는 매수인(체납자)이 매도인(정부, 공공단체)과 국·공유재산에 대한 매매계약을 체결하여 장래 매매대금을 완납한 때에 그 재산의 소유권을 이전받을 수 있는 권리인 "소유권이전청구권"을 압류하는 것이다.

국·공유재산에 대한 소유권이전청구권을 압류한 때에는 제3채무자에 해당하는 정부 또는 공공단체의 관계관서에 대하여 「체납처분에 의한 국가 또는 지방자치단체 재산에 관한 권리압류(압류말소)등록촉탁서」에 「압류조서」의 등본을 첨부하여 압류의 등록을 촉탁하여야 한다.

또한, 관계기관에 대한 압류등록의 촉탁은 압류의 통지에 갈음되며, 압류등록의 촉탁을 받은 관계관서는 그 사실을 등록하고, 이를 지체 없이 압류채권자인 체납처분권자에게 통지하여야 한다. 국·공유재산에 대한 소유권이전청구권을 압류한 때에는 체납자에게 「재산압류통지서」에 「압류조서」의 등본을 첨부하여 압류의 사실을 통지하여야 한다.

국·공유재산에 대한 압류의 효력은 매도인(국가, 지방자치단체 등의 공공단체)에게 압류등록의 촉탁서가 송달된 때에 발생하며 체납자에 대한 압류의 통지는 압류의 효력발생 요건에 해당되지 않는다.[170]

참조법령

▶ **국세징수법 제56조【국가 또는 지방자치단체의 재산에 관한 권리의 압류】**① 관할 세무서장은 체납자가 국가 또는 지방자치단체(「지방자치법」 제159조에 따른 지방자치단체조합을 포함한다. 이하 이 조 및 제97조에서 같다)의 재산을 매수한 경우 소유권이전 전이라도 그 재산에 관한 체납자의 국가 또는 지방자치단체에 대한 권리를 압류한다.

---

170) 국세징수법시행령 제57조는 같은 법에 의한 권리를 압류하고자 할 때에는 압류조서를 첨부하여 관계관서에 등록을 촉탁하여야 한다고 규정하고 있는바, 그 압류의 효력은 같은 법시행령 제57조의 규정에 의한 관계관서에 대한 압류등록의 촉탁서가 관계관서에 송달된 때에 발생한다.
국세징수법 제52조에서 채무자에게 통지할 것을 규정하고 있는 제41조제1항을 준용하고 있지는 않으므로 '가'항의 압류 시 그 뜻을 채무자에게 별도로 통지할 필요는 없고, 같은 법 제52조제2항은 체납자에게 통지할 것을 규정하고 있는 같은 법 제41조제3항의 규정을 준용하고 있어서 이에 따라 체납자에게는 그 뜻을 통지하여야 하지만 그와 같은 통지를 하지 아니하였다 하여 압류가 무효가 되는 것은 아니다.(대판 1995.8.25.선고, 95누3282)

② 관할 세무서장은 제1항에 따라 압류를 한 경우 그 사실을 체납자에게 통지하여야 한다.
③ 제1항의 압류재산을 매각함에 따라 이를 매수한 자는 그 대금을 완납한 때에 그 재산에 관한 체납자의 국가 또는 지방자치단체에 대한 모든 권리·의무를 승계한다.
▶ **국세징수법시행령 제44조【국가 또는 지방자치단체의 재산에 관한 권리의 압류등록】**① 관할 세무서장은 법 제56조제1항에 따라 국가 또는 지방자치단체의 재산에 관한 체납자의 권리를 압류하는 경우 다음 각 호의 사항을 적은 문서에 압류조서를 첨부하여 국가 또는 지방자치단체에 압류의 등록을 촉탁해야 한다.
    1. 계약자의 주소 또는 거소와 성명
    2. 국가 또는 지방자치단체 재산의 표시
    3. 그 밖에 필요한 사항
② 국가 또는 지방자치단체는 제1항에 따라 촉탁을 받은 경우 관계 대장에 그 사실을 등록하고 지체 없이 관할 세무서장에게 등록 사실을 통지해야 한다.

라. 국·공유재산의 압류 시 유의사항

체납자가 이미 매매대금을 완납하였으나 소유권이전이 되어 있지 않은 경우에는 소유권이전청구권을 압류할 것이 아니라, 체납자를 대위하여 관계기관(국가·지방자치단체 등)으로부터 소유권이전에 필요한 서류를 교부받아 소유권이전등기와 함께 이를 부동산으로서 압류하여야 한다.

체납자가 국·공유재산에 대하여 매매계약을 체결하고 그 매수대금을 분할납부 중에 있는 경우에는 계약의 해제 기타 사유 등이 발생할 경우를 대비하여 이미 납부한 매수대금의 반환청구권에 대해서도 매도인인 제3채무자(정부, 공공단체)를 상대로 조건부채권으로서 압류할 수 있다.

체납자와 정부 또는 공공단체가 매매계약을 체결함에 있어서 타인에 대한 양도를 금지하거나 기간을 정하여 양도금지의 특약을 한 경우에는 그 기한이 경과함으로써 압류의 대상이 되므로 그 소유권이전청구권을 압류할 수 있다.

양도금지 또는 일정 기간 양도가 금지된 경우와 체납자의 채무불이행 등의 이유로 매매계약을 해제한 경우에는 소유권이전청구권을 압류할 수 없으므로, 이러한 때에는 체납자가 정부 또는 공공기관에 대하여 가지는 이미 납부한 매매대금의 반환청구권을 조건부채권으로서 압류하여야 한다.

 정부 또는 공공단체에 대하여 체납자가 가지는 국·공유재산에 대한 소유권이전청구권을 압류한 때에는 그 소유권이전청구권을 매각한다. 이 경우에 매수인은 매매대금을 완납한 때에 매매계약에 기하여 체납자가 가지는 정부 또는 공공단체에 대한 모든 권리·의무를 승계한다.

 따라서 체납자가 매매대금을 완납하지 아니한 상태에서 이를 압류하여 매각한 경우에 매수인은 그 나머지 매매대금을 납부할 의무를 지며, 완납한 때에 비로소 정부 또는 공공단체에 대하여 소유권이전청구권을 행사하여 소유권을 이전받을 수 있는 것이다(매매대금을 완납하지 않은 경우에는 공매공고상에 매수인이 잔여대금을 납부하여야 함을 공고하여야 한다).

제 3 장

압류의 해제

I 개관

1. 의의

가. 개념

국세징수법에 의한 압류의 해제는 압류의 효력을 장래에 향하여 소멸시키는 것으로 압류의 효력을 소급적으로 소멸시키는 압류의 취소와는 구별된다.

국세징수법에서는 압류해제의 요건에 대하여 반드시 압류를 해제하여야 하는 경우와 해제를 할 수 있는 경우로 나누어 규정하고 있다. 여기서 "압류를 해제할 수 있다"는 재량행위는 압류권자의 임의적 판단에 따른 자유재량에 속하는 것으로 볼 것은 아니고, 해당되는 요건을 갖추었다면 공익에 반하지 않는 한 압류해제가 예견되는 기속재량에 속하는 것으로 해석된다.

나. 압류의 해제와 취소

압류의 효력을 당초에 소급하여 소멸시키는 압류의 취소와 달리, 압류의 해제는 장래에 향하여 압류의 효력을 소멸시키는 것이므로, 압류해제 전에 이루어진 압류처분은 유효하다. 따라서 압류해제에 의한 압류의 처분금지적 효력은 장래에 향하여 그 효력을 잃게 되고 압류에 따른 시효중단의 효력도 압류를 해제할 때까지는 계속 유지된다.

또한, 압류의 해제는 압류의 실효 및 무효와도 구분된다. 압류의 실효란 압류의 효력을 소멸시키기 위한 특별한 행위 없이 압류의 효력이 상실되는 경우(압류의 목적물이 화재로 소실된 경우 등)이고, 압류의 무효는 처음부터 압류가 없었던 것과 같은 상태로 되는 것을 말한다.

아울러, 체납액 징수를 위한 채권압류에 있어서 관련 체납액이 취소되거나 다른 부동산의 경락대금에서 체납액의 배당이 되거나 하는 등의 채권압류를 해제할 사유가 있는 것과는 별도로, 그러한 사유만으로는 그 압류처분의 효력을 소급적으로 소멸시키는 압류의 취소사유는 되지 않는다.[171]

---

171) 국세징수를 확보하기 위한 채권압류에 관계되는 국세가 국세심판에 의하여 취소된 것이거나 다른 부동산의 경락

또한, 체납자가 압류에 관련된 체납세액을 전부 납부한 경우에도 당해 압류는 당연히 실효되는 것은 아니고, 압류의 해제라는 체납처분기관의 행정행위에 의하여 그 압류의 효력은 소멸하게 된다.[172]

아울러, 화재로 인한 압류물건의 멸실, 압류차량의 등록말소 등 압류의 효력을 상실시키는 별도의 행위(압류해제의 처분)가 필요하지 않더라도 압류가 실효되는 경우에는 국세징수법상 압류해제의 사유에 포함되지 않으므로, 실효사유가 발생된 날을 기준으로 하여 내부적으로 압류처분의 집행을 종결하면 된다.

대금에서 그 금액을 배당 받아 간 것이거나 또는 관할 지방국세청장의 승인 없이 위 채권압류 후 3월이 경과한 후에 확정된 것이라면 이는 위 채권압류를 해제할 사유가 됨은 별론으로 하고 그 압류처분의 효력을 소급적으로 소멸시키는 취소사유는 될 수 없다.(대판 1989.11.14.선고, 89누4253)

172) 원심이 확정한 바와 같이, 원심 피고 임○○에 대한 증여서 등의 체납으로 그 소유토지 4필지가 압류되었다가 그 지상 근저당권자의 임의경매신청으로 그중 2필지가 경락되어 그 대금에서 체납액이 전부 교부됨으로써 그 체납절차는 종료되었으나, 나머지 이 사건 토지 2필지에 관하여 아직 압류가 해제되지 아니한 사이에 동일인에 대하여 부과된 양도소득세가 ○○시 ○○면 위 압류의 효력은 당연히 이에도 미친다 할 것이므로, 원심이 이와 같은 취지에서 소정의 체납처분절차에 따라 피고가 적법하게 소유권을 취득한 것으로 판시하고, 그 소유권이전등기의 말소를 구하는 원고의 청구를 배척한 조치는 옳고, 거기에 국제징수법상의 압류에 관한 법리오해의 잘못이 없다.(대판 1989.5.9.선고, 88다카17174)

II 압류해제의 요건

1. 압류를 해제하여야 하는 경우(국세징수법 제57조제1항)

가. 의의

체납처분의 일환으로 체납자의 재산을 압류하였으나, 압류 이후 체납액의 전부가 납부 또는 충당되는 등 압류할 필요가 없게 된 때에는 압류를 해제하여야 하고, 이는 행정청의 재량이 허용되지 않는 기속행위에 해당된다.

당연(필요적) 압류해제를 하여야 하는 해당 사유는 예시적으로 열거한 것에 불과하므로, 징수 근거법령이 위헌결정으로 더 이상 속행이 불가하거나, 압류재산의 감소 등으로 강제징수를 하여도 체납액을 징수할 가망성이 없는 등 압류를 지속할 필요성이 없게 되는 경우 등도 포함된다.

> **참조법령**
>
> ▶ **국세징수법 제57조【압류해제의 요건】** ① 관할 세무서장은 다음 각 호의 어느 하나에 해당하는 경우 압류를 즉시 해제하여야 한다.
> 1. 압류와 관계되는 체납액의 전부가 납부 또는 충당(국세환급금, 그 밖에 관할 세무서장이 세법상 납세자에게 지급할 의무가 있는 금전을 체납액과 대등액에서 소멸시키는 것을 말한다. 이하 이 조, 제60조제1항 및 제71조제5항에서 같다)된 경우
> 2. 국세 부과의 전부를 취소한 경우
> 3. 여러 재산을 한꺼번에 공매(公賣)하는 경우로서 일부 재산의 공매대금으로 체납액 전부를 징수한 경우
> 4. 총재산의 추산(推算)가액이 강제징수비(압류에 관계되는 국세에 우선하는 「국세기본법」 제35조제1항제3호에 따른 채권 금액이 있는 경우 이를 포함한다)를 징수하면 남을 여지가 없어 강제징수를 종료할 필요가 있는 경우. 다만, 제59조에 따른 교부청구 또는 제61조에 따른 참가압류가 있는 경우로서 교부청구 또는 참가압류와 관계된 체납액을 기준으로 할 경우 남을 여지가 있는 경우는 제외한다.
> 5. 그 밖에 제1호부터 제4호까지의 규정에 준하는 사유로 압류할 필요가 없게 된 경우
> ▶ **국세징수법시행령 제45조【추산가액】** 법 제57조제1항제4호 본문에 따른 추산(推算)가액은 강제징수의 목적물인 재산을 「상속세 및 증여세법」 제60조부터 제66조까지의 규정에 따라 평가한 금액으로 한다.

나. 체납액의 전부 납부 또는 충당

"납부"라 함은 체납자 또는 이해관계 있는 제3자 등이 압류에 관계된 체납액과 가산금·연체금 및 강제징수비를 전부 납부한 것을 말하고, "충당"이라 함은 압류한 금전이나 교부청구에 의하여 받은 금전을 압류 또는 교부청구에 관계된 체납액과 가산금·연체금 및 강제징수비와 대등액에서 소멸시키는 것을 말한다.

압류한 물건에 대하여 체납자가 압류물건의 시가에 해당하는 금액을 납부하더라도 잔존하는 체납액이 있다면 국세징수법상 납부로 인하여 압류해제를 하여야 하는 당연(필요적) 압류해제의 요건을 갖추었다고는 볼 수 없다.[173]

아울러, 국세징수법에 따라 압류를 해제하려면 압류해제의 사유가 이미 확정적으로 발생한 경우에 한하고, 체납액의 장래 납부나 충당을 조건으로 압류해제를 신청한 경우, 압류해제의 요건을 갖추었다고 할 수 없으므로 이러한 압류해제신청을 거부하였다고 하더라도 위법하다고 할 수 없다.[174]

또한, 체납처분의 일환으로 이루어진 부동산의 압류등기에 대해 당시의 체납액 전액을 공탁하였다 하더라도 압류처분의 압류등기가 무효로 되는 것은 아니므로, 압류물건에 대한 민사소송으로 압류등기의 말소를 청구할 수 없다.[175]

다. 부과의 전부 취소

당연(필요적) 압류해제사유에서 "부과의 전부 취소"라 함은 압류에 관계된 체납액에 대한

---

173) 세무서장이 체납처분을 위하여 제납자의 부동산을 압류한 후 체납액이 납부되어 압류할 필요가 없게 된 경우에는 압류를 해제하는 것이며 압류에 관계된 국세의 일부가 납부된 경우에도 조세채권 확보에 지장이 없는 경우에는 압류를 해제할 수 있으나, 압류한 부동산의 시가에 해당하는 금액을 납부하였다 하더라도 체납액이 있으면 압류를 해제할 수 있는 사유에 해당되지 않는다.(질의회신 : 징세46101-1759, 1999.07.20)

174) 세무서장은 오로지 국세징수법 제53조제1항제1호상의 해제사유가 이미 확정적으로 발생한 경우에 한하여 압류를 해제할 수 있으므로, 가령 체납세액의 납부나 충당을 조건으로 압류해제를 신청한 경우 이에 응하여 조건부로 압류해제를 할 수 있는 것은 아니므로 이러한 압류해제신청을 거부하였다고 하더라도 위법하다고 할 수 없다.(대판 1996.6.11.선고, 95누5189)

175) 체납처분에 의한 부동산의 압류등기 당시의 체납세액을 전액 공탁하였다 하여 이로써 곧 압류처분이 당연히 실효되어 압류등기가 무효가 된다 할 수 없는 것이므로, 일반 민사소송으로서는 위 압류등기의 말소를 청구할 수 없다.(대판 1978.6.27.선고, 77다2138)

전부가 취소된 경우를 말한다.

라. 일부 재산의 공매대금으로 체납액 전부를 징수한 경우

당연(필요적) 압류해제사유에서 "일부 재산의 공매대금으로 체납액 전액 징수"라 함은 체납자의 여러 재산에 대하여 한꺼번에 공매하는 경우로 일부 재산의 공매대금으로 체납액 전부를 징수하는 경우를 말한다.

마. 강제징수의 종료가 필요한 경우

당연(필요적) 압류해제사유에서 "강제징수의 종료가 필요한 경우"라 함은 총재산의 추산가액이 강제징수비(체납처분비)를 징수하면 남을 여지가 없으므로, 강제징수를 종료할 필요성이 있는 경우를 말한다.

예를 들어 체납자의 압류해제신청 당시 공매처분에 의하더라도 강제징수비(체납처분비)에 충당하고 나면 잔여가 생길 여지가 없는 것으로 판명된 경우가 대표적이나,[176] 단순히 압류재산에 시가를 초과하는 저당권이 설정되어 있다는 사유는 체납액의 징수가 불가능한 것으로 단정할 수 없으므로,[177] 동 규정에 의한 압류해제를 하여야 하는 사유에 해당된다고 보기 어렵다.

다만, 국세징수법에 의한 교부청구나 참가압류가 있는 경우 그 교부청구나 참가압류와 관계된 체납액을 기준으로 남을 여지가 있는 경우에는 동 규정이 적용되지 않는다. 이는 압류권자 기준으로는 강제징수를 종료할 필요성은 인정되지만 타 기관의 교부청구나 참가압류의 실익이 있는 경우에까지 동 규정에 따른 압류해제를 적용할 필요성이 없기 때문이다.

---

176) 압류해제신청 당시 과세관청이 압류토지를 공매한다고 하더라도 국세체납액에 우선하는 압류토지의 가등기담보권 피담보채권액이 토지가액을 훨씬 넘게 됨이 분명하여, 공매처분에 의하여 체납처분비에 충당하고 잔여가 생길 여지가 없는 것으로 판명된 경우라면, 이는 국세징수법 제53조제1항제1호 소정의 '기타의 사유로 압류의 필요가 없게 된 때'에 해당하는 것이므로 세무서장은 압류를 해제하여야 한다.(대판 1996.12.20.선고, 95누15193)

177) 체납자 소유의 부동산에 대한 체납처분이 개시될 무렵 국세채권에 우선하는 근저당권으로 담보되는 채무액이 부동산의 시가를 상회하고 있는 경우라도 그 부동산에 대한 체납처분 자체가 불가능한 것은 아니고, 그 피담보채무의 채무자가 체납자가 아닌 제3자인 경우에는 일차적인 변제의무가 있는 제3자의 변제 여부에 따라 장차 그 채무액이 변동·감소하는 것이어서 피담보채무액이 부동산의 시가를 상회한다는 점만으로는 그 부동산에 대한 체납처분의 결과 종국적으로 국세의 만족을 받을 수 없다고 단정할 수는 없다.(대판 1996.10.11.선고, 95다3442)

바. 제1호부터 4호에 준하는 사유로 압류할 필요가 없게 된 경우

당연(필요적) 압류해제사유에서 "제1호부터 4호까지의 규정에 준하는 사유로 압류할 필요가 없게 된 경우"라 함은 법률의 개정 등으로 인하여 압류에 관계된 체납액 등이 전액 면제되거나, 부과처분 및 그 체납처분절차의 근거 법률에 대한 위헌결정으로 후속 체납처분을 진행할 수 없는 등의 사유로 압류의 근거가 상실되거나 압류를 지속할 필요성이 없게 된 경우[178] 등을 말한다.

2. 압류를 해제할 수 있는 경우(국세징수법 제57조제2항)

가. 의의

국세징수법 제57조제2항에서 규정하는 사유에 해당될 경우에는 압류재산의 일부 또는 전부를 해제할 수 있다. 즉 국세징수법 제57조제1항의 경우, 그 사유가 발생한 때에는 압류를 해제하여야 하는 기속행위인 데 반하여, 제2항에서 열거하는 사유는 압류채권자의 판단에 의하여 압류해제 여부를 결정할 수 있는 임의적 해제사유인 재량행위에 해당된다.

여기서 "재량해위의 성격"은 임의적 압류해제사유로써 압류해제의 신청이 있는 경우 압류권자의 판단에 따라 압류해제 여부를 결정하게 되지만, 이는 압류채권자의 임의적 판단에 따라 그 해제 여부를 결정하는 자유재량행위라기보다는 징수에 지장이 없는 것으로 판단되는 경우에는 그 압류를 해제하여야 하는 기속재량에 가깝다고 할 수 있다.

하지만, 동 규정에 해당되는 사유가 있더라도 압류해제를 하게 되면 체납액의 징수가 더 곤란하다고 판단될 때에는 압류해제를 하지 아니할 수 있으며, 압류의 해제는 체납자 또는 기타 압류해제를 구할 법률상 이익이 있는 자의 신청에 의하거나 압류채권자의 직권으로 할 수 있다.

---

178) 국세징수법 제53조제1항제1호는 압류의 필요적 해제사유로 '납부, 충당, 공매의 중지, 부과의 취소 기타의 사유로 압류의 필요가 없게 된 때'를 들고 있는데, 여기에서의 '기타의 사유'라 함은 납세의무가 소멸되거나 혹은 체납처분을 하여도 체납세액에 충당할 잉여가망이 없게 된 경우는 물론 과세처분 및 그 체납처분절차의 근거 법률에 대한 위헌결정으로 후속 체납처분을 진행할 수 없는 등의 사유로 압류의 근거가 상실되었거나 압류를 지속할 필요성이 없게 된 경우도 포함한다.(대판 2002.8.27.선고, 2002두2383)

> **참조법령**
>
> ▶ **국세징수법 제57조【압류해제의 요건】** ② 관할 세무서장은 다음 각 호의 어느 하나에 해당하는 경우 압류재산의 전부 또는 일부에 대하여 압류를 해제할 수 있다.
>   1. 압류 후 재산가격이 변동하여 체납액 전액을 현저히 초과한 경우
>   2. 압류와 관계되는 체납액의 일부가 납부 또는 충당된 경우
>   3. 국세 부과의 일부를 취소한 경우
>   4. 체납자가 압류할 수 있는 다른 재산을 제공하여 그 재산을 압류한 경우
> ③ 관할 세무서장은 제1항제4호 본문에 따른 사유로 압류를 해제하려는 경우 제106조에 따른 국세체납정리위원회의 심의를 거쳐야 한다.

나. 압류 후 재산가격이 변동하여 체납액 전액을 현저히 초과한 경우

압류된 재산의 가격폭등 등으로 인하여 초과압류의 상태가 생긴 경우에는 압류재산의 일부에 대하여 압류를 해제할 수 있다. 이같이 초과압류가 생긴 경우에 초과하는 가액에 상당하는 재산에 대하여 압류해제할 수 있는 것이므로, 압류재산이 분할할 수 있는 물건인 때에는 그 초과하는 가액에 상당하는 재산에 한하여 압류해제가 가능하고 불가분물인 경우에는 압류해제할 수 없다.

다. 압류와 관계되는 체납액의 일부가 납부 또는 충당된 경우

체납자가 압류에 관계되는 체납액의 일부를 납부한 때 또는 압류한 금전이나 교부청구에 의하여 받은 금전을 압류에 관계된 체납액의 일부에 충당한 때에는 당해 재산의 일부에 대하여 압류를 해제할 수 있다.

일부 납부(충당)에 따른 압류해제에 관한 예로는, 체납자 소유 A압류 자동차(가액 500만 원)와 B압류 부동산(가액 2억 원)이 있다고 가정할 때, 체납자가 체납액 1억 원 중 500만 원을 일부 납부하였을 경우, 일부 납부한 금액에 상당하는 A압류 자동차(가액 500만 원)에 대해서만 압류해제가 가능하다.

라. 부과의 일부를 취소한 경우

부과처분의 일부가 취소되고 그로 인하여 초과압류 상태가 된 때에는 그 초과하는 가액에 상당하는 압류재산의 일부에 대하여 압류해제할 수 있다. 따라서 압류재산이 분할할 수 있는

물건인 때에는 일부 취소로 인해 감액된 가액에 상당하는 재산에 대하여 압류를 해제할 수 있으며, 압류재산이 불가분물인 경우에는 압류해제할 수 없다.

마. 체납자가 다른 압류가능 재산을 제공하여 그 재산을 압류한 경우

체납자가 압류해제를 요청한 재산을 대체할 수 있는 다른 재산을 제공하여 그 재산을 압류한 때에는 체납자가 요청한 재산에 대하여 해제할 수 있다. "압류할 수 있는 다른 재산의 제공"이라 함은 체납자의 소유로서 압류 및 환가하기에 적합한 다른 재산을 제공하여 체납액 징수에 지장이 없는 경우를 말한다.

다만, 체납자가 제공하는 재산은 체납자 소유의 재산이어야 하므로 체납자가 타인의 승낙을 받고 압류의 대상물로서 그 타인 소유의 재산을 제공한 경우, 그 타인의 채무 인수나 그 담보채무의 부담은 사법상 계약에 불과하므로, 공법관계에 있는 조세·공과금 등의 징수에 있어서는 허용되지 않는다.[179]

---

179) 원고가 갑의 부탁으로 갑에게 부과되는 모든 국세에 대하여 납부할 것을 보증한다는 내용의 납세보증서를 작성하여 과세관청인 피고에게 제출한 것이라면, 비록 그 납세보증서가 국세기본법 제31조제2항, 같은 법 시행규칙 제9조제2항소정의 담보제공방법으로서의 보증서에 부합하는 서식에 따라 작성 제출된 것이더라도 납세담보는 세법이 그 제공을 요구하도록 규정된 경우에 한하여 과세관청이 요구할 수 있고 따라서 세법에 근거 없이 제공한 납세보증은 공법상효력이 없다고 할 것이므로, 위와 같은 납세보증행위는 조세법상의 규정에 의한 납세담보의 제공이 아니라 사법상의 보증계약에 의한 납세의 보증에 불과하여 무효라고 할 것이고, 그러한 납세보증계약에 기하여 한 피고의 이 사건과세처분은 그 하자가 중대하고 명백하여 당연무효라고 할 것이다.(대판 1990.12.26.선고, 90누5399)

Ⅲ 압류해제의 절차

1. 압류해제조서의 작성

가. 동산과 유가증권에 대한 압류해제

압류를 해제하는 때에는 「압류해제조서」를 작성하여야 한다. 다만 압류해제할 재산이 동산 또는 유가증권에 해당하는 때에는 「압류해제조서」를 작성할 수도 있고, 압류 당시에 작성한 압류조서의 여백에 압류해제 일자와 그 이유를 부기함으로써 압류해제조서에 갈음할 수 있다.

나. 동산과 유가증권을 제외한 재산에 대한 압류해제

체납자, 제3채무자, 전세권·질권·저당권자, 기타 이해관계인에 대하여 압류해제의 통지를 할 때에는 「압류해제통지서」만을 송달하고, 여기에는 「압류해제조서」를 첨부하지 아니한다. 다만 부동산 등 등기 또는 등록을 요하는 재산의 압류를 해제하는 때에는 「체납처분에 의한 압류말소등기(등록)촉탁서」에 「압류해제조서」를 첨부하여 압류의 등기 또는 등록의 말소를 촉탁하여야 한다.

2. 압류해제의 통지

압류를 해제한 때에는 체납자에게 압류해제통지서에 의하여 해제사실을 통지하여야 한다. 채무자(제3채무자), 전세권·질권·저당권자, 가압류·가처분 등의 집행법원·집행공무원·강제관리인, 경매법원 등에 대하여도 압류해제통지서에 의한 압류해제의 통지를 하되 「압류해제조서」는 첨부하지 아니한다.

압류재산을 제3자에게 보관하게 한 경우에는 그 보관자에게도 압류의 해제를 통지하여야 하며, 참가압류의 경우에는 기압류기관에 대하여 참가압류해제의 통지를 하도록 한다. 만약 기압류기관의 압류가 해제 또는 취소되어 차순위 참가압류기관이 기압류기관으로 된 때에는 해당 기압류기관으로 바뀐 차순위 참가압류기관에 대하여 압류해제의 통지를 한다.

　한국자산관리공사로 하여금 압류재산의 공매를 대행하게 한 후 매각결정 전에 당해 재산의 압류를 해제한 때에는 지체 없이 그 사실을 한국자산관리공사에 통지하여야 하고, 통지를 받은 한국자산관리공사는 지체 없이 당해 재산의 공매를 취소하여야 한다.

참조법령

▶ **국세징수법 제58조【압류해제의 절차 등】** ① 관할 세무서장은 재산의 압류를 해제한 경우 그 사실을 그 재산의 압류통지를 한 체납자, 제3채무자 및 저당권자 등에게 통지하여야 한다.
② 관할 세무서장은 압류를 해제한 경우 압류의 등기 또는 등록을 한 것에 대해서는 압류해제조서를 첨부하여 압류말소의 등기 또는 등록을 관할 등기소등에 촉탁하여야 한다.
▶ **국세징수법시행령 제46조【압류해제조서】** 관할 세무서장은 법 제57조에 따라 재산의 압류를 해제하는 경우 기획재정부령으로 정하는 압류해제조서를 작성해야 한다. 다만, 압류를 해제하려는 재산이 동산이나 유가증권인 경우에는 압류조서의 여백에 해제 연월일과 해제 이유를 함께 적음으로써 압류해제조서의 작성을 갈음할 수 있다.
▶ **국세징수법시행령 제47조【압류말소의 등기 또는 등록】** 법 제58조제2항에 따른 압류말소의 등기 또는 등록의 촉탁에 관하여는 제34조를 준용한다.
▶ **국세징수법시행령 제68조【관할 세무서장의 한국자산관리공사에 대한 압류해제 등 통지】** ① 관할 세무서장은 법 제103조제1항제1호에 따른 공매를 한국자산관리공사에 대행하게 한 후 다음 각 호의 어느 하나에 해당하는 사유가 발생한 경우 지체 없이 그 사실을 한국자산관리공사에 통지해야 한다.
　1. 매각결정 전에 법 제57조에 따라 해당 재산의 압류를 해제한 경우
② 한국자산관리공사는 관할 세무서장으로부터 제1항제1호의 사실에 관한 통지를 받은 경우 지체 없이 해당 재산의 공매를 취소해야 한다.

3. 압류재산의 반환

가. 압류권자 등에 대한 반환

　압류채권자가 압류·점유하여 보관하고 있는 재산(동산, 유가증권, 자동차, 채권증서 등)에 대하여 그 압류를 해제한 때에는 그 보관자에게 압류해제의 통지를 한 뒤 체납자 또는 정당한 권리자에게 인도(점유의 이전)하여야 하며, 압류재산의 보관증은 보관자에게 반환하여야 한다.

나. 제3자가 점유한 재산을 압류한 경우

압류 당시에 체납자 이외의 제3자가 적법하게 점유하고 있었던 재산을 압류하여 이를 점유한 경우로써 그 압류를 해제한 때에는 그 제3자로부터 체납자에게 이를 인도하라는 신청이 없으면, 압류 당시에 적법하게 점유하고 있던 제3자에게 반환하고 그 반환 사실을 체납자에게 통지하여야 한다.

압류 당시에 제3자가 적법하게 점유하고 있는 체납자의 재산을 압류한 후에 그 제3자에게 다시 보관시킨 경우로써 그 압류를 해제한 때에는 이를 "간이인도"(점유권의 양수인이 이미 물건을 직접 점유하고 있는 경우에 실제로 주고받는 행위를 하지 않고서 양도인의 의사표시만으로 물건의 인도가 된 것으로 하는 간편한 이전 방법을 말한다)의 방법에 따라서 제3자에게 압류해제의 뜻과 인도에 갈음한다는 통지를 문서로 하도록 한다.

압류한 재산을 제3자에게 보관하게 한 후 그 압류를 해제하여 보관자에게 압류해제의 통지를 한 경우로써 압류채권자는 필요한 경우에 그 보관자로 하여금 체납자 또는 정당한 권리자에게 보관재산을 직접 인도하게 할 수 있다. 이럴 경우 압류채권자는 체납자 또는 정당한 권리자에게 보관자로부터 압류재산을 직접 인도받을 것을 통지하여야 한다.

참조법령

▶ **국세징수법 제58조【압류해제의 절차 등】** ③ 관할 세무서장은 제3자에게 보관하게 한 압류재산의 압류를 해제한 경우 그 보관자에게 압류해제통지를 하고 압류재산을 체납자 또는 정당한 권리자에게 반환하여야 한다. 이 경우 관할 세무서장이 받았던 압류재산의 보관증은 보관자에게 반환하여야 한다.
④ 관할 세무서장은 제3항을 적용할 때 필요하다고 인정하는 경우 보관자가 체납자 또는 정당한 권리자에게 그 압류재산을 직접 인도하게 할 수 있다. 이 경우 체납자 또는 정당한 권리자에게 보관자로부터 압류재산을 직접 인도받을 것을 통지하여야 한다.
⑤ 관할 세무서장은 보관 중인 재산을 반환하는 경우 영수증을 받아야 한다. 다만, 체납자 또는 정당한 관리자에게 압류조서에 영수 사실을 적고 서명날인하게 함으로써 영수증을 받는 것에 갈음할 수 있다.

Ⅳ 제3자의 소유권 주장

1. 의의

체납처분은 체납자에게 귀속되는 재산에 대하여 집행하여야 하는 것이지만, 재산귀속의 인정권한을 가지고 있는 압류권자가 그 귀속의 개연성을 인정함에 있어 외관상 또는 징표(등기, 점유 등)에 의하여 압류하는 것이므로, 그 귀속의 인정을 잘못하여 제3자의 재산을 압류하는 경우가 발생될 수 있다.

이럴 경우, 그 권리자는 일정한 불복절차를 거쳐 행정소송을 제기하여 그 권리를 보호받을 수도 있으나, 보다 간편한 방법으로 권리구제를 받도록 하기 위해 국세징수법에서는 동 규정을 별도로 마련하고 있다.

종전, 국세징수법상 압류해제의 요건으로써「제3자의 소유권 주장」과「승소의 판결에 따른 사실의 증명」에 관한 내용을 두고 있었으나, 개정 국세징수법[시행 2021.1.1. 법률 제17758호] 제28조【제3자의 소유권 주장】에서 이에 관한 내용들을 별도로 규정하고 있다.

참조법령

▶ **국세징수법 제28조【제3자의 소유권 주장】** ① 압류한 재산에 대하여 소유권을 주장하고 반환을 청구하려는 제3자는 그 재산의 매각 5일 전까지 소유자로 확인할 만한 증거서류를 관할 세무서장에게 제출하여야 한다.
② 관할 세무서장은 제1항에 따라 제3자가 소유권을 주장하고 반환을 청구하는 경우 그 재산에 대한 강제징수를 정지하여야 한다.
③ 관할 세무서장은 제1항에 따른 제3자의 소유권 주장 및 반환청구가 정당하다고 인정되는 경우 즉시 압류를 해제하여야 하고, 부당하다고 인정되면 즉시 그 뜻을 제3자에게 통지하여야 한다.
④ 관할 세무서장은 제3항에 따른 통지를 받은 제3자가 통지를 받은 날부터 15일 이내에 그 재산에 대하여 체납자를 상대로 소유권에 관한 소송을 제기한 사실을 증명하지 아니하면 즉시 강제징수를 계속하여야 한다.
⑤ 관할 세무서장은 제3항에 따른 통지를 받은 제3자가 체납자를 상대로 소유권에 관한 소송을 제기하여 승소 판결을 받고 그 사실을 증명한 경우 압류를 즉시 해제하여야 한다.

2. 제3자의 소유권 주장이 상당한 이유가 있다고 인정되는 경우

압류 당시에 당해 압류의 목적물인 재산이 체납자 이외의 제3자에 귀속되는 경우 그 압류처분은 처분의 목적에 하자가 있어 위법하다. 이럴 경우 제3자는 소를 제기하여 압류의 무효나 취소를 구할 수도 있으나, 동 규정에 따라 압류의 해제를 청구할 수도 있다. 따라서 제3자의 소유권 주장이 정당하다고 인정된 때에는 압류채권자는 즉시 그 압류를 해제하여야 한다.[180]

국세징수법에 의할 경우 압류한 재산에 대하여 소유권을 주장하고 반환을 청구하고자 하는 제3자는 매각 5일 전까지 소유자로 확인될 만한 증거서류를 압류채권자에게 제출하도록 되어 있으나, 압류한 재산이 제3자에 속하는 것으로 판명된 경우라면 증거서류를 따로 제출하지 않더라도 압류해제의 신청이 있는 이상 압류를 해제하여야 한다.[181]

여기에서 "제3자의 소유권 주장이 상당하다고 인정하는 때"라 함은 압류할 당시에 체납자의 소유에 속하는 것인지 여부를 말하는 것이며, 압류 당시에 체납자의 소유이었으나 압류 후에 양도 등의 사유로 그 소유권이 제3자에게 귀속된 경우는 이에 해당되지 아니한다.[182]

체납처분에 의한 압류등기 후에 소유권을 취득한 자가 그 소유권을 주장할 경우, 행정소송으로써 압류처분의 무효확인을 구하거나 취소를 구할 원고적격은 없다.[183] 다만 압류 후

---

180) 체납처분으로서의 압류의 요건을 규정하고 있는 국세징수법 제24조 각 항의 규정을 보면 어느 경우에나 압류의 대상을 납세자의 재산에 국한하고 있으므로, 납세자가 아닌 제3자의 재산을 대상으로 한 압류처분은 그 처분의 내용이 법률상 실현될 수 없는 것이어서 당연무효이다.(대판 1996.10.15.선고, 96다17424)

181) 과세관청이 체납처분의 일환으로 납세자의 재산을 압류하였으나 국세징수법 제53조제1항 각 호가 정하는 압류해제사유가 발생한 경우 세무서장은 압류를 해제하여야 하는 것으로서, 압류한 재산이 제3자의 소유에 속하는 것으로 판명되는 경우에 그 제3자가 같은 법 제50조의 규정에 의한 증거서류를 따로 제출하지 아니하더라도 압류해제의 신청이 있는 이상 세무서장은 같은 법 제53조제1항제2호에 의하여 압류를 해제하여야 하는 것이다.(대판 2002.3.29.선고, 2000두6084)

182) 압류해제에 관한 국세징수법 제50조, 제53조제1항제2호, 같은 법시행령 제55조제2항의 규정은 재산을 압류할 당시를 기준으로 제3자의 소유권 주장이 상당하다고 인정되는 것을 전제로 하는 규정이므로, 세무서장의 압류처분 당시 압류목적물이 체납자의 소유로서 제3자의 소유에 속하지 아니하였다면 그 이후 제3자 명의로 소유권이전등기가 경료되었다 하더라도 위 법령 소정의 압류해제의 요건에 해당하지 아니한다.(대판 1996.12.20.선고, 95누15193)

183) 과세관청이 조세의 징수를 위하여 납세의무자 소유의 부동산을 압류한 경우, 그 부동산의 매수인이나 가압류권자는 그 압류처분에 대하여 사실상이고 간접적인 이해관계를 가질 뿐 법률상 직접적이고 구체적인 이익을 가지는

의 소유권을 주장하는 자는 압류해제사유가 있으면 해제신청을 먼저 한 후 그 거부처분에 대하여는 행정소송으로써 취소를 구할 수가 있고,[184] 체납처분에 의한 압류가 당연무효 사유에 해당되면 민사소송으로써 압류등기말소를 구할 수 있다.

3. 제3자가 체납자를 상대로 승소판결을 받고 그 사실을 증명한 때

민사소송의 결과 압류된 재산이 압류 당시에 이미 제3자의 소유라는 사실이 확정된 경우에는 체납자의 소유로 행한 압류처분은 위법하므로, 그 압류를 해제하여야 한다. 하지만 압류한 뒤 제3자가 체납자를 상대로 "소유권이전등기청구소송"에 따른 승소판결을 받아 소유권이전등기를 마친 경우라면 압류 당시에 제3자 소유가 아니므로 압류해제의 요건을 갖추었다고 볼 수 없다.[185]

제3자가 체납자 소유의 부동산에 대하여 소유권이전을 목적으로 하는 "처분금지가처분"을 한 후에 체납처분에 의한 압류를 하고, 그 후 제3자가 체납자를 상대로 본안소송을 제기하여 승소판결을 받은 때에는 그 가처분일로 소급하여 소유권을 취득하게 된다.

따라서 가처분권리자가 이 같은 사실을 증명하여 압류해제의 신청을 한 때에는 그 압류를 해제하여야 하지만,[186] 통상 가처분권리자가 그 승소판결에 의하여 소유권이전등기의 신청

것은 아니어서 그 압류처분의 취소를 구할 당사자적격이 없다.(대판 1997.2.14.선고, 96누3241)

[184] 국세징수법상 압류등기된 부동산을 양도받아 소유권이전등기를 마친 부동산취득자는 국세징수법 제24조제5항 및 제53조의 압류해제의 요건이 충족되었음을 이유로 과세관청에게 압류해제신청을 할 수 있고 압류해제신청을 거부한 행정처분이 있는 경우 그 행정처분의 취소를 구할 법률상 이익이 있다.(대판 1993.4.27.선고, 92누15055)

[185] 국세징수법 제53조제1항제3호의 규정은 민사소송의 결과 압류된 재산이 압류당시 제3자의 소유라는 사실이 확정된 경우에는 체납자의 소유라고 보고 한 압류집행은 위법한 것이 되므로 그 압류를 해제하여야 한다는 취지로서 압류처분 이후에 제3자가 체납자를 상대로 지분소유권이전등기소송을 제기하여 승소판결을 받고 그 판결에 기하여 제3자 명의의 지분소유권이전등기를 경료하였다 하여도 압류된 재산이 압류 당시 제3자의 소유로 되는 것은 아니므로 이는 압류해제의 요건에 해당하지 아니한다.(대판 1985.5.14.선고, 84누520)

[186] 국세징수법 제35조에서 "체납처분은 재판상의 가압류 또는 가처분으로 인하여 그 집행에 영향을 받지 아니 한다"고 규정하고 있으나, 이는 선행의 가압류 또는 가처분이 있다고 하더라도 체납처분의 진행에 영향을 미치지 않는다는 취지의 절차진행에 관한 규정일 뿐이고 체납처분의 효력이 가압류, 가처분의 효력에 우선한다는 취지의 규정은 아니므로 부동산에 관하여 처분금지가처분의 등기가 된 후에 가처분권자가 본안소송에서 승소판결을 받아 확정이 되면 피보전권리의 범위 내에서 가처분 위반행위의 효력을 부정할 수 있고 이와 같은 가처분의 우선적 효

을 하게 되면, 관할 법원을 통해 압류의 등기는 직권말소 처리되므로 별도의 압류해제를 할 필요가 없다.

또한, 소유권이전청구권의 보전을 위한 매매예약의 가등기가 경료된 재산을 압류한 후에, 그 가등기권리자인 제3자가 체납자를 상대로 한 본안소송에서 승소판결을 받아 그 판결에 의하여 가등기에 기한 본등기를 마친 경우에도 본등기의 순위는 가등기의 순위에 의하게 되므로, 가등기한 때로 소급하여 소유권을 취득하게 됨에 따라 그 가등기 이후 체납처분에 의한 압류의 효력은 부인된다.

이런 경우, 앞선 가처분의 경우와 그 처리 방법이 같으나, 다만 그 가등기가 채무담보를 위한 가등기 즉, 담보가등기라면 가등기 이후의 체납처분에 의한 압류의 효력이 부인되지 않으므로,[187] 이럴 경우는 그 가등기의 설정등기일과 조세·공과금(국민건강보험료 등 각종 사회보험료) 등의 법정기일(납부기한)과의 선·후에 따른 우선순위의 문제가 남게 된다.

4. 반환청구권자

가. 체납자가 아닌 제3자의 반환청구

국세징수법 제28조에 의해 반환청구를 할 수 있는 자는 체납자 이외의 제3자로서 체납처분에 의하여 자기 소유의 동산 또는 부동산 등에 대하여 압류를 당한 자이고, 그 재산을 압류할 당시를 기준으로 제3자의 소유권 주장이 상당하다고 인정되는 것을 전제로 한 규정이다.

따라서 압류 이후에 압류재산에 대하여 매매, 양도 등에 의해 소유권을 취득한 제3자는 이에 해당되지 않으며,[188] 소유권 등 권리를 주장하는 제3자는 그 권리취득의 효력요건 또는 대

력은 그 위반행위가 체납처분에 기한 것이라 하여 달리 볼 수 없다(대결 1993.2.19.선고, 92마903 전원합의체)

187) 압류등기 이전에 소유권이전청구권 보전의 가등기가 경료되고 그 후 본등기가 이루어진 경우에, 그 가등기가 매매예약에 기한 순위보전의 가등기라면 그 이후에 경료된 압류등기는 효력을 상실하여 말소되어야 할 것이므로 압류해제사유에 관한 국세징수법 제53조제1항제2호는 적용의 여지가 없게 되는 반면, 그 가등기가 채무담보를 위한 가등기 즉 담보가등기라면 그 후 본등기가 경료되더라도 가등기는 담보적 효력을 갖는 데 그치므로 압류등기는 여전히 유효하다.(대판 1996.12.20.선고, 95누15193)

188) 국세징수법 제50조, 제53조제1항제2호, 동시행령 제55조제2항의 규정은 재산을 압류할 당시를 기준으로 제3자

항요건(등기, 등록, 점유 등)을 갖추고 있는 자에 해당되어야 한다.[189]

나. 반환청구권 행사의 법률상 성질

국세징수법 제28조에 의한 제3자의 소유권 주장에 관한 규정은 압류재산에 대하여 창설적으로 반환청구권이 생기는 것이 아니라, 당해 압류재산의 소유자는 소유권 자체의 효력으로써 그 소유물에 대한 반환청구권을 가지는 것이다.

따라서 동조에 의한 제3자의 반환청구권행사는 절차규정에 지나지 않으므로, 국세징수법 제28조의 규정에 따른 절차를 밟지 않은 제3자는 압류재산에 대하여 소유권을 주장하지 못한다는 내용을 규정한 것은 아니고,[190] 동조의 규정된 절차상의 청구기한까지 반환청구를 하지 않더라도 권리보전의 길이 막히지 않으며, 또한 공매 후에도 민법상의 권리 자체가 상실되는 것도 아니다.

5. 반환청구의 절차 및 반환청구에 대한 인부 결정

가. 반환청구의 방법, 청구기간 및 증거서류

압류한 재산에 대하여 소유권을 주장하고 반환을 청구하고자 하는 제3자는 매각 5일 전까

의 소유권 주장이 상당하다고 인정되는 것을 전제로 하는 규정이므로 세무서장의 압류처분 당시 압류토지가 체납자의 소유로서 제3자의 소유에 속하지 아니하였다면 그 이후 제3자 명의로 소유권이전등기가 경료되었다 하더라도 위 법령 소정의 압류해 제의 요건에 해당한다고 할 수 없다.(대판 1988.4.12.선고, 87누701)

189) 과세관청이 원고에 의하여 이미 20년의 부동산취득시효기간이 경과된 부동산을 압류하였더라도 그때까지 원고가 등기를 하지 아니하였다면 제3자인 과세관청에 대하여 시효취득을 이유로 소유권을 주장할 수 없고, 압류 후에 소유권이전등기를 하여 그 취득시로 인한 권리취득의 효력이 점유를 개시한 때에 소급한다고 하더라도 제3자인 과세관청과의 관계에서까지 그 소급효가 인정되는 것은 아니며, 또한 압류에서의 이른바 처분금지의 효력은 압류채권자와 관계에서 상대적으로 발생하는 것으로 압류채권자는 제3취득자에 대하여 압류의 효력을 주장할 수 있고 제3취득자는 이로써 압류채권자에게 대항할 수 없게 된다 할 것이므로 압류 후에 원고가 시효취득에 의하여 체납자로부터 소유권이전등기를 경료하였더라도 압류채권자에게는 대항할 수 없다.(대판 1991.2.26.선고, 90누5375)

190) 국세징수법 제50조, 동법시행령 제55조는 압류재산에 대하여 소유권을 주장하는 제3자가 체납처분과정에서 세무공무원에게 그 반환청구권을 행사할 경우의 절차를 규정한 것뿐이고, 그와 같은 절차를 밟은 일이 없는 제3자는 압류재산에 대하여 소유권 주장을 못 한다거나, 소송상 소유권을 주장하여 압류처분의 취소를 구할 수 없다고 규정한 내용은 아니다.(대판 1986.12.9.선고, 86누482)

지 소유자로 확인할 만한 증거서류를 체납처분기관에 제출하여야 한다. 여기서 매각일이라 함은 공매(재공매 포함)의 경우에는 공매기일, 수의계약의 경우에는 매각기일, 채권압류의 경우에는 그 추심기일을 말한다.

또한, 매각 5일 전까지라고 청구기한을 정한 것은 공매 등 교환절차를 위한 훈시적 규정인 것으로 해석되므로, 압류 당시 제3자 소유의 재산을 압류한 경우에 해당된다면 그 제3자는 언제라도 그 소유권을 행사할 수 있다.

제3자가 반환청구를 할 때에는 그 청구권자는 반환청구를 할 수 있는 정당한 권리가 있음을 확인할 만한 증빙서류를 제출하여야 하고, "확인할 만한 증빙서류"란 청구권자에게 압류재산의 소유권 기타 권리가 귀속됨을 확인할 수 있는 근거자료로서 등기(등록)권리증, 공정증서, 사서증서 등 일체의 증빙서류를 말한다.

나. 반환청구와 강제징수의 집행정지

압류한 재산에 대하여 소유권을 주장하면서 그 반환을 청구한 때에는 이에 대한 인부 결정을 할 때까지 그 재산에 대하여 강제징수를 정지하여야 한다.

다. 반환청구에 대한 인부 결정

압류한 재산에 대하여 소유권을 주장하는 제3자가 반환청구를 한 경우에 그 청구의 이유가 있다고 인정되는 때에는 지체 없이 압류를 해제하여야 하고, 제3자의 소유권 주장에 대하여 압류채권자는 반환청구가 이유 없다고 인정되는 때에는 지체 없이 그 뜻을 청구인에게 통지하여야 한다.

청구인이 청구부인의 통지를 받은 날로부터 15일 내에 체납자를 상대로 해당 그 재산에 대하여 소송을 제기한 사실을 증명하지 아니한 때에는 지체 없이 체납처분을 속행하여야 한다. 여기에서 "체납자를 상대로 그 압류재산에 대하여 소송을 제기한 사실을 증명"하도록 한 규정은 체납자 명의로 경료된 소유권등기(등록)에 대하여 원인행위의 무효 또는 취소를 이유로 하는 등기(등록)말소청구소송 등을 의미한다.

아울러 압류한 재산이 제3자의 소유에 속하는 것으로 확정된 경우, 그 압류의 집행으로 인하여 소유자에게 구체적인 손해가 발생하고, 압류채권자가 그 압류재산이 제3자 소유의 재산임을 알았거나 용이하게 알 수 있는 경우에는 그에 따른 손해배상의 책임을 질 수도 있음에 유의하여야 한다.[191]

---

191) 채권자가 압류 당시에는 고의·과실이 없었다 하더라도 그 후 압류목적물이 제3자의 소유임을 알았거나 용이하게 알 수 있었음에도 불구하고 그 압류 상태를 계속 유지한 때에는 압류목적물이 제3자의 소유임을 알았거나 용이하게 알 수 있었던 때로부터 불법집행으로 인한 손해배상책임을 면할 수 없다.(대판 1999.4.9.선고, 98다59767)

제4장

교부청구 및 참가압류

I 의의

교부청구 및 참가압류는 체납자에 대하여 이미 체납처분, 강제집행 및 강제환가절차가 개시된 경우에는 동일재산에 대하여 중복하여 압류하는 것은 집행경제 등으로 볼 때 적합하지 아니할 수 있다.

따라서 국세징수법에서는 이런 경우에는 스스로 압류하지 않고 이들 절차의 집행기관에 대하여 체납액의 교부를 청구(교부청구)하거나, 기집행권자의 압류에 참가(참가압류)하여 만족을 얻을 수 있도록 하는 절차를 두고 있다.

아울러, 교부청구와 참가압류의 가장 큰 차이점은 교부청구의 경우에는 교부청구를 받은 선행의 집행기관이 해당 강제환가절차를 해제하거나 취소한 때 그 교부청구의 효력은 상실된다.

이에 반하여, 참가압류의 경우에는 그 참가압류를 받은 선행의 압류가 해제되거나 취소된 때에는 차순위의 참가압류권자에게 참가압류를 한 때로부터 소급하여 압류의 효력이 생긴다.

협의의 강제징수(체납처분)에는 재산의 압류, 압류재산의 환가, 청산(배분) 등 각 행정처분으로 구성된 것을 말하고, 여기에 교부청구 및 참가압류가 포함된 때에는 광의의 강제징수(체납처분)라고 말하며, 통상적으로 강제징수(체납처분)라 함은 광의의 강제징수를 의미한다.

따라서 교부청구 또는 참가압류도 각각 별도의 행정처분에 해당되고, 특히 교부청구의 경우 별도의 압류처분이 선행되어 있어야 행사 가능한 것도 아니다.

Ⅱ 교부청구

1. 의의

가. 성격

교부청구란 체납자의 재산에 대하여 이미 체납처분·강제집행 등의 강제환가절차가 개시된 경우에 그 강제환가절차에 개입하여 체납액의 교부를 청구하는 것으로써 민사집행절차상의 배당요구와 같은 성질을 가진다.[192]

나. 요건

교부청구를 하기 위한 요건으로는 체납자의 체납사실이 존재하여야 하므로, 납부기한(납부기한이 연장된 경우에는 그 연장된 납부기한) 내에 납부하지 않아야 하며, 강제환가절차인 선행 집행의 사실이 존재하여야 한다.[193]

국세징수법에서는 체납자가 ① 국세·지방세 또는 공과금의 체납으로 강제징수(체납처분)를 받은 때, ② 민사집행에 따른 강제집행을 받은 때, ③ 경매가 개시된 때, ④ 파산선고를 받은 때, ⑤ 법인이 해산된 때 등의 경우, 스스로 압류하지 아니하고, 당해 세무서장, 지방자치단체의 장, 공공기관의 장, 지방공사(지방공단)의 장·집행법원·집행공무원·강제관리인·파산관재인·청산인에 대하여 체납자의 체납액에 대한 교부청구로써 그 만족을 얻을 수 있다.

192) 국세징수법 제56조에 규정된 교부청구는 과세관청이 이미 진행 중인 강제환가절차에 가입하여 체납된 조세의 배당을 구하는 것으로서 강제집행에 있어서의 배당요구와 같은 성질의 것으로 볼 것이고 구 민사소송법(1990.1.13. 법률 제4201호로 개정되기 전의 것) 제605조제2항에서 부동산에 대한 강제경매절차에 있어 배당요구를 경락기일까지만 할 수 있다고 제한한 취지는 환가대금에서 추심하려고 하는 채권액을 환가 전에 확정하여 과잉경매를 막고 배당절차에서 채권액의 증가로 인하여 생기는 절차지연과 혼란을 피하고자 하는 이유 때문이며 이러한 필요성은 그 채권이 조세채권이라고 하여 달라지는 것은 아니므로, 부동산강제경매절차에서 조세채권의 교부청구도 배당요구와 마찬가지로 경락기일까지만 할 수 있다.(대판 1993.3.26.선고, 92다52733)
193) 국세징수법 제56조에 규정된 교부청구는 과세관청이 이미 진행 중인 강제환가절차에 가입하여 체납된 조세의 배당을 구하는 것으로서 강제집행에 있어서의 배당요구와 같은 성질의 것이므로 당해 조세는 교부청구 당시 체납되어 있음을 요하고, 또 같은 법 제14조제1항에 의하여 납기 전 징수를 하는 경우에도 교부청구 당시 납기 전 징수를 위하여 정하거나 변경한 납부기한이 이미 도래하였음을 요한다.(대판 1992.12.11.선고, 92다35431)

참조법령

▶ **국세징수법 제59조【교부청구】** 관할 세무서장은 다음 각 호의 어느 하나에 해당하는 경우 해당 관할 세무서장, 지방자치단체의 장, 「공공기관의 운영에 관한 법률」 제4조에 따른 공공기관의 장, 「지방공기업법」 제49조 또는 제76조에 따른 지방공사 또는 지방공단의 장, 집행법원, 집행공무원, 강제관리인, 파산관재인 또는 청산인에 대하여 다음 각 호에 따른 절차의 배당 · 배분 요구의 종기(終期)까지 체납액(제13조에 따라 지정납부기한이 연장된 국세를 포함한다)의 교부를 청구하여야 한다.

    1. 국세, 지방세 또는 공과금의 체납으로 체납자에 대한 강제징수 또는 체납처분이 시작된 경우

    2. 체납자에 대하여 「민사집행법」에 따른 강제집행 및 담보권 실행 등을 위한 경매가 시작되거나 체납자가 「채무자 회생 및 파산에 관한 법률」에 따른 파산선고를 받은 경우

    3. 체납자인 법인이 해산한 경우

다. 교부청구의 상대방

① 국세의 체납처분 : 당해 세무서장

② 지방세 또는 공과금의 체납처분 : 당해 지방자치단체, 행정기관 또는 공공단체

③ 강제집행 : 동산에 대해서는 그 집행기관인 집행관, 부동산 · 채권 기타 재산권에 대해서는 그 집행기관인 집행법원

④ 부동산의 강제관리 : 강제관리인

⑤ 파산절차 : 파산관재인

⑥ 담보권실행 등을 위한 경매 : 동산에 대해서는 집행관, 부동산 및 기타 재산권에 대해서는 그 집행법원

⑦ 법인의 해산 : 청산인

교부청구의 송달과 관련하여, 의사표시가 담긴 교부청구서가 경매계속 중인 법원에 접수된 이상, 동 법원의 등기과를 수신처로 하여 우송된 경우에도 적법한 교부청구가 이루어진 것으로 볼 수 있다.[194]

---

194) 국세교부청구의 의사표시가 담긴 교부청구서가 당해 경매사건이 계속되고 있는 법원에 접수된 이상 그 교부청구 행위는 당해 경매법원에 대하여 이루어진 것으로 보아야 하고, 우편물의 겉봉에 받는 사람의 표시를 '○○지방법원 등기과'라고 표기하였다거나 교부청구서에 '○○지방법원 등기과 귀하'로 표시하였다고 하여 이를 들어 교부청구의 의사표시가 경매법원 아닌 ○○지방법원 등기과의 등기관에 대하여 행하여진 것이라고 볼 수는 없다.(대판 2001.6.12.선고, 99다45604)

2. 교부청구의 절차

가. 교부청구의 방법

교부청구는 선행하는 집행기관에 「교부청구서」를 송달하는 방법으로 하여야 하며, 교부청구의 효력은 교부청구의 통지가 송달된 때에 발생하게 된다. 따라서 등기우편에 의하여 송달하되 추후 그 송달 여부를 반드시 확인해 두는 것이 좋으며, 관계기관에 교부청구서가 송달되지 아니하거나, 배당 받을 수 있는 기한까지 "교부청구서"가 송달되지 아니한 때에는 배당에서 제외될 수 있다.

교부청구 후 체납액 등 교부청구금액에 증감이 있는 때에는 즉시 주관 집행기관에 교부청구의 방법으로 그 증감액에 대한 통지를 하여야 한다. 만약 증감의 통지를 하지 아니하여 그 증감된 액수에 대한 부족액이 생기거나, 초과 배당 받게 되어 그 과다 배당액을 후순위 채권자에게 직권으로 배분(반환)하여야 하는 문제가 발생될 수 있으므로 각별히 주의하여야 한다.

나. 교부청구의 시기

1) 의의

교부청구는 경매 또는 공매 등이 선행하는 집행기관에 대하여 체납액의 교부를 청구하는 것이다. 따라서 경매 또는 공매절차가 종료될 때까지 무한정 허용할 경우 발생될 수 있는 집행절차의 불안정 및 지연 등 폐단을 예방하기 위해 특정 기일까지 해당 집행기관에 교부청구를 하여야 배당(배분)절차에 참여할 수 있도록 하는 규정이 필요하다.

구 국세징수법[시행 2012.1.1. 법률 제10527호로 개정되기 전]에서 체납처분절차의 배분요구종기에 관한 명문의 규정이 없는 관계로, 조세·공과금에 우선하는 임금채권자 등은 체납처분절차가 종료된 이후라도 권리주장을 할 수 있었다.[195]

---

195) 국세징수법 제83조제1항 후문은 배분계산서의 작성과 관련하여 "이 경우 매각대금의 배분대상자는 세무서장이 배분계산서를 작성하기 전까지 배분요구를 하여야 한다."고 규정하고 있으나, 국세징수법이 민사집행법과는 달리 배당요구권자, 배당요구기한의 고지절차, 채권계산서 미제출에 의한 채권액 보충의 실기, 배당 받을 채권자의 범위, 배당이의절차 등에 관하여 규정하고 있지 아니한 점 등에 비추어 보면, 위 조항의 후문은 배분계산서를 작성할 때까지 배분요구를 하지 아니한 배분대상자를 배분에서 배제하는 취지의 규정이 아니라 주의적 규정에 불과하다고 할 것이므로, 국세기본법 제35조제1항제5호에 따라 국세 또는 가산금에 우선하는 임금채권이 국세징수법상 압

하지만 개정 국세징수법[시행 2012.1.1. 법률 제10527호]에서는 공매공고에 대한 등기·등록의 촉탁, 가압류채권자의 배분대상 인정, 배당요구종기 이후의 채권액 증액불가, 배분계산서에 대한 이의제기 등 민사집행절차에 준하는 수준으로 대폭 개정됨에 따라 체납처분절차에 있어서도 배분요구종기까지 교부청구하여야 배분절차에 참여할 수 있도록 입법화되었다.

2) 조세·공과금의 강제징수(체납처분)의 경우

조세·공과금이 집행기관으로서 강제징수(체납처분)를 통한 환가절차(공매절차)가 진행 중인 경우에는 공매절차 진행에 필요한 기간을 고려하여 최초의 입찰서 제출 시작일 이전으로서 조세·공과금의 집행기관이 지정한 기일이 배분요구의 종기일이 된다.

따라서 조세·공과금이 해당 집행기관으로 된 경우에도 배분요구종기일까지 교부청구를 하여야 배당절차에 참여할 수 있다.

참조법령

▶ **국세징수법 제72조【공매공고】** ① 관할 세무서장은 공매를 하려는 경우 다음 각 호의 사항을 공고하여야 한다.

　7. 배분요구의 종기

④ 제1항제7호에 따른 배분요구의 종기는 절차 진행에 필요한 기간을 고려하여 정하되, 최초의 입찰서 제출 시작일 이전으로 하여야 한다. 다만, 공매공고에 대한 등기 또는 등록이 지연되거나 누락되는 등 대통령령으로 정하는 사유로 공매 절차가 진행되지 못하는 경우에는 관할 세무서장은 배분요구의 종기를 최초의 입찰서 제출 마감일 이후로 연기할 수 있다.

---

3) 민사집행절차의 강제집행 또는 임의경매의 경우

가) 유체동산에 대한 강제집행 또는 경매의 경우

민사집행절차에 의한 유체동산에 대한 강제집행 또는 경매의 경우에는 경매기일의 종료

류재산 매각대금의 분배대상에 포함되면, 체납처분절차를 주관하는 기관은 비록 임금채권자의 배분요구가 없다고 하더라도 임금채권자에게 배분할 금액을 직권으로 확정하여 배분계산서를 작성하여야 하고, 만약 임금채권자가 체납처분의 청산절차에서 압류재산의 매각대금을 배분할 때까지 배분요구를 하지 아니하여 그에게 배분되어야 할 돈이 후순위권리자에게 배분되었다면, 임금채권자는 후순위권리자를 상대로 부당이득의 반환을 청구할 수 있다고 할 것이다.(대판 2006.1.27.선고, 2005다27935)

시까지가 교부청구의 종기일이 된다. 따라서 ① 집행관이 금전을 압류하거나 매각대금을 영수한 때, ② 집행관이 금전의 지급을 목적으로 하는 유가증권에 대하여 그 금전을 지급 받은 때, ③ 공탁한 매각대금에서 동산집행을 계속하여 진행할 수 있게 된 때, ④ 공탁한 매각대금에서 압류신청을 한 때까지 교부청구를 하여야 한다.

참조법령

▶ **민사집행법 제220조【배당요구의 시기】**① 배당요구는 다음 각 호의 시기까지 할 수 있다.
　1. 집행관이 금전을 압류한 때 또는 매각대금을 영수한 때
　2. 집행관이 어음·수표 그 밖의 금전의 지급을 목적으로 한 유가증권에 대하여 그 금전을 지급 받은 때
② 제198조제4항에 따라 공탁된 매각대금에 대하여는 동산집행을 계속하여 진행할 수 있게 된 때까지, 제296조제5항 단서에 따라 공탁된 매각대금에 대하여는 압류의 신청을 한 때까지 배당요구를 할 수 있다.
▶ **민사집행법 제198조【압류물의 보존】**③ 제49조제2호 또는 제4호의 문서가 제출된 경우에 압류물을 즉시 매각하지 아니하면 값이 크게 내릴 염려가 있거나, 보관에 지나치게 많은 비용이 드는 때에는 집행관은 그 물건을 매각할 수 있다.
④ 집행관은 제3항의 규정에 따라 압류물을 매각하였을 때에는 그 대금을 공탁하여야 한다.
▶ **민사집행법 제296조【동산가압류집행】**⑤ 가압류물은 현금화를 하지 못한다. 다만, 가압류물을 즉시 매각하지 아니하면 값이 크게 떨어질 염려가 있거나 그 보관에 지나치게 많은 비용이 드는 경우에는 집행관은 그 물건을 매각하여 매각대금을 공탁하여야 한다.

나) 부동산 등에 대한 강제집행 또는 경매의 경우

부동산에 대한 강제집행 또는 경매의 경우 교부청구의 종기일은 첫 매각기일 이전으로써 집행법원에서 지정한 기일이 되고, 통상 집행법원의 경매개시결정 최고 시에 통지되고 대법원인터넷홈페이지에서도 조회가 가능하다.

다) 금전채권에 대한 강제집행의 경우

금전채권에 대한 강제집행의 경우, ① 제3채무자가 민사집행법에 따른 채무액에 대한 공탁의 신고를 한 때, ② 채권자가 추심명령에 의하여 추심을 하고 법원에 추심의 신고를 한 때, ③ 집행관이 매각결정에 따라 현금화한 금전을 집행법원에 제출한 때, ④ 전부명령이 제3채무자에게 송달되기 전까지 등이 배당요구의 종기일에 해당되므로, 그 기한까지는 교부청구를 하여야 한다.

참조법령

▶ **민사집행법 제247조【배당요구】** ① 민법·상법, 그 밖의 법률에 의하여 우선변제청구권이 있는 채권자와 집행력 있는 정본을 가진 채권자는 다음 각 호의 시기까지 법원에 배당요구를 할 수 있다.

    1. 제3채무자가 제248조제4항에 따른 공탁의 신고를 한 때

    2. 채권자가 제236조에 따른 추심의 신고를 한 때

    3. 집행관이 현금화한 금전을 법원에 제출한 때

② 전부명령이 제3채무자에게 송달된 뒤에는 배당요구를 하지 못한다.

▶ **민사집행법 제248조【제3채무자의 채무액의 공탁】** ④ 제3채무자가 채무액을 공탁한 때에는 그 사유를 법원에 신고하여야 한다. 다만, 상당한 기간 이내에 신고가 없는 때에는 압류채권자, 가압류채권자, 배당에 참가한 채권자, 채무자, 그 밖의 이해관계인이 그 사유를 법원에 신고할 수 있다.

▶ **민사집행법 제236조【추심의 신고】** ① 채권자는 추심한 채권액을 법원에 신고하여야 한다.

② 제1항의 신고 전에 다른 압류·가압류 또는 배당요구가 있었을 때에는 채권자는 추심한 금액을 바로 공탁하고 그 사유를 신고하여야 한다.

라) 부동산에 대한 강제관리의 경우

민사집행절차에 의하여 부동산의 강제관리절차가 진행 중인 때에는 강제관리가 취소될 때까지가 교부청구의 종기가 된다.

마) 법인 해산의 경우

법인 해산의 경우, 해당 법인이 해산등기가 되고 그 청산이 종결된 것으로 보게 되더라도 어떤 권리관계가 남아 있어 현실적으로 정리할 필요가 있으면 그 범위 내에서는 아직 완전히 소멸하지 아니한다. 따라서 채무의 변제를 포함한 청산사무가 종결될 때까지는 청산목적의 범위 내에서 존속하게 되므로,[196] 해당 법인의 청산사무가 종료된 때까지 교부청구가 가능하다.

바) 파산선고의 경우

파산선고의 경우에는 해당 파산절차에 대한 파산종결의 결정이나 파산폐지의 결정 시까지가 교부청구의 종기가 된다. 또한 파산선고 이후에는 파산재단에 속하는 파산자의 재산에 대

---

196) 법인에 대한 파산절차가 잔여재산 없이 종료되면 청산종결의 경우와 마찬가지로 그 인격이 소멸한다고 할 것이나, 아직도 적극재산이 잔존하고 있다면 법인은 그 재산에 관한 청산목적의 범위 내에서는 존속한다고 볼 것이다.(대판 1989.11.24.선고, 89다카2483)

해서는 새로운 압류가 허용되지 않으므로,[197] 파산선고 이후에는 파산관재인에 대하여 교부청구를 하여야 한다.

그러나, 파산선고가 있기 전에 압류한 재산은 파산재단에 속하더라도 추심·매각 및 배분 등의 체납처분을 속행할 수 있고, 이를 통해서도 체납액에 부족할 때에는 그 부족액에 대해서는 파산관재인에게 교부청구를 하여야 한다.

참조법령

▶ **국세징수법시행령 제48조【파산선고에 따른 교부청구】** 관할 세무서장은 법 제59조에 따라 파산관재인에게 교부청구를 하는 경우 다음 각 호의 구분에 따른 방법으로 해야 한다.
   1. 압류한 재산의 가액이 징수할 금액보다 적거나 적다고 인정될 경우 : 재단채권(財團債權)으로서 파산관재인에게 그 부족액을 교부청구하는 방법
   2. 납세담보물 제공자가 파산선고를 받아 강제징수에 의하여 그 담보물을 공매하려는 경우 : 「채무자 회생 및 파산에 관한 법률」 제447조에 따른 채권신고 절차를 거친 후 별제권(別除權)을 행사해도 부족하거나 부족하다고 인정되는 금액을 교부청구하는 방법. 다만, 파산관재인이 그 재산을 매각하려는 경우에는 징수할 금액을 교부청구하는 방법으로 해야 한다.

---

3. 교부청구의 효력

가. 배당(배분)요구의 효력

1) 교부청구의 누락

교부청구는 강제환가절차 중인 집행기관에 대하여 그 환가대금으로부터 체납액에 대한 교부를 청구하는 것이므로 당연히 배당요구의 효력이 생긴다. 따라서 교부청구는 파산선고의 경우에 있어서는 채권신고의 효력이 있고, 법인이 해산한 경우에는 채권에 대한 최고로서의 효력이 있다.

---

197) 파산법 제62조는 파산선고 전의 체납처분은 파산선고 후에도 속행할 수 있다는 것을 특별히 정한 취지에서 나온 것이므로 파산선고 후에 새로운 체납처분을 하는 것은 허용되지 아니한다는 것으로 해석함이 상당하고, 또한 파산법 등 관계 법령에서 국세채권에 터 잡아 파산재산에 속하는 재산에 대하여 체납처분을 할 수 있다는 것을 정한 명문의 규정이 없는 점 등을 종합하여 보면, 국세채권에 터 잡아 파산선고 후에 새로운 체납처분을 하는 것은 허용되지 아니한다.(대판 2003.3.28.선고, 2001두9486)

　민사집행법상의 경매절차가 진행 중인 부동산에 대하여 경매개시결정등기 전에 체납처분에 의한 압류 또는 참가압류의 등기가 있는 경우, 배당요구종기일(첫 매각기일 이전으로 집행법원이 지정한 기일)까지 교부청구 등을 하지 않더라도 배당을 받을 수 있다. 다만 이런 경우에는 (참가)압류등기촉탁서에 의한 체납액을 한도로 하여 배당을 받을 수 있을 뿐이고, 배당요구종기일 이후 배당 시까지의 교부청구된 체납액은 그것이 일반채권에 우선하는 조세·공과금 등의 채권에 해당되더라도 배당을 받을 수 없다.[198]

　따라서 경매개시결정등기 전에 압류 또는 참가압류의 등기를 하지 못하고, 배당요구종기까지 교부청구도 하지 않은 경우에는 배당에서 제외된다 할 것이지만, 경매개시결정등기 전까지 압류 또는 참가압류의 등기가 되어 있음에도 경매 진행 중의 부동산에 대하여 교부청구를 하지 않아 배당에서 제외되었다면 배당을 받은 후순위 채권자를 상대로 부당이득반환청구를 할 수 있다.[199]

2) 착오에 의한 교부청구

　경매개시결정 등기 전에 체납처분에 의한 압류등기가 기입된 경우라 할지라도 교부청구 등 일체의 입증자료를 제출하지 아니하여 배당에서 제외된 경우와 달리, 착오로 인해 감액된 금액으로 교부청구를 하였고 이에 따라 배당법원이 교부청구서상의 감축된 체납액을 기준으로 하여 배당을 실시하였다면, 그 교부청구서에 따른 배당표는 정당하게 작성된 것으로 인정된다. 이런 경우의 누락된 배당금에 대해서는 후순위 채권자를 상대로 부당이득금반환을 청구할 수 없다.[200]

---

198) 조세의 체납에 의한 압류등기가 되어 있는 경우에는 그 등기로써 교부청구의 효력이 있는 것이나, 그 경우에도 경락기일까지 교부청구나 그 세액을 알 수 있는 증빙서류가 전연 제출되어 있지 아니하다면 압류등기를 집행기록에 나타난 증빙서류에 준하는 것으로 취급하여 압류등기촉탁서에 의한 체납세액을 조사하여 배당할 수 있을 뿐이고 그 후 배당 시까지의 사이에 비로소 교부청구된 세액은 그것이 실체법상 다른 채권보다 우선하는 것인지의 여부를 불문하고 이를 배당할 수 없다.(대판 1999.9.14.선고, 93다22210)

199) 강제집행 진행 중의 부동산에 대하여 조세채권의 보전을 위한 압류가 있었으나 경락기일까지 압류사실을 신고하지도 않고 체납 세액을 계산할 수 있는 증빙서류도 제출하지 않은 조세채권자에게도 당해 압류등기촉탁서 등에 의하여 조사 가능한 체납세액은 그 우선순위에 따라 배당하여야 한다는 이유로, 확정된 배당표에 의하여 배당에서 제외된 조세채권자의 부당이득반환청구를 인용한 사례(대판 1997.2.14.선고, 96다51585)

200) 실체적 하자 있는 배당표에 기한 배당으로 인하여 배당 받을 권리를 침해당한 자는 원칙적으로 배당기일에 출석하여 이의를 하고 배당이의의 소를 제기하여 구제받을 수 있고, 가사 배당기일에 출석하여 이의를 하지 않음으로써 배당표가 확정되었다고 하더라도, 확정된 배당표에 의하여 배당을 실시하는 것은 실체법상의 권리를 확정하는 것이 아니기 때문에 부당이득금반환청구의 소를 제기할 수 있지만, 배당표가 정당하게 작성되어 배당표 자체

아울러, 경매개시결정등기 전에 체납처분에 의한 압류의 등기를 하고, 배당요구종기일까지 감액된 금액으로 착오 교부청구 하였더라도, 배당표가 작성될 때까지는 압류등기상의 청구금액의 범위 한도 내에서는 종전 착오 교부청구한 금액을 초과하는 수정 교부청구도 허용된다.[201]

또한, 배당요구종기일 이후에 발생될 연체금(가산금)을 배당 받기 위해서는 배당요구종기일 전 교부청구 시의 「교부청구금액」란에 "체납된 조세·공과금에 대하여 배당요구종기일 이후 배당기일까지 발생한 ○○%에 상당하는 연체금(가산금)이 추가됨"이라고 기재한다면 배당요구종기일 이후에 발생된 연체금(가산금)에 대해서도 배당을 받을 수 있다.[202]

나. 시효중단의 효력

교부청구는 시효중단의 효력이 있고 중단된 소멸시효는 교부청구의 원인이 소멸된 때로부터 새로이 진행된다. 따라서 교부청구에 관계된 체납액의 배당, 집행기관에 의한 집행의 완

에 실체적 하자가 없는 경우에는 그 확정된 배당표에 따른 배당액의 지급을 들어 법률상 원인이 없는 것이라고 할 수 없다.

담보권실행을 위한 경매절차에서 경매신청채권자는 특별한 사정이 없는 한 경매신청서에 기재한 청구금액을 채권계산서의 제출에 의하여 확장할 수 없지만, 그 후 배당표가 작성될 때까지 청구금액을 감축한 채권계산서를 제출할 수 있으며, 이 경우 배당법원으로서는 채권계산서상의 감축된 채권액을 기준으로 하여 배당할 수밖에 없고, 그 채권액을 초과하여 배당할 수는 없는 만큼 그 계산서에 따른 배당표는 정당하게 작성된 것이라 할 것이다.(대판 2002.10.11.선고, 2001다3054)

201) 부동산에 관한 경매개시결정기입등기 이전에 체납처분에 의한 압류등기가 마쳐진 경우 국가는 국세징수법 제56조에 의한 교부청구를 하지 않더라도 당연히 그 등기로써 민사소송법에 규정된 배당요구와 같은 효력이 발생하고, 이때 국가가 낙찰기일까지 체납세액을 계산할 수 있는 증빙서류를 제출하지 아니한 때에는 경매법원으로서는 당해 압류등기촉탁서에 의한 체납세액을 조사하여 배당하게 될 것이므로, 이와 같은 경우에 비록 낙찰기일 이전에 체납세액의 신고가 있었다고 하더라도 국가는 그 후 배당표가 작성될 때까지는 이를 보정하는 증빙서류 등을 다시 제출할 수 있다고 할 것이며, 경매법원으로서는 특별한 사정이 없는 한 위 낙찰기일 전의 신고금액을 초과하는 금액에 대하여도 위 압류등기상의 청구금액의 범위 내에서는 배당표 작성 당시까지 제출한 서류와 증빙 등에 의하여 국가가 배당 받을 체납세액을 산정하여야 한다.(대판 2002.1.25.선고, 2001다11055)

202) 경매신청서 또는 배당요구종기 이전에 제출된 배당요구서에 배당기일까지의 이자 등 지급을 구하는 취지가 기재되어 있다면 배당대상에 포함된다. 이러한 법리는 조세채권에 의한 교부청구를 하는 경우에도 동일하게 적용되므로, 조세채권이 구 지방세법(2010.3.31. 법률 제10221호로 전부 개정되기 전의 것) 제31조제1항 및 제2항제3호에 따라 법정기일에 관계없이 근저당권에 우선하는 당해세에 관한 것이라고 하더라도, 배당요구종기까지 교부청구한 금액만을 배당 받을 수 있을 뿐이다. 그리고 당해세에 대한 부대세의 일종인 가산금 및 중가산금의 경우에도, 교부청구 이후 배당기일까지의 가산금 또는 중가산금을 포함하여 지급을 구하는 취지를 배당요구종기 이전에 명확히 밝히지 않았다면, 배당요구종기까지 교부청구를 한 금액에 한하여 배당 받을 수 있다.(대판 2012.5.10.선고, 2011다44160)

료 또는 교부청구의 해제가 있는 때로부터 소멸시효는 다시 새로이 진행된다.

아울러, 교부청구를 통하여 경매(공매)절차에 참여한 경우 배당이 확정된 때에는 그때부터 중단된 소멸시효는 다시 진행되므로, 배당이의가 있는 경우라면 그 배당이의에 관한 소송을 통해 배당이 확정된 때로부터 다시 진행된다.[203]

4. 교부청구 시 유의사항

가. 소유권 이전과 교부청구

체납자 소유 부동산이 양도되어 제3자가 그 소유권을 취득한 경우, 소유권이 이전되기 전에 양도인(체납자)의 부동산에 대하여 압류의 등기를 하지 않았다면, 이후 해당 부동산의 경매절차에서는 우선하는 조세·공과금채권자가 교부청구를 하더라도 매각대금에서 우선 배당을 받을 수 없다.[204]

아울러 저당권이 설정된 부동산이 양도되고, 그 부동산을 양수한 제3자가 체납자인 경우, 그 제3자(체납자)의 조세채권의 법정기일이 양도되기 전 저당권자의 저당권설정일보다 앞선다고 하더라도, 양도 전에 설정된 저당권에 대하여 조세·공과금채권의 우선권을 주장할 수

---

203) 채권자가 배당요구 또는 채권신고 등의 방법으로 권리를 행사하여 강제경매절차에 참가하고, 그 권리행사로 인하여 소멸시효가 중단된 채권에 대하여 일부만 배당하는 것으로 배당표가 작성되고 다시 그 배당액 중 일부에 대하여만 배당이의가 있어 그이의의 대상이 된 부분을 제외한 나머지 부분, 즉 배당액 중 이의가 없는 부분과 배당받지 못한 부분의 배당표가 확정이 되었다면, 이로써 그와 같이 배당표가 확정된 부분에 관한 권리행사는 종료되고 그 부분에 대하여 중단된 소멸시효는 위 종료 시점부터 다시 진행된다. 그리고 위 채권 중 배당이의의 대상이 된 부분은 그에 관하여 적법하게 배당이의의 소가 제기되고 그 소송이 완결된 후 그 결과에 따라 종전의 배당표가 그대로 확정 또는 경정되거나 새로 작성된 배당표가 확정되면 그 시점에서 권리행사가 종료되고 그때부터 다시 소멸시효가 진행한다.(대판 2009.3.26.선고, 2008다89880)

204) 납세의무자의 소유가 아닌 재산에 의하여 국세를 징수할 수는 없으므로 국세의 체납처분 등에 의하여 납세의무자의 재산이 압류되기 전에 제3자가 그 소유권을 취득하였다면 그 재산에 대하여는 원칙적으로 국세의 우선징수권이 미치지 아니하므로, 부동산에 대한 강제집행절차가 진행되는 도중에 그 목적물이 제3자에게 양도된 경우에도 그 이전에 양도인의 체납 국세에 관하여 체납처분 등으로 압류를 한 바 없다면 그 이후에 그 체납 국세에 관하여 교부청구를 하더라도 낙찰대금으로부터 우선 배당을 받을 수 없고, 따라서 그러한 교부청구에 기하여 우선 배당을 받았다면 이는 다른 배당권자에 대한 관계에서 부당이득이 된다.(대판 1998.8.21.선고, 98다24396)

없다.[205]

    즉, 압류된 부동산이 제3자에게 양도된 경우에 우선하는 조세채권자는 양도되기 전 소유자의 체납을 원인으로 해당 부동산을 압류하지 않았다면, 제3자(양수인)의 조세체납을 원인으로 압류 또는 교부청구하더라도 양도 전 소유자의 압류채권자 등에 대해서는 조세의 우선권을 주장할 수 없다.[206]

나. 경매개시결정 이후의 압류등기

    집행법원에서 경매개시결정을 하게 되면 부동산등기부상에 경매개시결정등기를 하게 되고, 만약 이때까지 조세·공과금채권자가 압류등기를 하지 않은 경우라면 반드시 경매법원으로 교부청구를 하여야 한다. 왜냐하면 법원의 경매개시결정등기 이후에는 관할 등기소를 통한 압류등기는 촉탁할 수 있지만, 그 압류등기만으로는 경매법원에 대한 교부청구의 효력이 발생되지 않기 때문이다.

    따라서 체납자의 소유 부동산에 대하여 이미 경매가 진행 중인 경우에는 관할 등기소에 압류등기를 촉탁할 것이 아니라, 경매법원으로 교부청구를 하여야 하며, 만약 교부청구 후에 경매가 취소되는 등 교부청구의 효력이 소멸된 때에는 압류 또는 참가압류의 등기를 하여야 할 것이다.

205) 국세에 대하여 우선적으로 보호되는 저당권으로 담보되는 채권은 당해 저당권설정 당시의 저당권자와 설정자의 관계를 기본으로 하여 그 설정자의 납세의무를 기준으로 한 취지의 규정이라 해석함이 상당하고, 국세징수법 제5조 규정에 의하여 국세등의 우선징수로부터 배제되는 저당채권은 설정자가 저당부동산을 제3자에게 양도하고 그 양수인인 제3자에게 국세의 체납이 있었다고 하여 특별규정이 없는 현행법하에서는 그 보호의 적격이 상실되는 법리가 아니라 할 것이다.(대판 1972.1.31.선고, 71다2266)
206) 부동산에 대한 가압류집행 후 가압류목적물의 소유권이 제3자에게 이전된 경우 가압류의 처분금지적 효력이 미치는 것은 가압류결정 당시의 청구금액의 한도 안에서 가압류목적물의 교환가치이고, 위와 같은 처분금지적 효력은 가압류채권자와 제3취득자 사이에서만 있는 것이므로 제3취득자의 채권자가 신청한 경매절차에서 매각 및 경락인이 취득하게 되는 대상은 가압류목적물 전체라고 할 것이지만, 가압류의 처분금지적 효력이 미치는 매각대금 부분은 가압류채권자가 우선적인 권리를 행사할 수 있고 제3취득자의 채권자들은 이를 수인하여야 하므로, 가압류채권자는 그 매각절차에서 당해 가압류목적물의 매각대금에서 가압류결정 당시의 청구금액을 한도로 하여 배당을 받을 수 있고, 제3취득자의 채권자는 위 매각대금 중 가압류의 처분금지적 효력이 미치는 범위의 금액에 대하여는 배당을 받을 수 없다.(대판 2006.7.28.선고, 2006다19986)

다. 경매물건에 대한 공매와 교부청구

체납처분에 의한 압류재산이 민사집행절차에 의한 강제집행 또는 경매가 개시된 경우라도 체납처분에 의한 공매로써 매각처분은 가능하다.[207] 하지만 공매를 통하더라도 조세·공과금의 징수할 금액에 변동이 없다면 오히려 이중매각으로 인한 집행경제에 반하게 되어 불필요한 행정력이 소요될 것이다.

따라서 경매가 진행 중인 재산에 대하여는 특별하게 징수에 지장이 있지 않는 한 교부청구를 하는 것이 바람직하고, 교부청구 후 장기간 경매기일통지나 배당기일통지 등이 없는 경우에는 경매법원으로 하여금 경매 진행 상태를 수시로 확인한 다음 공매 진행 여부를 검토하여야 할 것이다.

---

207) 국세징수법에 의한 연납처분에 의하여 차압기입의 등기 있는 부동산에 대하여는 다시 강제 혹은 임의경매절차를 진행할 수 없다는 규정이 없고 행정청과 사법기관은 각자 독자적 절차에 의하여 경매절차를 진행할 수 있고 경락자 중 선수위로 그 소유권을 취득한 자가 진정한 소유자로 확정된다.(대결 1959.5.19.선고, 4292민재항2)

Ⅲ 참가압류

1. 개념

참가압류란 압류하고자 하는 재산이 이미 다른 기관(체납처분을 집행하는 관청 또는 공공단체, 강제집행을 하는 법원, 집행관 또는 강제관리인)에서 압류하고 있는 때에는 교부청구에 갈음하여 참가압류통지서를 기압류기관에 송달함으로써 그 압류에 참가하는 절차이다.

민사집행절차와 달리, 참가압류는 이중압류가 허용되지 않은 국세징수법상의 특성을 고려하여 선행의 집행절차가 취소되는 등 그 효력이 상실될 경우 교부청구의 효력이 상실되는 현실적 문제점을 보완하기 위한 것으로서 실무적으로는 참가압류와 압류를 거의 구별하지 않고 집행하고 있다.

따라서 다른 집행기관에서 이미 압류한 재산에 대하여는 참가압류를 하여야 할 것이지만, 참가압류하지 않고 압류를 하였다하여 그 압류의 효력이 상실되는 것은 아니고, 선행의 압류기관에 대하여 참가압류를 한 것으로 보게 된다.

아울러, 등기 또는 등록을 요하는 재산에 대한 참가압류는 공부상 선행압류기관의 확인이 가능하고, 선행압류기관에 대한 통지가 효력발생의 요건은 아닐지라도 선행의 압류기관에 대하여 참가압류통지서를 송달함으로써 참가압류의 효력 여부에 대한 논란을 사전에 방지하는 것이 좋다.

참조법령

▶ **국세징수법 제61조【참가압류】** ① 관할 세무서장은 압류하려는 재산이 이미 다른 기관에 압류되어 있는 경우 참가압류통지서를 그 재산을 이미 압류한 기관(이하 "선행압류기관"이라 한다)에 송달함으로써 제59조에 따른 교부청구를 갈음하고 그 압류에 참가할 수 있다.
② 관할 세무서장은 제1항에 따라 참가압류를 한 경우 그 사실을 체납자, 제3채무자 및 저당권자 등에게 통지하여야 한다.

③ 관할 세무서장은 권리의 변동에 등기 또는 등록이 필요한 재산에 대하여 참가압류를 하려는 경우 참가압류의 등기 또는 등록을 관할 등기소등에 촉탁하여야 한다.

2. 참가압류의 요건

가. 압류의 요건을 갖추고 있을 것

참가압류는 선행의 압류가 해제되거나 또는 취소되는 때에 참가압류 시로 소급하여 압류로 전환되기 때문에 압류의 요건을 갖추어야 한다. 따라서 압류와 마찬가지로 체납이 존재하고 독촉 등 사전절차를 거쳐야 하지만, 독촉절차를 결하거나 하자가 있는 경우라도 그 참가압류는 위법한 처분에는 해당될 뿐 무효로까지는 되지 않는다.[208]

나. 이미 다른 기관(선행압류기관)에서 압류한 재산일 것

압류하고자 하는 재산에 대하여 선행하는 기관에서 압류 또는 참가압류가 되어 있어야 한다. 여기서 선행의 압류기관이라 함은 국세·지방세·공과금 등의 체납처분을 집행하는 행정기관·공공단체 또는 민사집행절차에 의한 강제집행을 행하는 집행법원, 집행관 또는 강제관리인을 말하고, 가압류나 가처분은 선행하는 압류에 해당되지 않는다.

3. 참가압류의 절차

가. 참가압류의 방법

참가압류대상의 재산이 등기 또는 등록을 요하는 재산인 경우에는 참가압류의 등기 또는 등록을 관계관서에 촉탁하여야 하며, 참가압류등기 또는 등록의 촉탁은 해당 재산의 「체납처분에 의한 압류(말소)등기(등록)의 촉탁서」에 「압류조서」의 등본을 첨부하여 촉탁하면 된다. 등기 또는 등록을 요하지 않는 재산인 경우에는 "참가압류통지서(선행압류기관용)"를 선행

---

208) 납세의무자가 세금을 납부기한까지 납부하지 아니하기 때문에 과세청이 그 징수를 위하여 참가압류처분에 이른 것이라면 참가압류처분에 앞서 독촉절차를 거치지 아니하였고 또 참가압류조서에 납부기한을 잘못 기재한 잘못이 있다고 하더라도 이러한 위법사유만으로는 참가압류처분을 무효로 할 만큼 중대하고도 명백한 하자라고 볼 수 없다.(대판 1992.3.10.선고, 91누6030)

압류기관에 송달함으로써 행한다.

여기서, 참가압류통지서를 송달할 선행압류기관이라 함은 해당 재산에 대하여 압류의 효력을 가지는 선순위의 압류기관을 말하고, 참가압류기관의 위치에 있는 차순위의 압류 또는 참가압류기관은 선행압류기관에 해당되지 아니한다.

참가압류를 한 뒤 참가압류한 체납액에 증감이 생긴 때에는 즉시 그 사유와 증감액을 선행압류기관에 통지하여야 한다. 다만 체납자가 따로 매각이 용이한 재산으로써 제3자의 권리의 목적으로 되어 있지 아니한 것을 보유하고 있고, 그 재산에 의하여 체납액을 전액 징수할 수 있다고 인정될 때에는 참가압류를 하지 않을 수 있다.

나. 참가압류의 통지

참가압류를 한 때에는 선행압류기관에 "참가압류통지서(선행압류기관용)"를 송달하여야 하며, 체납자와 질권자 · 저당권자 · 전세권자, 경매법원과 경매신청인, 집행법원 · 집행공무원 · 강제관리인 등에 대하여도 "참가압류통지서(체납자와 제3권리자용)"에 의하여 참가압류의 통지를 하여야 한다.

채권 등 제3채무자가 있는 재산에 참가압류한 때에는 제3채무자에게도 압류의 뜻을 통지[참가압류통지서(체납자와 제3권리자용)에 의한다]하여야 하며, 압류의 효력은 제3채무자에게 압류의 통지가 송달된 때에 발생한다. 따라서 우편송달의 경우에는 그 송달 및 송달내용의 증명이 가능한 "내용증명우편"에 의함으로써 향후 법적 분쟁을 대비해 두는 것이 좋으며, 등기우편의 경우에는 사후 송달 여부를 반드시 확인하여야 한다.

4. 참가압류의 효력

가. 교부청구의 효력

참가압류는 참가압류통지서를 송달 받은 선행압류기관에 대하여 교부청구(배당요구)의 효력을 갖는다. 따라서 선행압류기관이 압류재산을 매각한 경우 또는 선행압류기관이 아닌 다른 체납처분기관, 법원 등에 의하여 참가압류재산이 환가된 경우에도 별도의 교부청구나 배당요구를 하지 않아도 그 환가금으로부터 참가압류와 관계된 체납액을 배당 받을 수 있다.[209]

나. 압류의 효력

참가압류를 한 후 선행의 압류가 해제 또는 취소된 때에는 참가압류재산에 관하여 참가압류 시로 소급하여 압류의 효력이 생기게 된다. 참가압류의 효력은 압류의 경우와 마찬가지로, 이미 발생한 체납액은 물론 참가압류등기 또는 등록 이후에 해당 부동산이 제3자에게 양도되기 전까지 발생한 체납액에 대해서도 압류의 효력이 미친다.[210]

따라서 조세와 같이 공과금 등의 체납으로 참가압류한 때에는 압류와 마찬가지로 참가압류의 등기 또는 등록 이후에 추가로 발생된 체납액 등에 대하여도 제3자에게 소유권이 이전되기 전까지 납부의무가 성립된 체납액까지는 참가압류의 효력이 미치는 것으로 해석된다.

다. 동산 · 유가증권의 참가압류와 인도의 효력

참가압류한 재산이 동산 또는 유가증권인 경우로서 선행압류가 해제 또는 취소가 된 때에는 선행압류기관이 점유하고 있거나 제3자로 하여금 보관하게 하고 있는 재산에 대하여 참가압류한 기관에게 직접 인도하여야 한다.

---

209) 경매절차가 진행 중인 부동산에 대하여 참가압류가 이루어진 후 과세관청이 착오로 국세체납액의 일부가 누락된 금액의 교부청구를 한 경우, 참가압류가 이루어진 이상 당연히 교부청구가 있는 것으로 보게 되므로 그 후에 행한 교부청구는 배당에 참여할 체납액의 범위를 확인하는 의미에 불과할 뿐만 아니라, 부동산을 양수하고 경매절차에서 교부청구된 전소유자의 체납액을 대납한 자는 선행된 경매절차에 있어서의 이해관계인이 아닌 제3자에 불과하므로, 과세관청의 교부청구가 대납자에 대하여 전소유자의 체납세액을 한정하는 공적인 견해표명의 의미를 갖는 것이라고 볼 수 없고, 더구나 경매신청의 취하로 인하여 부동산에 대한 참가압류등기가 남아 있는 이상 경매절차에서의 교부청구된 체납세액을 납부하였다고 하더라도 그 참가압류의 효력은 교부청구에서 누락된 체납액에 대하여도 미친다고 할 것이니, 과세관청이 대납자의 참가압류해제신청을 거부한 처분이 조세법에서의 신의성실의 원칙에 반한다고 할 수 없다.(대판 1994.9.13.선고, 94누1944)

210) 국세징수법 제57조, 제58조는 참가압류를 한 후에 기압류기관이 압류재산에 대한 압류를 해제한 때에는 그 압류참가는 참가압류의 등기가 완료된 때로 소급하여 압류의 효력이 생기는 것으로 규정하고 있고, 같은 법 제47조는 압류의 효력은 압류등기 후에 발생한 체납액에 대하여도 효력이 미친다고 규정하고 있으므로, 참가압류의 효력은 압류의 경우와 마찬가지로 이미 발생한 체납세액은 물론 참가압류등기 후에 대상 부동산이 제3자에게 양도되기 전까지 발생한 체납액에 대하여도 미친다 할 것이고, 참가압류 시 과세관청이 기압류기관이나 체납자와 그 재산에 대하여 권리를 가진 제3자에 대하여 참가압류통지를 함에 있어 착오로 인하여 실제 체납세액보다 적게 기재하였다고 하더라도 기재된 세액에 한하여 그 효력이 미치는 것이라고 볼 수 없다.(대판 1994.9.13.선고, 94누1944)

참가압류재산의 인도통지는 "참가압류재산인도통지서"에 의하도록 하고, 압류재산을 제3자가 보관하고 있는 때에는 그 제3자가 발행한 "보관증"을 인도함으로써 압류재산의 인도에 갈음할 수 있다.

선행압류기관에서 당해 재산의 압류를 해제할 때에는 선순위 참가압류기관에 통지와 함께 동산, 유가증권을 인도한 후에 해제하고, 후순위의 참가압류기관에 대하여도 그 뜻을 통지하여야 한다.

참조법령

▶ **국세징수법 제62조【참가압류의 효력 등】**① 제61조에 따라 참가압류를 한 후에 선행압류기관이 그 재산에 대한 압류를 해제한 경우 그 참가압류는 다음 각 호의 구분에 따른 시기로 소급하여 압류의 효력을 갖는다.

　　1. 권리의 변동에 등기 또는 등록이 필요한 재산 : 참가압류의 등기 또는 등록이 완료된 때
　　2. 권리의 변동에 등기 또는 등록이 필요하지 아니한 재산 : 참가압류통지서가 선행압류기관에 송달된 때

② 제1항을 적용할 때 둘 이상의 참가압류가 있는 경우에는 다음 각 호의 구분에 따른 시기로 소급하여 압류의 효력이 생긴다.

　　1. 권리의 변동에 등기 또는 등록을 필요로 하는 재산 : 가장 먼저 참가압류의 등기 또는 등록이 완료된 때
　　2. 권리의 변동에 등기 또는 등록을 필요로 하지 아니한 재산 : 가장 먼저 참가압류통지서가 송달된 때

③ 선행압류기관은 압류를 해제한 경우 압류가 해제된 재산 목록을 첨부하여 그 사실을 참가압류를 한 관할 세무서장에게 통지하여야 한다.

④ 선행압류기관은 압류를 해제한 재산이 동산 또는 유가증권 등인 경우로서 해당 재산을 선행압류기관이 점유하고 있거나 제3자에게 보관하게 한 경우 참가압류를 한 관할 세무서장에게 직접 인도하여야 한다. 다만, 제3자가 보관하고 있는 재산에 대해서는 그 제3자가 발행한 해당 보관증을 인도함으로써 재산을 직접 인도하는 것을 갈음할 수 있다.

---

5. 참가압류기관의 매각

가. 의의

구 국세징수법[시행 2011. 4. 4. 법률 제10527호 개정 전]에 의하면 참가압류한 재산에 대하

여 선행압류기관이 장기간 매각하지 않는 때에는 선행압류기관에 대하여 매각을 최고 할 수 있도록 규정하고 있었으나, 이 같은 매각최고는 선행압류기관에 대하여 매각처분하도록 촉구함에 그칠 뿐, 구속력을 가지지 않는 것으로 해석되었다.

따라서 압류재산의 매각(환가)처분은 선행압류기관이 하는 것이 원칙이지만 선행압류기관이 참가압류권자의 매각 최고에도 불응하고 매각하지 아니 할 경우, 참가압류권자의 권리행사가 제한되는 등 많은 문제점이 발생되어 실무상 참가압류권자가 직접 매각처분을 통해 체납액을 징수하는 사례도 빈번하였다.

과거, 조세와 공과금에 대한 압류선착수주의를 인용한 판례(공과금에는 압류선착수주의가 준용될 수 없다는 것이 현행 판례의 입장이다)에 의하면 참가압류기관은 매각처분의 주관기관이 될 수 없으며, 참가압류권자의 매각은 부당한 것으로 해석한 바가 있다.[211]

즉, 동 판례는 선행압류기관에 우선적인 매각처분권을 부여하고, 그 우선순위에 안주하여 후속의 환가절차를 지체하는 폐단에 대하여는 참가압류기관이 선행압류기관에 대한 매각처분의 최고로서 시정토록 하고, 선행압류기관이 매각처분의 최고를 받고도 응하지 않을 경우의 구제방법에 대해서는 입법의 보완을 통하여 해결할 문제인 것으로 제시하였다.

나. 참가압류기관의 촉구 및 매각

개정 국세징수법[시행 2011.4.4. 법률 제10527호]에서는 참가압류한 기관이 선행압류기관에 대하여 매각처분을 촉구하였음에도 불구하고, 촉구받은 날부터 3개월 이내에 선행압류기관이 공매를 진행할 의사표시를 하지 않는 경우에는 참가압류기관이 직접 압류재산을 매각할 수 있도록 입법화되었다.

따라서 매각최고를 받은 선행압류기관이 3개월 내에 수의계약 사실을 체납자 등에게 통지

---

211) 국세·지방세를 막론한 조세채권과 공과금의 가산금 및 체납처분비(공과금 자체는 제외) 상호 간에는 철저하게 압류선착수 우선주의를 적용하여 우선순위를 정하고, 이를 유지하기 위하여 역시 철저하게 선압류기관에 우선적인 매각처분권을 부여하고, 그 우선순위에 안주하여 후속의 환가절차를 지체하는 폐단에 대하여는 참가압류한 기관이 기압류기관에 매각처분을 최고할 수 있는 제도에 의하여 이를 시정토록 하고 있다.(창원지방법원 2000.8.29. 선고, 2000나4337판결 : 상고기각)

하거나, 공매를 위한 공매공고, 한국자산관리공사에 공매 또는 수의계약을 대행하도록 하는 의뢰서를 송부하는 등과 같이 압류재산을 매각하기 위한 적극적인 행위를 하지 않을 경우에는 참가압류기관이 직접 압류재산을 매각할 수 있게 되었다.

참조법령

▶ **국세징수법 제62조【참가압류의 효력 등】** ⑤ 참가압류를 한 관할 세무서장은 선행압류기관이 그 압류재산을 장기간이 지나도록 매각하지 아니한 경우 이에 대한 매각을 선행압류기관에 촉구할 수 있다.

⑥ 참가압류를 한 관할 세무서장은 제5항에 따라 매각의 촉구를 받은 선행압류기관이 촉구를 받은 날부터 3개월 이내에 다음 각 호의 어느 하나에 해당하는 행위를 하지 아니한 경우 해당 압류재산을 매각할 수 있다.

    1. 제67조에 따라 수의계약으로 매각하려는 사실의 체납자 등에 대한 통지

    2. 제72조에 따른 공매공고

    3. 제103조제1항에 따라 공매 또는 수의계약을 대행하게 하는 의뢰서의 송부

⑦ 참가압류를 한 관할 세무서장은 제6항에 따라 압류재산을 매각하려는 경우 그 내용을 선행압류기관에 통지하여야 한다.

⑧ 선행압류기관은 제7항에 따른 통지를 받은 경우 점유하고 있거나 제3자에게 보관하게 하고 있는 동산 또는 유가증권 등 압류재산을 제5항에 따라 매각을 촉구한 관할 세무서장에게 인도하여야 한다. 이 경우 인도 방법에 관하여는 제4항을 준용한다.

제5장

압류재산의 매각

I 통칙

1. 의의

가. 개념

체납처분의 일환으로 체납자의 재산을 압류하였으나, 압류 이후에 체납처분에 의하여 압류재산을 바로 체납액에 충당할 수 있는 금전을 제외하고는 그 압류재산을 금전으로 바꾸는 조치가 필요하며, 이와 같이 압류한 재산을 금전으로 바꾸는 것을 "환가"라고 한다.

압류재산이 채권일 때에는 채권자(체납자)를 대위하여 그 목적 재산을 추심하고 추심재산이 금전일 때에는 압류재산이 금전인 경우와 마찬가지로 체납액에 충당하며, 그 추심한 재산이 금전 이외의 것인 때에는 통상의 압류재산과 마찬가지로 매각하여야 하므로, 이런 매각과 추심을 포함하는 개념이 환가이다.

매각처분은 압류처분에 의한 압류재산의 처분권행사로서 체납처분의 실효성을 확보하기 위한 행정처분이며 공법상의 대리행위에 해당되므로, 압류재산의 매각에 있어 그 방법에는 일반의 자유로운 경쟁에 기하여 매각하는 공매가 기본적인 원칙이 된다.

다만, 예외적으로 공매가 적합하지 않은 경우에는 수의계약에 의한 매각도 인정될 수 있으며, 매각처분은 공법상의 행정처분에 해당되지만 매각처분에 따른 매수인의 매수행위는 사법상의 매매와 유사하므로, 매수인이 취득한 권리는 원시취득이 아닌 승계취득에 해당된다.[212]

나. 민사집행과의 차이점

1) 공매와 경매

체납된 조세·공과금을 징수할 목적으로 국세징수법에 의하여 국가·공공기관이 수행하는

---

[212] 국세체납으로 인하여 공매처분 되는 자동차를 불하받은 자가 당국의 지시에 따라 당해 자동차등록을 말소하고 신규 등록을 하였다 하여도 그 취득의 원인이나 과세 기간에 변동이 있는 것이 아니므로 이는 사용폐지에 해당하지 않음은 물론이고 이를 가지고 원시취득이라 할 수 없다.(대판 1972.11.14.선고, 72누123)

공매와 사인 간의 채권·채무관계에 대하여 민사집행법에 따라 국가의 관여하에 법원이 수행하는 경매는 해당 채권자가 받을 채권을 위하여 채무자 소유재산을 관련 법령에 의하여 압류하고 매각한 후 그 채권을 회수한다는 점, 즉 국가 등의 강제력에 의한 강제적 환가절차라는 점에서는 양자가 동일하고 그 내용이 유사하다.

다만, 민사집행절차에 의한 강제집행은 경합하는 일반채권에 대한 할당변제에 의한 사법적 해결을 그 목적으로 하는 것인데 반하여, 체납처분절차는 행정기관의 신속한 채권만족을 위한 절차라는 점에서 민사집행법상의 강제집행과는 여러 가지 면에서 차이가 있다.

2) 공매와 민사집행절차의 강제·임의경매와의 차이

구분	경매(법원)	공매(한국자산관리공사 등)	국세징수법령
법적 성격	사인 간 채권·채무조정	공법상의 행정처분	
기입등기	경매개시결정 등기	압류에 대한 공매공고 등기	법 제74조
배당요구종기	첫 매각기일 이전	최초의 입찰서 제출시작일 전	법 제72조
매각결정	매각기일부터 1주일 이내	개찰일로부터 3일 이내	법 제72조
공매통지	경매개시결정의 송달	공매통지서의 송달	법 제75조
공매재산명세서	매각물건명세서	공매재산명세서	법 제77조
공유자의 우선매수 신고	매각기일의 종결고지 전	매각결정기일 전	법 제79조
차순위자 매수신고	매각기일의 종결고지 전	매각결정기일 전	법 제83조
매각예정가격	전 가격의 20~30% 체감	최초매각예정가격의 10% (50%까지 체감)	법 제87조
매수대금 납부기한	매각허가 결정일부터 1월 이내	매각결정기일로부터 7일 이내(30일 한도 연장)	법 제84조
매수대금 납부최고	없음	납부촉구일로부터 10일 이내	시행령 제61조
매수대금 지연이자	있음	없음	
대금납부 기한경과	가능 (재매각기일 3일 이전)	불가능	

매수대금 미납 시 입찰보증금	배당할 금액에 포함	강제징수비, 체납액에 충당 후 잔여액 체납자 지급	법 제71조
매수대금과 배분 금액과의 상계	가능	불가능	
전 매수인의 입찰 여부	매수신청 불가	매수신청 가능 (제한에 관한 규정 없음)	
배분금액	매각대금, 지연이자, 항고보증금 등	매각대금 및 예치이자	법 제94조
기록열람	기록열람 가능	배분관련 서류의 열람·복사	법 제98조
배분이의	배당기일의 배당종결 전	배분기일이 끝나기 전	법 제99조
배당이의절차	배당이의의 소	행정처분에 대한 불복	법 제99조
인도명령	있음	없음	

3) 양 제도 상호 간 불간섭의 원칙

체납처분절차와 민사집행절차는 각자 정하여진 법령에 따라 별개의 독립된 절차로 진행되는 것이 원칙이므로, 동일 목적물에 대해서 체납처분에 의한 공매와 민사집행절차에 의한 경매가 동시에 진행될 수 있다.[213] 하지만 이는 집행경제에 반하고 매각비용의 증가 등 비효율적이므로, 경매가 진행 중인 재산은 별도로 공매를 진행하기보다는 교부청구를 통한 체납액의 징수가 효과적이다.

결국, 동일 목적물에 대해서 체납처분에 의한 공매와 민사집행절차에 의한 경매가 동시에 진행되는 경우, 각자에서 정한 매각절차에 의하여 양 경락자 중 먼저 낙찰대금을 납부한 자가 진정한 소유권자로 확정된다.[214]

---

213) 국세체납처분에 의한 공매절차가 추진 중에 있는 경우에도 법원은 그 부동산에 대하여 강제경매나 임의경매의 절차를 별도로 진행할 수 있다.(대결 1961.2.9.선고, 4293민상124)

214) 국세징수법에 의한 연납처분에 의하여 차압기입의 등기 있는 부동산에 대하여는 다시 강제 혹은 임의경매절차를 진행할 수 없다는 규정이 없고 행정청과 사법기관은 각자 독자적 절차에 의하여 경매절차를 진행할 수 있고 경락자 중 선수위로 그 소유권을 취득한 자가 진정한 소유자로 확정된다.(대결 1959.5.19.선고, 4292민재항2)

2. 매각의 착수시기

개정 국세징수법[시행 2021.1.1. 법률 제17758호, 전부개정]에서 압류 후 정당한 사유 없이 매각·추심을 진행하지 아니하고 장기간 방치하는 것을 방지하기 위해 원칙적으로 압류 후 1년 이내에 공매공고 등을 하거나 추심을 하도록 하는 등 압류재산에 대한 착수시기에 관한 규정이 신설되었다. 이는 조속한 강제집행을 통해 체납자의 권익을 보호하고자 도입된 것이다.

압류 후 1년 이내에 매각을 위해 ① 수의계약하려는 사실을 체납자 등에게 통지를 하거나, ② 공매공고, ③ 공매 또는 수의계약을 대행하게 하려는 의뢰서 송부 중 어느 하나를 하여야 한다.

다만 체납액에 관한 심판청구 등 법적 분쟁 중이거나, 매각을 유예한 경우, 감정평가가 곤란한 경우, 그 밖에 이에 준하는 사유로 법률상·사실상 매각이 불가능한 경우는 예외로 할 수 있다.

아울러 매각의 착수에 관한 예외사유가 해소되어 매각이 가능해진 때에는 지체 없이 매각에 다시 착수하여야 한다.

참조법령

▶ **국세징수법 제64조【매각의 착수시기】**① 관할 세무서장은 압류 후 1년 이내에 매각을 위한 다음 각 호의 어느 하나에 해당하는 행위를 하여야 한다. 다만, 체납된 국세와 관련하여 심판청구 등이 계속 중인 경우, 이 법 또는 다른 세법에 따라 압류재산의 매각을 유예한 경우, 압류재산의 감정평가가 곤란한 경우, 그 밖에 이에 준하는 사유로 법률상·사실상 매각이 불가능한 경우에는 그러하지 아니하다.
  1. 제67조에 따라 수의계약으로 매각하려는 사실의 체납자 등에 대한 통지
  2. 제72조에 따른 공매공고
  3. 제103조제1항에 따라 공매 또는 수의계약을 대행하게 하는 의뢰서의 송부
② 관할 세무서장은 제1항 각 호 외의 부분 단서의 사유가 해소되어 매각이 가능해진 때에는 지체 없이 제1항 각 호의 어느 하나에 해당하는 행위를 하여야 한다.

3. 매각의 방법

가. 원칙

체납처분에 의한 압류재산의 매각방법은 공매에 의한 방법과 수의계약(자유로운 경쟁이 부적당한 경우에 있어서 특정한 자에게 매각하는 방법)에 의한 방법이 있으며, 원칙적으로 공매에 의한 입찰의 방법을 이용하되 이를 행함에 있어서는 개별매각 또는 일괄매각으로도 할 수 있다.

따라서 압류재산을 매각하는 경우에는 공매에 의한 입찰의 방법으로 하되 예외적인 경우에 공매가 아닌 수의계약으로도 할 수 있으며, 개별매각을 원칙으로 하여야 한다. 이와 같이 공매는 경쟁체결방법에 의한 매각으로써 매각의 공정성을 유지하고 고가·유리한 매각을 위한 제도적 장치이다.

체납처분에 의한 압류재산의 매각은 조세·공과금을 확보하는 최종적인 조치이므로 그 집행은 신속하고 효율적으로 하여야 하며, 매각이 갖는 법률상·사실상 효과의 중요성에 비추어 볼 때, 매각대상이 되는 재산을 선정함에 있어서는 많은 주의와 세심함이 필요하고 그 절차는 공정하고 신중하여야 할 것이다.

나. 경쟁입찰과 경매

공매는 경쟁입찰 또는 경매에 의한 방법에 의하며, "경쟁입찰"이라 함은 매각재산을 매수할 경쟁참가자에게 문서로 청약내용을 표시하게 하고, 매각예정가격 이상의 가장 유리한 내용을 청약한 자를 낙찰자로 한 다음 그자에게 매각결정을 하는 것을 말한다. 즉 문서로써 매수의 신청을 하도록 하여 매수희망자 상호 간에 상대방의 신청가액을 알 수 없는 상황에서 경쟁을 붙이는 방법으로써 공매에 의한 경쟁입찰의 방법이 원칙이 된다.

"경매"는 매각재산을 매수할 다수의 청약자를 집합시켜서 구술 등으로 순차 고가의 매수신청을 하게 하여 매각예정가격 이상의 청약자 중 최고가 청약자를 낙찰자로 하여 그자에게 매각결정을 행하고 그자를 매수인으로 정하는 방법이다. 즉 경매는 구두 등으로 매수신청을 하도록 함으로써 매수희망자 상호 간에는 서로의 신청가격을 알면서 순차로 신청가액을 올려

경신하는 방법으로 행하고 실제 공적 매매를 통하여 매각하는 사례는 드물다.

"수의계약"이란 압류재산의 매각을 입찰 또는 경매 등의 공개경쟁의 방법에 의하지 아니하고 매수인과 매각가격을 결정하는 매각방법이다. 매각은 원칙적으로 공매에 의하지만, 공매하는 것이 공익을 위하여 적절하지 아니한 경우 등 해당 요건을 갖춘 때에는 수의계약에 의하여 매각할 수 있다.

참조법령

▶ **국세징수법 제65조【매각 방법】**① 압류재산은 공매 또는 수의계약으로 매각한다.
② 공매는 다음 각 호의 어느 하나에 해당하는 방법(정보통신망을 이용한 것을 포함한다)으로 한다.
  1. 경쟁입찰 : 공매를 집행하는 공무원이 공매예정가격을 제시하고, 매수신청인에게 문서로 매수신청을 하게 하여 공매예정가격 이상의 신청가격 중 최고가격을 신청한 자(이하 "최고가 매수신청인"이라 한다)를 매수인으로 정하는 방법
  2. 경매 : 공매를 집행하는 공무원이 공매예정가격을 제시하고, 매수신청인에게 구두 등의 방법으로 신청가격을 순차로 올려 매수신청을 하게 하여 최고가 매수신청인을 매수인으로 정하는 방법
③ 경매의 방법으로 매각하는 경우 경매의 성질에 반하지 아니하는 범위에서 이 절의 경쟁입찰에 관한 규정을 준용한다.

---

4. 공매방법 및 공매대상

가. 공매방법

동일한 체납자에 대하여 수 개의 압류재산이 있는 경우에 이들을 개별적으로 매각할 것인지, 아니면 일괄하여 매각할 것인지는 체납액의 징수에 지장이 없는 한 개별매각을 원칙으로 한다. 이는 일괄매각을 통하여 매각예정가격을 초과하여 경락된 경우에는 개별매각을 하였더라면 혹여 다른 압류재산을 매각할 필요가 없게 되는 경우가 있을 수 있기 때문이다.

다만, 공매재산의 위치, 형태, 이용관계 등을 고려해 볼 때 일괄매각하는 것이 적절하다고 인정하는 경우에는 직권 또는 이해관계인의 신청에 의하여 일괄하여 공매 할 수 있다. 또한 일괄하여 공매할 때 각 매각대금을 특정할 필요가 있는 경우에는 각 재산에 대한 공매예정가격의 비율을 정하고, 각 매각대금은 총 매각대금을 각 재산의 공매예정가격의 비율에 따라

나눈 금액으로 한다.

다만, 여러 개의 재산을 일괄하여 공매하는 경우 일부재산의 매각대금만으로도 체납액을 변제하기에 충분한 경우에는 다른 재산은 공매할 수 없으나, 토지와 건물을 일괄하여 공매하거나, 재산을 분리하여 공매하면 그 경제적 효용이 현저하게 떨어지는 경우, 체납자가 동의하는 경우 등에는 일괄하여 공매할 수 있다.

참조법령

▶ **국세징수법시행령52조【개별공매 및 일괄공매】** ① 관할 세무서장은 법 제66조제1항에 따라 여러 개의 재산을 공매에 붙이는 경우 그 재산을 각각 공매해야 한다. 다만, 관할 세무서장이 해당 재산의 위치·형태·이용관계 등을 고려하여 그 재산을 일괄하여 공매하는 것이 알맞다고 인정하는 경우에는 직권으로 또는 이해관계인의 신청에 따라 일괄하여 공매할 수 있다.
② 관할 세무서장은 제1항 단서에 따라 여러 개의 재산을 일괄하여 공매할 때 각 재산의 매각대금을 특정할 필요가 있는 경우 각 재산에 대한 공매예정가격의 비율을 정해야 하며, 각 재산의 매각대금은 총 매각대금을 각 재산의 공매예정가격 비율에 따라 나눈 금액으로 한다.
③ 관할 세무서장은 제1항 단서에 따라 여러 개의 재산을 일괄하여 공매하는 경우 그 재산 중 일부 재산의 매각대금만으로도 체납액을 변제하기에 충분하면 다른 재산은 공매하지 않아야 한다. 다만, 다음 각 호의 어느 하나에 해당하는 경우는 예외로 한다.
　　1. 토지와 그 위의 건물을 일괄하여 공매하는 경우
　　2. 재산을 분리하여 공매하면 그 경제적 효용이 현저하게 떨어지는 경우
　　3. 체납자의 동의를 받은 경우
④ 제3항 본문에 따라 관할 세무서장이 여러 개의 재산 중 일부 재산을 공매하려는 경우 해당 체납자는 공매대상 재산을 지정할 수 있다.
▶ **민사집행법 제98조【일괄매각결정】** ① 법원은 여러 개의 부동산의 위치·형태·이용관계 등을 고려하여 이를 일괄매수하게 하는 것이 알맞다고 인정하는 경우에는 직권으로 또는 이해관계인의 신청에 따라 일괄매각하도록 결정할 수 있다.

나. 공매대상 재산

압류재산의 매각에 제한이 따르는 것을 제외하고는 기본적으로 공매처분이 가능하고, 국세징수법에서는 압류한 부동산, 동산, 유가증권, 그 밖의 재산권과 체납자를 대위하여 받은 물건(금전은 제외한다)에 대하여 공매하도록 되어 있다. 따라서 토지와 건물, 공장재단·광업재단, 부동산에 준하여 다루어지는 선박·항공기·자동차·건설기계, 동산(미등기건물) 등과 체납자를 대위하여 추심받은 금전이 아닌 유가증권 등에 대해서 공매가 가능하다.

"금전"이란 내국통화, 체납액의 납부에 사용될 수 있는 국가 · 지방자치단체 또는 금융기관이 발행한 자기앞수표, 송금수표, 우편환, 우편대체수표, 가계수표 및 당좌수표 등의 유가증권을 말하며, 이러한 재산을 압류한 때에는 환가할 필요 없이 바로 체납액에 충당하면 되므로 공매의 대상이 되지 않는다.

채권에 대한 압류의 효력은 추심권이 같이 포함되어 있으므로, 제3채무자에 대하여 추심금전을 지급받은 경우에는 이를 충당하면 되므로, 추심금전은 공매의 대상이 되지 않는다.

다만, 추심할 수 있는 채권을 압류한 경우라도 국채, 공채, 회사채 등과 같이 채권 자체를 매매하여 처분을 하는 것이 적당한 때에는 필요에 따라서 이를 공매할 수 있다.

참조법령

▶ **국세징수법 제66조【공매】** ① 관할 세무서장은 압류한 부동산등, 동산, 유가증권, 그 밖의 재산권과 제52조제2항에 따라 체납자를 대위하여 받은 물건(금전은 제외한다)을 대통령령으로 정하는 바에 따라 공매한다.
② 제1항에도 불구하고 관할 세무서장은 다음 각 호의 어느 하나에 해당하는 압류재산의 경우에는 각 호의 구분에 따라 직접 매각할 수 있다.
   1. 「자본시장과 금융투자업에 관한 법률」 제8조의2제4항제1호에 따른 증권시장(이하 "증권시장"이라 한다)에 상장된 증권 : 증권시장에서의 매각
   2. 가상자산사업자를 통해 거래되는 가상자산 : 가상자산사업자를 통한 매각

다. 공매의 제한

1) 의의
체납처분에 의하여 압류한 재산은 즉시에 매각이 가능한 것이 아니고, 타 법령에서 체납처분을 제한한다거나 체납액과 관련하여 행정쟁송이 있는 경우에 해당되면 일정 기간까지 공매가 제한되는 경우가 생길 수 있다.

따라서 압류한 재산과 관련하여 국세징수법에 규정된 사유 또는 법원의 집행정지결정, 회생절차의 개시결정 등과 같은 사유가 발생하게 되면 공매할 수 없으며, 이미 공매가 진행 중인 경우에는 이를 중지하여야 한다.

참조법령

▶ **국세징수법 제66조【공매】** ③ 제1항 및 제2항에도 불구하고 제31조제2항에 따라 압류한 재산은 그 압류와 관계되는 국세의 납세 의무가 확정되기 전에는 공매할 수 없다.

④ 제1항 및 제2항에도 불구하고 심판청구 등이 계속 중인 국세의 체납으로 압류한 재산은 그 신청 또는 청구에 대한 결정이나 소(訴)에 대한 판결이 확정되기 전에는 공매할 수 없다. 다만, 그 재산이 제67조제2호에 해당하는 경우에는 그러하지 아니하다.

2)「국세확정전보전압류」의 경우

국세의 경우, 국세징수법에 규정된 "납부기한 전 징수"의 사유가 발생하여 국세로 확정될 것으로 추정되는 금액에 대해「국세확정전보전압류」한 재산은 그 압류와 관계된 국세의 납부의무가 확정되기 전에는 공매할 수가 없다.

참조법령

▶ **국세징수법 제31조【압류의 요건 등】** ② 관할 세무서장은 납세자에게 제9조제1항 각 호의 어느 하나에 해당하는 사유가 있어 국세가 확정된 후 그 국세를 징수할 수 없다고 인정할 때에는 국세로 확정되리라고 추정되는 금액의 한도에서 납세자의 재산을 압류할 수 있다.

3) 불복청구가 계류 중인 재산인 경우

압류재산에 관계된 조세·공과금 등의 부과 또는 체납처분 등에 대하여 이의신청 또는 심사청구 등(행정심판)의 결정이 확정되기 전에는 이를 공매할 수 없다. 다만 그 재산이 수의계약에 해당하는 사유 중 부패, 변질 또는 감량되기 쉬운 재산으로써 속히 매각하지 않으면 그 재산가액이 감손될 염려가 있는 때에는 불복청구에도 불구하고 공매할 수 있다.

아울러, 불복청구와 관련되지 않은 다른 재산이 있는 때에는 이를 별도로 매각할 수 있으며, 특정 징수금의 부과에 대한 불복청구인 경우에는 그 불복청구와 관련이 없는 다른 징수금의 징수를 위해서는 이를 공매할 수 있다.

4) 법원의 집행정지결정이 있는 경우

체납처분에 대한 취소소송의 제기는 체납처분의 효력이나 그 집행 및 절차의 속행에 영향을 주지는 않는다. 다만 취소소송이 제기되어 법원으로부터 체납처분에 대한 집행정지결정이 있는 때에는 압류재산을 매각할 수 없다.

행정심판의 청구도 체납처분의 속행에 영향을 주지 않지만, 행정심판이 제기되어 재결청으로부터 집행정지결정이 있는 때에는 압류재산을 공매할 수 없고, 이미 진행 중인 체납처분 절차는 이를 정지하여야 한다.

아울러, 체납처분에 의한 매각결정이 된 경우라도 그 공매처분으로 인하여 회복하기 어려운 손해가 생길 염려가 있는 등 그 공매처분의 집행을 정지할 긴급한 필요가 있다고 인정되는 때에는 법원이 공매처분의 집행정지결정을 할 수 있을 것으로 해석된다.[215]

5) 압류재산에 제3자의 소유권 주장이 있는 경우
국세징수법에 규정된 제3자의 소유권 주장의 기본취지는 해당 권리자가 일정한 불복절차를 거쳐 행정소송을 제기하여 그 권리를 보호받을 수도 있으나, 이보다 간편한 방법으로 권리구제를 받을 수 있도록 하기 위하여 그 반환절차 등을 별도로 규정한 것이다.

따라서 체납처분권자는 제3자의 소유권 주장에 상당한 이유가 있다고 인정되는 경우에는 압류해제 등 적절한 조치를 신속히 취하여야 할 것이므로, 제3자가 그 압류재산의 소유권을 주장하고 소유권 반환의 청구를 접수한 때에는 그 청구의 인부(認否)의 결정이 있을 때까지 그 재산에 대한 매각, 추심 등 체납처분의 속행을 정지하여야 한다.

압류재산에 대한 제3자의 반환청구가 이유 없다고 인정되는 때에는 지체 없이 그 뜻을 청구인에게 통지하여야 하고, 압류기관으로부터 부인의 결정을 통지받은 제3자는 그날로부터 15일 이내에 체납자를 상대로 그 재산에 대하여 소송(예 : 소유권 확인 청구의 소 등)을 제기한 사실을 증명(소제기 증명 등)하지 않은 때에는 공매절차를 속행하여야 한다.

---

215) 법원이 위 공매처분의 집행정지결정을 함에 있어서 국세징수법 제71조 공매중지에 관한 규정의 적용을 받는 것이 아니므로 압류부동산의 매각결정을 한 이후에 법원이 공매처분의 집행정지결정을 하였다 하여 위법하다 할 수 없으며, 본안소송으로 공매처분의 무효확인청구 등을 제기한 경우에는 위 공매처분의 전제가 되는 국세부과처분에 대하여 전심절차를 거치지 아니하였다고 하더라도 법원의 집행정지결정이 그 요건을 흠결한 위법이 있다고 할 수 없다.(대결 1986.11.27.선고, 86두21)

6) 회생절차가 진행 중인 경우

「채무자회생 및 파산에 관한 법률」에 의거, 법원은 회생절차개시의 신청이 있는 경우 필요하다고 인정하는 때에는 이해관계인의 신청에 의하거나, 직권으로 회생절차개시의 신청에 대한 결정이 있을 때까지 체납처분의 중지를 명할 수 있으며, 이럴 경우 체납처분은 중지되므로 압류재산을 공매할 수 없다.

다만, 「채무자회생 및 파산에 관한 법률」에 의한 포괄적 금지명령이 있는 경우, 체납처분의 절차가 중지되는지에 관한 명문의 규정이 없는 현행법령하에 있어서는 법원의 "회생절차개시결정"이 있기 전의 중지명령과 달리, 포괄적 금지명령에 있어서는 체납처분이 중지된다고 보기 어렵다.

조세 또는 우선권이 있는 공과금(국민건강보험료 등 각종 사회보험료)의 경우, 법원의 회생절차의 개시결정이 있은 때에는 ① 그 결정이 있는 날부터 회생계획인가가 있는 날까지, ② 그 결정이 있는 날부터 회생절차가 종료되는 날까지, ③ 그 결정이 있는 날부터 2년간은 체납처분이 중지되고 압류재산을 공매할 수 없으며, 법원은 필요하다고 인정하는 때에는 관리인의 신청에 의하거나 직권으로 1년 이내의 범위에서 그 기간을 늘릴 수 있다.

즉, 조세 또는 우선권이 있는 공과금(국민건강보험료 등 각종 사회보험료)은 회생절차개시결정이 있는 경우, 위 각 사유의 기간 중 말일이 먼저 도래하는 기간 동안까지만 체납처분이 중단되고, 위 각 사유 중 어느 하나의 말일이 먼저 도래하게 되면 중지된 체납처분절차를 속행할 수 있으므로, 압류된 재산에 대해서도 공매처분을 속행할 수 있다.

> **참조법령**
>
> ▶ **채무자 회생 및 파산에 관한 법률【다른 절차의 중지 등】** ① 회생절차개시결정이 있는 때에는 다음 각 호의 행위를 할 수 없다.
>> 1. 파산 또는 회생절차개시의 신청
>> 2. 회생채권 또는 회생담보권에 기한 강제집행등
>> 3. 국세징수의 예에 의하여 징수할 수 있는 청구권으로서 그 징수우선순위가 일반 회생채권보다 우선하지 아니한 것에 기한 체납처분
>
> ② 회생절차개시결정이 있는 때에는 다음 각 호의 절차는 중지된다.

1. 파산절차
2. 채무자의 재산에 대하여 이미 행한 회생채권 또는 회생담보권에 기한 강제집행등
3. 국세징수의 예에 의하여 징수할 수 있는 청구권으로서 그 징수우선순위가 일반 회생채권보다 우선하지 아니한 것에 기한 체납처분

③ 회생절차개시결정이 있는 때에는 다음 각 호의 기간 중 말일이 먼저 도래하는 기간 동안 회생채권 또는 회생담보권에 기한 채무자의 재산에 대한 「국세징수법」 또는 「지방세징수법」에 의한 체납처분, 국세징수의 예에 의하여 징수할 수 있는 청구권으로서 그 징수우선순위가 일반 회생채권보다 우선하는 것에 기한 체납처분과 조세채무담보를 위하여 제공된 물건의 처분은 할 수 없으며, 이미 행한 처분은 중지된다. 이 경우 법원은 필요하다고 인정하는 때에는 관리인의 신청에 의하거나 직권으로 1년 이내의 범위에서 그 기간을 늘릴 수 있다.

1. 회생절차개시결정이 있는 날부터 회생계획인가가 있는 날까지
2. 회생절차개시결정이 있는 날부터 회생절차가 종료되는 날까지
3. 회생절차개시결정이 있는 날부터 2년이 되는 날까지

5. 수의계약

가. 의의 및 요건

1) 의의

"수의계약"이란 공매방법에 의하지 아니하고 매각가격 및 매수인으로 될 자를 결정하는 매각방법으로써 압류재산의 매각을 경쟁입찰 또는 경매 등의 경쟁방법에 의하지 않고 매수인과 가격을 결정하여 매각하는 계약을 말한다.

압류재산을 매각함에 있어서 공매에 의하여 매각하는 것이 원칙이지만, 경우에 따라서는 수의계약에 의한 매각도 허용된다. 다만 실무적으로는 매각에 대한 공정성 시비 등으로 인해 수의계약은 극히 예외적으로 이루어진다.

참조법령

▶ **국세징수법 제67조【수의계약】** 관할 세무서장은 압류재산이 다음 각 호의 어느 하나에 해당하는 경우 수의계약으로 매각할 수 있다.

1. 수의계약으로 매각하지 아니하면 매각대금이 강제징수비 금액 이하가 될 것으로 예상되는 경우
2. 부패·변질 또는 감량되기 쉬운 재산으로서 속히 매각하지 아니하면 그 재산가액이 줄어들 우려가 있는 경우
3. 압류한 재산의 추산가격이 1천만 원 미만인 경우
4. 법령으로 소지(所持) 또는 매매가 금지 및 제한된 재산인 경우
5. 제1회 공매 후 1년간 5회 이상 공매하여도 매각되지 아니한 경우
6. 공매가 공익(公益)을 위하여 적절하지 아니한 경우

2) 수의계약의 요건

가) 의의

압류재산의 매각은 그 공정을 기하기 위하여 공매를 그 원칙으로 하고 있으므로, 국세징수법에 의한 수의계약을 할 수 있는 요건에 해당된다고 하더라도 반드시 수의계약에 의하는 것이 아니라, 수의계약의 필요성이 있는 때에 한하여 수의계약을 할 수 있다.

나) 매각대금이 강제징수비 금액 이하인 것으로 예상될 때

공매에 의하는 경우에는 감정수수료 등의 집행비용이 소요되고, 이러한 집행비용은 매각대금에서 강제징수비(체납처분비)로 우선적으로 충당하여야 한다.

따라서 그 집행비용을 제외하고 잔여가 생길 여지가 없다면 매각의 실익이 없으므로 공매를 할 수 없다. 하지만 수의계약에 의한다면 집행비용의 감소 등으로 매각의 실익이 있을 수 있으므로, 이에 해당되는 경우에는 수의계약에 의하여 매각할 수 있다.

다) 부패·변질 또는 감량되기 쉬운 재산

공매에 의할 경우에는 수의계약에 비하여 신속하지 못한 까닭에 매각까지 많은 기일이 소요된다. 따라서 생선, 야채, 식료품과 같이 부패·변질되기 쉽거나 의류, 크리스마스 용품 등의 계절상품처럼 신속히 매각하지 아니하면 그 재산가격이 줄어들 우려가 있는 때에는 수의계약에 의하여 매각하여야 할 것이다.

라) 매각재산의 추산가격이 1천만 원 미만인 경우

재산가격이 적은 것까지 공매절차에 의하도록 한다면 그 집행비용, 공매기간 소요에 따른 가치의 감소, 행정의 비능률성 등을 볼 때 바람직하지 않은 경우가 많으므로, 추산가격이 1천만 원 미만인 경우에는 공매가 아닌 수의계약에 의하여 매각할 수 있다.

마) 법령으로 소지 또는 매매가 규제된 재산

「주세법」에 의한 주류, 「마약류 관리에 관한 법률」에 의한 마약류, 「총포·도검·화약류 등 단속법」에 의한 총포·도검·화약류 등, 「담배사업법」에 의한 잎담배, 「인삼산업법」에 의하여 홍삼포에서 수확한 수삼 등 법령으로 매매가 제한되는 압류재산은 수의계약을 통하여 매각할 수 있다.

아울러, 관련 법령에 의하여 매수인의 자격이 제한(예 : 면허소지자 등)되어 있거나, 매수인이 1인으로 특정되어 있는 재산[예 : 잎담배는 KT&G(한국담배인삼공사)에서 전량 수매]일 때 또는 가격통제법규 등에 의하여 최고가격이 정하여진 재산인 경우에는 그 가격으로 수의계약에 의하여 매각할 수 있다.

바) 제1회 공매 후 1년간 5회 이상 공매하여도 매각되지 아니한 때

제1회 공매 후 1년간 5회 이상 공매하여도 매각되지 아니한 때에는 수의계약에 의하여 매각할 수 있다. 즉 매각예정가격을 최초 가격의 100분의 50에 상당하는 금액까지 체감하여도 매각되지 아니한 때에는 수의계약을 할 수 있으며, 경우에 따라서는 새로이 매각예정가격을 정하여 재공매할 수도 있다. 이 경우 수의계약에 의하여 매각할 금액이 최종 공매 시의 매각예정가격 이상인 경우에는 견적서를 2인 이상으로부터 받을 필요가 없다.

사) 공매함이 공익상 적절하지 아니한 때

"공매함이 공익상 적절하지 아니한 때"라 함은 「공익사업을 위한 토지 등의 취득 및 보상에 관한 법률」의 규정에 의하여 토지를 수용할 수 있는 자로부터 압류토지를 수용할 뜻이 고지된 때, 「징발법」의 규정에 따라 징발관이 압류물건을 징발할 의사가 있음을 통지한 때 등을 말한다.

나. 수의계약의 절차

1) 추산가액의 결정

압류재산을 수의계약으로 매각하고자 할 때에는 추산가격을 정하여야 하며, 추산가격은 2인 이상으로부터「견적서」를 받아 그중 고가(高價)의 것을 추산가격으로 결정한다. 다만 견적서를 받기가 곤란하거나 견적서에 의하여는 추산가격을 정하기 곤란하다고 판단되는 때에는 감정평가에 의한 평가액을 기준으로 정할 수 있다.

다만 "제1회 공매 후 1년간 5회 이상 공매하여도 매각되지 아니한 때"에 해당되어 수의계약을 하는 경우로써 수의계약에 의하여 매각할 매각금액이 최종 공매 시의 매각예정가격 이상으로 하여 매각하는 때에는 견적서를 받지 아니할 수 있다.

추산가격조서는「공매재산매각예정(추산)가격조서」를 사용하여 작성하고, 그 "산출근거"에는 평가상 참고한 사항을 자세히 기재하도록 한다. 다만 제1회 공매 후 1년간 5회 이상 공매하여도 매각되지 아니한 경우, 수의계약에 의하여 매각할 매각금액이 최종 공매 시의 매각예정가격 이상으로 하여 매각하는 때에는 추산가격조서를 작성하지 아니한다.

2) 수의계약의 통지 및 작성

수의계약에 의하여 압류재산을 매각할 때에는 공매의 경우와 마찬가지로 체납자 및 그 재산상의 전세권·질권·저당권자 또는 그 밖의 권리를 가진 자에게 통지하여야 한다.

다만, "제1회 공매 후 1년간 5회 이상 공매하여도 매각되지 아니한 때"에 수의계약으로 매각할 수 있다는 뜻을 함께 통지하는 경우에는 이미 수의계약통지를 한 것으로 간주하여 별도의 수의계약 통지를 하지 않더라도 무방하다.

수의계약에 의하여 매각할 때에는「계약서」를 작성하여야 한다. "계약서"에는 매수재산의 목록, 매수인의 인적사항, 계약보증금이 있는 경우에는 그 보증금의 납부·환부 및 귀속에 관한 사항, 매수대금의 납부방법 및 납부시기, 계약해제(매각결정취소)에 관한 사항, 매수물건의 인도 또는 이전시기 및 위험부담의 인수 등 공매의 경우에 준하여 작성한다.

3) 공매보증금의 적용배제

수의계약에 의하여 압류재산을 매각하는 경우에는 공매보증금에 관한 규정이 적용되지 아니하므로, 매수인으로부터 공매보증금을 받지 않는 것을 원칙으로 한다. 다만 필요하다고 인정되는 경우에는 계약보증금을 받을 수 있으며, 계약서에 그 계약보증금의 납부 및 귀속·반환에 관한 사항을 명기하여야 한다.

Ⅱ 공매의 준비

1. 매각예정가격의 결정

가. 의의

부동산의 경우는 동산과 달리 비교적 고가이고 그 가액을 측정함에 있어서는 특별한 지식과 경험이 없으면 평가가 곤란하다. 또한 채권자 및 체납자 모두의 이익은 물론이고 사회·경제적으로도 미치는 영향이 크므로, 이를 방지하기 위한 제도로써 최저 매각예정가격이 있다.

압류재산의 공매를 위한 "매각예정가격"이란 압류재산을 공매할 경우에 압류재산의 객관적인 시가를 기준으로 공매의 특수성 등을 종합적으로 고려하여 매각 시 보장되는 최저한의 매각가격을 의미한다.

매각예정가격은 최저매각가격을 보장하는 것에 불과하므로, 매각예정가격이 부당하게 저렴하다고 하더라도 실제 입찰 또는 경매결과 적정한 가격으로 매각이 되었다거나, 매각가격이 시가보다 단순히 낮은 사실만으로는 위법한 공매처분에 해당되지 않는다.[216]

나. 감정평가

공매를 위한 압류재산의 가액평가에 정확성을 기할 필요가 있다거나, 매각예정가격의 결정에 분쟁이 예상되는 경우 등 매각예정가격을 정하기 어려운 때에는 감정업자에게 감정평가를 의뢰하여 그 평가액을 참고하여 매각예정가격을 결정할 수 있다. 여기서 감정업자란 「감정평가 및 감정평사에 관한 법률」에서 규정된 감정평가사 또는 감정평가 인가를 받은 법인을 말한다.

---

216) 공매예정가격이란 본시 최저공매가격을 나타내는 것일 뿐, 원매자가 많을 경우 가격을 경쟁하는 데는 지장이 있을 리 없으므로 그것이 실세보다 저렴하다 하여 바로 공매처분이 위법하게 되는 것은 아니고 예정가격을 낮추었기 때문에 부당하게 저렴한 가격으로 공매가 되었다는 사정이 있을 때에만 그 공매를 위법하다고 보아야 할 것이다.(대판 1990.2.9.선고, 89누5553)

감정평가업자에게 감정평가를 의뢰하여 그 평가액을 참고하여 매각예정가격을 정할 경우 감정가격을 매각예정가격으로 결정하는 것이 보통이다. 하지만 감정평가에 의한 감정가격은 매각예정가격을 결정하는 참고사항이므로, 감정가격을 기준으로 하여 증액 또는 감액하여 매각예정가격을 정할 수 있다.

하지만, 매각예정가격이 시가보다 현저히 저렴하여 그 결과 저렴한 가격으로 매각되는 등 위법하게 재산권을 침해한 경우에는 위법한 공매처분에 해당될 여지가 있으므로 주의하여야 한다. 참고로 잘못된 감정평가에 의해 시가와 감정평가가액과의 차액이 있더라도 매수인에 대한 부당이득은 성립되지 않는다.[217]

감정인은 압류재산의 평가를 위하여 필요한 경우에는 건물에 출입할 수도 있고, 체납자 또는 제3자에게 공매재산의 현황과 관련된 질문을 하거나 문서의 제시를 요구할 수도 있다.

공매대상 재산의 평가를 의뢰한 경우, 기획재정부령으로 정하는 수수료를 지급할 수 있으며, 무형자산 등 자산의 특수성으로 인하여 수수료를 적용하기 곤란한 경우라면 감정인과 협의하여 수수료를 별도로 정할 수도 있다.

다. 현황조사

개정 국세징수법[시행 2012.1.1. 법률 제10527호]에서 공매재산에 대한 현황조사 규정이 신설됨에 따라, 공매대상 재산의 매각예정가격을 결정하기 위해서는 공매대상 재산의 현상, 점유관계, 차임 또는 보증금의 액수, 그 밖의 현황을 조사하여 적정 및 타당한 매각예정가격을 결정하고, 일반 매수희망자에게 그 현황을 공시하여 공매재산에 관한 정보를 충분히 제공하여야 한다.

공매재산에 대한 현황조사에서 조사할 내용은 조사일시, 조사장소, 조사방법, 부동산의 현

---

217) 과세관청이 체납처분으로서 하는 공매에 있어서 공매재산에 대한 감정평가나 매각예정가격의 결정이 잘못되었다 하더라도, 매수인이 공매절차에서 취득한 공매재산의 시가와 감정평가액과의 차액 상당을 법률상의 원인 없이 부당이득 한 것이라고는 볼 수 없고, 이러한 이치는 공매재산에 부합된 물건이 있는데도 이를 간과한 채 부합된 물건의 가액을 제외하고 감정평가를 함으로써 공매재산의 매각예정가격이 낮게 결정된 경우에 있어서도 마찬가지이다.(대판 1997.4.8.선고, 96다52915)

황(위치, 현황, 사용용도, 내부구조 등)과 함께 그 부동산의 점유관계, 임대차관계(임차인, 임차보증금, 차임, 임대차기간, 임차부분, 주민등록 전입일자, 확정일자 등)에 대한 조사도 같이 하여야 한다.

또한, 공매재산에 대한 현황을 파악하기 위하여 필요한 경우에는 건물 출입을 위해 잠긴 문을 여는 등 적절한 처분을 할 수 있다.

참조법령

▶ **국세징수법 제68조[공매예정가격의 결정]** ① 관할 세무서장은 압류재산을 공매하려면 그 공매예정가격을 결정하여야 한다.

② 관할 세무서장은 공매예정가격을 결정하기 어려운 경우 대통령령으로 정하는 바에 따라 감정인(鑑定人)에게 평가를 의뢰하여 그 가액을 참고할 수 있다.

③ 감정인은 제2항의 평가를 위하여 필요한 경우 제69조제2항에 따른 조치를 할 수 있다.

④ 관할 세무서장은 제2항에 따라 감정인에게 공매대상 재산의 평가를 의뢰한 경우 대통령령으로 정하는 바에 따라 수수료를 지급할 수 있다.

▶ **국세징수법 제69조[공매재산에 대한 현황조사]** ① 관할 세무서장은 제68조에 따라 공매예정가격을 결정하기 위하여 공매재산의 현 상태, 점유관계, 임차료 또는 보증금의 액수, 그 밖의 현황을 조사하여야 한다.

② 세무공무원은 제1항의 조사를 위하여 건물에 출입할 수 있고, 체납자 또는 건물을 점유하는 제3자에게 공매재산의 현황과 관련된 질문을 하거나 문서의 제시를 요구할 수 있다.

③ 세무공무원은 제2항에 따라 건물에 출입하기 위하여 필요한 경우 잠긴 문을 여는 등 적절한 처분을 할 수 있다.

▶ **국세징수법시행령 제55조[감정인]** ① 관할 세무서장은 법 제68조제2항에 따라 다음 각 호의 구분에 따른 감정인(鑑定人)에게 공매대상 재산의 평가를 의뢰할 수 있다.

　　1. 공매대상 재산이 부동산인 경우 : 「감정평가 및 감정평가사에 관한 법률」 제2조제4호에 따른 감정평가법인등

　　2. 공매대상 재산이 제1호 외의 재산인 경우 : 해당 재산과 관련된 분야에 5년 이상 종사한 전문가

② 법 제68조제4항에 따른 수수료는 감정평가금액 등을 고려하여 기획재정부령으로 정한다.

④ 관할 세무서장은 제2항에 따라 감정인에게 공매대상 재산의 평가를 의뢰한 경우 대통령령으로 정하는 바에 따라 수수료를 지급할 수 있다.

2. 공매보증

가. 공매보증의 성격

공매보증은 공매계약의 체결을 보증하는 입찰보증금과 매수대금의 납부를 보증하는 계약보증금이 있으며, 이는 입찰 또는 경매의 방법으로 매각하는 경우에 해당되고, 수의계약에 의하여 매각하는 경우에는 적용되지 않는다.

"입찰보증금"이란 공매에 참가한 자가 매수인으로서 매매계약을 체결할 것을 보증하는 보증금이며, 낙찰자 또는 경락자의 매매계약을 담보함과 동시에 입찰에 참가할 자격을 부여하는 데 그 의의가 있다. 입찰보증금은 매각결정과 동시에 계약보증금으로 전환되고, 실무상 두 보증금의 차이가 별도로 없음에 따라 개정 국세징수법[시행 2021.1.1. 법률 제17758호]에서는 "공매보증"으로 통일하였다.

공매보증금액은 공매예정가격의 10/100 이상으로 하여야 하고 입찰자는 본인의 매수희망가격으로 하여 현금, 금융기관발행 자기앞수표, 국공채 또는 증권시장에 상장된 증권 또는 「보험업법」에 따른 보험회사가 발행한 보증보험증권으로 공매보증을 할 수 있다.

나. 공매보증의 반환

낙찰자 외의 입찰자 또는 경매자가 납부한 공매보증은 지체 없이 그 납부한 자에게 반환하여야 하고, 입찰이나 경매의 신청이 매각예정가격에 미달하여 낙찰자 또는 경락자가 없는 경우에도 그 공매보증은 이를 납부한 자에게 반환하여야 한다.

다만, 낙찰자 또는 경락자(競落者)가 매수계약을 체결하지 아니하였을 때에는 그 공매보증금은 강제징수비(체납처분비), 압류와 관계된 체납액순으로 충당하고 남은 잔액은 체납자에게 지급하여야 한다.

공매보증에 있어서는 ① 매수인이 매수대금을 납부하기 전에 체납자가 매수인의 동의를 얻어 압류와 관련된 체납액 등을 납부하고 매각결정의 취소를 신청하여 매각결정이 취소된 때는 매수인에게 반환하고, 차순위 매수신청이 있는 경우로서 매수인이 매수대금을 모두 지급한 경우에는 차순위 매수신청인에게 그 공매보증을 반환하여야 한다.

> **참조법령**
>
> ▶ **국세징수법 제71조【공매보증】** ① 관할 세무서장은 압류재산을 공매하는 경우 필요하다고 인정하면 공매에 참여하려는 자에게 공매보증을 받을 수 있다.
> ② 공매보증금액은 공매예정가격의 100분의 10 이상으로 한다.
> ③ 공매보증은 다음 각 호의 어느 하나에 해당하는 것으로 한다. 이 경우 제2호부터 제4호까지의 어느 하나에 해당하는 것(이하 "국공채등"이라 한다)으로 할 때 필요한 요건은 대통령령으로 정한다.
>   1. 금전
>   2. 국공채
>   3. 증권시장에 상장된 증권
>   4. 「보험업법」에 따른 보험회사가 발행한 보증보험증권
> ④ 관할 세무서장은 다음 각 호의 경우 다음 각 호의 구분에 따른 자가 제공한 공매보증을 반환한다.
>   1. 개찰(開札) 후 : 최고가 매수신청인을 제외한 다른 매수신청인
>   2. 매수인이 매수대금을 납부하기 전에 체납자가 매수인의 동의를 받아 압류와 관련된 체납액을 납부하여 제86조제1호에 따라 압류재산의 매각결정이 취소된 경우 : 매수인
>   3. 차순위 매수신청인이 있는 경우로서 매수인이 대금을 모두 지급한 경우 : 차순위 매수신청인
> ⑤ 관할 세무서장은 다음 각 호의 어느 하나에 해당하는 경우 공매보증을 강제징수비, 압류와 관계되는 국세의 순으로 충당한 후 남은 금액은 체납자에게 지급한다.
>   1. 최고가 매수신청인이 개찰 후 매수계약을 체결하지 아니한 경우
>   2. 제86조제2호에 해당하는 사유로 압류재산의 매각결정이 취소된 경우

3. 공매의 공고 및 통지 등

가. 공매의 공고

1) 의의

공매공고는 불특정 다수인에게 압류재산의 공매방법 등을 알리는 사적 매매를 통해 매수신청을 유인하는 성격을 가지며, 매각대금에서 배분 받을 채권자에 대하여 권리행사를 최고하는 성격이 공존하는 것으로써 공매처분의 하나에 해당된다. 다만 공매의 공고는 체납자의 권리의무에 직접적 영향을 미치지는 않으므로 항고소송의 대상이 되는 행정처분에 해당되지

않는다. [218)

  공매공고를 하는 경우에는 게시 또는 게재와 함께 정보통신망을 통하여 그 공고 내용을 알려야 한다. 따라서 한국자산관리공사가 공매를 대행하는 경우의 공매공고에 있어서도 한국자산관리공사의 본·지사 게시판에 이를 게시하고, 전자자산처분시스템(온비드 : www.onbid.co.kr)을 통하여 공고하며, 필요한 경우 일간신문에 게재할 수도 있다.

참조법령

▶ **국세징수법 제72조【공매공고】** ① 관할 세무서장은 공매를 하려는 경우 다음 각 호의 사항을 공고하여야 한다.
  1. 매수대금을 납부하여야 할 기한(이하 "대금납부기한"이라 한다)
  2. 공매재산의 명칭, 소재, 수량, 품질, 공매예정가격, 그 밖의 중요한 사항
  3. 입찰서 제출 또는 경매의 장소와 일시(기간입찰의 경우 그 입찰서 제출기간)
  4. 개찰의 장소와 일시
  5. 공매보증을 받을 경우 그 금액
  6. 공매재산이 공유물의 지분 또는 부부공유의 동산·유가증권인 경우 공유자(체납자는 제외한다. 이하 같다)·배우자에게 각각 우선매수권이 있다는 사실
  7. 배분요구의 종기
  8. 배분요구의 종기까지 배분을 요구하여야 배분 받을 수 있는 채권
  9. 매각결정기일
  10. 매각으로 소멸하지 아니하고 매수인이 인수하게 될 공매재산에 대한 지상권, 전세권, 대항력 있는 임차권 또는 가등기가 있는 경우 그 사실
  11. 공매재산의 매수인으로서 일정한 자격이 필요한 경우 그 사실
  12. 제77조제2항 각 호에 따른 자료의 제공 내용 및 기간
  13. 차순위 매수신청의 기간과 절차
② 관할 세무서장은 공매공고를 하는 경우 동일한 재산에 대한 향후의 여러 차례의 공매에 관한 사항을 한꺼번에 공고할 수 있다.
③ 공매공고는 정보통신망을 통하여 하되, 다음 각 호의 구분에 따른 게시 또는 게재도 함께 하여야 한다.
  1. 지방국세청, 세무서, 세관, 특별자치시·특별자치도·시·군·자치구, 그 밖의 적절한 장소에 게시
  2. 관보 또는 일간신문에 게재

---

218) 성업공사가 당해 부동산을 공매하기로 한 결정 자체는 내부적인 의사결정에 불과하여 항고소송의 대상이 되는 행정처분이라고 볼 수 없고, 또한 위 공사가 한 공매통지는 공매의 요건이 아니고 공매사실 그 자체를 체납자에게 알려 주는 데 불과한 것으로서 통지의 상대방인 골프장업자의 법적 지위나 권리의무에 직접 영향을 주는 것이 아니라고 할 것이므로 이것 역시 행정처분에 해당한다고 할 수 없다.(대판 1998.6.26.선고, 96누12030)

④ 제1항제7호에 따른 배분요구의 종기는 절차 진행에 필요한 기간을 고려하여 정하되, 최초의 입찰서 제출 시작일 이전으로 하여야 한다. 다만, 공매공고에 대한 등기 또는 등록이 지연되거나 누락되는 등 대통령령으로 정하는 사유로 공매 절차가 진행되지 못하는 경우에는 관할 세무서장은 배분요구의 종기를 최초의 입찰서 제출 마감일 이후로 연기할 수 있다.

⑤ 제1항제9호에 따른 매각결정기일은 같은 항 제4호에 따른 개찰일부터 3일(공휴일과 토요일은 제외한다) 이내로 정하여야 한다.

⑥ 관할 세무서장은 경매의 방법으로 재산을 공매하는 경우 대통령령으로 정하는 바에 따라 경매인을 선정하여 이를 취급하게 할 수 있다.

⑦ 제1항부터 제6항까지에서 규정한 사항 외에 공매공고에 필요한 사항은 대통령령으로 정한다.

2) 공고할 사항

가) 의의

공매공고는 매매에서의 청약유인을 위한 것이므로, 공고에는 공매하려는 재산에 관한 각종 매각조건이 기재되어야 하고, 동일재산에 대한 공매·재공매 등 수회의 공매에 관한 사항을 일괄하여 공매공고를 할 수 있다. 개정 국세징수법[시행 2012.1.1. 법률 제10527호]에서 배분요구의 종기, 매각결정기일 및 배분 받을 채권자 등에 대한 사항을 공고하도록 그 세부적 내용까지 보완되었다.

나) 공매재산의 명칭·소재·수량·품질, 매각예정가격 그 밖의 중요한 사항

공매공고 시에 공매재산은 어떠한 재산이며 이를 얼마에 공매하는지 등 공매재산의 특성과 현황파악에 필요한 사항을 기재하여야 한다. 예컨대 공매재산이 건물인 경우에는 "○○시 ○○구 ○○동 ○○번지, 일반철물구조 2층 건 다가구주택 1동, (등기부상) 1층 ○○㎡, 2층 ○○㎡(현황 1층 ○○㎡, 2층 ○○㎡)"와 같이 기재하면 된다. 만약 공매할 토지의 지목(地目) 또는 지적(地籍)이 토지대장의 표시와 다른 경우에는 공매공고를 할 때 그 사실을 공매공고문에 함께 기재하여야 한다.

다) 공유자 또는 배우자에게 우선매수권이 있다는 사실

공유자의 우선매수권이란 매각재산이 공유물인 경우, 그 재산의 일부만 매각되는 때에는 전체 재산의 가치하락의 우려가 높고, 공유자 간의 인적 유대관계가 상실되어 다른 공유자의 재산사용이 어려워질 수 있으므로, 다른 공유자에게 우선권을 줌으로써 그 공유물의 재산 가치를 보전하는 데 의의가 있다.

현행 민법은 부부별산제를 원칙으로 하고 있으나, 귀속이 불명확한 재산에 대해서는 부부 공유로 추정하고 있으므로, 부부가 공동으로 관리·사용·수익하는 등 공동점유에 속하는 재산을 압류한 때에는 그 배우자에게 우선매수권을 신청할 수 있도록 함으로써 부부 공유재산의 민사집행에 관한 부분이 체납처분에도 유추적용이 가능하다는 해석[219]에 따라 제도화된 것으로 보인다.

공매재산이 공유물의 지분인 경우, 공유자는 매각결정기일 전까지 공매보증을 제공하고 최고의 매수신청가격(매수인이 없는 경우에는 공매예정가격)으로 공매재산을 우선매수 신청할 수 있으며, 개정 국세징수법[시행 2021.1.1. 법률 제17758호]에서 공매재산이 부부공유의 동산 또는 유가증권인 경우에도 공유자의 우선매수청구권과 같이 공매재산을 우선매수할 수 있도록 입법화되었다.

참조법령

▶ **국세징수법 제79조【공유자·배우자의 우선매수권】** ① 공유자는 공매재산이 공유물의 지분인 경우 매각결정기일 전까지 공매보증을 제공하고 다음 각 호의 구분에 따른 가격으로 공매재산을 우선매수 하겠다는 신청을 할 수 있다.
  1. 최고가 매수신청인이 있는 경우 : 최고가 매수신청가격
  2. 최고가 매수신청인이 없는 경우 : 공매예정가격
② 체납자의 배우자는 공매재산이 제48조제4항에 따라 압류한 부부공유의 동산 또는 유가증권인 경우 제1항을 준용하여 공매재산을 우선매수하겠다는 신청을 할 수 있다.
③ 관할 세무서장은 제1항 또는 제2항에 따른 우선매수 신청이 있는 경우 제82조제3항 및 제87조제1항제1호에도 불구하고 그 공유자 또는 체납자의 배우자에게 매각결정을 하여야 한다.

라) 배분요구의 종기(終期)

개정 국세징수법[시행 2012.1.1. 법률 제10527호]에서 배분요구의 종기까지 배분요구하지 않은 우선권 있는 임금채권자 등은 배분대상에서 제외하도록 명문화됨에 따라, 우선권 있는

---

219) 부부공유 유체동산의 압류에 관한 민사집행법 제190조의 규정은 체납처분의 경우에 유추적용을 배제할 만한 특수성이 없으므로 이를 체납처분의 경우에도 유추적용할 수 있다.(대판 2006.4.13.선고, 2005두15151)

임금채권자라도 공매공고의 등기 이전에 (가)압류 등의 권리행사를 하거나, 배분요구종기일까지 배분요구를 하여야만 체납처분에 의한 배분절차에 참가할 수 있게 되었다.

아울러, 동 개정 국세징수법에서 공매공고에 대한 등기·등록의 촉탁, 가압류채권자의 배분대상 인정, 배당요구종기 이후의 채권액 증액불가, 배분계산서에 대한 이의제기 등, 공매와 배분절차에 있어서 민사집행절차에 준하는 수준으로 대폭 개정되었다.

배분요구의 종기는 절차 진행에 필요한 기간을 고려하여 정하되, 최초 입찰서 제출 시작일 이전으로 하여야 한다. 다만 공매공고에 대한 등기 또는 등록이 지연되거나 누락되는 경우, 공매통지가 누락되어 다시 공매공고를 하는 경우, 기타 이와 유사한 사유로 공매공고를 다시 진행하는 경우 등, 당초의 공매 절차가 진행되지 못하는 경우에는 배분요구의 종기를 최초의 입찰서 제출 마감일 이후로 연기할 수 있다.

마) 배분요구의 종기일까지 배분을 요구하여야 배분 받을 수 있는 채권

공매공고의 등기(등록) 전까지 등기(등록)되지 아니한 채권들로서, ① 압류재산에 관계되는 체납액, ② 교부청구와 관련되는 체납액·지방세 또는 공과금, ③ 압류재산에 관계되는 전세권·질권 또는 저당권에 의하여 담보된 채권, ④ 「주택임대차보호법」 또는 「상가건물 임대차보호법」에 따라 우선변제권이 있는 임차보증금 반환채권, ⑤ 「근로기준법」 또는 「근로자퇴직급여보장법」에 따라 우선변제권이 있는 임금, 퇴직금, 재해보상금 및 그 밖에 근로관계로 인한 채권, ⑥ 압류재산에 관계되는 가압류채권, ⑦ 집행력 있는 정본에 의한 채권 등은 배분요구종기일까지 배분요구를 하여야만 배분 받을 수 있는 채권에 해당된다.

바) 매각에 의하여도 소멸되지 아니하는 권리

공매에 참가하는 매수인은 공매를 통해 권리를 이전받게 되더라도 소멸되지 않는 권리는 알아야 한다. 즉 매각에 의하여도 소멸되지 아니하는 지상권, 전세권, 대항력 있는 임차권 또는 가등기가 있는 경우에는 그 사실을 공고하여야 하며, 지상권 등 용익물권은 부동산을 이용하는 권리로써 타인의 권리행사에 제한받지 않으므로, 매수인은 전 소유자의 지위를 승계하여 인수하게 된다.

사) 매수인으로서 일정한 자격을 필요로 하는 경우에는 그 사실

공매재산의 매수인에 대하여 일정한 자격, 기타의 요건을 필요로 하는 경우에는 그 뜻을 공고하여야 한다. 예컨대 농지를 공매할 때에는 원칙적으로 자기의 농업경영에 이용하거나 이용할 자로서 농지취득자격증명을 발급받을 수 있는 자만이 매수인이 될 수 있으므로 이를 공고하여야 한다.

아) 공매재산명세서 작성 및 비치에 따른 자료의 제공내용 및 기간

공매재산명세서, 매각예정가격을 결정하기 위하여 감정인에 평가한 가액에 관한 자료, 그 밖에 입찰가격을 결정하는 데 필요한 자료 등은 입찰 시작 7일 전부터 입찰 마감 전까지 갖추어 두거나, 정보통신망을 이용하여 게시함으로써 입찰에 참가하려는 자가 열람할 수 있도록 하여야 한다.

3) 공매공고 기간

공매공고는 매수희망자에게 공매에 참여하기 위한 준비기간을 주기 위한 것이므로, 공매재산을 보관하는 데 많은 비용이 들거나 재산의 가액이 현저히 줄어들 우려가 있는 경우가 아니면, 공고한 날로부터 10일이 경과한 후에 공매를 하여야 하고, 공매공고 기간을 준수하지 않은 공매처분은 위법하다.[220]

다만, 한국자산관리공사에 의한 공매에 있어서는 통상 공매통지기간 등을 감안하여 공고일로부터 실제 공매일까지 8 내지 9주(60일 내외)의 기간을 두고 있으므로, 공매공고 기간을 준수하지 못하는 사례는 거의 발생되지 않는다.

참조법령

▶ **국세징수법 제73조【공매공고 기간】** 공매공고 기간은 10일 이상으로 한다. 다만, 그 재산을 보관하는 데에 많은 비용이 들거나 재산의 가액이 현저히 줄어들 우려가 있으면 이를 단축할 수 있다.

---

220) 피고는 1969.12.17에 공매공고를 한 사실을 인정하고 국세징수법 제75조에 의하면 공매는 공매공고일로부터 10일간의 기간이 경과한 후에 집행하도록 규정되어 있는바, 피고는 위 법조에 정하여진 10일간의 공고 기간을 지키려면 1969.12.28 이후에 공매집행 하여야 함에도 불구하고 그 기간이 경과하지 아니한 1969.12.26에 공매처분함으로써 불변기간을 준수하지 아니한 것이 명백하여 이는 위법하므로 원고의 본건 공매처분취소 청구는 이유 있다.(대판 1974.2.26.선고, 73누186)

4) 공매공고의 등기 또는 등록의 촉탁

개정 국세징수법[시행 2012.1.1. 법률 제10527호]에 의거, 공매공고를 한 압류재산이 등기 또는 등록을 필요로 하는 경우에는 공매공고를 한 즉시 그 사실을 등기부 또는 등록부에 촉탁하여야 한다.

따라서 국세징수절차에서 부동산뿐만 부동산에 준하여 다루어지는 등기 또는 등록을 요하는 재산에 해당되는 자동차, 건설기계, 선박, 항공기 등을 공매하는 경우에 있어서도 공매공고의 등기 또는 등록을 촉탁하여야 한다.

공매의 공고사실을 촉탁하는 경우, 그 촉탁일자는 최초 공매 공고 시를 기준으로 하며, 등기(등록) 방법은 압류에 대한 부기등기(등록)의 방법으로 하되 공매 공고등기(등록)에 소요되는 등록면허세는 면제된다.

> **참조법령**
>
> ▶ **국세징수법 제74조【공매공고에 대한 등기 또는 등록의 촉탁】** 관할 세무서장은 제72조에 따라 공매공고를 한 압류재산이 권리의 변동에 등기 또는 등록이 필요한 경우 공매공고 즉시 그 사실을 등기부 또는 등록부에 기입하도록 관할 등기소등에 촉탁하여야 한다.

나. 공매의 통지

1) 공매통지의 성격

공매통지는 공매공고의 내용을 체납자 등 이해관계인에게 통지하는 준법률적 행정처분(통지행위)에 해당되며, 체납자에 대해서는 최후로 납부의 기회를 주고 이해관계인 등에 대해서는 자신의 권리행사의 기회를 주기 위한 것이다.

종전, 판례는 공매통지가 법적인 효력을 발생시키거나 권리의무에 직접 영향을 주는 것은 아니므로, 공매통지를 하지 아니한 채 공매절차를 진행한 경우에 일단 유효한 것으로 해석한 바 있다.[221]

---

221) 압류재산의 공매 공고를 함에 있어 그 공고와 동시에 체납자에게 공매의 기일, 장소, 방법 등을 통지하도록 되어

하지만, 국가의 강제력에 의하여 진행되는 공매처분이 체납자 등의 권리 내지 재산상의 이익을 보호하기 위하여 법률로 규정한 절차적 요건이라고 보아야 하므로, 체납자 등에게 공매통지를 하지 않았거나 공매통지를 하였더라도 그것이 적법하지 아니한 경우에는 절차상의 흠이 있어 그 공매처분은 위법한 것으로[222]재해석되었다.

참조법령

▶ **국세징수법 제75조【공매통지】** ① 관할 세무서장은 제72조제1항 및 제2항에 따른 공매공고를 한 경우 즉시 그 내용을 다음 각 호의 자에게 통지하여야 한다.

  1. 체납자
  2. 납세담보물 소유자
  3. 다음 각 목의 구분에 따른 자
     가. 공매재산이 공유물의 지분인 경우 : 공매공고의 등기 또는 등록 전날 현재의 공유자
     나. 공매재산이 부부공유의 동산·유가증권인 경우 : 배우자
  4. 공매공고의 등기 또는 등록 전날 현재 공매재산에 대하여 전세권·질권·저당권 또는 그 밖의 권리를 가진 자

② 제1항 각 호의 자 중 일부에 대한 공매통지의 송달 불능 등의 사유로 동일한 공매재산에 대하여 다시 공매공고를 하는 경우 그 이전 공매공고 당시 공매통지가 도달되었던 제1항제3호 및 제4호에 해당하는 자에 대하여 다시 하는 공매통지는 주민등록표 등본 등 공매 집행기록에 표시된 주소, 거소, 영업소 또는 사무소에 등기우편을 발송하는 방법으로 할 수 있다. 이 경우 그 공매통지는 「국세기본법」 제12조제1항 본문에도 불구하고 송달 받아야 할 자에게 발송한 때부터 효력이 발생한다.

있다 하더라도, 이러한 통지는 공매의 요건이 아니고 국가가 강제집행법상의 압류채권자와 비슷한 지위에 서서 공매 사실 그 자체를 체납자에게 알려 주는 데 불과하므로, 그 통지를 하지 아니한 채 공매처분을 하였다고 하여도 그 공매처분이 당연무효라고는 할 수 없다.(대판 1996.9.6.선고, 95누12026)

[222] 체납자는 국세징수법 제66조에 의하여 직접이든 간접이든 압류재산을 매수하지 못함에도, 국세징수법이 압류재산을 공매할 때 공고와 별도로 체납자 등에게 공매통지를 하도록 한 이유는, 체납자 등에게 공매절차가 유효한 조세부과처분 및 압류처분에 근거하여 적법하게 이루어지는지 여부를 확인하고 이를 다툴 수 있는 기회를 주는 한편, 국세징수법이 정한 바에 따라 체납세액을 납부하고 공매절차를 중지 또는 취소시켜 소유권 또는 기타의 권리를 보존할 수 있는 기회를 갖도록 함으로써, 체납자 등이 감수하여야 하는 강제적인 재산권 상실에 대응한 절차적인 적법성을 확보하기 위한 것이다. 따라서 체납자 등에 대한 공매통지는 국가의 강제력에 의하여 진행되는 공매에서 체납자 등의 권리 내지 재산상의 이익을 보호하기 위하여 법률로 규정한 절차적 요건이라고 보아야 하며, 공매처분을 하면서 체납자 등에게 공매통지를 하지 않았거나 공매통지를 하였더라도 그것이 적법하지 아니한 경우에는 절차상의 흠이 있어 그 공매처분은 위법하다. 다만, 공매통지의 목적이나 취지 등에 비추어 보면, 체납자 등은 자신에 대한 공매통지의 하자만을 공매처분의 위법사유로 주장할 수 있을 뿐 다른 권리자에 대한 공매통지의 하자를 들어 공매처분의 위법사유로 주장하는 것은 허용되지 않는다.(대판 2008.11.20.선고, 2007두18154 전원합의체)

2) 공매통지의 대상

공매공고를 한 후 즉시 그 공매사실을 통지하여야 할 대상자로는 ① 체납자, ② 납세담보물 소유자(조세에 해당된다), ③ 공매재산이 공유물의 지분인 경우 공매공고의 등기 또는 등록 전일(前日) 현재의 공유자 또는 부부공유의 동산·유가증권인 경우의 배우자, ④ 공매재산에 대하여 공매공고의 등기 또는 등록 전일 현재 전세권·질권·저당권 또는 그 밖의 권리를 가진 자 등이 있다.

여기서 "기타의 권리자"라 함은 지상권, 지역권, 전세권 및 등기된 임차권을 가진 자, 압류재산과 관계된 가압류채권자 등으로서 공매재산에 대하여 이해관계를 가진 자를 의미한다.

3) 공매통지의 송달

공매통지에 관련한 서류는 그 명의인의 주소·거소·영업소·사무소 또는 전자우편주소(이하 "주소 또는 영업소"라 한다)에 송달하되, 서류 중에서 관계 법령에 의하여 송달의무가 있는 서류(공매통지서 등)는 교부·등기우편 또는 전자송달에 의하고, 송달 받을 자가 송달 받을 주소 또는 영업소를 신고한 때에는 그 신고된 장소에 송달하도록 한다.

공매통지 대상자 중 일부에 대하여 공매통지의 송달불능 등의 사유로 동일한 공매재산에 대해 2차 공매를 하는 경우, 체납자와 납세담보물 소유자에게는 2차 공매공고 후에도 공매통지서가 도달한 때에 효력이 발생되나, 공유자 또는 공매재산의 전세권·질권·저당권 등 기타 권리자에는 1차 공매통지서가 정상 도달되었다면 2차 때에는 발신한 때에 효력이 발생한다.

공매통지는 체납자 등 이해관계인의 권리보호를 위해 규정된 절차적 요건으로 공매통지서가 송달되지 않은 때에는 공매 진행이 불가할 수 있으므로, 체납자, 공유자, 상속인에 대한 송달주소의 보정 등을 요청받은 때에는 이에 대한 적극적 협력이 요망된다.

아울러, 압류처분의 단계에서 독촉장의 송달흠결과 같은 위법성이 있더라도 공매절차에서 공매통지서가 적법하게 송달된 경우, 이후 매수인이 매각결정에 따른 매수대금을 납부하게 되면 당해 공매처분은 유효한 것으로 인정되는 등 독촉장의 흠결은 적법한 공매통지서의 송

달로써 치유된다.[223]

다. 배분요구

1) 의의

종전, 국세징수법[시행 2012.1.1. 법률 제10527호 개정 전]에서는 민사집행절차에 비하여 배분요구의 종기에 관한 사항 등 배분과 관련하여 입법미비로 인해 많은 혼란이 야기된 바 있으며, 이를 보완하기 위해 민사집행법상의 경매제도와 같은 수준으로 대폭 개정되었다.

현행 국세징수법은 공매재산에 관계되는 일부 채권자에 대해서는 배분요구의 종기 전에 매각대금 등에 대한 배분요구를 의무화하고, 배분요구를 하지 않은 경우 배분에서 제외하는 등 배분요구대상자의 범위와 배분요구의 철회금지, 공매공고등기 전의 채권신고대상채권자의 채권액 계산방법, 가압류채권자의 배분대상 인정, 배당요구종기 이후의 채권액 증액불가 등에 관하여 규정하고 있다.

참조법령

▶ **국세징수법 제76조【배분요구 등】** ① 제74조에 따른 공매공고의 등기 또는 등록 전까지 등기 또는 등록되지 아니한 다음 각 호의 채권을 가진 자는 제96조제1항에 따라 배분을 받으려는 경우 배분요구의 종기까지 관할 세무서장에게 배분을 요구하여야 한다.

1. 압류재산과 관계되는 체납액
2. 교부청구와 관계되는 체납액·지방세 또는 공과금
3. 압류재산에 설정된 전세권·질권·저당권 또는 가등기담보권에 의하여 담보된 채권
4. 「주택임대차보호법」 또는 「상가건물 임대차보호법」에 따라 우선변제권이 있는 임차보증금 반환 채권

---

223) 공매절차에서 매수인이 매각결정에 따른 매수대금을 완납한 이후에는 매수 부동산의 소유권을 취득한 것으로 신뢰한 매수인의 권리·이익을 보호하여 거래의 안전을 도모하여야 할 필요성이 있는 점, 체납처분의 전제요건으로서의 독촉은 체납자로 하여금 당해 체납세액을 납부하여 체납처분을 당하는 것을 피할 수 있는 기회를 제공하기 위한 것인데, 설사 독촉장의 송달이 흠결되었다고 하더라도 그 이후에 이루어진 공매절차에서 공매통지서가 체납자에게 적법하게 송달된 경우에는 실질적으로 체납자의 절차상의 권리나 이익이 침해되었다고 보기 어려운 점 등에 비추어 보면, 비록 압류처분의 단계에서 독촉의 흠결과 같은 절차상의 하자가 있었다고 하더라도 그 이후에 이루어진 공매절차에서 공매통지서가 적법하게 송달된 바가 있다면 매수인이 매각결정에 따른 매수대금을 납부한 이후에는 다른 특별한 사정이 없는 한, 당해 공매처분을 취소할 수 없다고 한 사례.(대판 2006.5.12. 2004두14717)

5. 「근로기준법」 또는 「근로자퇴직급여 보장법」에 따라 우선변제권이 있는 임금, 퇴직금, 재해보상금 및 그 밖에 근로관계로 인한 채권

6. 압류재산과 관계되는 가압류채권

7. 집행문이 있는 판결정본에 의한 채권

② 매각으로 소멸되지 아니하는 전세권을 가진 자는 배분을 받으려는 경우 배분요구의 종기까지 배분을 요구하여야 한다.

③ 배분요구를 한 자는 제1항 및 제2항에 따른 배분요구에 따라 매수인이 인수하여야 할 부담이 달라지는 경우 배분요구의 종기가 지난 뒤에는 이를 철회할 수 없다.

④ 체납자의 배우자는 공매재산이 제48조제4항에 따라 압류한 부부공유의 동산 또는 유가증권인 경우 공유지분에 따른 매각대금의 지급을 배분요구의 종기까지 관할 세무서장에게 요구할 수 있다.

⑤ 관할 세무서장은 공매공고의 등기 또는 등록 전에 등기 또는 등록된 제1항 각 호의 채권을 가진 자(이하 "채권신고대상채권자"라 한다)에게 채권의 유무, 그 원인 및 액수(원금, 이자, 비용, 그 밖의 부대채권을 포함한다)를 배분요구의 종기까지 관할 세무서장에게 신고하도록 촉구하여야 한다.

⑥ 관할 세무서장은 채권신고대상채권자가 제5항에 따른 신고를 하지 아니한 경우 등기사항증명서 등 공매 집행기록에 있는 증명자료에 따라 해당 채권신고대상채권자의 채권액을 계산한다. 이 경우 해당 채권신고대상채권자는 채권액을 추가할 수 없다.

⑦ 관할 세무서장은 제1항 또는 제2항에 해당하는 자와 다음 각 호의 기관의 장에게 배분요구의 종기까지 배분요구를 하여야 한다는 사실을 안내하여야 한다.

1. 행정안전부

2. 관세청

3. 「국민건강보험법」에 따른 국민건강보험공단

4. 「국민연금법」에 따른 국민연금공단

5. 「산업재해보상보험법」에 따른 근로복지공단

⑧ 제75조에 따른 공매통지에 제5항에 따른 채권 신고의 촉구 또는 제7항에 따른 배분요구의 안내에 관한 사항이 포함된 경우에는 해당 항에 따른 촉구 또는 안내를 한 것으로 본다.

2) 채권신고대상채권자

개정 국세징수법[시행 2012.1.1. 법률 제10527호]에서는 민사집행절차와 마찬가지로 배분요기의 종기까지 배분요구를 하여야 배분절차에 참여할 수 있으며, 이는 구 국세징수법[시행 2012.1.1. 법률 제10527호 개정 전]하에서 당연배분대상자에 포함되던 임금채권자나 소액임차보증금채권자라도 동법의 개정으로 배분요구종기일까지 배분요구를 하지 않으면 배분대상에 포함되지 않게 되었다.

3) 배분요구의 철회금지

배분요구를 한 자는 배분요구에 따라 매수인이 인수하여야 할 부담이 달라지는 경우에는 배분요구종기가 지난 뒤에는 이를 철회하지 못한다.

4) 배우자의 매각대금 지급요구

체납자의 배우자는 공매재산이 압류한 부부공유의 동산 또는 유가증권인 경우 공유지분에 따른 매각대금의 지급을 배분요구의 종기까지 요구할 수 있다.

5) 채권신고의 촉구 및 배분요구 안내 등

공매재산에 대하여 공매공고의 등기 또는 등록 전에 등기 또는 등록된 채권신고대상채권자에게 채권의 유무, 그 원인 및 액수(원금, 이자, 비용, 그 밖의 부대채권을 포함한다)를 배분요구의 종기까지 신고하도록 촉구하여야 한다.

만약, 채권신고대상채권자가 배당요구종기까지 신고를 하지 않는 경우에는 등기사항증명서 등 공매 집행기록에 있는 증명자료에 따라 해당 채권신고대상채권자의 채권액을 계산하여야 하고, 이럴 경우 채권신고대상채권자는 채권액을 추가할 수는 없다.

국세징수법에 의할 경우, 조세채권자, 공과금을 주관하는 기관 중 국민건강보험공단, 국민연금공단, 근로복지공단에 대해서는 공매재산의 압류여부와 상관없이 배분요구종기일까지 배분요구를 하여야 한다는 사실을 안내하여야 한다.

라. 공매재산명세서의 작성 및 비치

1) 공매재산명세서의 작성

공매재산명세서에 기재할 내용은 ① 공매재산의 명칭, 소재, 수량, 품질, 매각예정가격, 그 밖의 중요한 사항, ② 공매재산의 점유자 및 점유 권원, 점유할 수 있는 기간, 차임 또는 보증금에 관한 관계인의 진술(현황조사 내용 포함), ③ 배분요구종기까지의 배분요구 현황 및 채권신고 현황, ④ 공매재산에 대하여 등기된 권리, 대항력 있는 임차권 또는 가처분으로서 매수인이 인수하는 것, ⑤ 매각에 따라 설정된 것으로 보게 되는 지상권의 개요 등이 있다.

2) 공매재산명세서의 비치

공매재산명세서는 입찰 시작 7일 전부터 입찰 마감 전까지 공매 주관기관 사무소에 갖추어 두거나 정보통신망을 이용하여 게시함으로써 입찰에 참가하려는 자가 열람할 수 있게 하여야 한다. 한국자산관리공사의 경우 주 단위 및 공매 회차별로 구분하고 있으며(통상, 입찰기간 3일을 포함하여 10일간 비치), 감정평가서와 그 밖에 입찰가격을 결정하는 데 필요한 자료도 함께 비치해 두고 있다.

참조법령

▶ **국세징수법 제77조【공매재산명세서의 작성 및 비치 등】** ① 관할 세무서장은 공매재산에 대하여 제69조에 따른 현황조사를 기초로 다음 각 호의 사항이 포함된 공매재산명세서를 작성하여야 한다.
　1. 공매재산의 명칭, 소재, 수량, 품질, 공매예정가격, 그 밖의 중요한 사항
　2. 공매재산의 점유자 및 점유 권원(權原), 점유할 수 있는 기간, 차임 또는 보증금에 관한 관계인의 진술
　3. 제76조제1항 및 제2항에 따른 배분요구 현황 및 같은 조 제5항에 따른 채권신고 현황
　4. 공매재산에 대하여 등기·등록된 권리, 대항력 있는 임차권 또는 가처분으로서 매수인이 인수하는 것
　5. 매각에 따라 설정된 것으로 보게 되는 지상권의 개요
② 관할 세무서장은 다음 각 호의 자료를 입찰서 제출 시작 7일 전부터 입찰서 제출 마감 전까지 세무서에 갖추어 두거나 정보통신망을 이용하여 게시함으로써 입찰에 참가하려는 자가 열람할 수 있게 하여야 한다.
　1. 제1항에 따른 공매재산명세서
　2. 제68조제2항에 따라 감정인이 평가한 가액에 관한 자료
　3. 그 밖에 입찰가격을 결정하는 데 필요한 자료

마. 제한물권 등의 인수

공매재산에 조세·공과금에 우선하는 제한물권 등이 존재하는 경우 제한물권 등을 매수인에게 인수하게 하거나, 매수대금으로 그 제한물권 등의 피담보채권변제에 충분해야 공매가 가능하다.

참조법령

▶ **국세징수법 제78조【국세에 우선하는 제한물권 등의 인수 등】** 관할 세무서장은 공매재산에 압류와 관계되는 국세보다 우선하는 제한물권 등이 있는 경우 제한물권 등을 매수인에게 인수하게 하거나 매

수대금으로 그 제한물권 등에 의하여 담보된 채권을 변제하는 데 충분하다고 인정된 경우가 아니면 그 재산을 공매하지 못한다.

4. 매수인 및 공매참가의 제한

가. 의의

강제징수(체납처분)에 의한 공매에 있어서 그 절차의 공정성과 원활한 집행을 보장하기 위하여 일정 부분 공매를 제한할 필요성이 있으며, 이에는 매수인을 제한하는 규정과 공매참가를 제한하는 규정이 있다.

매수인의 제한에 해당되는 자는 매수인의 자격이 없으므로, 처음부터 입찰이나 경매신청을 할 수 없다. 이에 반해, 공매참가의 제한은 매수인으로서의 자격은 있으나, 공매절차의 집행을 방해하거나 그런 전력이 있는 자에 대하여 당해 공매절차에 참가하지 못하도록 제한하는 것이다.

나. 매수인의 제한

"매수인의 제한"으로서 체납자, 세무공무원(조세·공과금을 주관하는 임직원 등), 감정평가법인 등 공매재산과 관련한 직접 또는 간접 이해관계인을 불문한다. 따라서 매수인으로 제한을 받는 자뿐만 아니라 사실상 자기가 취득할 목적하에 자기의 계산으로 타인을 매수명의인으로 하는 것도 제한된다.

매수가 제한되는 체납자에는 공매의 원인이 되는 체납액의 체납자 중 공매재산의 소유자와 연대납부의무자나 제2차 납부의무자 등도 포함되며, 통상 한국자산관리공사에서 공매를 대행하는 경우가 대부분이므로, 한국자산관리공사 소속 직원도 매수인의 제한을 받는 것으로 해석된다.

참조법령

▶ **국세징수법 제80조[매수인의 제한]** 다음 각 호의 어느 하나에 해당하는 자는 자기 또는 제3자의 명의나 계산으로 압류재산을 매수하지 못한다.

    1. 체납자

    2. 세무공무원

    3. 매각 부동산을 평가한 「감정평가 및 감정평가사에 관한 법률」에 따른 감정평가법인 등(같은 법 제29조에 따른 감정평가법인의 경우 그 감정평가법인 및 소속 감정평가사를 말한다)

다. 공매참가의 제한

"공매참가의 제한"은 입찰에 참가하고자 하는 자가 ① 공매참가, 최고가 매수신청인의 결정 또는 매수인의 매수대금 납부를 방해한 사실, ② 공매에서 부당하게 가격을 낮출 목적으로 담합한 사실, ③ 거짓 명의로 매수신청(합의에 의하여 타인의 명의를 차용한 경우는 제외)을 한 사실이 있는 경우는 공매에 참가할 수 없도록 하는 것이다.

공매참가를 방해한 사실이라 함은 허위의 진술을 통해 다른 사람을 공매에 참가하지 못하게 하거나, 공매에 참가하면 폭행을 가한다는 협박을 한 사실 또는 공매장소에 입장을 압력으로 방해한 사실 등을 말하고, 최고가 매수신청인의 결정을 방해한 사실이란 공매담당직원에게 폭행을 가하여 최고가 매수신청인의 결정을 방해하거나 최고가 매수신청인의 추첨에 참가하지 못하게 협박을 한 사실 등을 말한다.

공매참가의 제한에 해당되는 자는 2년간 공매장소에 출입을 제한하거나 입찰에 참가시키지 아니할 수 있으며, 공매참가의 제한 사유에 해당하는 사실이 있은 후 2년을 경과하지 아니한 자를 사용인 기타 종업원으로 사용한 자와 이러한 자를 입찰의 대리인으로 한 자에 대해서도 공매참가의 제한을 받게 된다.

참조법령

▶ **국세징수법 제81조[공매참가의 제한]** 관할 세무서장은 다음 각 호의 어느 하나에 해당한다고 인정되는 사실이 있는 자에 대해서는 그 사실이 있은 후 2년간 공매장소 출입을 제한하거나 입찰에 참가시키지 아니할 수 있다. 그 사실이 있은 후 2년이 지나지 아니한 자를 사용인이나 그 밖의 종업원으로 사용한 자와 이러한 자를 입찰 대리인으로 한 자에 대해서도 또한 같다.

1. 입찰을 하려는 자의 공매참가, 최고가 매수신청인의 결정 또는 매수인의 매수대금납부를 방해한 사실
2. 공매에서 부당하게 가격을 낮출 목적으로 담합한 사실
3. 거짓 명의로 매수신청을 한 사실

Ⅲ 공매의 실시

1. 입찰과 개찰

공매에 의해 입찰하고자 하는 자는 그 주소·거소·성명·매수하고자 하는 재산의 명칭·매수신청가격·공매보증, 그 밖의 필요한 사항을 입찰서에 적어 개찰개시 전에 제출하여야 하며, 입찰은 매수희망자 상호 간에 상대방이 신고한 매수가격을 알 수 없도록 봉하는 등의 방법으로 제출하여야 한다.

개찰은 입찰서의 제출을 마감한 후 공매공고에 기재한 장소 및 일시에 공개하여 개찰하여야 하고, 그 개찰을 함에 있어서는 각 입찰서에 기재된 입찰가격을 불러 입찰조서에 기록하는 방법으로 하여야 한다.

입찰에 있어서는 공매예정가격 이상인 최고가의 매수신청인을 정하여야 하고 최고의 매수신청가격이 2인 이상인 때에는 즉시 추첨으로 최고의 매수신청인을 정하여야 한다. 공매예정가격 이상인 입찰이 없는 때에는 즉시 그 장소에서 재입찰을 실시할 수 있으나, 재입찰은 입찰자가 없거나 공매예정가격 이상의 입찰가격이 없는 때에 행하는 것이므로 공매예정가격의 변경은 허용되지 않는다.

참조법령

▶ **국세징수법 제82조【입찰서 제출과 개찰】** ① 공매를 입찰의 방법으로 하는 경우 공매재산의 매수신청인은 그 성명·주소·거소, 매수하려는 재산의 명칭, 매수신청가격, 공매보증, 그 밖에 필요한 사항을 입찰서에 적어 개찰이 시작되기 전에 공매를 집행하는 공무원에게 제출하여야 한다.
② 개찰은 공매를 집행하는 공무원이 공개적으로 각각 적힌 매수신청가격을 불러 입찰조서에 기록하는 방법으로 한다.
③ 공매를 집행하는 공무원은 최고가 매수신청인을 정한다. 이 경우 최고가 매수신청가격이 둘 이상이면 즉시 추첨으로 최고가 매수신청인을 정한다.
④ 공매를 집행하는 공무원은 제3항 후단을 적용할 때 해당 매수신청인 중 출석하지 아니한 자 또는 추첨을 하지 아니한 자가 있는 경우 입찰 사무와 관계없는 공무원으로 하여금 대신하여 추첨하게 할 수 있다.

⑤ 공매를 집행하는 공무원은 공매예정가격 이상으로 매수신청한 자가 없는 경우 즉시 그 장소에서 재입찰을 실시할 수 있다.

2. 차순위 매수신청

"차순위 매수신청"은 최고가 매수신청인이 매수대금을 납부하지 않아 재공매를 실시하게 될 경우 공매기간이 지연되는 등 행정력의 중복을 방지하고 체납액의 조기징수 및 공매제도의 효율성을 기하기 위해 도입된 제도이다.

개찰결과 최고가 매수신청인이 결정된 후 최고가 매수신청인 외의 매수신청인은 매각결정기일 전까지 공매보증을 제공하고, 매수인이 매수대금을 납부하지 않아 매각결정이 취소된 경우, 최고가 매수신청가격에서 공매보증을 뺀 나머지 금액 이상의 가격으로 공매재산을 매수하겠다는 신청(이하 "차순위 매수신청"이라 한다)을 할 수 있다. 이 경우 매각결정을 취소한 날로부터 3일(공휴일과 토요일은 제외) 이내에 차순위 매수신청인을 매수인으로 정하여 매각결정을 할 것인지 여부를 결정하여야 한다.

차순위 매수신청을 한 자가 둘 이상인 경우에는 최고액의 매수신청인을 차순위 매수신청인으로 하고, 최고액의 매수신청인이 둘 이상인 경우에는 추첨으로 차순위 매수신청인을 정하여야 한다.

참조법령

▶ **국세징수법 제83조【차순위 매수신청】** ① 제82조에 따라 최고가 매수신청인이 결정된 후 해당 최고가 매수신청인 외의 매수신청인은 매각결정기일 전까지 공매보증을 제공하고 제86조제2호에 해당하는 사유로 매각결정이 취소되는 경우 최고가 매수신청가격에서 공매보증을 뺀 금액 이상의 가격으로 공매재산을 매수하겠다는 신청(이하 이 조에서 "차순위 매수신청"이라 한다)을 할 수 있다.
② 관할 세무서장은 제1항에 따라 차순위 매수신청을 한 자가 둘 이상인 경우 최고액의 매수신청인을 차순위 매수신청인으로 정하고, 최고액의 매수신청인이 둘 이상인 경우에는 추첨으로 차순위 매수신청인을 정한다.
③ 관할 세무서장은 차순위 매수신청이 있는 경우 제86조제2호에 해당하는 사유로 매각결정을 취소

한 날부터 3일(공휴일과 토요일은 제외한다) 이내에 차순위 매수신청인을 매수인으로 정하여 매각결정을 할 것인지 여부를 결정하여야 한다. 다만, 제84조제1항 각 호의 사유(이 경우 같은 항 제2호의 "최고가 매수신청인"은 "차순위 매수신청인"으로 본다)가 있는 경우에는 차순위 매수신청인에게 매각결정을 할 수 없다.

3. 매각결정 및 취소

가. 매각결정

1) 매각결정의 효과

매각결정이란 압류재산을 매각함에 있어서 공매의 경우에는 최고가로 매수 신청한 낙찰자(경락자)에 대하여, 수의계약에 있어서는 매수인이 될 자에 대하여 그 매수의 청약을 승낙하고 그들에게 매각하기로 결정하는 처분이다.

매각결정은 체납자와 최고가 청약자(공매의 경우에는 최고가로 매수 신청한 낙찰자·경락자, 수의계약의 경우에는 매수인이 될 자)와의 사이에 매매계약이 성립하는 효과가 발생한다. 따라서 체납자와 매수인과의 사이에는 사법상의 매매계약이 성립된 것으로 보게 된다.

2) 매각결정의 통지

매각결정기일에 ① 공유자·배우자의 우선매수 신청이 있는 경우, ② 매수인 또는 공매참가의 제한을 받는 자가 최고가 매수신청인이 된 경우, ③ 공매취소·정지의 사유가 있는 경우, ④ 그 밖에 매각결정을 할 수 없는 중대한 사실이 있는 것으로 인정되는 경우 등을 제외하고는 최고가 매수신청인을 매수인으로 정하는 매각결정을 하여야 한다.

매수결정을 한 때에는 매수인에게 매수대금의 납부기한을 정하여 「매각결정통지서」를 교부하여야 하며, 권리이전에 관하여 등기 또는 등록을 요하지 않는 재산(예컨대 동산, 유가증권 등)으로써 매수대금을 즉시 납부시킬 때에는 구술로도 매각결정을 통지할 수 있다.

3) 매각결정기일

매각결정기일은 개찰일로부터 3일(공휴일과 토요일은 제외한다) 이내로 정하여야 하고, 매각결정의 효력은 매각결정기일에 매각결정을 한 때 발생한다. 참고로, 개정 국세징수법[시행 2012.1.1. 법률 제10527호]에서는 매각결정기일이 매각에 있어서 중요한 기준점이 되고 있다.

즉, 체납자가 체납액을 납부하고 매각결정 취소를 구하는 경우에 매수인 동의 필요 여부의 기준시점이 되고, 압류재산의 공유자가 최고액 입찰가격과 동일 가격으로 우선매수를 신고할 수 있는 종기에 해당된다.

4) 매수대금의 납부

가) 납부기한

매수대금의 납부기한은 매각결정을 한 날로부터 7일 내로 하여야 하지만, 필요하다고 인정할 때에는 그 납부기한을 30일 한도로 하여 연장할 수 있으며, 이는 매수인이 매수대금을 7일 내에 납부할 수 없을 것으로 인정되거나, 기타 납부기한을 연장하는 것이 매각에 유리하다고 인정하는 때를 말한다.

나) 매수대금과의 상계

민사집행절차와 달리, 매각대금으로부터 배분 받을 채권자가 매각재산의 매수인이 된 경우, 미리 배분 받을 채권액이 있음을 전제로 하여 그 매수인이 배분 받을 채권을 가지고 납부하여야 할 매수대금과 대등액에서 상계할 수 없다.[224]

다) 매수대금 납부의 촉구

매수인이 매수대금을 지정된 대금납부기한까지 납부하지 아니한 경우에 다시 대금납부기한을 지정하여 납부를 촉구하여야 하고, 대금납부기한은 납부촉구일로부터 10일 이내로 정

---

224) 국세징수법에 의한 부동산 공매절차에서 압류에 관계되는 국세의 법정기일보다 앞서 근저당권설정등기를 경료한 자가 당해 부동산의 매수인이 된 경우에도 매수대금납부기일에는 그 근저당권부채권과 다른 채권 간의 우선순위 및 배분액이 확정되지 아니하므로 매수인은 그 근저당권부채권에 기하여 배분 받을 채권이 있음을 전제로 이를 자동채권으로 하여 납부하여야 할 매수대금과 대등액에서 상계할 수는 없다.(대판 1996.4.23.선고, 95누6052)

해야 한다.

  민사집행절차에 있어서 매수인은 매수대금납부기한 이후에는 대법원규칙이 정하는 이율에 따른 지연이자를 부담하여야 하지만, 국세징수법상 매수대금의 납부촉구에는 별도의 지연이자 부담이 없으며, 이는 정상기일 내에 대급지급을 이행하는 자와의 형평성에 관한 의문이 있을 수 있다.

참조법령

▶ **국세징수법 제84조【매각결정 및 대금납부기한 등】** ① 관할 세무서장은 다음 각 호의 사유가 없으면 매각결정기일에 제82조에 따른 최고가 매수신청인을 매수인으로 정하여 매각결정을 하여야 한다.
  1. 제79조에 따른 공유자·배우자의 우선매수 신청이 있는 경우
  2. 최고가 매수신청인이 제80조에 따른 매수인의 제한 또는 제81조에 따른 공매참가의 제한을 받는 자에 해당하는 경우
  3. 매각결정 전에 제88조에 따른 공매 취소·정지 사유가 있는 경우
  4. 그 밖에 매각결정을 할 수 없는 중대한 사실이 있다고 관할 세무서장이 인정하는 경우
② 매각결정의 효력은 매각결정기일에 매각결정을 한 때에 발생한다.
③ 관할 세무서장은 매각결정을 한 경우 매수인에게 대금납부기한을 정하여 매각결정 통지서를 발급하여야 한다. 다만, 권리 이전에 등기 또는 등록이 필요 없는 재산의 매수대금을 즉시 납부시킬 경우에는 구두로 통지할 수 있다.
④ 제3항의 대금납부기한은 매각결정을 한 날부터 7일 이내로 한다. 다만, 관할 세무서장이 필요하다고 인정하는 경우에는 그 대금납부기한을 30일의 범위에서 연장할 수 있다.
▶ **국세징수법 제85조【매수대금납부의 촉구】** 관할 세무서장은 매수인이 매수대금을 지정된 대금납부기한까지 납부하지 아니한 경우 다시 대금납부기한을 지정하여 납부를 촉구하여야 한다.
▶ **국세징수법 시행령 제61조【매수대금의 납부촉구 기한】** 관할 세무서장은 법 제85조에 따라 매수대금의 납부를 촉구하는 경우 대금납부기한을 납부 촉구일부터 10일 이내로 정해야 한다.

나. 매각결정의 취소

1) 매각결정의 취소사유

  매각결정을 한 후 매수인이 매수대금을 납부하기 전에 체납자가 매수인의 동의를 받아 압류와 관계된 체납액을 납부하고 매각결정의 취소를 신청하는 경우나, 매수인이 매수대금의 납부촉구에도 불구하고 매수대금을 지정된 기한까지 납부하지 아니하는 경우에는 압류재산

의 매각결정을 취소하고 그 사실을 매수인에게 통지하여야 한다.

아울러, 공매가 진행 중인 압류재산이 민사집행절차에 따라 경매도 진행 중인 경우, 공매절차에서 매수인이 매수대금을 납부하지 않은 상태에서 법원의 경매를 통한 매수자가 매수대금을 먼저 경매법원에 납부하는 경우에도 공매에 의한 매각결정을 취소하여야 할 것이다.

2) 매각결정의 취소에 따른 사후처리

매각결정의 취소에 따른 계약보증금의 경우, 매각결정 이후에 체납자가 매수인의 동의를 받아 체납액 등을 납부하고 매각결정의 취소를 신청하는 때에는 그 공매보증은 매수인에게 반환하여야 한다. 또한 매각결정 후 매수대금이 완납되기 전에 매각재산이 제3자의 소유인 것으로 확인된 경우 등 매수인의 책임 없는 사유로 매각결정이 취소된 때에는 공매보증을 매수인에게 반환하여야 한다.

하지만, 매수인이 매수대금을 지정된 기한까지 납부하지 않아 매각결정이 취소된 경우의 그 공매보증은 강제징수비(체납처분비), 압류와 관계되는 체납액순으로 충당하고 그 남은 금액은 체납자에게 지급하여야 한다.

구 국세징수법[시행 2010.1.1. 법률 제9913호 개정 전]에서는 매수인이 매수대금을 지정된 기한까지 납부하지 않아 매각결정이 취소된 경우, 그 공매보증은 매각주관기관으로 귀속하도록 되어 있었으나, 헌법재판소의 헌법불합치 결정(2009.4.1)에 따라 체납액에 충당하고 남은 것은 체납자에게 반환하는 것으로 개정되었다.

> **참조법령**
> ▶ **국세징수법 제86조【매각결정의 취소】** 관할 세무서장은 다음 각 호의 어느 하나에 해당하는 경우 압류재산의 매각결정을 취소하고 그 사실을 매수인에게 통지하여야 한다.
> 1. 제84조에 따른 매각결정을 한 후 매수인이 매수대금을 납부하기 전에 체납자가 압류와 관련된 체납액을 납부하고 매각결정의 취소를 신청하는 경우. 이 경우 체납자는 매수인의 동의를 받아야 한다.
> 2. 제85조에 따라 납부를 촉구하여도 매수인이 매수대금을 지정된 기한까지 납부하지 아니한 경우
> ▶ **국세징수법 제71조【공매보증】** ⑤ 관할 세무서장은 다음 각 호의 어느 하나에 해당하는 경우 공매보

증을 강제징수비, 압류와 관계되는 국세의 순으로 충당한 후 남은 금액은 체납자에게 지급한다.
1. 최고가 매수신청인이 개찰 후 매수계약을 체결하지 아니한 경우
2. 제86조제2호에 해당하는 사유로 압류재산의 매각결정이 취소된 경우

4. 재공매

"재공매"라 함은 압류재산을 공매에 붙여도 매수신청인이 없거나 공매예정가격 미만인 경우(공매불성립) 또는 공매재산에 대하여 그 매수인이 매수대금의 납부기한까지 납부하지 아니하여 매각결정이 취소된 경우, 당해 공매재산에 대하여 직전의 공매에 속행하여 실시하는 공매를 말한다.

즉, 압류재산에 대하여 재공매를 할 때마다 최초 공매예정가격의 100분의 10에 해당하는 금액을 차례로 줄여 공매를 하되, 최초 공매예정가격의 100분의 50에 해당하는 금액까지 차례로 줄여 공매하여도 매각되지 아니할 때에는 새로 공매예정가격을 정하여 재공매를 할 수 있으며, 이럴 경우 공매공고 기간은 5일까지 단축할 수 있다.

다만, 매각예정가격 이상으로 입찰한 자가 없는 경우에 즉시 그 장소에서 재입찰을 하는 경우에는 가격변동이 없는 동일한 조건으로 공매를 다시 하는 것이므로 공매예정가격을 체감하여 공매할 수 없다.

참조법령

▶ **국세징수법 제87조【재공매】** ① 관할 세무서장은 다음 각 호의 어느 하나에 해당하는 경우 재공매를 한다.
1. 재산을 공매하여도 매수신청인이 없거나 매수신청가격이 공매예정가격 미만인 경우
2. 제86조제2호에 해당하는 사유로 매각결정을 취소한 경우
② 관할 세무서장은 재공매를 할 때마다 최초의 공매예정가격의 100분의 10에 해당하는 금액을 차례로 줄여 공매하며, 최초의 공매예정가격의 100분의 50에 해당하는 금액까지 차례로 줄여 공매하여도 매각되지 아니할 때에는 제68조에 따라 새로 공매예정가격을 정하여 재공매를 할 수 있다. 다만, 제82조제5항에 따라 즉시 재입찰을 실시한 경우에는 최초의 공매예정가격을 줄이지 아니한다.
③ 제1항 및 제2항에 따른 재공매의 경우 제65조제2항, 제68조, 제70조부터 제73조까지, 제75조부터

제83조까지, 제88조 및 제89조를 준용한다. 다만, 관할 세무서장은 제73조에도 불구하고 공매공고 기간을 5일까지 단축할 수 있다.

5. 공매의 취소 및 정지

구 국세징수법[시행 2021.1.1. 법률 제17758호 개정 전]에서는 공매의 중지와 공매의 취소를 규정하면서 체납자가 체납액을 완납할 경우 공매를 중지하도록 하는 등 공매의 중지와 공매의 취소에 대하여 개념상으로만 구분될 뿐, 실무에 있어서는 별 차이가 없이 운용되었다.

이에 개정 국세징수법[시행 2021.1.1. 법률 제17758호]에서 공매의 취소와 공매의 정지를 구분하여 입법화함으로써 각 사유가 발생할 경우 공매를 취소하거나, 일시적으로 공매를 정지할 수 있도록 하되 공매의 정지사유가 소멸하는 경우에는 즉시 공매를 속행하도록 하는 등 실무에 맞도록 정비되었다.

참조법령

▶ **국세징수법 제88조【공매의 취소 및 정지】** ① 관할 세무서장은 다음 각 호의 어느 하나에 해당하는 경우 공매를 취소하여야 한다.
   1. 해당 재산의 압류를 해제한 경우
   2. 그 밖에 공매를 진행하기 곤란한 경우로서 대통령령으로 정하는 경우
② 관할 세무서장은 다음 각 호의 어느 하나에 해당하는 경우 공매를 정지하여야 한다.
   1. 제105조에 따라 압류 또는 매각을 유예한 경우
   2.「국세기본법」제57조 또는「행정소송법」제23조에 따라 강제징수에 대한 집행정지의 결정이 있는 경우
   3. 그 밖에 공매를 정지하여야 할 필요가 있는 경우로서 대통령령으로 정하는 경우
③ 관할 세무서장은 매각결정기일 전에 공매를 취소한 경우 공매취소 사실을 공고하여야 한다.
④ 관할 세무서장은 제2항에 따라 공매를 정지한 후 그 사유가 소멸되어 공매를 계속할 필요가 있다고 인정하는 경우 즉시 공매를 속행하여야 한다.
▶ **국세징수법 제89조【공매공고의 등기 또는 등록 말소】** 관할 세무서장은 다음 각 호의 어느 하나에 해당하는 경우 제74조에 따른 공매공고의 등기 또는 등록을 말소할 것을 관할 등기소등에 촉탁하여야 한다.
   1. 제86조제1호에 따라 매각결정을 취소한 경우
   2. 제88조제3항에 따라 공매취소의 공고를 한 경우

Ⅳ 매수대금의 납부와 권리의 이전

1. 공매보증과 매수대금의 납부

매수인이 공매보증으로 금전을 제공한 경우, 그 금전은 매수대금으로서 납부된 것으로 보게 되며, 매수인이 공매보증으로 국공채 등을 제공한 때에는 이를 현금화하여야 하고, 현금화에 사용된 비용을 뺀 금액은 공매보증금액을 한도로 매수대금으로서 납부된 것으로 보게 된다.

이 경우, 현금화한 금액이 공매보증금액보다 적으면 다시 대금납부기한을 정하여 매수인에게 그 부족액을 납부하게 하여야 하고, 공매보증금액보다 많으면 그 차액을 매수인에게 반환하여야 한다.

참조법령

▶ **국세징수법 제90조【공매보증과 매수대금 납부】**① 매수인이 공매보증으로 금전을 제공한 경우 그 금전은 매수대금으로서 납부된 것으로 본다.
② 관할 세무서장은 매수인이 공매보증으로 국공채등을 제공한 경우 그 국공채등을 현금화하여야 한다. 이 경우 그 현금화에 사용된 비용을 뺀 금액은 공매보증금액을 한도로 매수대금으로서 납부된 것으로 본다.
③ 관할 세무서장은 제2항 전단에 따라 현금화한 금액(현금화에 사용된 비용을 뺀 금액을 말한다)이 공매보증금액보다 적으면 다시 대금납부기한을 정하여 매수인에게 그 부족액을 납부하게 하여야 하고, 공매보증금액보다 많으면 그 차액을 매수인에게 반환하여야 한다.

---

2. 매수대금 납부의 효과

매각결정이란 압류재산을 매각함에 있어서 공매의 경우에는 최고가의 매수인을 결정하고, 공매에 의한 매수인은 매수대금을 납부한 때에 매각재산을 취득하게 되며 매각재산에 대한 권리(소유권)는 매수대금이 납부된 때에 승계취득한다.

 따라서 매각에 의해 소멸되는 권리를 제외한 압류채권자에게 대항할 수 있는 지상권, 전세권 및 등기된 임차권 등은 매각재산에 부착하여 매수인에게 이전되고, 공매재산의 권리이전의 시기는 매수대금의 완납 시가 되며 매각재산의 매수인이 매수대금을 납부한 뒤에는 그 재산상에 생긴 위험도 그 재산의 등기절차, 현실의 인도와는 관계없이 매수인이 부담하게 된다.

 낙찰자로부터 매수대금을 수령한 때에는 그 한도 내에서 체납자로부터 체납액을 징수한 것으로 보게 되므로, 매수대금을 수령한 때에는 그 대금 중 체납액에 충당될 금액에 상당하는 체납액은 그 수령 시에 소멸하는 것이다. 즉 공매재산을 매각하여 매각대금을 수령하게 되면 체납액으로 배분된 금액에 대하여는 징수된 것으로 보게 된다.

참조법령

▶ **국세징수법 제91조【매수대금 납부의 효과】** ① 매수인은 매수대금을 완납한 때에 공매재산을 취득한다.
② 관할 세무서장이 매수대금을 수령한 때에는 체납자로부터 매수대금만큼의 체납액을 징수한 것으로 본다.

---

3. 제한물권의 소멸과 인수

가. 담보권
 공매재산에 설정된 모든 질권·저당권·가등기담보권은 매각으로 소멸한다.

나. 용익권
 지상권·지역권·전세권 및 등기된 임차권 등은 압류채권·가압류채권 및 공매재산의 매각으로 소멸하는 담보물권에 대항할 수 없는 경우에는 매각으로 소멸된다. 하지만 담보권에 대항할 수 있는 지상권·지역권·전세권 및 등기된 임차권 등은 매각으로 소멸되지 않고 매수인이 인수한다.

 다만, 매각으로 소멸되지 않은 전세권자가 배분요구종기까지 배분요구를 한 경우에는 매각으로 소멸된다.

다. 유치권

매수인은 유치권자에게 그 유치권으로 담보되는 채권을 변제할 책임이 있다.

참조법령

▶ **국세징수법 제92조【공매재산에 설정된 제한물권 등의 소멸과 인수 등】** ① 공매재산에 설정된 모든 질권·저당권 및 가등기담보권은 매각으로 소멸된다.
② 지상권·지역권·전세권 및 등기된 임차권 등은 압류채권(압류와 관계되는 국세를 포함한다)·가압류채권 및 제1항에 따라 소멸하는 담보물권에 대항할 수 없는 경우 매각으로 소멸된다.
③ 제2항 외의 경우 지상권·지역권·전세권 및 등기된 임차권 등은 매수인이 인수한다. 다만, 제76조 제2항에 따라 전세권자가 배분요구를 한 전세권의 경우에는 매각으로 소멸된다.
④ 매수인은 유치권자(留置權者)에게 그 유치권(留置權)으로 담보되는 채권을 변제할 책임이 있다.

4. 매각재산의 권리이전 절차

가. 등기(등록)가 필요한 재산

매각재산의 권리이전에 등기 또는 등록을 요하는 재산인 때에는「공매에 의한 소유권이전의 등기(등록)촉탁서」에「매각결정통지서」또는「배분계산서」의 등본과 매수인으로부터 제출받은「등기(등록)청구서」를 첨부하여 관계관서에 촉탁하여야 한다.

매각처분권자의 압류등기(등록) 후에 소유권을 취득한 제3취득자가 매각재산의 매수인이 된 경우라도 권리이전의 절차를 밟아야 하고, 매각에 의하여 소멸하는 권리(매각재산에 설정된 전세권·질권·저당권 등의 담보물권, 매각으로 인하여 소멸하는 담보물권 등에 대항할 수 없는 지상권·지역권·전세권 및 등기된 임차권 등)가 있는 경우에는 그 권리의 말소촉탁과 함께 권리목록을 첨부하여 촉탁한다.

나. 동산의 인도

매수인이 매수대금을 완납한 때에는 보관 중인 동산에 대해서는 현실의 인도를 하여야 한다. 체납자 또는 제3자에게 보관시킨 동산은 매수인에 대한 매각결정통지서의 교부와 함께 그 뜻을 보관자에게 통지하는 방법으로 매수인으로 하여금 직접 매각재산을 인도받게 할 수 있다. 매수인에게 동산 등을 인도할 경우에는 매수인으로부터 인수증을 교부받아야 하며, 이 경우 매각결정통지서에 인수사실을 기입하여 서명날인하게 함으로써 인수증에 갈음할 수 있다.

다. 유가증권의 배서

매각한 유가증권(예 : 어음·화물상환증·창고증권 등)을 매수인에게 인도하는 경우에 그 증권에 관한 권리의 이전에 대하여 체납자의 배서·명의변경 등 절차가 필요한 때에는 체납자에게 이를 행하도록 요구하도록 한다. 만약 체납자가 지정된 기한까지 이에 응하지 않는 경우에는 그 증권에 관한 권리가 국세체납처분에 의하여 매수인에게 이전되었음을 표시하는 확인서를 매각권자(한국자산관리공사가 공매를 대행한 경우에는 공사)의 명의로 발급하여야 한다.

라. 채권 등의 권리이전 절차

채권 또는 제3채무자가 있는 그 밖의 재산권 등의 매각재산은 매수인이 그 매수대금을 납부한 경우에는 점유하고 있는 채권증서, 권리증서 등을 매수인에게 인도하고 매수인의 권리취득을 확실하게 하기 위하여 실물을 인계하거나 명의변경 등 필요한 조치를 하여야 한다.

참조법령

▶ **국세징수법 제93조【매각재산의 권리이전절차】** 관할 세무서장은 매각재산에 대하여 체납자가 권리이전의 절차를 밟지 아니한 경우 대통령령으로 정하는 바에 따라 체납자를 대신하여 그 절차를 밟는다.

▶ **구 국세징수법기본통칙 79-0…1【동산등의 인도】** ① 세무서장 또는 한국자산관리공사가 매각한 동산·유가증권 또는 자동차·건설기계로서 보관중의 것은 매수인이 매수대금을 납부한 때에 이를 매수인에게 인도하여야 한다.

② 세무서장 또는 한국자산관리공사가 전항의 경우에 그 재산을 법 제38조 단서(동산·유가증권의 제3자 보관)등의 규정에 의하여 체납자 또는 제3자에 보관시키고 있는 경우에는 법 제54조제3항(제3자에게 압류재산을 보관하게 한 경우의 압류해제) 및 제4항(압류재산 인도위촉)의 규정을 준용하여 매수인에게 인도한다.

▶ **구 국세징수법기본통칙 79-0…2【유가증권의 배서등】** 세무서장 또는 한국자산관리공사가 매각한 유가증권을 매수인에게 인도하는 경우에는 그 증권에 관한 권리의 이전에 대하여 체납자의 배서·명의변경 등 절차가 필요한 때에는 이들 절차의 이행을 체납자에게 요구한다. 다만, 체납자가 이에 응하지 않는 경우에는 그 증권에 관한 권리가 국세체납처분에 의하여 매수인에게 이전되었음을 표시하는 확인서를 세무서장 또는 한국자산관리공사의 명의로 발급한다.

▶ **구 국세징수법기본통칙 79-0…3【채권등의 권리이전절차】** 세무서장 또는 한국자산관리공사는 매각한 채권 또는 제3채무자가 있는 무체재산권 등의 매수인이 그 매수대금을 납부한 경우에는 점유한 채권증서, 권리증서 등을 매수인에게 인도하고 매수인의 권리취득을 확실하게 하기 위하여 필요한 조치를 취한다.

▶ **구 국세징수법기본통칙 79-0…4【매수인이 제3취득자인 경우의 권리이전】** 매각재산의 매수인이 제3취득자(압류의 등기·등록 후 소유권을 취득한 자)인 때에도 매각재산의 권리이전절차를 밟아야 한다.

▶ **구 국세징수법기본통칙 79-0…5【담보책임】** 「민법」 제578조(경매와 매도인의 담보책임)는 압류재산의 매각의 경우에 준용한다.

▶ **구 국세징수법기본통칙 79-77…1【매각에 수반하여 소멸되는 권리】** 영 제77조에서 "매각에 수반하여 소멸되는 권리"에는 다음의 것이 있으며, 이들 권리는 매수인이 매수대금을 납부한 때에 소멸하는 것으로 한다.

  1. 매각재산상에 설정된 저당권 등의 담보물권
  2. 전호의 소멸하는 담보물권 등에 대항할 수 없는 용익물권, 등기된 임차권
  3. 기타 압류에 대항할 수 없는 권리

Ⅴ 압류재산 공매 시 유의사항

1. 양도제한이 있는 재산의 공매와 담보책임

가. 양도의 제한과 권리이전

재산의 종류에 따라서 재산의 성질, 공익상 등을 이유로 그 양도에 관하여 법률에 의한 특정 자격이 있는 자 또는 주무관청 기타 제3자의 승인, 동의, 허가, 인가 등을 필요로 하는 것들이 있다. 이럴 경우 매각처분에 의한 권리이전도 사법상의 매매이므로 이러한 법률상의 제한을 받게 된다.

따라서 이러한 제한이 있는 재산을 매각할 때에는 미리 입찰·경매 또는 수의계약의 자격을 제한하여야 한다. 왜냐하면 매수인으로 결정되었다 하여도 자격을 갖추지 못하여 그 권리이전을 할 수 없게 되면 매각결정을 취소하여야 하고, 이로 인한 행정업무의 낭비와 신뢰의 상실, 매수인과의 분쟁이 예상되므로, 매각 전에 양도제한이 있는 재산에 해당되는지 여부를 확인하여야 한다.

공매공고를 하는 때에는 매수인의 자격구비조건을 공고하여야 하며, 재산의 양도 또는 취득에 관하여 주무관청, 기타 제3자의 승인, 동의, 허가, 인가 등을 필요로 하는 경우에는 낙찰자 또는 낙찰자에게 일정 기간 내에 승인을 얻도록 하고, 승인 등을 얻지 못한 때에는 매각결정을 취소하여야 한다.

따라서 매수인의 자격 구비 조건과 일정 기간 내에 승인 등을 얻어야 함과 아울러 이러한 자격조건을 갖추지 못하거나, 지정된 기한까지 주무관청 등으로부터 승인 등을 얻지 못하는 때에는 매각결정이 취소되고, 낙찰자 또는 낙찰자가 납부한 공매보증금은 체납액 등에 충당된다는 뜻을 함께 공고하여야 한다.

참조법령

▶ **국세징수법 제72조【공매공고】** ① 관할 세무서장은 공매를 하려는 경우 다음 각 호의 사항을 공고하여야 한다.
   11. 공매재산의 매수인으로서 일정한 자격이 필요한 경우 그 사실

나. 양도제한이 있는 재산의 유형

1) 주무관청의 허가 · 인가 등을 요하는 재산

압류재산을 매각함에 있어서 주무관청의 허가 등을 받아야 그 효력이 생기는 경우가 있다. 예컨대 사단법인[225]의 기본재산을 처분하는 경우, 학교법인의 기본재산을 처분하는 경우 또는 공익법인의 기본재산을 처분하는 경우 등이 있다.

아울러, 주류(酒類)의 판매업을 하려면 정부의 면허를 받아야 하므로, 체납자 소유 다량의 주류를 매각하려는 때에는 정부의 면허를 받은 주류판매업자에게 매각하여야 한다.

2) 타인 등의 동의 또는 승인을 요하는 재산

"합명회사 · 합자회사 · 유한회사"의 사원이 체납자로서 그 회사 사원(체납자)의 지분권을 압류한 경우, 다른 사원 전원의 동의(합자회사의 유한책임사원의 지분은 무한책임사원 전원의 동의)가 있어야 매각할 수 있으며, 유한회사 사원의 지분권은 원칙적으로 사원총회의 특별결의가 있는 때에 한하여 지분의 일부 또는 전부를 매각할 수 있다.

"민법상 조합의 재산"은 합유에 속하는 재산에 해당되므로, 다른 합유자(조합원) 전원의 동의 없이는 합유자의 지분은 처분하지 못하고, 농업협동조합 등 특별법에 의하여 설립된 각종 협동조합은 여기서 말하는 민법상 조합에는 해당되지 않는다.

---

225) 사단법인(社團法人) : 일정한 목적을 위하여 결합한 사람의 단체, 즉 사단을 실체로 하는 법인으로서, 일정한 목적에 바쳐진 재산, 즉 재단(財團)이 실체를 이루고 있는 재단법인과 구별된다. 사단법인은 인적(人的) 요소로서 사원의 존재를 필요로 하며, 최고의 의사기관으로서의 사원총회의 결의에 따라 자율적 활동을 한다. 사단법인에는 영리 아닌 사업(학술 · 종교 · 자선 · 기예 · 사교 등)을 목적으로 하여 민법의 규율을 받는 비영리 사단법인과 상행위 기타 영리를 목적으로 하여 설립한 사단으로서 상법의 규율을 받는 영리 사단법인(합명회사, 합자회사, 주식회사, 유한회사)이 있고, 보통 사단법인이라고 하면 민법상의 비영리 사단법인을 가리킨다.

농업협동조합·수산업협동조합·축산업협동조합 등의 조합원의 지분 및 중소기업협동조합, 신용협동조합, 새마을금고의 조합원 등의 출자금 등에 있어서 조합원의 지분은 조합 또는 이사회의 승인 없이는 그 지분을 양도할 수 없다. 또한 "중소기업협동조합의 조합원의 지분"은 조합의 승인 없이는 그 지분을 양도할 수 없으며, "신용협동조합의 조합원의 출자금"이나 "새마을금고의 회원의 출자금"은 이사회의 승인을 얻어야 다른 회원에게 양도할 수 있다.

3) 법령으로 소지 또는 매매가 제한되는 재산

제조담배는 제조업자, 수입제조담배의 경우에는 수입판매업자가 등록된 도매업자 또는 지정된 소매인에게 담배를 판매하여야 하고, 소비자에 대한 판매는 소매인 외에는 할 수 없으므로, "제조담배 또는 수입제조담배"를 압류한 때에는 이를 판매할 수 있는 도·소매업자에게 매각하여야 한다.

"총포, 도검, 화약류, 분사기, 전자충격기의 판매업"을 영업하려면 소관 지방경찰청장의 허가를 받아야 하며, 이들은 행상, 노점 그 밖의 옥외에서 판매하지 못한다. 따라서 이들에 대한 양도·양수를 위해서는 소관 지방경찰청장의 허가가 필요하므로 이들을 매각하려면 소관 지방경찰청장의 허가를 받아야 한다.

"대마"는 매매 또는 매매의 알선이 금지되므로 매각의 대상이 되지 아니하며, "마약 및 향정신성의약품"은 식품의약품안전처장의 승인을 얻은 경우 외에는 매매 등의 행위가 금지된다. 따라서 마약류는 허가받은 마약류취급자가 아니면 원칙적으로 매매, 매매의 알선, 양도·양수 등의 행위가 금지된다.

마약류를 매각하고자 하는 경우에는 사전에 식품의약품안전처 등 관할관청의 승인을 얻은 뒤 허가된 마약류취급업자에게 매각하여야 한다.

"유해화학물질"은 환경부장관이 그 사용을 금지하고 있으므로, 매각의 대상이 되지 아니하며, 사용을 제한한 화학물질을 매각함에 있어서는 그 제한사항을 고려하여 매각하여야 한다. 또한 유해화학물질 중 취급 및 판매에 허가, 등록 등을 요하는 경우에는 그 허가 또는 등록된 자에게 매각하여야 한다.

4) 기타 처분 및 제한이 금지되는 재산

"어업권"은 원칙적으로 이전, 분할 또는 변경할 수 없으므로 압류대상이 될 수 없으나, 마을어업권을 제외한 어업권은 어업권 등록 후 어업 개시일로부터 1년이 경과하면 이전이 가능함에 따라 이를 압류하여 매각할 수 있다.

"집합건물에 대하여 구분소유자"는 규약으로써 달리 정한 경우가 아니면 전유부분과 달리하여 대지사용권만을 처분할 수 없으며,[226] 경매절차에서 대지지분에 대한 감정평가액을 반영하지 않더라도 낙찰인은 경매목적물인 전유부분을 낙찰 받음과 동시에 대지지분도 함께 취득한다.[227]

참조법령

▶ **집합건물의 소유 및 관리에 관한 법률 제20조【전유부분과 대지사용권의 일체성】** ① 구분소유자의 대지사용권은 그가 가지는 전유부분의 처분에 따른다.
② 구분소유자는 그가 가지는 전유부분과 분리하여 대지사용권을 처분할 수 없다. 다만, 규약으로써 달리 정한 경우에는 그러하지 아니하다.
③ 제2항 본문의 분리처분금지는 그 취지를 등기하지 아니하면 선의(善意)로 물권을 취득한 제3자에게 대항하지 못한다.
④ 제2항 단서의 경우에는 제3조제3항을 준용한다.

다. 공매재산의 담보책임

매각처분이 확정된 경우에 공매재산인 물건 또는 권리에 흠결이 있는 경우(예 : 공매상의

---

226) 집합건물의 건축자로부터 전유부분과 대지지분을 함께 분양의 형식으로 매수하여 그 대금을 모두 지급함으로써 소유권 취득의 실질적 요건은 갖추었지만 전유부분에 대한 소유권이전등기만 마치고 대지지분에 대하여는 아직 소유권이전등기를 마치지 못한 자는 매매계약의 효력으로써 전유부분의 소유를 위하여 건물의 대지를 점유·사용할 권리가 있는바, 매수인의 지위에서 가지는 이러한 점유·사용권은 단순한 점유권과는 차원을 달리하는 본권으로서 집합건물의 소유 및 관리에 관한 법률 제2조제6호 소정의 구분소유자가 전유부분을 소유하기 위하여 건물의 대지에 대하여 가지는 권리인 대지사용권에 해당한다.(대결 2006.3.27.선고, 2004마978)

227) 구분건물의 전유부분에 대한 소유권이전등기만 경료되고 대지지분에 대한 소유권이전등기가 경료되기 전에 전유부분만에 관하여 설정된 근저당권에 터 잡아 임의경매절차가 개시되었고, 집행법원이 구분건물에 대한 입찰명령을 함에 있어 대지지분에 관한 감정평가액을 반영하지 않은 상태에서 경매절차를 진행하였다고 하더라도, 전유부분에 대한 대지사용권을 분리처분할 수 있도록 정한 규약이 존재한다는 등의 특별한 사정이 없는 한 낙찰인은 경매목적물인 전유부분을 낙찰 받음에 따라 종물 내지 종된 권리인 대지지분도 함께 취득하였다 할 것이므로, 구분건물의 대지지분등기가 경료된 후 집행법원의 촉탁에 의하여 낙찰인이 대지지분에 관하여 소유권이전등기를 경료 받은 것을 두고 법률상 원인 없이 이득을 얻은 것이라고 할 수 없다(대판 2001.9.4.선고, 2001다22604)

수량과 실제의 수량이 부족한 경우 등)에 매수인은 매도인인 체납자(매매계약은 체납자와 매수인 사이에 체결되는 것이다)에 대하여 계약의 해제 또는 대금의 감액을 청구할 수 있다.

그러나 토지 등의 매각에 있어서 공매공고상에 "공부(公簿)상의 수량(면적)"임을 명시한 경우에는 실제로 부족함이 있더라도 담보책임이 없으며, 체납처분에 있어서 타인의 재산을 공매한 경우에 그 절차에 중대하고 명백한 하자가 있을 때에는 그 매각처분은 무효가 된다.

매각재산에 지상권, 지역권, 전세권 또는 유치권이 설정되어 있으나, 공매공고에 이를 명시하지 않아 매수인이 이를 알지 못한 경우, 매수인이 이로 인하여 계약의 목적을 달성할 수 없는 때에는 계약을 해제할 수 있으며, 기타의 경우에는 손해배상을 청구할 수 있다. 다만 질권은 매각에 의하여 소멸되는 권리이므로 여기에는 해당되지 않는다.

매각재산의 담보책임에 따라 매각대금의 전액 또는 감액에 대한 반환은 체납자가 하여야 하나(매매계약은 체납자와 매수인이 체결하는 것이다), 체납자가 무자력(無資力)인 경우 매수인은 그 매각대금의 배당을 받은 채권자에게 대금의 전부 또는 일부의 반환을 청구할 수 있다.

2. 압류처분이 무효인 재산의 공매

체납처분은 선행의 압류처분과 후행의 매각처분 등이 결합하여 하나의 법적 효과가 발생되는 것이므로, 이 같은 체납처분에 있어서 선행처분의 하자는 후행처분에도 승계된다. 따라서 선행하는 압류처분이 무효가 되면 그 뒤에 있은 후행의 공매처분도 당연히 무효가 된다.[228]

---

228) 이 사건 부동산에 관하여 피고 앞으로의 소유권이전등기가 원인무효의 등기라고 한다면 특별한 사정이 없는 한 등기의 추정력에 불구하고 이 부동산을 피고의 소유라고 볼 수 없는 것이고 따라서 관할 세무서장이 피고에 대한 국세체납처분으로서 이 부동산을 공매한 것은 결국 권한 없이 체납자가 아닌 제3자의 재산을 공매한 것이 되어 그 하자가 중대하고 명백한 경우에 해당하여 당연무효의 행정처분이라고 아니할 수 없다.(대판 1977.4.26.선고, 76다2972)

적법한 공매절차에 의하여 낙찰자로 확정되고 공매대금을 납부하여 공매재산의 소유권을 취득한 매수인은 공매처분의 전제가 되는 압류처분이 무효가 되어 후행처분인 공매처분도 무효가 된 경우라도 특별한 사정이 없는 한 공매재산을 적법하게 취득하게 된다. 다만 그 매각대금으로부터 배분 받은 채권자는 그 배분금은 부당이득에 해당되므로 공매재산의 원소유자에게 반환하여야 한다.[229]

다만, 매수인은 절차상의 위법한 처분으로 인하여 공매처분이 취소되고, 그 결과 공매재산의 소유권이 상실되어 손해가 발생한 때에는 공매처분을 행한 공매주관기관은 그 매수인에 대하여 손해를 배상하게 될 수도 있다.[230]

3. 법원의 경매가 진행 중인 재산의 공매

타 기관의 체납처분에 의하여 압류한 재산 또는 압류하여 공매중인 재산에 대해서도 별도로 경매절차를 진행할 수 있으며, 법원의 경매가 진행 중인 재산도 그 경매절차와는 별도로 체납처분에 의한 공매절차를 진행할 수 있다.[231]

다만, 공매절차 또는 경매절차가 동시에 진행되는 경우에는 양 절차 중 먼저 소유권 취득한 자가 진정한 소유자로 되고,[232] 다른 환가절차에서 낙찰된 자는 소유권을 취득하지 못하

---

229) 채무자 이외의 자의 소유에 속하는 동산을 경매하여 그 매득금을 배당 받은 채권자가 그 동산을 경락받아 선의취득자의 지위를 겸하고 있는 경우, 배당 받은 채권자가 법률상 원인 없이 이득을 한 것은 배당액이지 선의 취득한 동산이 아니므로, 동산의 전 소유자가 임의로 그 동산을 반환받아 가지 아니하는 이상 동산 자체를 반환받아 갈 것을 요구할 수는 없고 단지 배당금을 부당이득으로 반환할 수밖에 없다.(대판 1998.6.12.선고, 98다6800)

230) 공매처분으로 인한 경락자로부터 소유권을 취득하였다가 그 후 공매담당공무원의 직무상 과실로 인한 절차상의 하자를 이유로 그 공매처분이 취소됨으로써 소유권을 상실하게 된 경우에는 위 담당공무원의 위법행위와 손해발생 간에 인과관계가 없다 할 수 없고 그 손해액은 위 공매처분취소 당시의 시가를 기준으로 하여 이를 산정하여야 한다.(대판 1970.7.24.선고, 70다560)

231) 국세체납처분에 의한 공매절차가 추진 중에 있는 경우에도 법원은 그 부동산에 대하여 강제경매나 임의경매의 절차를 별도로 진행할 수 있다.(대결 1961.2.9.선고, 4293민상124)

232) 국세징수법에 의한 연납처분에 의하여 차압기입의 등기 있는 부동산에 대하여는 다시 강제 혹은 임의경매절차를 진행할 수 없다는 규정이 없고 행정청과 사법기관은 각자 독자적 절차에 의하여 경매절차를 진행할 수 있고 경락자 중 선수위로 그 소유권을 취득한 자가 진정한 소유자로 확정된다.(대결 1959.5.19.선고, 4292민재항2)

는 결과가 발생될 수 있다.

따라서 법원 또는 다른 체납처분기관에 의하여 경매 또는 공매가 개시된 재산을 매각하고 자 할 때에는 경매 또는 공매의 진행 상태 등을 사전 확인하여 매각 여부를 결정하도록 하고, 체납처분기관에서 매각을 진행하는 도중에 경매절차에 의하여 먼저 경락 또는 낙찰된 경우 에는 진행 중인 공매절차를 즉시 중지하여야 한다.

4. 주물과 종물관계의 재산에 대한 공매

주물에 대한 공매처분의 효력은 종물에도 미치게 된다. 따라서 주물과 종물의 관계에 있는 재산을 공매하는 경우에는 일괄매각에 의할 것이 아니라, 주물에 대한 개별매각의 방법으로 매각하면 된다. 이는 종물은 주물에 부착되어 별도의 절차 없이도 주물과 함께 매각되지만, 만약 주물과 종물과의 관계가 분명하지 않을 때에는 이들 전부를 압류하여 일괄매각하는 것 이 좋을 것이다.

주물과 종물의 관계에 있는 물건은 원칙적으로 분리하여 매각할 수 없지만, 종물만을 공매 하여도 체납액을 충당할 수 있는 경우로서 체납액을 충당할 만한 다른 적당한 재산이 없고, 종물만의 매각이 주물의 이용관계 및 경제적 효용을 현저히 저해하지 않는 경우라면 종물만 을 분리하여 공매할 수도 있다.

주물과 종물의 관계에 있지 아니한 각각 독립된 물건을 주물과 종물의 관계로 오인하여 주 물만을 압류한 뒤 공매한 경우, 종물로 본 재산의 공매는 압류 없이 행한 것이어서 공매의 효 력이 미치지 않으므로, 매수인은 종물의 소유권을 취득할 수 없다.[233]

---

233) 경매법원이 기존건물의 종물이라거나 부합된 부속건물이라고 볼 수 없는 건물에 대하여 경매신청된 기존건물의 부합물이나 종물로 보고서 경매를 같이 진행하여 경락허가를 하였다 하더라도 그 독립된 건물에 대한 경락은 당연 무효이고, 따라서 그 경락인은 위 독립된 건물에 대한 소유권을 취득할 수 없다.(대판 1988.2.23.선고, 87다카600)

5. 소유권이전의 가등기가 있는 재산의 공매

소유권이전청구권 보전의 가등기가 선행된 재산을 압류하여 매각하는 경우에 가등기가 순위보전(매매예약 등)에 기한 가등기인 경우에는 그 가등기에 기한 본등기가 있게 된 때에는 가등기의 효력에 의하여 압류의 효력이 상실될 수 있으므로 공매에 신중을 기하여야 할 것이지만, 담보목적의 가등기라면 압류의 효력은 그대로 유지된다.[234]

따라서 압류등기 전에 그 가등기가 마쳐진 재산을 공매할 때에는 그 가등기가 소유권이전청구권의 보전을 목적으로 하는 가등기인지 채무담보를 목적으로 하는 가등기인지를 먼저 확인하고, 채무담보를 위한 가등기라면 그 가등기 이전에 법정기일(납부기한)이 도래한 조세·공과금(국민건강보험료 등 각종 사회보험료 등)이 있는지 여부를 확인한 다음, 공매의 실익이 있는 경우에 한하여 공매를 진행하여야 할 것이다.

---

234) 국세 압류등기 이전에 소유권이전청구권 보전의 가등기가 경료되고 그 후 본등기가 이루어진 경우, 그 가등기가 매매예약에 기한 순위 보전의 가등기라면 그 이후에 경료된 압류등기는 효력을 상실하여 말소되어야 할 것이지만, 그 가등기가 채무담보를 위한 가등기 즉 담보 가등기라면 그 후 본등기가 경료되더라도 가등기는 담보적 효력을 갖는 데 그치므로 압류등기는 여전히 유효하므로 말소될 수 없다.(대결 1998.10.7.선고, 98마1333)

제 6 장

청산

I 청산절차

1. 배분

가. 의의

청산이라 함은 체납처분의 최종단계로서 압류 등에 의한 추심·매각 등으로 받은 금전을 체납액과 체납처분비(강제징수비)에 배분하거나, 교부청구로 받은 금전을 조세·공과금에 배분(전세권·질권자·저당권자 등에 대한 배분을 포함한다) 및 충당하고 남은 금전(배분금전잔액)을 지급 또는 예탁함으로써 체납처분을 종결하기 위한 절차이다.

"배분"이란 체납처분에 의하여 생긴 매각대금 등의 금전을 법령이 정하는 순위에 따라 압류에 관계되는 체납액을 포함한 다수 채권자의 채권에 대하여 할당변제하는 것을 말하고, "충당"이란 압류한 금전 및 교부청구에 의하여 받은 금전을 체납자가 납부할 체납액에 대한 수납으로 처리하는 것을 말한다.

나. 배분대상 금전

국세징수법 제94조제1항에 따라 배분하여야 할 금전의 범위는 ① 압류한 금전, ② 채권·유가증권·무체재산권·그 밖의 재산권의 압류에 따라 체납자 또는 제3채무자로부터 받은 금전, ③ 압류재산의 매각대금 및 그 매각대금의 예치이자, ④ 교부청구에 따라 받은 금전이 된다.

국세징수법에서는 위 배분대상 금전 중에서 ①, ④에 의해 받은 금전은 그 압류 또는 교부청구와 관계되는 체납액에 배분하고(충당의 방법에 의한다), ②, ③에 의하여 받은 금전은 배분의 방법에 의하여 청산되는 것으로 규정하고 있다.

1) 압류한 금전

체납자 또는 제3자로부터 금전을 압류한 경우, 그 금전은 배분의 대상이 된다.

2) 채권 · 유가증권 · 그 밖의 재산권의 압류로 받은 금전

채권압류의 경우에는 제3채무자로부터 추심한 금전을 말하고, 유가증권을 압류한 경우에는 유가증권에 관계되는 금전채권을 추심한 경우를 말한다. 그 밖의 재산권의 경우 제3채무자로부터 그 밖의 재산권에 관계되는 금전채권을 추심할 수 있으나, 제3채무자가 없는 그 밖의 재산권인 경우에는 부동산의 압류절차에 준하므로 매각에 의한 방법으로 환가하여 배분하면 된다.

3) 압류재산의 매각대금

체납처분 환가기관 및 한국자산관리공사(위탁공매한 경우)가 수령한 압류재산의 매각대금은 당연히 배분대상이 된다.

4) 교부청구에 의하여 받은 금전

체납처분기관이 교부청구를 통하여 배당 받은 금전은 배분의 대상이 된다.

참조법령

▶ **국세징수법 제94조【배분금전의 범위】** 배분금전은 다음 각 호의 금전으로 한다.
  1. 압류한 금전
  2. 채권 · 유가증권 · 그 밖의 재산권의 압류에 따라 체납자 또는 제3채무자로부터 받은 금전
  3. 압류재산의 매각대금 및 그 매각대금의 예치이자
  4. 교부청구에 따라 받은 금전

다. 배분기일의 지정

국세징수법 제94조에 2호(채권 · 유가증권 · 그 밖의 재산권의 압류에 따라 체납자 또는 제3채무자로부터 받은 금전)와 제3호(압류재산의 매각대금 및 그 매각대금의 예치이자)에 의하여 받은 배분금전은 그 받은 날로부터 30일 이내에 배분기일을 정하여 배분하여야 한다. 다만 30일 이내에 배분계산서를 작성하기 곤란한 경우에는 배분기일을 30일 이내에서 연기할 수 있다.

또한, 배분기일을 정한 경우에는 체납자, 채권신고대상채권자, 배분요구를 한 채권자 등에게 그 사실을 통지하여야 한다.

참조법령

▶ **국세징수법 제95조【배분기일의 지정】** ① 관할 세무서장은 제94조제2호 또는 제3호의 금전을 배분하려면 체납자, 제3채무자 또는 매수인으로부터 해당 금전을 받은 날부터 30일 이내에서 배분기일을 정하여 배분하여야 한다. 다만, 30일 이내에 배분계산서를 작성하기 곤란한 경우에는 배분기일을 30일 이내에서 연기할 수 있다.
② 관할 세무서장은 제1항에 따른 배분기일을 정한 경우 체납자, 채권신고대상채권자 및 배분요구를 한 채권자(이하 "체납자등"이라 한다)에게 그 사실을 통지하여야 한다. 다만, 체납자등이 외국에 있거나 있는 곳이 분명하지 아니한 경우 통지하지 아니할 수 있다.

2. 배분방법 및 절차

가. 의의

구 국세징수법[시행 2012.1.1. 법률 제10527호 개정 전]에서는 압류 또는 교부청구에 의한 조세·공과금과 압류재산에 관계된 담보된 채권만을 배분 받을 채권으로 규정하고, 가압류 채권 등은 명문 규정이 없는 관계로 배분대상에서 제외되었다. 하지만 동 규정이 예시규정에 불과하여 배분대상에 포함되어야 한다는 판례[235]에 따라 이후 국세징수법에서 이를 반영하게 되었다.

아울러, 조세·공과금채권에 대한 부과처분이 확정판결에 의하여 취소된 경우, 교부받은 체납액은 교부청구가 없었더라면 경매절차에서 채권의 우선순위에 따라 배당을 받았을 후순위 채권자들에게 반환되어야 한다.[236]

---

235) 국세징수법 제81조제1항제3호의 규정은 위 법 소정의 담보권자에게 우선순위에 따라 배분할 공법상의 의무를 부과한 것이고, 압류재산의 매각대금을 배분 받을 수 있는 채권을 예시한 것에 불과할 뿐 이를 한정적으로 열거한 것이 아니라고 할 것이므로, 국세체납처분에 의한 매각대금의 배분대상에는 같은 법 제81조제1항제3호에 규정된 담보권뿐만 아니라 법령의 규정이나 법리해석상 그 담보권보다 선순위 또는 동순위에 있는 채권도 포함된다고 봄이 상당하다고 할 것인바, 이러한 채권이 가압류채권인 관계로 그 채권액이 아직 확정되지 아니한 경우에는 같은 법 제84조제1항에 의하여 그에게 배분할 금액을 한국은행(국고대리점 포함)에 예탁할 수도 있을 것이다.(대판 2002.3.26.선고, 2000두7971)

236) 제2차 납세의무자 소유의 부동산에 대한 임의경매절차에서 세무서장이 국세에 대한 교부청구를 하여 이를 교부 받았는데 그 후 국세의 부과처분이 확정판결에 의하여 취소된 경우에는 교부받은 국세 상당액은 교부청구가 없었더라면 경매절차에서 채권의 우선순위에 따라 배당을 받았을 후순위 채권자들에게 반환되어야 하고, 그 후순위 채권자들의 채권이 이미 소멸되었다거나 그 채권을 변제하고도 잉여가 있다는 등의 특별한 사정이 없는 한 경매

참조법령

▶ **국세징수법 제96조【배분 방법】** ① 제94조제2호 및 제3호의 금전은 다음 각 호의 체납액과 채권에 배분한다. 이 경우, 제76조제1항 및 제2항에 따라 배분요구의 종기까지 배분요구를 하여야 하는 채권의 경우에는 배분요구를 한 채권에 대해서만 배분한다.

　　1. 압류재산과 관계되는 체납액

　　2. 교부청구를 받은 체납액 · 지방세 또는 공과금

　　3. 압류재산과 관계되는 전세권 · 질권 · 저당권 또는 가등기담보권에 의하여 담보된 채권

　　4. 「주택임대차보호법」 또는 「상가건물 임대차보호법」에 따라 우선변제권이 있는 임차보증금 반환

　　　채권

　　5. 「근로기준법」 또는 「근로자퇴직급여 보장법」에 따라 우선변제권이 있는 임금, 퇴직금, 재해보상

　　　금 및 그 밖에 근로관계로 인한 채권

　　6. 압류재산과 관계되는 가압류채권

　　7. 집행문이 있는 판결정본에 의한 채권

② 제94조제1호 및 제4호의 금전은 각각 그 압류 또는 교부청구와 관계되는 체납액에 배분한다.

③ 관할 세무서장은 제1항과 제2항에 따라 금전을 배분하고 남은 금액이 있는 경우 체납자에게 지급한다.

④ 관할 세무서장은 매각대금이 제1항 각 호의 체납액 및 채권의 총액보다 적은 경우 「민법」이나 그 밖의 법령에 따라 배분할 순위와 금액을 정하여 배분하여야 한다.

⑤ 관할 세무서장은 제1항, 제2항 및 제4항에 따른 배분을 할 때 국세보다 우선하는 채권이 있음에도 불구하고 배분순위의 착오나 부당한 교부청구 또는 그 밖에 이에 준하는 사유로 체납액에 먼저 배분한 경우 그 배분한 금액을 국세보다 우선하는 채권의 채권자에게 국세환급금 환급의 예에 따라 지급한다.

나. 배분 받을 채권의 범위

1) 압류재산과 관계되는 체납액

　매각기관의 "압류재산과 관계되는 체납액"이라 함은 압류재산의 매각대금 배분일 현재 납부기한이 도래한 조세 · 공과금을 말하는 것이므로, 매수인의 매수대금납부 전까지 납부기한이 도래한 조세 · 공과금이 해당되며, 납부기한이 도래하지 아니한 조세 · 공과금은 압류에 관계되는 체납액에 해당되지 않는다.[237]

　목적 부동산의 소유자인 제2차 납세의무자나 원래의 납세의무자에게 반환될 성질의 것이 아니다.(대결 1999.1.8. 자, 98마363)

237) 국세징수법상 압류등기를 한 부동산이 제3자에게 양도되어 소유권이전등기가 경료된 경우 그 압류는 그때까지

2) 교부청구를 받은 국세 · 지방세 또는 공과금

교부청구를 받은 국세(가산금과 체납처분비를 포함한다) · 지방세 또는 공과금채권은 배분대상에 포함된다. 다만 개정 국세징수법[시행 2012.1.1. 법률 제10527호]에서 민사집행절차와 같이 배분요구종기일이 입법화되었으므로, 배분요구의 종기까지 교부청구를 받은 체납액에 대하여 배분 받을 채권에 포함된다.

3) 압류재산과 관계되는 전세권 · 질권 · 저당권 또는 가등기담보권에 의하여 담보된 채권

매각으로 소멸되는 전세권자가 배당요구를 하거나, 공매공고 전에 등기된 전세권, 매각으로 소멸되지 않고 매수인이 인수해야 하는 전세권에 대해 그 소멸을 원인으로 전세권자가 배분을 요구하는 경우에 배분 받을 채권이 된다.

공매공고 등기(등록) 전에 전세권 · 질권 또는 저당권에 의하여 담보된 채권은 배분절차에 참여할 수 있다. 질권에 의하여 담보되는 채권액은 그 설정행위에 특별한 약정이 없는 한, 원본(元本), 이자, 위약금, 질권실행의 비용, 질물보존의 비용 및 채무불이행 또는 질물의 하자로 인한 손해배상채권에도 미친다.

저당권에 의하여 담보된 채권액은 원본(元本), 이자, 위약금, 채무불이행으로 인한 손해배상 및 저당권의 실행비용의 채권에도 미치나, 지연배상에 대해서는 원본의 이행기일을 경과한 후의 1년분에 한하여 저당권을 행사할 수 있다.

근저당권에 의하여 담보된 채권액은 등기된 채권최고액의 범위 내에서 배분 시의 현재 채권액에 미치고, 근저당권이 담보하는 채권의 범위는 등기된 채권최고액의 범위 내의 원본과 이자를 담보하게 된다.

다만 압류재산에 관계되는 담보권자가 피담보채권 최고액의 범위 내에서 증빙서류의 제출과 함께 배분을 신청하는 금액에 대하여는 그 담보권이 명백히 무효라는 등의 특별한 사정이

전소유자의 납세의무가 성립한 세액에 관하여 발생한 체납액에 대하여만 효력이 미치는 것이고 그 등기가 경료된 후에 전소유자의 납세의무가 성립한 세액에 관하여 발생한 체납액에 대하여는 그 효력이 미치지 아니하고, 국세징수법상 압류재산의 매각대금 등의 배분일 현재 납부기한이 도래하지 아니한 국세 등은 같은 법 제81조제1항 소정의 압류에 관계되는 국세 등에 해당하지 아니한다.(대판 1992.2.14.선고, 91누1462)

없는 한 우선순위에 따라 담보권자에게 매각대금을 배분하여야 하며, 이와 같은 경우에 단순히 소유자(체납자)의 이의가 있다는 사정만으로 담보권자의 배분신청을 거부할 수 없다.[238]

담보목적의 가등기가 되어있는 재산의 가등기담보권은 배당요구종기일까지 등기된 것으로서 채권신고를 한 경우에 배분을 받을 수 있으며, 통상 담보가등기의 경우라도 「소유권이전등기청구권 보전을 위한 가등기」로 등기가 되어 있으므로, 배분요구종기일까지 담보된 채권의 내용, 채권의 존부, 원인 및 수액을 신고하도록 최고하여야 한다.

4) 「주택임대차보호법」 또는 「상가건물 임대차보호법」에 따라 우선변제권이 있는 임차보증금 반환채권

대항력을 갖춘 우선변제권이 있는 임차보증금 반환채권의 경우라도 배분요구의 종기일까지 배분요구를 하여야 배분대상에 포함된다.

"소액임차인의 최우선변제권"은 주택의 인도와 주민등록을 마친 익일 오전 0시에 대항력이 생기고, "확정일자를 갖춘 임차인의 우선변제권"은 대항력과 확정일자를 모두 갖춘 때에 발생한다.

주택에 대한 임차인은 대지를 포함한 주택의 환가대금에 대하여 배분을 받을 수 있다. 또한 대지만 매각이 된 경우에도 그 환가대금에서 배분을 받을 수 있고,[239] 임대차 성립 당시 임대인의 소유였던 대지가 타인에게 양도되어 임차주택과 대지의 소유자가 서로 다르게 된 경우에도 임차인은 대지의 환가대금에서 우선변제권을 행사할 수 있다.[240]

---

238) 세무서장은 압류재산에 관계되는 담보권자가 피담보채권최고액의 범위 내에서 증빙서류의 제출과 함께 배분신청하는 금액에 대하여는 그 담보권이 명백히 무효라는 등의 특별한 사정이 없는 한 우선순위에 따라 담보권자에게 매각대금을 배분하여야 하고 이와 같은 경우 단순히 소유자의 이의가 있다는 사정만으로 담보권자의 배분신청을 거부할 수 없다.(대판 1992.12.22.선고, 92누7580)

239) 다가구용 단독주택의 대지 및 건물에 관한 근저당권자가 그 대지 및 건물에 관한 경매를 신청하였다가 그중 건물에 대한 경매신청만을 취하함으로써 이를 제외한 대지 부분만이 낙찰되었다고 하더라도, 그 주택의 소액임차인은 그 대지에 관한 낙찰대금 중에서 소액보증금을 담보물권자보다 우선하여 변제 받을 수 있다.(대판 1996.6.14.선고, 96다7595)

240) 대항요건 및 확정일자를 갖춘 임차인과 소액임차인은 임차주택과 그 대지가 함께 경매될 경우뿐만 아니라 임차주택과 별도로 그 대지만이 경매될 경우에도 그 대지의 환가대금에 대하여 우선변제권을 행사할 수 있고, 이와 같은 우선변제권은 이른바 법정담보물권의 성격을 갖는 것으로서 임대차 성립시의 임차 목적물인 임차주택 및 대

확정일자를 갖춘 임차보증금채권은 부동산에 대한 담보권과 유사한 권리를 취득하게 되는 것이므로, 확정일자와 조세·공과금(국민건강보험료 등 각종 사회보험료)의 법정기일(납부기한)과의 선·후에 따라 그 우선순위가 결정된다.

5) 「근로기준법」 또는 「근로자퇴직급여 보장법」에 따라 우선변제권이 있는 임금, 퇴직금, 재해보상금 및 그 밖에 근로관계로 인한 채권

「근로기준법」 또는 「근로자퇴직급여보장법」에 따라 최우선변제권이 있는 3개월분의 임금·3년간의 퇴직금·재해보상금과 그 밖에 근로관계로 인한 임금채권에 대해서도 배분요구의 종기까지 배분요구를 하여야 배분 받을 수 있다.

최우선 변제채권에 해당되는 최종 3개월분의 임금이라 함은 "퇴직 시기를 불문하고 사용자로부터 받지 못한 최종 3개월분의 임금"을 말하고, 임금채권에 대한 근로자의 배당요구 당시 근로자와 사용자의 근로계약 관계가 이미 종료하였다면 그 종료 시부터 소급하여 3개월 사이에 지급사유가 발생한 임금 중 미지급분을 말한다.[241]

예컨대, 2021. 10. 근로관계가 종료된 경우라면 이 시점에서 소급하여 2021년 10월, 9월, 8월분의 직전 3개월의 미지급 임금이 해당되고, 2021년 8월분의 임금이 지급되었더라도 2021년 7월의 미지급 임금까지 우선변제권이 적용되는 것은 아니다.

배분요구의 대상이 되는 우선변제권이 있는 임금채권은 법원의 확정판결 또는 고용노동부 지방사무소의 체불임금확인서와 함께 근로소득 원천징수영수증, 국민연금보험료 원천공제계산서(또는 납부사실확인서), 국민건강보험료 납부사실확인서 등 근로사실을 입증할 수 있는 자료들을 제출하여야 한다.

지의 가액을 기초로 임차인을 보호하고자 인정되는 것이므로, 임대차 성립 당시 임대인의 소유였던 대지가 타인에게 양도되어 임차주택과 대지의 소유자가 서로 달라지게 된 경우에도 마찬가지이다.(대판 2007.6.21.선고, 2004다26133 전원합의체)

241) 구 근로기준법(2007.4.11. 법률 제8372호로 전문 개정되기 전의 것) 제37조제2항제1호에 의하여 우선변제의 특권의 보호를 받는 임금채권의 범위는, 임금채권에 대한 근로자의 배당요구 당시 근로자와 사용자의 근로계약관계가 이미 종료하였다면 그 종료 시부터 소급하여 3개월 사이에 지급사유가 발생한 임금 중 미지급분을 말한다.(대판 2008.6.26.선고 2006다1930)

6) 압류재산과 관계되는 가압류채권

구 국세징수법[시행 2012.1.1. 법률 제10527호 개정 전]에서는 가압류채권자의 배분대상 여부에 대한 명문의 규정이 없고, 담보물권보다 앞서거나 동순위인 경우에 배분대상에 포함 되어야 한다는 해석[242]이 있었으나, 이후 개정 국세징수법에서 가압류채권자를 배분대상에 포함되는 것으로 명문화되었다.

공매공고 등기(등록) 전까지 등기(등록)된 가압류채권은 직권배분의 대상이 되지만, 공매 공고의 등기(등록) 전까지 등기(등록)되지 않은 가압류채권은 배분요구의 종기까지 별도의 배분요구를 하여야 하고, 가압류채권자가 배분 받을 금전의 범위는 가압류의 청구금액 범위 내에서의 원금, 이자 및 비용이다.

7) 판결정본에 의한 채권

공매공고 등기(등록) 전까지 등기(등록)되지 않은 채권자가 배분요구의 종기일 전까지 집 행력 있는 정본에 의하여 배분요구를 하는 경우에는 그 집행력 있는 정본(집행권원에 집행문 부여) 또는 사본을 첨부하여야 배분대상에 포함된다.

집행권원이란 국가의 강제력으로 채권자가 채무자에게 급여청구권을 가지고 있음을 표시 하여 그 청구권을 강제집행할 수 있다는 것을 인정한 공정문서를 말하고 이 같은 집행권원이 있어야 법원을 통한 강제집행이 가능하며, 집행권원은 판결 또는 판결이외의 집행권원 및 기 타 집행권원이 있다.

판결에 의한 집행권원은 "확정된 종국판결", "가집행 선고가 있는 종국판결", "외국법원의 판결에 대한 집행판결"이 있고, 판결 이외의 집행권원은 "소송상의 화해조서", "청구의 인낙 조서", "항고로만 불복할 수 있는 재판", "확정된 지급명령", "집행증서", "가압류명령" 또는

---

242) 국세징수법 제81조제1항제3호의 규정은 압류재산의 매각대금을 압류 전후를 불문하고 위 법 소정의 담보권자에 게 우선순위에 따라 배분할 공법상의 의무를 부과한 것이고, 압류재산의 매각대금을 배분 받을 수 있는 채권을 예 시한 것에 불과할 뿐 이를 한정적으로 열거한 것이 아니라고 할 것이므로, 국세체납처분에 의한 매각대금의 배분 대상에는 같은 법 제81조제1항에 규정된 담보권뿐만 아니라 법령의 규정이나 법리해석상 그 담보권보다 선순위 또는 동순위에 있는 채권도 포함된다고 봄이 상당하다고 할 것인바, 이러한 채권이 가압류채권인 관계로 그 채권 액이 아직 확정되지 아니한 경우에는 같은 법 제84조제1항에 의하여 그에게 배분할 금액을 한국은행(국고대리점 포함)에 예탁할 수도 있을 것이다.(대판 2002.3.26.선고, 2000두7971)

"가처분명령", "확정된 화해권고결정" 등이 있다.

민사집행법 및 민사소송법 이외의 법률에 규정된 집행권원으로는 "중재판정에 대한 집행판결", "파산채권표와 회사정리채권자표", "회사정리담보권자료", "조정조서와 조정에 갈음하는 결정", 소액사건심판법에 의한 "확정된 이행권고 결정" 등이 있다.

다. 국·공유재산의 배분순위

체납자가 국유 또는 공유재산을 매수한 것이 있는 때에는 소유권이전등기 전이라도 그 재산에 관한 체납자의 국가 또는 공공단체에 대한 권리를 압류할 수 있으며, 압류한 국유 또는 공유재산에 대한 권리의 매각대금에 있어서 그 배분순위는 그 매수대금에서 부불잔액을 우선순위로 하고, 체납액 등에 충당한 후 잔액은 체납자에게 지급한다.

여기서 "부불잔액"이라 함은 국·공유재산을 매수한 자가 그 대금 중 국가 또는 공공단체에 납부하지 아니한 잔여액을 말한다.

> **참조법령**
>
> ▶ **국세징수법 제97조【국가 또는 지방자치단체의 재산에 관한 권리의 매각대금의 배분】** ① 제56조제1항에 따라 압류한 국가 또는 지방자치단체의 재산에 관한 체납자의 권리를 매각한 경우 다음 각 호의 순서에 따라 매각대금을 배분한다.
>   1. 국가 또는 지방자치단체가 체납자로부터 지급받지 못한 매각대금
>   2. 체납액
> ② 관할 세무서장은 제1항에 따라 배분하고 남은 금액은 체납자에게 지급한다.

라. 배분계산서의 작성

매각주관기관은 배분계산서의 원안을 작성한 후라도 배분계산서 원안에 적은 내용에 관하여 분명한 잘못이 있는 때에는 배분계산서 원안에 대한 경정이 가능하다. 또한 매각대금으로써 각 채권자의 채권액을 모두 충족할 경우에 있어서 배분순위는 큰 의미가 없으나, 매각대금이 각 채권자의 채권액을 충족시키지 못하는 경우, 민법이나 그 밖의 법령에 따라 배분할 순위와 금액을 정하여 배분하여야 한다.

실무상, 배분금전 중에서 채권·유가증권·그 밖의 재산권의 압류에 따라 체납자 또는 제3채무자로부터 받은 추심금전에 대해서는 해당 조세·공과금의 체납액에 충당 및 종결처리하고 배분계산서를 작성하는 사례는 거의 없으나, 조세·공과금에 우선하는 (가)압류채권자의 경합 등으로 우선순위에 따른 할당변제가 필요한 경우라면 배분계산서를 작성하여야 할 것이다.

매각주관기관은 채권신고대상채권자 및 배분요구를 한 채권자가 제출한 채권신고 및 배분요구서의 채권액을 기초로 하여 민법이나 그 밖의 법령에 따라 배분할 순위와 금액을 정하고 배분기일 7일 전까지는 배분계산서 원안을 작성하여 갖추어 두어야 한다. 참고로 배분계산서 원안을 비치하지 않거나, 비치기간을 준수하지 않았을 경우, 배분기일의 변경 또는 연기 사유는 될 수 있지만 배분절차의 무효나 취소사유는 되지 않을 것으로 해석된다.

만약, 전세권·질권 또는 저당권에 담보된 채권이나 담보목적의 가등기 중 공매공고의 등기(등록) 전에 이미 등기(등록)가 마쳐진 채권에 해당되고, 매각으로 소멸하는 권리의 채권자가 배분요구의 종기까지 배분요구를 하지 않는 경우에는 등기부등본 등 공매집행기록에 있는 증명자료에 따라 채권액을 계산하여 배분하여야 하며 이 경우 더 이상의 채권액을 추가할 수는 없다.

> **참조법령**
>
> ▶ **국세징수법 제98조【배분계산서의 작성】** ① 관할 세무서장은 제96조에 따라 금전을 배분하는 경우 배분계산서 원안(原案)을 작성하고, 이를 배분기일 7일 전까지 갖추어 두어야 한다.
> ② 체납자등은 관할 세무서장에게 교부청구서, 감정평가서, 채권신고서, 배분요구서, 배분계산서 원안 등 배분금액 산정의 근거가 되는 서류의 열람 또는 복사를 신청할 수 있다.
> ③ 관할 세무서장은 제2항에 따른 열람 또는 복사의 신청을 받은 경우 이에 따라야 한다.

3. 배분계산서에 대한 이의

가. 이의신청의 범위 및 당사자

배분내용에 대한 이의신청 등 불복청구가 있는 때에는 이의가 있는 부분에 한하여 배분금전의 지급을 유보하고, 이의가 없는 부분에 대해서는 정상적으로 배분을 실시하여야 한다. 만약 이의의 내용이 정당하다고 인정되지 아니한 때에는 배분계산서를 원안대로 확정하여야 하고, 이해관계인의 이의의 내용이 정당하다고 인정되거나, 배분계산서 원안과 달리하는 것에 채권자 등의 합의가 있는 때에는 배분계산서 원안을 수정하여 배분계산서를 확정하여야 한다.

한국자산관리공사에서 공매를 대행한 경우, 공매 또는 배분처분에 대한 취소를 제기하는 경우에 있어서 당사자는 공매의 위임기관이 아닌 한국자산관리공사가 피고의 적격이 있지만,[243] 한국자산관리공사의 배분처분에 대한 이해관계인의 이의신청 등 불복청구에 있어서는 한국자산관리공사는 재결할 권한이 없다.

이럴 경우, 한국자산관리공사는 배분의견서 등을 첨부하여 위임관서의 장에게 이첩하고, 이첩 받은 기관은 배분이의의 내용을 검토하여 인용·기각 등 결정을 한 다음 그 결정내용을 한국자산관리공사에 통보하여야 한다.

참조법령

▶ **국세징수법 제99조【배분계산서에 대한 이의 등】** ① 배분기일에 출석한 체납자등은 배분기일이 끝나기 전까지 자기의 채권과 관계되는 범위에서 제98조제1항에 따른 배분계산서 원안에 기재된 다른 채권자의 채권 또는 채권의 순위에 대하여 이의제기를 할 수 있다.
② 제1항에도 불구하고 체납자는 배분기일에 출석하지 아니한 경우에도 배분계산서 원안이 갖추어진 이후부터 배분기일이 끝나기 전까지 문서로 이의제기를 할 수 있다.
③ 관할 세무서장은 다음 각 호의 구분에 따라 배분계산서를 확정하여 배분을 실시하고, 확정되지 아니한 부분에 대해서는 배분을 유보한다.
　1. 제1항 및 제2항에 따른 이의제기가 있는 경우
　　가. 관할 세무서장이 이의제기가 정당하다고 인정하거나 배분계산서 원안과 다른 내용으로 체납자등이 한 합의가 있는 경우 : 정당하다고 인정된 이의제기의 내용 또는 합의에 따라 배분계산서를 수정하여 확정
　　나. 관할 세무서장이 이의제기가 정당하다고 인정하지 아니하고 배분계산서 원안과 다른 내용으로 체납자등이 한 합의도 없는 경우 : 배분계산서 중 이의제기가 없는 부분에 한정하여 확정

---

243) 성업공사가 체납 압류된 재산을 공매하는 것은 세무서장의 공매권한 위임에 의한 것으로 보아야 할 것이므로, 성업공사가 한 그 공매처분에 대한 취소 등의 항고소송을 제기함에 있어서는 수임청으로서 실제로 공매를 행한 성업공사를 피고로 하여야 하고, 위임청인 세무서장은 피고적격이 없다.(대판 1997.2.28.선고, 96누1757)

2. 제1항 및 제2항에 따른 이의제기가 없는 경우 : 배분계산서 원안대로 확정
④ 배분기일에 출석하지 아니한 채권자는 배분계산서 원안과 같이 배분을 실시하는 데에 동의한 것으로 보고, 그가 다른 체납자등이 제기한 이의에 관계된 경우 그 이의제기에 동의하지 아니한 것으로 본다.

나. 이의신청의 방법 및 절차

배분에 대한 이의는 어느 채권에 대하여 얼마를 한도로 하여 그 존재 또는 우선권을 다투는지를 다루는 것이므로, 배분처분의 취소나 경정할 범위를 구체적으로 명시하여야 한다.

즉, 이의의 상대방과 이의의 범위, 이의사유 등을 명확히 명시하여야 하고, 이의신청은 이의의 결과로 자기의 배분금액이 증가하는 경우에 한하여 이의신청이 가능하므로, 이의신청인 본인이 아닌 다른 채권자 등에게 배분하여 줄 것을 주장하는 이의신청은 허용되지 않는다.

또한, 채권자 등이 배분순위에 관한 사유로 이의할 경우에는 선순위 채권자들 중에서 누구라도 상대방으로 하여 이의를 할 수 있는 것은 아니고, 배분계산서상 가장 후순위부터 순차적으로 거슬러 올라가 이의신청인의 채권액에 도달할 때까지의 금액과 상대방을 정하여 이의신청하는 것이 바람직하다.

따라서 채권자 등 이해관계인이 배분계산서에 대하여 이의가 있는 경우에는 배분기일로부터 1주일 이내에 배분처분을 한 매각주관기관 등 행정기관을 상대로 배분처분에 대한 행정심판 등의 불복절차를 구하여야 하고, 배분 받은 당사자를 상대로 하여 배분처분의 취소를 구하는 민사소송을 제기할 수는 없다.

만약, 배분금전 지급이 종료되고 별도의 행정소송 등 불복절차를 거치지 않았던 경우라도 정당하게 배분 받지 못한 자가 그 금액만큼 과다 배분 받은 자를 상대로 민사상 부당이득반환청구소송을 통한 권리구제는 가능하다.[244]

---

244) 확정된 배당표에 의하여 배당을 실시하는 것은 실체법상의 권리를 확정하는 것이 아니므로 배당을 받아야 할 자가 배당을 받지 못하고 배당을 받지 못할 자가 배당을 받은 경우에는 배당에 관하여 이의를 한 여부 또는 형식상 배당절차가 확정되었는가의 여부에 관계없이 배당을 받지 못한 우선채권자에게 부당이득반환청구권이 있다.(대판 2000.10.10.선고, 99다53230)

가압류채권자의 미확정 배분금전에 대하여 배분 이후 가압류채권자가 본안소송의 확정판결에서 채권액이 없거나 감소된 경우, 근저당권자에 대한 채권최고액으로 배분하였으나 추후 채권액이 없거나 감소된 것으로 소명된 경우 등, 잉여 배분금전은 후순위 채권자 등에게 "추가배분"을 하여야 한다. 또한 배분이의로 당사자 간에 조정이나 합의에 의한 배분의 정정을 요청함에 따라 그 당사자 간에만 배분의 영향이 미치는 경우나, 행정소송 등의 결과로 인하여 당초의 배분처분이 취소된 때에는 "재배분"에 의한 배분계산서를 새로이 작성하여야 한다.

다. 배분계산서 이의의 취하간주

민사집행절차에 있어서는 배당표에 대한 배당이의가 취하된 경우에는 배당표가 그대로 확정되는 것으로 명문의 규정이 있는 반면, 구 국세징수법[시행 2021.1.1. 법률 제17758호, 개정 전]의 경우, 체납처분절차에서는 배분계산서에 대한 이의가 취하되더라도 당초의 배분계산서가 확정된다고 볼 수 없고, 이의의 제기로 확정되지 아니한 부분에 대하여는 다른 사유를 고려하여 배분계산서의 수정이 가능한 것으로 해석되었다.[245]

하지만, 현행 국세징수법에서는 배분계산서 중 이의제기가 있어 확정되지 아니한 부분에 대하여 이의를 제기한 체납자 등이 배분기일부터 1주일 이내에 행정쟁송 등(국세의 경우 심판청구 등)을 한 사실을 증명하는 서류를 제출하지 아니하면 이의제기가 취하된 것으로 본다.

> **참조법령**
>
> ▶ **국세징수법 제100조【배분계산서에 대한 이의의 취하간주】** 제99조제3항제1호나목에 따라 배분계산서 중 이의제기가 있어 확정되지 아니한 부분이 있는 경우 이의를 제기한 체납자등이 관할 세무서장의 배분계산서 작성에 관하여 심판청구등을 한 사실을 증명하는 서류를 배분기일부터 1주일 이내에 제출하지 아니하면 이의제기가 취하된 것으로 본다.

---

245) 국세징수법에 의한 체납처분절차의 특수성, 관련 규정의 내용 및 체계, 체납처분절차에서 세무서장의 지위 및 행정행위의 철회에 관한 법리 등을 종합적으로 고려하면, 체납처분절차에서는 배분계산서에 대한 이의가 취하되더라도 당초의 배분계산서가 그대로 확정된다고 볼 수 없고, 세무서장은 당초의 배분계산서 중 이의의 제기로 확정되지 아니한 부분에 관하여는 다른 사유를 고려하여 배분계산서를 수정할 수 있다고 보아야 한다.(대판 2018.6.15.선고, 2018두33784)

4. 배분금전의 예탁

가. 의의

"배분금전의 예탁"이라 함은 매각대금에 대하여 채권자 또는 체납자에게 배분순위에 따라 배분금전을 지급하여야 하지만, 채권자 또는 체납자에게 교부할 수 없는 사유가 발생한 때에 관할 매각주관기관 명의의 별도로 개설된 보통예금통장에 배분금전(잔액)을 예탁하고 이를 채권자 및 체납자에게 통지함으로써 배분절차를 종료하기 위한 행위이다.

배분대상이 되는 채권에 대하여 정지조건이 붙어 있거나 변제기가 도래하지 않았다거나, 배분대상 채권이 가압류인 경우, 배분계산서에 대한 이의제기가 진행 중인 경우, 채권자 또는 는 체납자의 주소 및 거소가 불분명한 경우, 그 밖의 사유로 채권자 등에게 지급하지 못하는 때가 배분금전의 예탁사유가 된다.

> **참조법령**
>
> ▶ **국세징수법 제101조【배분금전의 예탁】** ① 관할 세무서장은 다음 각 호의 어느 하나에 해당하는 사유가 있는 경우 그 채권에 관계되는 배분금전을 「한국은행법」에 따른 한국은행(국고대리점을 포함한다)에 예탁(預託)하여야 한다.
> 1. 채권에 정지조건 또는 불확정기한이 붙어 있는 경우
> 2. 가압류채권자의 채권인 경우
> 3. 체납자등이 제100조에 따라 배분계산서 작성에 대하여 심판청구등을 한 사실을 증명하는 서류를 제출한 경우
> 4. 그 밖의 사유로 배분금전을 체납자등에게 지급하지 못한 경우
> ② 관할 세무서장은 제1항에 따라 예탁한 경우 그 사실을 체납자등에게 통지하여야 한다.

나. 배분금전을 예탁할 수 있는 경우

국세징수법 제101조에 따른 배분금전을 예탁할 수 있는 경우란 다음의 경우에 주로 해당된다.

① 배분 받을 채권이 정지조건부로서 그 조건이 성취되지 아니한 경우
② 저당권 등에 의하여 담보된 채권 등의 변제기한이 도래하지 않은 경우
③ 배분금전을 받을 채권자가 가압류권자인 경우

④ 배분계산서에 이의신청으로 배분금전을 교부할 수 없는 경우
⑤ 배분금전을 받을 채권자 등에 대하여 압류명령, 가압류명령, 체납처분에 의한 압류명령 등이 경합된 경우
⑥ 배분금전을 배분함에 있어서 저당권자 등의 채권자 또는 체납자가 배분금전을 그 배분기일까지 수령하지 않는 경우(수령을 거절하는 경우도 포함된다)
⑦ 배분금전을 수령할 채권자 또는 체납자의 주소가 불명하거나, 그 상속인이 불명하여 배분금전을 교부할 수 없는 경우
⑧ 기타 배분을 받아야 할 채권자 등이 법률상 또는 사실상의 이유로 배분금전을 수령할 수 없는 경우

다. 배분금전의 예탁절차

배분한 금전의 예탁장소(채무의 이행장소)는 관할사무소 인근의 국고대리점 등이 그 소재지가 되므로, 배분금전 중 채권자 등에게 지급하지 못한 것은 배분주관기관 관할 소재의 금융기관에 예탁하도록 한다.

채권자 또는 체납자를 위하여 배분금전을 예탁한 때에는 그 뜻을 채권자와 체납자 등에게 문서(배분금전예탁통지서)에 의하여 통지하고, 예탁통지서에는 배분계산서 등본을 첨부하여야 한다.

아울러, 예탁된 배분금전에 대하여는 채권자 및 체납자의 소재지를 확인하는 등 배분금전의 지급에 최선을 다하여야 하며, 배분금전에 대한 반환기간에 대하여는 특별한 규정이 없으므로, 민법 규정에 의한 일반 채권·채무로 보아 10년간 보관하면 될 것이다.

라. 배분금전의 공탁

채권자 또는 체납자에게 지급해야 할 배분금전에 대하여 체납자의 수령 거부 등의 사유가 발생할 경우 「민법」 제487조 후단에 의거 상대적 불확지에 의한 변제공탁이 가능할 것이다. 아울러 채권자 또는 체납자에게 지급해야 할 배분금전에 대하여 민사집행절차에 의한 (가)압류 등 강제집행이 경합하는 경우라면 「민사집행법」 제248조에 의한 집행공탁도 가능한 것

으로 해석된다.[246]

> **참조법령**
>
> ▶ **민법 제487조【변제공탁의 요건, 효과】** 채권자가 변제를 받지 아니하거나 받을 수 없는 때에는 변제자는 채권자를 위하여 변제의 목적물을 공탁하고 그 채무를 면할 수 있다. 변제자가 과실 없이 채권자를 알 수 없는 경우에도 같다.
>
> ▶ **민사집행법 제248조【제3채무자의 채무액의 공탁】** ① 제3채무자는 압류에 관련된 금전채권의 전액을 공탁할 수 있다.
>
> ② 금전채권에 관하여 배당요구서를 송달 받은 제3채무자는 배당에 참가한 채권자의 청구가 있으면 압류된 부분에 해당하는 금액을 공탁하여야 한다.
>
> ③ 금전채권 중 압류되지 아니한 부분을 초과하여 거듭 압류명령 또는 가압류명령이 내려진 경우에 그 명령을 송달 받은 제3채무자는 압류 또는 가압류채권자의 청구가 있으면 그 채권의 전액에 해당하는 금액을 공탁하여야 한다.
>
> ④ 제3채무자가 채무액을 공탁한 때에는 그 사유를 법원에 신고하여야 한다. 다만, 상당한 기간 이내에 신고가 없는 때에는 압류채권자, 가압류채권자, 배당에 참가한 채권자, 채무자, 그 밖의 이해관계인이 그 사유를 법원에 신고할 수 있다.

마. 예탁금에 대한 배분의 실시

배분금전의 예탁 이후 배분계산서의 작성에 관하여 제기된 배분이의에 대하여 결정(국세의 경우 심판청구 등)·확정판결 또는 그 밖에 예탁의 사유가 소멸된 경우에는 당초 배분 받을 채권자 등에게 지급을 하거나, 배분계산서 원안을 변경하여 추가로 배분을 실시하여야 한다.

배분계산서의 작성에 관하여 제기된 배분이의에 대하여 결정(국세의 경우 심판청구 등)·확정판결에 따라 예탁금의 추가 배분을 실시하는 때에는 당초의 배분계산서에 대하여 이의를 제기하지 아니한 체납자 등을 위해서도 배분계산서를 변경하여야 한다.

---

246) 제3채무자에게 채무액을 공탁할 수 있는 권리를 인정한 이유는, 채권에 대한 강제집행절차에서 피압류채권에 대하여 권리를 주장하는 자가 다수 있고 위 채권액이 모든 자에게 만족을 줄 수 없는 경우에 제3채무자에게 배당요구 또는 중복압류의 유무 및 각 압류의 적부를 심사하게 하고 그 진실한 권리자 또는 우선권자에게 적정한 배당을 하게 하는 것은 제3채무자에게 극히 무거운 부담을 주고 또 강제집행절차의 적정도 해할 우려가 있기 때문에 그 피해를 제거하려고 하는데 있다. 제3채무자 ○○세무서장의 입장에서 볼 때 체납처분절차에 앞서 유체동산에 대하여 행하여 진 가압류의 효력의 상실여부, 위 2개의 전부명령의 유효여부와 우선순위문제, 채권압류의 경합이 있는지에 관하여 판단이 어려운 처지라고 보여지므로, 민사소송법 제581조제1항의 규정을 유추 적용하여 공탁을 할 수 있다고 해석하여야 할 것이다.(대판 1989.1.31.선고, 88다카42)

아울러, 추가 배분기일에 있어서 이의를 제기하는 경우에는 종전의 배분기일에서 주장할 수 없었던 사유만을 주장할 수 있다.

참조법령

▶ **국세징수법 제102조【예탁금에 대한 배분의 실시】** ① 관할 세무서장은 제101조에 따라 배분금전을 예탁한 후 다음 각 호의 어느 하나에 해당하는 사유가 있는 경우 예탁금을 당초 배분 받을 체납자 등에게 지급하거나 배분계산서 원안을 변경하여 예탁금에 대한 추가 배분을 실시하여야 한다.

　　1. 배분계산서 작성에 관한 심판청구등의 결정·판결이 확정된 경우

　　2. 그 밖에 예탁의 사유가 소멸한 경우

② 관할 세무서장은 제1항에 따라 예탁금의 추가 배분을 실시하려는 경우 당초의 배분계산서에 대하여 이의를 제기하지 아니한 체납자 등을 위해서도 배분계산서를 변경하여야 한다.

③ 체납자 등은 제1항에 따른 추가 배분기일에 제99조에 따라 이의를 제기할 경우 종전의 배분기일에서 주장할 수 없었던 사유만을 주장할 수 있다.

---

5. 조세·공과금의 충당

가. 충당의 의미

구 국세징수법[시행 2021.1.1. 법률 제17758호 개정 전]은 압류한 금전이나 교부청구에 의하여 받은 금전의 경우에는 "충당"이라는 용어를, 압류재산의 매각대금 및 그 예치이자와 채권·유가증권 등을 압류하여 체납자 또는 제3채무자로부터 받은 금전은 "배분"이라는 용어를 사용하였으나, 개정 국세징수법에서는 환가절차를 통해서 받은 모든 금전에 대하여 "배분"이란 용어로 통일하였다.

압류 또는 교부청구와 관계되는 체납액에 대한 배분(충당)이라 함은 압류한 금전 및 교부청구에 의하여 받은 금전을 체납자가 납부할 체납액 등에 수납처리함으로써 그 채무를 소멸시키는 것을 말하므로, 다른 채권자에 대한 배당절차를 진행할 필요도 없게 되어 배분계산서 작성 등의 행위도 요하지 않는다.

나. 충당의 절차

구 국세징수법[시행 2021.1.1. 법률 제17758호 개정 전]에 의한 "충당"과 유사한 개념으로

서, 민법상 "변제의 충당"이 있으며, 이는 채무자가 동일한 채권자에 대하여 동종의 목적을 가진 수 개의 채무를 부담하는 경우에 어느 채무를 선택하여 변제할 것인가를 결정하는 것을 말한다(변제액이 총 채무를 소멸시키지 못하는 경우에 적용된다). 변제충당의 방법에는 계약에 의한 충당, 일방행위에 의한 충당 및 법정충당 등 세 가지가 있다.

국세징수법에는 이와 같은 민법의 충당순위에 관한 규정이 없으며, 청산절차에 있어서 매각대금 등이 체납액에 부족한 때에는 민법의 법정변제 충당에 관한 법리는 적용되지 않는다.[247]

다. 충당의 효과

이 같은 충당에 의한 체납자의 납부의무는 당해 충당에 관계되는 체납액과 체납처분비(강제징수비)의 범위 내에서 소멸하며, 충당은 체납처분에 의한 압류 또는 교부청구에 의하여 이미 자기 지배하에 있는 금전을 단지 체납액 등에 수납처리하는 절차에 불과하다.

아울러, 동산의 경우에도 유가증권 등의 금전을 추심한 때 또는 매수대금을 영수한 때에는 충당과 마찬가지로 체납자가 채무를 지급한 것으로 보게 된다.

참조법령

▶ **민법 제476조【지정변제충당】** ① 채무자가 동일한 채권자에 대하여 같은 종류를 목적으로 한 수개의 채무를 부담한 경우에 변제의 제공이 그 채무 전부를 소멸하게 하지 못하는 때에는 변제자는 그 당시 어느 채무를 지정하여 그 변제에 충당할 수 있다.
② 변제자가 전항의 지정을 하지 아니할 때에는 변제 받는 자는 그 당시 어느 채무를 지정하여 변제에 충당할 수 있다. 그러나 변제자가 그 충당에 대하여 즉시 이의를 한 때에는 그러하지 아니하다.
③ 전 2항의 변제충당은 상대방에 대한 의사표시로써 한다.

---

247) 국세징수법에 의한 체납처분에서의 청산(배분)절차는 행정기관에 의한 조세채권의 신속한 만족을 위한 절차인 점 등 기본적인 차이가 있어, 민법 제477조 내지 제479조에서 규정하고 있는 법정변제충당의 법리를 체납처분에서의 청산절차에 그대로 적용하는 것이 타당하다고 할 수 없을 뿐만 아니라, 민사소송법에 의한 강제집행절차와는 달리 국세징수법에 의한 체납처분절차는 세무서장이 그 절차의 주관자이면서 동시에 그 절차에 의하여 만족을 얻고자 하는 채권(국세)의 채권자로서의 지위도 겸유하고 있는 점을 아울러 고려하면, 압류에 관계되는 국세가 여럿이고 공매대금 중 그 국세들에 배분되는 금액이 그 국세들의 총액에 부족한 경우에 세무서장이 민법상 법정변제충당의 법리에 따르지 아니하고 어느 국세에 먼저 충당하였다고 하더라도, 체납자의 변제이익을 해하는 것과 같은 특별한 사정이 없는 한 그 조치를 위법하다고는 할 수 없다.(대판 2002.3.15.선고, 99다35447)

▶ **민법 제477조[법정변제충당]** 당사자가 변제에 충당할 채무를 지정하지 아니한 때에는 다음 각 호의 규정에 의한다.

1. 채무 중에 이행기가 도래한 것과 도래하지 아니한 것이 있으면 이행기가 도래한 채무의 변제에 충당한다.
2. 채무 전부의 이행기가 도래하였거나 도래하지 아니한 때에는 채무자에게 변제이익이 많은 채무의 변제에 충당한다.
3. 채무자에게 변제이익이 같으면 이행기가 먼저 도래한 채무나 먼저 도래할 채무의 변제에 충당한다.
4. 전 2호의 사항이 같은 때에는 그 채무액에 비례하여 각 채무의 변제에 충당한다.

▶ **민법 제478조[부족변제의 충당]** 1개의 채무에 수개의 급여를 요할 경우에 변제자가 그 채무 전부를 소멸하게 하지 못한 급여를 한 때에는 전2조의 규정을 준용한다.

▶ **민법 제479조[비용, 이자, 원본에 대한 변제충당의 순서]** ① 채무자가 1개 또는 수개의 채무의 비용 및 이자를 지급할 경우에 변제자가 그 전부를 소멸하게 하지 못한 급여를 한 때에는 비용, 이자, 원본의 순서로 변제에 충당하여야 한다.

② 전항의 경우에 제477조의 규정을 준용한다.

II 우선하는 공과금 등의 배분순위

1. 징수순위에 대한 기본원칙

가. 공과금 등의 배분순위

국세징수법 제96조에서 매각대금으로 배분에 참가한 모든 채권자를 만족시킬 수 없을 때에는 「민법」이나 그 밖의 법령에 따라 배분할 순위와 금액을 정하여 배분하도록 되어 있으며, 이는 채권액을 정하는 것은 물론이고 실정법에 따라 우선·열후에 대한 순위도 정하여야 한다는 것을 의미한다.

우선하는 공과금(국민건강보험료 등 각종 사회보험료) 등에 대한 징수순위는 국민건강보험법 등 각 사회보험의 법령에서 규정하고 있으며, 통상 4대 사회보험료 상호 간에는 동순위에 해당되고, 조세에는 우선하지 못하지만 일반채권에는 우선하게 된다. 또한 전세권·질권 또는 저당권에 담보된 채권에 대해서는 국민건강보험료 등 각종 사회보험료의 납부기한과 저당권부채권의 설정등기(등록)일의 선·후에 따라 그 우선 여부가 결정된다.

다만, 우선하는 공과금에 해당되더라도 저당권 등 담보물권과의 징수순위에 관한 별도의 규정이 없는 공과금은 담보물권의 설정등기(등록)일보다 압류등기(등록)일이 앞서는 경우에 한하여 담보물권보다 우선순위 여부를 따질 수가 있을 것이다(예컨대, 우편법 제24조에서 체납 요금 등의 징수는 일반채권에는 우선하지만 담보물권과의 우선여부에 대해서는 별도의 규정이 없다).[248]

또한, "국세체납처분의 예" 또는 "지방세체납처분의 예" 등 강제징수절차를 준용하는 공과금 중에서 징수의 우선권에 관한 별도의 규정이 없는 경우에는 일반채권과 같은 동순위의 채

---

248) 산업재해보상보험법에 의한 산재보험료채권이 피고의 근저당권에 우선순위에 서게 되는 이유는 원고가 이 사건 부동산을 압류한 후 피고가 근저당권을 설정하였으므로, 압류의 처분금지적 효력에 의하여 피고의 근저당권은 압류권자인 원고에 대한 관계에서 상대적 무효로 되는 한편, 산업재해보상보험법 제76조가 원고의 산재보험료 채권을 일반채권에 대한 관계에서 우선하도록 규정하였기 때문이므로, 피고에 대하여 우선순위에 있게 되는 원고의 채권을 위 압류 당시 기발생한 보험료채권 부분에 한정된다고는 할 수 없다.(대판 1998.11.13선고, 98다 26149)

권에 해당되므로, 우선하는 공과금보다 후순위의 징수순위로 배분(배당) 받게 된다(예컨대, 공무원연금법 제37조에 따른 급여의 환수금에 관한 징수는 "체납처분의 예"에 따라 징수할 수 있을 뿐, 징수순위에 관해서는 별도의 규정이 없다).

참조법령

▶ **국민건강보험법 제85조【보험료 등의 징수순위】** 보험료 등은 국세와 지방세를 제외한 다른 채권에 우선하여 징수한다. 다만, 보험료 등의 납부기한 전에 전세권·질권·저당권 또는 「동산·채권 등의 담보에 관한 법률」에 따른 담보권의 설정을 등기 또는 등록한 사실이 증명되는 재산을 매각할 때에 그 매각대금 중에서 보험료 등을 징수하는 경우 그 전세권·질권·저당권 또는 「동산·채권 등의 담보에 관한 법률」에 따른 담보권으로 담보된 채권에 대하여는 그러하지 아니하다.

▶ **국민연금법 제98조【연금보험료징수의 우선순위】** 연금보험료나 그 밖의 이 법에 따른 징수금을 징수하는 순위는 「국민건강보험법」에 따른 보험료와 같은 순위로 한다.

▶ **고용보험 및 산업재해보상보험의 보험료징수 등에 관한 법률 제30조【보험료징수의 우선순위】** 보험료와 이 법에 따른 그 밖의 징수금은 국세 및 지방세를 제외한 다른 채권보다 우선하여 징수한다. 다만, 보험료 등의 납부기한 전에 전세권·질권·저당권 또는 「동산·채권 등의 담보에 관한 법률」에 따른 담보권의 설정을 등기하거나 등록한 사실이 증명되는 재산을 매각하여 그 매각대금 중에서 보험료 등을 징수하는 경우에 그 전세권·질권·저당권 또는 「동산·채권 등의 담보에 관한 법률」에 따른 담보권에 의하여 담보된 채권에 대하여는 그러하지 아니하다.

▶ **장애인고용촉진 및 직업재활법 제38조【징수 우선순위】** 부담금과 이 법에 따른 그 밖의 징수금(이하 이 조에서 "부담금등"이라 한다)은 국세 및 지방세를 제외한 다른 채권보다 우선하여 징수한다. 다만, 부담금등의 납부기한 전에 전세권·질권·저당권 또는 「동산·채권 등의 담보에 관한 법률」에 따른 담보권의 설정을 등기하거나 등록한 사실이 증명되는 재산을 매각하여 그 매각대금 중에서 부담금등을 징수하는 경우에 그 전세권·질권·저당권 또는 「동산·채권 등의 담보에 관한 법률」에 따른 담보권에 의하여 담보된 채권에 대하여는 그러하지 아니하다.

▶ **우편법 제24조【체납 요금등의 징수방법】** ① 요금등의 체납 금액은 「국세징수법」에 따른 체납처분의 예에 따라 징수한다.
③ 제1항과 제2항의 체납 요금등과 연체료는 조세를 제외한 다른 채권에 우선한다.

▶ **공무원연금법 제37조【급여의 환수】** ② 공단은 제1항에 따른 급여를 환수할 때에 환수금을 내야 할 사람이 기한까지 내지 아니하면 인사혁신처장의 승인을 받아 「국세징수법」에 따른 체납처분의 예에 따라 징수할 수 있다.

▶ **자원의 절약과 재활용촉진에 관한 법률 제19조【재활용부과금의 징수 등】** ④ 제3항에 따라 독촉을 받은 자가 그 기한까지 재활용부과금이나 가산금을 내지 아니하면 국세 체납처분의 예에 따라 징수한다.

나. 법정기일(조세) 전에 저당권 등 담보권이 설정된 경우

① 1순위 : 집행비용(강제징수비)

② 2순위
- 임금채권 : 최종 3개월분 임금·재해보상금 채권(근로기준법 제38제2항)·최종 3년간의 퇴직금(근로자퇴직급여보장법 제12조제2항)
- 임차보증금 중 일정액에 해당되는 소액임차보증금채권(주택임대차보호법 제8조, 상가건물임대차보호법 제14조)
  ※ 이들 상호 간에는 동순위로서 채권액에 비례하여 배분한다.

③ 3순위 : 당해세
- 당해세란 국세·지방세 중 매각대상 재산에 대하여 부과된 조세와 그 가산금을 말하고 (국세기본법 제35조제1항제3호, 지방세법 제31조제2항제3호), 법정기일에 관계없이 저당권 등에 항상 우선하는 채권을 말한다.
- 국세 중 상속세, 증여세 및 종합부동산세가 해당되고, 지방세는 재산세, 자동차세, 도시계획세, 공동시설세 및 지방교육세(재산세와 자동차세분에 한한다)가 해당된다.

④ 4순위
- 국세·지방세의 법정기일 전에 설정된 저당권·전세권 등의 피담보채권
  (국세기본법 제35조제1항제3호, 지방세법 제31조제2항제3호)
- 국세·지방세의 법정기일 전의 확정일자 있는 임차보증금채권
  (주택임대차보호법 제3조의2제2항, 상가건물임대차보호법 제5조제2항)
  ※ 대항요건과 확정일자를 갖춘 임차보증금채권은 저당권으로 담보되는 채권과 같은 성질의 채권으로 취급되며, 조세의 법정기일과 담보권의 설정등기(등록)일이 같은 경우에는 조세가 우선하고,[249] 저당권에 담보되는 채권들 상호 간에는 등기의 선·후에 의한다.

---

249) 부동산경매사건에서 배당을 실시함에 있어 지방세채권의 법정기일과 근저당권의 설정일이 같은 경우에는 지방세우선원칙에 의하여 취득세채권이 근저당권의 피담보채권보다 우선한다고 해석함이 타당하다.(서울지방법원 2000.12.6.선고, 2000나47230판결)

⑤ 5순위
- 일반임금채권 : 근로기준법 제38조제1항 및 근로자퇴직급여보장법 제12조제1항에 의한 임금, 기타 근로관계로 인한 채권으로 앞선 제2순위 최우선 변제 임금채권을 제외한 임금 채권을 의미한다.

⑥ 6순위 : 국세 및 지방세(당해세를 제외한다)

⑦ 7순위 : 국세 및 지방세 다음으로 징수되는 공과금(4대 사회보험료 등)
- 국민건강보험료, 국민연금보험료, 고용보험료, 산업재해보상보험료 등
  ※ 단, 위 보험료 등은 납부기한과 관련하여 예외규정이 있음

⑧ 8순위 : 일반채권자의 채권
- 무담보채권, 집행력 있는 정본을 가진 채권을 말하고, 집행력 있는 정본이 없는 경우에는 가압류 등을 통해 배당요구하여야 한다.
- 재산형(벌금), 과태료, 국유재산법상의 사용료 · 대부료, 환경개선부담금 등

다. 법정기일(조세) 이후에 저당권 등 담보권이 설정된 경우

① 1순위~2순위 : 전술한 1순위 및 2순위와 같다.

② 3순위 : 조세 그 밖에 이와 같은 순위의 징수금(당해세 포함)

③ 4순위 : 조세 다음 순위의 공과금
- 전세권 · 질권 · 저당권 등의 설정등기(등록)일보다 납부기한이 앞서는 국민건강보험료, 국민연금보험료, 고용보험료, 산업재해보상보험료 등
  ※ 단, 건강보험 및 국민연금보험료는 2000.7.1. 이후에 납부기한이 도래한 보험료부터, 고용 · 산재보험료는 2005.1.1. 이후 납부기한이 도래한 보험료부터 적용을 받는다.

④ 5순위 : 전세권 · 질권 · 저당권 등에 담보된 채권

⑤ 6순위 : 일반임금채권

⑥ 7순위 : 조세 다음 순위의 공과금
- 전세권·질권·저당권 등의 설정등기(등록)일보다 납부기한이 늦은 국민건강보험료, 국민연금보험료, 고용보험료, 산업재해보상보험료 등
※ 단, 건강보험 및 국민연금보험료는 2000.7.1. 이후에 납부기한이 도래한 보험료부터, 고용·산재보험료는 2005.1.1. 이후 납부기한이 도래한 보험료부터 적용을 받는다.

⑦ 8순위 : 일반채권

라. 압류재산에 저당권 등의 담보된 채권이 없는 경우
① 1순위~2순위 : 전술한 1순위 및 2순위와 같다.

② 3순위 : 일반임금채권

③ 4순위 : 조세 그 밖에 이와 같은 순위의 징수금(당해세 포함)

④ 5순위 : 조세 다음 순위의 공과금[250]

⑤ 6순위 : 일반채권

---

250) 4대 사회보험료 등(국민건강보험료, 국민연금보험료, 고용보험료·산재보험료)은 "국세체납처분의 예"에 따라 징수할 수 있는 공과금으로서 국세 및 지방세 다음의 징수순위인 공과금인 반면, 지방세외수입에 해당되는 각종 과징금(「가축분뇨관리 및 이용에 관한 법률」 제33조, 「건설기술관리법 제30조의2」)이나, 부담금(「고압가스안전관리법」 제9조, 「대기환경보전법」 제35조) 등은 지방세징수절차에 따라 징수만 할 뿐, 징수에 우선순위가 없다(일반채권과 동순위). 다만, 우편료(우편법 제24조) 및 대집행비용(행정대집행법 제6조) 등의 징수는 국세 및 지방세 다음의 징수로서 4대 사회보험료 등과 동순위에 해당되지만, 저당권 등의 담보물권과 납부기한의 선·후에 따른 징수순위에 관한 규정은 별도로 없다.

2. 임금채권의 징수순위

가. 최우선 변제되는 임금채권

「근로기준법」제38조제2항 및 「근로자퇴직급여보장법」제12조제2항에 규정된 최종 3개월 분 임금·최종 3년간의 퇴직금·재해보상금 채권은 최우선변제 임금채권에 해당되므로 국세 및 보험료 등에는 항상 우선한다. 따라서 매각주관기관의 강제징수비(체납처분비)를 제외하 고는 이들 임금채권은 우선 배분대상이 된다.

"최종 3개월분의 임금"이란 사용자로부터 지급받지 못한 최종 3개월 사이에 지급사유가 발 생한 임금채권을 의미하며, 최종 3년분의 퇴직금의 경우는 퇴직금 누진제를 감안하지 아니 한 법정퇴직금으로써 90일분의 평균임금으로 산정된 퇴직금을 의미한다.

나. 일반 임금채권

임금채권 중 「근로기준법」제38조제2항 및 「근로자퇴직급여보장법」제12조제2항의 규정에 의하여 최우선으로 변제 받는 임금채권을 제외한 임금, 기타 근로관계로 인한 채권("일반임 금채권"이라 한다)은 전세권·질권 또는 저당권 등에 담보된 채권을 제외하고는 조세 및 공 과금에 우선하도록 되어 있으므로, 일반임금채권의 경우라도 원칙상 조세·공과금에는 우선 한다.

다만, 일반임금채권도 체납자의 책임재산에 대하여 전세권·질권 또는 저당권 등에 담보 된 채권에는 우선하지 않으므로, 만약 그 담보된 채권에 우선하는 조세나 공과금이 있는 경 우라면, 일반임금채권은 이러한 조세·공과금에 대해서는 우선하지 못하는 경우가 발생될 수 있다.

즉, 일반임금채권에 우선하는 전세권·질권 또는 저당권 등의 담보된 채권이 존재하고, 그 저당권 등의 설정등기·등록일보다 법정기일(납부기한)이 앞서는 조세·공과금(국민건강보 험료 등 각종 사회보험료)은 일반임금채권 대하여 징수의 우선권이 인정될 수 있음을 주의하 여야 한다.

다. 임금채권보장법에 의한 체당금채권

회사의 파산 등의 사유로 근로자가 임금 등을 지급받지 못한 경우, 임금채권보장법에 의하여 고용노동부장관이 대신하여 지급하는 임금 등을 "체당금"이라 하며, 체당금은 퇴직근로자의 신청과 해당 노동관청의 확인을 거쳐 근로복지공단(고용노동부)이 지급한다.

즉, 근로복지공단이 사용자를 대신하여 근로자에게 지급한 체당금은 그 지급 범위 내에서는 근로자의 권리를 대위행사 하게 되므로, 임금채권의 우선변제권 또한 그 대위되는 권리에 존속하게 된다.

따라서 근로복지공단이 대위행사 하는 체당금채권 중 최종 3개월분의 임금·최종 3년간의 퇴직금은 최우선 변제채권인 임금채권과 마찬가지로 질권·저당권 등의 담보된 채권 및 조세·공과금 등에 항상 우선하여 변제 받는다(단, 매각주관기관의 강제징수비는 제외된다).

다만, 체당금채권 중 휴업수당(근로기준법 제46조)은 최우선으로 변제되는 임금채권이 아닌 일반임금채권에 해당되므로, 전세권·질권 또는 저당권 등에 담보된 채권이 있는지 여부를 파악하여야 하고, 담보된 채권보다 법정기일(납부기한)이 앞서는 조세·공과금(국민건강보험료 등 각종 사회보험료)은 일반임금채권(휴업수당)보다 우선하여 배분대상이 된다.

체당금채권은 근로자의 임금청구권 불행사 시점으로부터 기산하여 3년이 경과하게 되면 소멸시효가 완성된다. 따라서 체당금채권에 대한 징수의 우선권 주장이 있을 경우에는 그 체당금이 지급된 시점이 아니라, 그 체당금의 원인이 되는 근로자의 임금이 체불된 시점부터 기산하여 소멸시효가 완성되었는지 여부를 확인하여 배분순위 등을 참작하여야 할 것이다.

참조법령

▶ **근로기준법 제38조【임금채권의 우선변제】** ① 임금, 재해보상금, 그 밖에 근로관계로 인한 채권은 사용자의 총재산에 대하여 질권(質權)·저당권 또는 「동산·채권 등의 담보에 관한 법률」에 따른 담보권에 따라 담보된 채권 외에는 조세·공과금 및 다른 채권에 우선하여 변제되어야 한다. 다만, 질권·저당권 또는 「동산·채권 등의 담보에 관한 법률」에 따른 담보권에 우선하는 조세·공과금에 대하여는 그러하지 아니하다.
② 제1항에도 불구하고 다음 각 호의 어느 하나에 해당하는 채권은 사용자의 총재산에 대하여 질

권·저당권 또는 「동산·채권 등의 담보에 관한 법률」에 따른 담보권에 따라 담보된 채권, 조세·공과금 및 다른 채권에 우선하여 변제되어야 한다.

    1. 최종 3개월분의 임금

    2. 재해보상금

▶ **근로자퇴직급여보장법 제12조【퇴직급여등의 우선변제】**② 제1항에도 불구하고 최종 3년간의 퇴직급여등은 사용자의 총재산에 대하여 질권 또는 저당권에 의하여 담보된 채권, 조세·공과금 및 다른 채권에 우선하여 변제되어야 한다.

▶ **임금채권보장법 제7조【퇴직한 근로자에 대한 대지급금의 지급】**② 제1항에 따라 고용노동부장관이 사업주를 대신하여 지급하는 체불 임금등 대지급금(이하 "대지급금"이라 한다)의 범위는 다음 각 호와 같다. 다만, 대통령령으로 정하는 바에 따라 제1항제1호부터 제3호까지의 규정에 따른 대지급금의 상한액과 같은 항 제4호 및 제5호에 따른 대지급금의 상한액은 근로자의 퇴직 당시의 연령 등을 고려하여 따로 정할 수 있으며 대지급금이 적은 경우에는 지급하지 아니할 수 있다.

    1. 「근로기준법」 제38조제2항제1호에 따른 임금 및 「근로자퇴직급여 보장법」 제12조제2항에 따른 최종 3년간의 퇴직급여등

    2. 「근로기준법」 제46조에 따른 휴업수당(최종 3개월분으로 한정한다)

    3. 「근로기준법」 제74조제4항에 따른 출산전후휴가기간 중 급여(최종 3개월분으로 한정한다)

▶ **임금채권보장법 제8조【미지급 임금등의 청구권의 대위】**① 고용노동부장관은 제7조 또는 제7조의2에 따라 해당 근로자에게 대지급금을 지급하였을 때에는 그 지급한 금액의 한도에서 그 근로자가 해당 사업주에 대하여 미지급 임금등을 청구할 수 있는 권리를 대위(代位)한다.

② 「근로기준법」 제38조에 따른 임금채권 우선변제권 및 「근로자퇴직급여 보장법」 제12조제2항에 따른 퇴직급여등 채권 우선변제권은 제1항에 따라 대위되는 권리에 존속한다.

▶ **민법 제469조【제3자의 변제】**① 채무의 변제는 제3자도 할 수 있다. 그러나 채무의 성질 또는 당사자의 의사표시로 제3자의 변제를 허용하지 아니하는 때에는 그러하지 아니하다.

② 이해관계 없는 제3자는 채무자의 의사에 반하여 변제하지 못한다.

라. 체당금채권의 우선권 주장 여부

구 국세징수법[시행 2012.1.1. 법률 제10527호로 개정 전]에서 배분대상자는 배분계산서를 작성하기 전까지 배분요구를 하여야 배분에 참여 할 수 있도록 하는 배분요구종기에 관한 규정을 두고 있긴 하였으나, 이 규정은 배분계산서를 작성할 때까지 배분요구를 하지 아니한 배분대상자를 배분에서 배제하는 취지의 규정이 아닌 주의적 규정에 불과한 것으로 해석되었다.[251]

---

251) 국세징수법 제83조제1항 후문은 배분계산서의 작성과 관련하여 "이 경우 매각대금의 배분대상자는 세무서장이 배분계산서를 작성하기 전까지 배분요구를 하여야 한다."고 규정하고 있으나, 국세징수법이 민사집행법과는 달리 배당요구권자, 배당요구기한의 고지절차, 채권계산서 미제출에 의한 채권액 보충의 실기, 배당 받을 채권자의 범

이후, 개정 국세징수법[시행 2012.1.1. 법률 제10527호]에서는 공매공고에 대한 등기·등록의 촉탁, 가압류채권자의 배분대상 인정, 채권액 미제출에 의한 채권액 보충의 실기, 배당받을 채권자의 범위, 배분계산서 작성에 대한 이의제기 등 체납처분에 의한 공매 및 배분절차에 있어서도 민사집행절차에 준하는 수준으로 대폭 개정되었다.

결국, 구 국세징수법에서는 매각재산의 배분절차가 종료될 때까지 가압류나 배분요구하지 않은 우선변제권 있는 임금(체당금)채권자 등이 체납처분에 의한 배분절차가 종료된 이후라도 부당이득반환청구를 할 수 있었다. 하지만, 개정 국세징수법[시행 2012.1.1. 법률 제10527호]부터는 조세·공과금 등에 우선하는 최우선변제 임금채권자라도 공매공고의 등기·등록 전에 (가)압류등기·등록을 하지 않거나, 배분요구의 종기일까지 배분요구를 하지 않은 이상 배분 받을 채권자에 포함될 수 없으므로, 더 이상 부당이득반환청구도 할 수 없게 되었다.

위, 배당이의절차 등에 관하여 규정하고 있지 아니한 점 등에 비추어 보면, 위 조항의 후문은 배분계산서를 작성할 때까지 배분요구를 하지 아니한 배분대상자를 배분에서 배제하는 취지의 규정이 아니라 주의적 규정에 불과하다고 할 것이므로, 국세기본법 제35조제1항제5호에 따라 국세 또는 가산금에 우선하는 임금채권이 국세징수법상 압류재산 매각대금의 분배대상에 포함되면, 체납처분절차를 주관하는 기관은 비록 임금채권자의 배분요구가 없다고 하더라도 임금채권자에게 배분할 금액을 직권으로 확정하여 배분계산서를 작성하여야 하고, 만약 임금채권자가 체납처분의 청산절차에서 압류재산의 매각대금을 배분할 때까지 배분요구를 하지 아니하여 그에게 배분되어야 할 돈이 후순위권리자에게 배분되었다면, 임금채권자는 후순위권리자를 상대로 부당이득의 반환을 청구할 수 있다고 할 것이다.(대판 2006.1.27.선고, 2005다27935)

배분순위(사례)

Q. 공매(경매)재산에 대하여 아래와 같은 채권자가 있을 경우의 배분순위
- 2021.7.1. 채권자 김●● 가압류(일반채권)
- 2021.8.1. ●●공단 압류 : 보험료 및 연체금(2021.1월분~4월분)
- 2021.9.1. ◎◎세무서 압류 : 국세 및 가산금(법정기일 : 2021.3.30)
- 2021.10.1. 채권자 홍○○ 가압류(최우선변제 및 일반임금채권)

A. 배분순위
- 1순위 : 강제징수비(경매의 경우 집행비용에 해당)
- 2순위 : 가압류 임금채권자 홍○○(최우선변제 및 일반임금채권)
- 3순위 : ◎◎세무서(국세 및 가산금)
- 4순위 : ●●공단의 보험료 및 연체금
- 5순위 : 가압류채권자 김●●(일반채권)

배분순위(사례)

Q. 공매(경매)재산에 대하여 아래와 같은 채권자가 있을 경우의 배분순위
- 2021.7.5. ◆◆은행 근저당권 설정
- 2021.11.5. ●●공단 압류 : 보험료 및 연체금(2021.1월분~7월분)
- 2021.12.5. ◎◎세무서 압류 : 국세 및 가산금(법정기일 : 2021.6.30)
- 2021.12.9. 채권자 홍○○ 가압류(최우선변제임금채권 및 일반임금채권)

A. 배분순위
- 1순위 : 강제징수비(경매의 경우 집행비용에 해당)
- 2순위 : 가압류 임금채권자 홍○○(최우선변제 임금채권)
- 3순위 : ◎◎세무서(국세 및 가산금 : 법정기일 2021.6.30)
- 4순위 : ●●공단의 보험료 및 연체금(2021.1월분~5월분)
- 5순위 : 근저당권자 ◆◆은행
- 6순위 : 가압류 임금채권자 홍○○(일반임금채권)
- 7순위 : ●●공단의 보험료 및 연체금(2021.6월분~7월분)

3. 조세채권의 징수순위

가. 조세와 공과금의 징수순위

국세·지방세는 공과금 및 기타의 채권에 우선하도록 되어 있고(국세기본법 제35조 및 지방세법 제31조), 국민건강보험법 제85조에서 보험료 등(공과금)은 국세 및 지방세를 제외한 기타의 채권에 우선하도록 되어 있는 등, 조세와 공과금 사이의 징수순위에 있어서는 원칙적으로 조세가 우선한다.

구 국세기본법[시행 2011.1.1. 법률 제10405호, 개정 전]에서는 공과금이 매각주관기관이 될 경우, 공과금의 체납처분비와 연체금에 대해서는 국세 및 지방세에 우선하여 징수할 수 있도록 규정하고 있었으나, 이후 국세기본법 개정을 통하여 공과금이 매각주관기관이 되더라도 체납처분비(강제징수비)만이 국세·지방세에 우선하고 연체금에 대해서는 우선하여 징수할 수 없도록 변경되었다.

조세와 전세권·질권 또는 저당권 등의 담보물권과의 징수순위는 그 저당권 등의 담보물권의 설정등기(등록)일과 조세의 법정기일의 선·후에 따라 그 우선여부가 결정된다.

하지만, 저당권 등의 담보물권보다 법정기일이 늦은 조세에 한해서는 저당권 등의 담보물권보다 납부기한이 빠른 국민건강보험료 등(공과금)에 있어서 조세의 우선징수권이 제한되는 경우가 있음을 각별히 주의하여야 한다.

결국, 매각재산에 대한 공매 또는 경매에 있어서 저당권 등의 담보물권 설정등기(등록)일을 기준으로 하여 담보물권보다 납부기한이 빠른 국민건강보험료 등 각종 사회보험료 등과 그 담보물권 설정등기(등록)일보다 법정기일이 늦은 조세가 혼재해 있는 경우에는 조세, 담보물권 및 보험료 등의 우선순위가 순환관계(조세 〉 보험료 〉 저당권 등의 담보물권 〉 조세)에 있게 된다.

이럴 경우, 징수순위를 정함에 있어서 특별한 배분기술이 요구되었으며 이에 적용되는 것이 "안분후흡수배분"이다(이에 대해서는 자세히 후술하도록 한다).

참조법령

▶ **국세기본법 제35조【국세의 우선】** ① 국세 및 강제징수비는 다른 공과금이나 그 밖의 채권에 우선하여 징수한다. 다만, 다음 각 호의 어느 하나에 해당하는 공과금이나 그 밖의 채권에 대해서는 그러하지 아니하다.

1. 지방세나 공과금의 체납처분 또는 강제징수를 할 때 그 체납처분 또는 강제징수 금액 중에서 국세 및 강제징수비를 징수하는 경우의 그 지방세나 공과금의 체납처분비 또는 강제징수비

3. 제2항에 따른 법정기일 전에 다음 각 목의 어느 하나에 해당하는 권리가 설정된 재산을 매각하여 그 매각금액에서 국세를 징수하는 경우 그 권리에 의하여 담보된 채권 또는 임대차보증금반환채권. 이 경우 다음 각 목에 해당하는 권리가 설정된 사실은 대통령령으로 정하는 방법으로 증명한다.

　가. 전세권, 질권 또는 저당권

　나. 「주택임대차보호법」 제3조의2제2항 또는 「상가건물 임대차보호법」 제5조제2항에 따라 대항요건과 확정일자를 갖춘 임차권

4. 「주택임대차보호법」 제8조 또는 「상가건물 임대차보호법」 제14조가 적용되는 임대차관계에 있는 주택 또는 건물을 매각할 때 그 매각금액 중에서 국세를 징수하는 경우 임대차에 관한 보증금 중 일정 금액으로서 「주택임대차보호법」 제8조 또는 「상가건물 임대차보호법」 제14조에 따라 임차인이 우선하여 변제 받을 수 있는 금액에 관한 채권

▶ **지방세기본법 제71조【지방세의 우선징수】** ① 지방자치단체의 징수금은 다른 공과금과 그 밖의 채권에 우선하여 징수한다. 다만, 다음 각 호의 어느 하나에 해당하는 공과금과 그 밖의 채권에 대해서는 우선징수하지 아니한다.

1. 국세 또는 공과금의 체납처분을 하여 그 체납처분 금액에서 지방자치단체의 징수금을 징수하는 경우의 그 국세 또는 공과금의 체납처분비

3. 다음 각 목의 어느 하나에 해당하는 기일(이하 "법정기일"이라 한다) 전에 전세권·질권·저당권의 설정을 등기·등록한 사실 또는 「주택임대차보호법」 제3조의2제2항 및 「상가건물 임대차보호법」 제5조제2항에 따른 대항요건과 임대차계약증서상의 확정일자(確定日字)를 갖춘 사실이 대통령령으로 정하는 바에 따라 증명되는 재산을 매각하여 그 매각금액에서 지방세(그 재산에 대하여 부과된 지방세는 제외한다)를 징수하는 경우의 그 전세권·질권·저당권에 따라 담보된 채권, 등기 또는 확정일자를 갖춘 임대차계약증서상의 보증금

4. 「주택임대차보호법」 제8조 또는 「상가건물 임대차보호법」 제14조가 적용되는 임대차관계에 있는 주택 또는 건물을 매각하여 그 매각금액에서 지방세를 징수하는 경우에는 임대차에 관한 보증금 중 일정액으로서 각 규정에 따라 임차인이 우선하여 변제 받을 수 있는 금액에 관한 채권

나. 조세 상호 간의 징수순위

　국세와 지방세를 포함한 모든 조세채권은 원칙적으로 그 징수순위가 동일하지만, 그 예외의 경우로 소위 "압류선착수주의"에 의하여 먼저 압류한 조세가 교부청구한 다른 조세보다

우선징수할 수 있도록 함으로써 채권자 평등주의에 대한 예외를 인정하고 있다.

이 같은 압류선착수주의의 취지는 다른 조세채권자보다 조세채무자의 자산 상태에 주의를 기울이고 조세 징수에 열의를 가지고 있는 징수권자에게 그 우선권을 부여하고자 하는 것이다. 여기서 먼저 압류한 조세채권자에 대한 후행의 교부청구에는 국세징수법에 의한 참가압류도 포함되고, 조세 간의 압류선착수주의는 공탁법원의 배당 등 민사집행절차에 있어서도 적용된다.[252]

"압류선착수주의"에 대한 적용에 있어서 조세 상호 간에만 적용되고 있는 압류선착수주의가 공과금 상호 간에도 이를 준용할 수 있는지에 대한 분쟁이 잦았으나, 압류선착수주의에 관한 국세기본법 등은 조세 간의 특성을 고려한 조세의 고유권한에 해당되는 것이므로, 공과금 상호 간이나 조세와 공과금 간에는 준용될 수 없는 것으로 이를 명백히 하고 있다.[253]

"압류선착수주의"에 대한 적용범위는 조세 상호 간의 징수순위를 정하는 데에만 적용되는 것이며, 조세와 저당권 등 담보물권 간에 있어서는 적용될 수 없다. 따라서 저당권 등의 담보물권 전·후로 법정기일이 도래한 조세가 있는 경우의 조세 간 징수순위는 먼저, 조세와 담보물권 사이에 그 법정기일과 담보물권 설정일의 선·후에 의하여 결정하고, 이와 같은 순서에 의해 매각대금을 각 조세에 배분한 다음, 압류선착수주의에 따라 먼저 압류한 조세가 나중에 참가압류한 조세의 배분금전에 대하여 우선징수권을 행사하게 된다.[254]

---

252) 국세기본법 제36조제1항과 지방세법 제34조제1항이 채택하고 있는 이른바 압류선착주의의 취지는 다른 조세채권자보다 조세채무자의 자산 상태에 주의를 기울이고 조세 징수에 열의를 가지고 있는 징수권자에게 우선권을 부여하고자 하는 것이고, 이러한 압류선착주의의 입법취지와, 압류재산이 금전채권인 경우에 제3채무자가 그의 선택에 의하여 체납처분청에 지급하는지 집행법원에 집행공탁을 하는지에 따라 조세의 징수액이 달라지는 것은 부당하다는 점을 고려하여 보면, 압류선착주의는 조세가 체납처분절차를 통하여 징수되는 경우뿐만 아니라 구 민사소송법에 의한 강제집행절차를 통하여 징수되는 경우에도 적용되어야 한다.(대판 2003.7.11.선고, 2001다83777)

253) 지방세법 제34조는 국세와 지방세 상호 간 및 지방세 상호 간에는 먼저 압류한 조세가 교부청구한 조세보다 우선한다는 이른바 압류선착주의를 선언함으로써 민사집행법상 평등주의의 예외를 인정하고 있고, 구 산업재해보상보험법 제76조는 산업재해보상보험료의 징수순위가 국세 및 지방세의 다음 순위임을 밝히고 있으며, 같은 법 제74조제1항에서 산업재해보상보험료의 징수에 관하여 국세체납처분의 예에 의한다는 취지로 규정하고 있는바, 위 각 조항은 그 문언이나 법 규정의 형식상, 국세징수법 중 제3장에서 규정한 체납처분의 절차에 따라 산업재해보상보험료를 강제징수할 수 있는 자력집행권이 있음을 규정한 것일 뿐이고, 산업재해보상보험료와 지방세 상호 간에도 압류선착주의를 규정한 지방세법 제34조가 준용된다고 볼 수는 없다.(대판 2008.10.23.선고, 2008다47732)

254) 구 국세기본법 제36조제1항과 구 지방세법 제34조제1항이 채택하고 있는 이른바 압류선착주의의 취지는 다른

참조법령

▶ **국세기본법제36조【압류에 의한 우선】** ① 국세 강제징수에 따라 납세자의 재산을 압류한 경우에 다른 국세 및 강제징수비 또는 지방세의 교부청구(「국세징수법」 제61조 또는 「지방세징수법」 제67조에 따라 참가압류를 한 경우를 포함한다. 이하 이 조에서 같다)가 있으면 압류와 관계되는 국세 및 강제징수비는 교부청구된 다른 국세 및 강제징수비 또는 지방세보다 우선하여 징수한다.
② 지방세 체납처분에 의하여 납세자의 재산을 압류한 경우에 국세 및 강제징수비의 교부청구가 있으면 교부청구된 국세 및 강제징수비는 압류에 관계되는 지방세의 다음 순위로 징수한다.

▶ **지방세기본법 제73조【압류에 의한 우선】** ① 지방자치단체의 징수금의 체납처분에 의하여 납세자의 재산을 압류한 후 다른 지방자치단체의 징수금 또는 국세의 교부청구가 있으면 압류에 관계되는 지방자치단체의 징수금은 교부청구한 다른 지방자치단체의 징수금 또는 국세에 우선하여 징수한다.
② 다른 지방자치단체의 징수금 또는 국세의 체납처분에 의하여 납세자의 재산을 압류한 후 지방자치단체의 징수금 교부청구가 있으면 교부청구한 지방자치단체의 징수금은 압류에 관계되는 지방자치단체의 징수금 또는 국세의 다음으로 징수한다.

다. 당해세 우선의 특례

조세와 저당권 등의 담보물권 사이의 우열은 그 담보물권이 조세의 법정기일 전에 설정된 것인지 여부에 따라 결정되는 것이 원칙이지만, 저당권 등의 목적인 재산에 대하여 부과된 국세·지방세(이른바 "당해세")와 그 가산금은 비록 그 담보권이 법정기일 전에 설정된 경우라도 저당권·등의 담보물권에 우선하게 되는데 이를 당해세 우선에 관한 특례라고 한다.

당해세에는 국세의 경우, 상속세, 증여세, 재평가세 및 종합부동산세가 있으며, 지방세의 경우에는 재산세, 자동차세, 종합토지세, 도시계획세, 공동시설세 등이 각각 해당된다. 다만 당해세에 대하여는 그 절대적 효력으로 인한 담보물권의 기능을 저해할 우려가 있어 그 범위 및 해석이 제한적이다.

조세채권자보다 조세채무자의 자산 상태에 주의를 기울이고 조세 징수에 열의를 가지고 있는 징수권자에게 우선권을 부여하고자 하는 것이므로, 압류선착주의는 조세채권 사이의 우선순위를 정하는 데 적용할 수 있을 뿐 조세채권과 공시를 수반하는 담보물권 사이의 우선순위를 정하는 데 적용할 수는 없다.
공시를 수반하는 담보물권이 설정된 부동산에 관하여 담보물권 설정일 이전에 법정기일이 도래한 조세채권과 담보물권 설정일 이후에 법정기일이 도래한 조세채권에 기한 압류가 모두 이루어진 경우, 당해세를 제외한 조세채권과 담보물권 사이의 우선순위는 그 법정기일과 담보물권 설정일의 선후에 의하여 결정하고, 이와 같은 순서에 의하여 매각대금을 배분한 후, 압류선착주의에 따라 각 조세채권 사이의 우선순위를 결정하여야 한다.(대판 2005.11.24.선고, 2005두9088)

즉, 판례는 경매목적물의 경매를 과세대상으로 하여 부가된 부가가치세, 상속세 및 증여세법의 규정에 의한 재산 가치가 아니라, 재산의 취득자금을 증여받은 것으로 추정하여 부과한 증여세, 저가양도로 인한 증여의제에 의하여 부과되는 증여세 등은 당해세에 해당되지 않으며, 당해 재산 또는 그 재산에 관한 권리의 대여 등으로 인한 소득을 과세대상으로 하는 조세도 당해세에 포함되지 않는 것으로 해석하고 있다.

아울러, 당해세의 우선규정은 저당권 등에 의하여 담보된 재산 외에 다른 재산에 부과된 당해세와 그 담보된 저당권 등의 담보물권 사이에는 적용될 수 없다(예컨대, 저당권이 설정된 체납자 소유의 부동산을 매각·배분함에 있어 자동차세 등 타 재산의 당해세는 당해세로서 우선특권이 인정되지 않는다). 아울러 조세 상호 간에 적용되는 압류선착수주의는 당해세에 있어서는 그 적용이 배제되고 당해세 우선의 원칙이 인정된다.[255]

배분순위(사례)

Q. 공매(경매)재산에 대하여 아래와 같은 채권자가 있을 경우의 배분순위
 - 2021.7.1. ◇◇구청 압류 : 지방세(법정기일 2021.3.31.)
 - 2021.8.1. ●●공단 압류 : 보험료 및 연체금(2021.1월분~4월분)
 - 2021.9.1. ◎◎세무서 압류 : 당해세 및 국세(법정기일 : 2021.6.30.)

A. 배분순위
 - 1순위 : 강제징수비(경매의 경우 집행비용에 해당)
 - 2순위 : 당해세(◎◎세무서)
 - 3순위 : 지방세(◇◇구청) … 압류선착수주의에 따라 우선함
 - 4순위 : 국세(◎◎세무서)
 - 5순위 : 보험료 및 연체금(●●공단)

---

255) 1개 부동산에 대하여 체납처분의 일환으로 압류가 행하여졌을 때 그 압류에 관계되는 조세는 국세나 지방세를 막론하고 교부청구한 다른 조세보다 우선하고 이는 선행압류 조세와 후행압류 조세 사이에도 적용되지만(압류선착주의 원칙), 이러한 압류선착주의 원칙은 공매대상 부동산 자체에 대하여 부과된 조세와 가산금(당해세)에 대하여는 적용되지 않는다.(대판 2007.5.10.선고, 2007두2197)

배분순위(사례)

Q. 공매(경매)재산에 대하여 아래와 같은 채권자가 있을 경우의 배분순위
- 2021.6.1. ▲▲은행 근저당권 설정
- 2021.11.1. ●●공단 압류 : 보험료 및 연체금(2021.6월분~7월분)
- 2021.12.1. ◇◇구청 압류 : 지방세(법정기일 : 2021.7.30.)
- 2021.12.9. ◎◎세무서 압류 : 당해세 및 국세(법정기일 : 2021.4.30.)

A. 배분순위
- 1순위 : 강제징수비(경매의 경우 집행비용에 해당)
- 2순위 : 당해세(◎◎세무서)
- 3순위 : ◎◎세무서의 국세(법정기일 : 2021.4.30.) … 배당액 흡수당함(2차)
- 4순위 : ▲▲은행 근저당권(설정일 : 2021.6.1.)
- 5순위 : ◇◇구청의 지방세(법정기일 : 2021.7.30.) … 배당액 흡수함(2차)
- 6순위 : ●●공단의 보험료 및 연체금(2021.6월분~7월분)
  ※ 압류선착수주의에 의거 ◇◇구청(지방세)이 ◎◎세무서(국세)의 1차 배당액을 흡수하게 됨
  (단, 당해세는 압류선착수주의에 적용을 받지 않으므로 흡수 불가)

4. 저당권 등 담보물권의 징수순위

저당권자는 채무를 담보로 제공한 부동산에 대하여 다른 채권자보다 자기채권의 우선변제권이 인정되므로(민법 제356조), 저당권자는 원칙상 다른 채권자에 대하여 우선권을 갖는다.

구 국민건강보험법[시행 2000.7.1. 법률 제5854호로 개정 전]에서는 전세권·질권 또는 저당권 등 담보물권과 국민건강보험료 등과의 징수순위에 관한 별도의 규정이 없는 관계로 민법 또는 판례의 해석에 의존할 수밖에 없었다.

따라서 보험료 등(공과금)과 저당권 등 담보물권과의 우선순위는 저당권 등의 설정등기(등록)일 전에 압류등기(등록)가 있는 경우에 한하여 압류채권자의 처분금지적 효력에 의거 저당권 등에 우선하고, 그 반대의 경우에는 저당권 등에 우선하지 못하였다.[256]

---

256) 산업재해보상보험법에 의한 산재보험료채권이 피고의 근저당권에 우선순위에 서게 되는 이유는 원고가 이 사건 부동산을 압류한 후 피고가 근저당권을 설정하였으므로, 압류의 처분금지적 효력에 의하여 피고의 근저당권은 압

이후, 개정 국민건강보험법[시행 2000.7.1. 법률 제5854호]에 의하여 납부기한이 도래한 보험료 등은 저당권 등의 설정등기(등록)일과 국민건강보험료 등의 납부기한의 선·후에 따라 그 우선 여부가 결정되며,[257] 고용·산재보험료의 경우는 저당권 등 담보물권과의 징수순위에 관하여 개정 「고용보험 및 산업재해보상보험의 보험료징수 등에 관한 법률[시행 2000.5.1. 법률 제7300호]」에 따라 2005.1.1. 이후 납부기한이 도래한 고용·산재보험료는 저당권 등의 설정등기(등록)일과 보험료 등의 납부기한의 선·후에 따라 우선 여부가 결정된다.

참조법령

▶ **민법 제356조【저당권의 내용】** 저당권자는 채무자 또는 제3자가 점유를 이전하지 아니하고 채무의 담보로 제공한 부동산에 대하여 다른 채권자보다 자기채권의 우선변제를 받을 권리가 있다.

▶ **국민건강보험법 제85조【보험료 등의 징수순위】** 보험료 등은 국세와 지방세를 제외한 다른 채권에 우선하여 징수한다. 다만, 보험료 등의 납부기한 전에 전세권·질권·저당권 또는 「동산·채권 등의 담보에 관한 법률」에 따른 담보권의 설정을 등기 또는 등록한 사실이 증명되는 재산을 매각할 때에 그 매각대금 중에서 보험료 등을 징수하는 경우 그 전세권·질권·저당권 또는 「동산·채권 등의 담보에 관한 법률」에 따른 담보권으로 담보된 채권에 대하여는 그러하지 아니하다.

▶ **국민연금법 제98조【연금보험료징수의 우선순위】** 연금보험료나 그 밖의 이 법에 따른 징수금을 징수하는 순위는 「국민건강보험법」에 따른 보험료와 같은 순위로 한다.

▶ **고용보험 및 산업재해보상보험의 보험료징수 등에 관한 법률 제30조【보험료징수의 우선순위】** 보험료와 이 법에 따른 그 밖의 징수금은 국세 및 지방세를 제외한 다른 채권보다 우선하여 징수한다. 다만, 보험료 등의 납부기한 전에 전세권·질권·저당권 또는 「동산·채권 등의 담보에 관한 법률」에 따른 담보권의 설정을 등기하거나 등록한 사실이 증명되는 재산을 매각하여 그 매각대금 중에서 보험료 등을 징수하는 경우에 그 전세권·질권·저당권 또는 「동산·채권 등의 담보에 관한 법률」에 따른 담보권에 의하여 담보된 채권에 대하여는 그러하지 아니하다.

류권자인 원고에 대한 관계에서 상대적 무효로 되는 한편, 산업재해보상보험법 제76조가 원고의 산재보험료 채권을 일반채권에 대한 관계에서 우선하도록 규정하였기 때문이므로, 피고에 대하여 우선순위에 있게 되는 원고의 채권을 위 압류 당시 기 발생한 보험료채권 부분에 한정된다고는 할 수 없다.(대판 1998.11.13선고, 98다26149)

257) 2000.7.1.부터 시행된 국민건강보험법에 의하면 연금보험료 등의 징수의 순위는 국세 및 지방세에는 우선하지 못하지만 국민건강보험법 제73조 단서에 의하여 이미 납부기한이 도래한 경우에는 그 이후에 설정된 저당권 등에 대하여는 우선순위가 된다.(대판 2005.10.7.선고, 2005다24394)

5. 순환관계에 있는 채권들의 징수순위

가. 채권 상호 간의 순환관계

배분대상이 되는 매각대금에 대하여 다수의 채권자가 존재하고 그 매각대금으로는 채권자들의 채권액을 만족시키지 못할 경우, 그리고 이들 배분 받을 채권자들 사이에 배분순위가 고정되어 있지 않고 혼합(순환)되어 있는 때에는 각 채권자들 상호 간에 우선순위를 한 번에 정할 수 없는 경우가 발생한다.

이럴 경우, 어느 한 채권자에게 과다하거나 불리한 배당을 할 수 없는 관계로 특별한 배당기술이 필요하게 되었는데, 이를 위해 특별하게 도입된 배분방법이 바로 "안분후흡수배분"에 의한 배분방법이다.

즉, "안분후흡수배분"에 의한 배분을 하기 위한 선행조건으로는 ① 배분 받을 채권자들 상호 간에 우열을 정할 수 없는 순환관계가 있어야 하고, 아울러 ② 순환관계에 있는 이들 채권들의 합계액이 배분할 금액을 초과하는 사실관계가 먼저 존재하여야 한다.

나. 「안분후흡수배분」에 의한 배분방법

"안분후흡수배분"에 의하여 배분할 경우에는 기본적으로 안분단계(전체 채권액 대비 자기 채권의 비율배분)와 흡수단계(후순위채권의 안분액 흡수)를 거쳐서 배분금액을 정하는 배분방법이다.

즉, 1단계(안분단계)는 순환관계에 있는 채권자들의 채권액에 비례하여 각 채권자들에게 안분배분을 먼저하고, 2단계(흡수단계)에서는 각각 자신의 안분 받지 못한 금액(부족액)에 달할 때까지 자신보다 후순위채권자의 1단계의 안분액을 흡수하여 그 결과를 배분하는 방법으로써,[258] 현재 법원 경매 및 한국자산관리공사의 공매에 있어서도 폭 넓게 인정되고 있다.

---

[258] 부동산에 대하여 가압류등기가 먼저 되고 나서 근저당권설정등기가 마쳐진 경우에 그 근저당권등기는 가압류에 의한 처분금지의 효력 때문에 그 집행보전의 목적을 달성하는 데 필요한 범위 안에서 가압류채권자에 대한 관계에서만 상대적으로 무효이다. 따라서 가압류채권자와 근저당권자 및 근저당권설정등기 후 강제경매신청을 한 압류채권자 사이의 배당관계에 있어서, 근저당권자는 선순위 가압류채권자에 대하여는 우선변제권을 주장할 수 없으므로 1차로 채권액에 따른 안분비례에 의하여 평등배당을 받은 다음, 후순위 경매신청압류채권자에 대하여는 우선변제권이 인정되므로 경매신청압류채권자가 받을 배당액으로부터 자기의 채권액을 만족시킬 때까지 이를

다만, 여기서 주의할 것은 "안분후흡수배분"에 있어 2단계의 흡수단계에서는 선순위 채권자가 흡수할 금액은 자신보다 후순위채권자의 1차 안분된 금액만을 흡수하여야 하고, 이들 후순위채권자가 자기보다 또 다른 후순위자의 흡수한 금액까지 다시 흡수하여서는 안 된다.

아울러, 이런 흡수단계는 각 흡수할 채권자마다 한 번으로 종결하여야 하고, 다시 이와 같은 절차를 반복하여서도 안 된다.

다. 국민건강보험료 등의 안분후흡수배분

"안분후흡수배분"에 의한 배분방법이 민사집행절차와 달리, 체납처분절차가 적용되는 조세 및 공과금에 대해서도 인정될 수 있는지에 관하여 논란이 있었으나 판례는 조세·공과금 사이에도 적용될 수 있음을 명확히 하였다.[259]

국민건강보험료 등 각종 사회보험료의 징수에 있어서 "안분후흡수배분"은 대부분 조세채권과 저당권 등의 담보물권 및 국민건강보험료 등이 상호 경합되어 순환관계에 있는 때에 주로 해당된다. 즉 국민건강보험료 등의 납부기한이 저당권 등의 설정등기(등록)일보다 앞서고, 조세채권의 법정기일이 저당권 등의 설정등기(등록)일이 보다 늦는 경우에 적용된다.

따라서 이들 채권들이 순환관계(국민건강보험료 등 각종 사회보험료 〉 저당권 〉 조세 〉 국민건강보험료 등 각종 사회보험료)에 있고, 각 채권들의 합계액이 배분대상이 되는 매각대금을 초과하는 경우에 "안분후흡수배분"을 적용하여 배분을 하여야 할 것이다.

이와 같이, 순환관계에 있는 채권들의 배분(배당)에 있어서 법원(한국자산관리공사 등) 경

흡수하여 배당 받을 수 있다.(대결 1994.11.29.선고, 94마417)

259) 국민연금보험료 및 연체금의 납부기한이 농업협동조합중앙회의 각 근저당권설정등기일보다 앞서고, 피고의 조세채권의 법정기일이 위 각 근저당권설정등기 이후에 도래한 사실 등을 인정한 다음, 원고의 채권은 국세인 피고의 채권에 우선하여 배당 받을 수는 없으나 근저당권에 의해 담보되는 농협의 채권보다 우선하여 배당 받아야 하고, 농협의 채권은 그 각 근저당권설정등기 이후에 납부기한이 도래한 피고의 채권에는 우선하여 배당 받아야 하므로, 원고의 연금보험료 채권과 농협의 근저당권부채권, 피고의 국세채권 사이에는 순환관계가 성립하게 된다고 판단하고, 선순위자에게 배당할 금원을 공제한 나머지 금원을 각 채권액에 따른 안분비례에 의하여 배당한 후 각 채권자들이 후순위자로부터 흡수하는 방식으로 원고와 피고의 각 배당액을 산정하였는바, 원심의 위와 같은 인정 및 판단은 앞에서 본 법리에 따른 것으로서 정당하다고 수긍이 되고, 거기에 상고이유에서 주장하는 바와 같이 국민건강보험법 등에 관한 법리를 오해한 위법이 있다 할 수 없다.(대판 2003.11.14.선고, 2003다27481)

매(공매)사건의 배당결과, 특정 채권자에게 과도하게 배당된 반면 다른 채권자에게 불리하게 배당된 것으로 확인된 때에는 수정배당이 필요하므로, "안분후흡수배분"에 의한 배분방법을 적극 주장할 필요성이 있다.

라. 국민건강보험료 등의 안분후흡수배분 사례

1) 매각재산에 대한 채권자 현황

매각대금	500만 원(집행비용이 공제된 금액)	
○○은행	'21.5.1. 근저당권 설정	500만 원
●●공단	'21.7.5. 압류('21.1월분~3월분 국민건강보험료)	200만 원
◎◎세무서	'21.11.5. 압류 / '21.3.30. 법정기일	100만 원
	'21.6.30. 법정기일	100만 원

2) 배분방법

저당권 설정등기일보다 법정기일(법정기일 : '21.3.30.)이 빠른 조세(100만 원)는 국민건강보험료와 근저당권 모두에 우선하므로(순환관계에 있지 않다), 우선배분의 대상이 될 뿐 "안분후흡수배분"의 대상이 아니다. 따라서 매각대금 중 "안분후흡수배분"의 대상이 되는 배분금전은 400만 원(500만 원 - 100만 원)이 된다.

우선, "안분후흡수배분"의 요건이 되는 상호 순환관계에 있는지 여부를 살펴보건대, 국민건강보험료 〉 저당권 〉 국세 〉 국민건강보험료에 대한 징수순위가 순환관계에 있고, 각 채권액의 합계(800만 원)가 배분금액(400만 원)을 초과하게 되므로, "안분후흡수배분"에 따라 배분할 수 있는 조건이 된다.

따라서 이들 채권 간에 1단계로 안분배분을 하면 다음과 같다.

① 국민건강보험료(안분액)　　100만 원 = 400 × [200/800(200 + 500 + 100)]
② 근저당권(안분액)　　250만 원 = 400 × [500/800(200 + 500 + 100)]
③ 조세(안분액)　　50만 원 = 400 × [100/800(200 + 500 + 100)]

다음으로 흡수단계(2단계)를 거치되, 이때 선순위채권자는 자신의 부족액을 한도로 하여 흡수하되, 후순위채권자의 1단계 안분액만을 흡수할 수 있다.

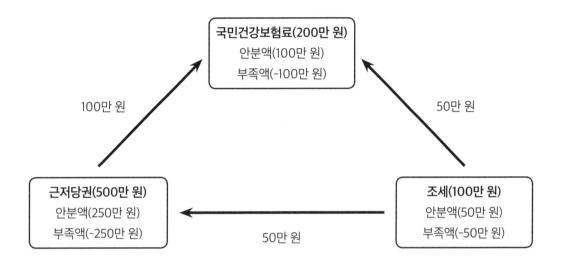

① 국민건강보험료   150만 원 = 안분액(100만 원) ― 50만 원 + 100만 원
② 근저당권   200만 원 = 안분액(250만 원) ― 100만 원 + 50만 원
③ 조세   50만 원 = 안분액(50만 원) ― 50만 원 + 50만 원

결국, 채권자별 최종 배분액은 국민건강보험료는 150만원, 저당권은 200만 원, 조세는 150만 원(안분후흡수배분액 50만 원 + 앞선 우선배분액 100만 원)이 된다.

〈최종 배분결과〉

순위	채권자	배분금액(매각대금 500만 원)
1순위	◎◎세무서	100만 원('21.3.30. 법정기일)
2순위 (순환관계)	●●공단	150만 원
	○○은행	200만 원
	◎◎세무서	50만 원('21.6.30. 법정기일)

배분순위(사례)

Q. 공매(경매)재산에 대하여 아래와 같은 채권자가 있을 경우의 배분순위
  - 2021.5.1. ▲▲은행 근저당권 설정
  - 2021.11.1. ●●공단 압류 : 보험료 및 연체금(2021.6월분~7월분)
  - 2021.12.1. ◇◇구청 압류 : 지방세(법정기일 : 2021.7.30.)
  - 2021.12.9. ◎◎세무서 압류 : 당해세 및 국세(법정기일 : 2021.6.30.)

A. 배분순위
  - 1순위 : 강제징수비(경매의 경우 집행비용에 해당)
  - 2순위 : 당해세(◎◎세무서)
  - 3순위 : ▲▲은행 근저당권
  - 4순위 : 지방세(◇◇구청)
  - 5순위 : 국세(◎◎세무서)
  - 6순위 : ●●공단의 보험료(2021.6월분~7월분)
  ※ 당해세는 담보물권에 대해서는 항상 우선하고, 조세 상호 간의 압류선착수주의에는 적용되지
     않는다.

배분순위(사례)

Q. 공매(경매)재산에 대하여 아래와 같은 채권자가 있을 경우의 배분순위
  - 2021.5.1. ▲▲은행 근저당권 설정
  - 2021.11.1. ●●공단 압류
    • 국민건강보험료 및 연체금(2021.1월분~2월분)
    • 국민연금보험료 및 연체금(2021.6월분~7월분)

A. 배분순위
  - 1순위 : 강제징수비(경매의 경우 집행비용에 해당)
  - 2순위 : 국민건강보험료 및 연체금(2021.1월분~2월분)
  - 3순위 : ▲▲은행 근저당권
  - 4순위 : 국민연금보험료 및 연체금(2021.6월분~7월분)

배분순위(사례)

Q. 공매(경매)재산에 대하여 아래와 같은 채권자가 있을 경우의 배분순위
- 2021.7.20. ▲▲은행 근저당권 설정
- 2021.12.1. ●●공단 압류 : 보험료 및 연체금(2021.5월분~8월분)
- 2021.12.10. ◎◎세무서 압류 : 당해세 및 국세(법정기일 : 2021.7.30.)

A. 배분순위
- 1순위 : 강제징수비(경매의 경우 집행비용에 해당)
- 2순위 : 당해세(◎◎세무서)
- 3순위 : ▲▲은행 근저당권, 국세(◎◎세무서) 및 ●●공단의 보험료(2021.5월분~6월분)
  ⇒ 동순위의 채권자들로서 상호 순환관계에 있음
- 4순위 : ●●공단의 보험료(2021.7월분~8월분)
  ※ 매각대금에서 1~2순위의 채권액을 먼저 배분하고, 나머지 배분대금에서 3순위채권들의 합계에 미치지 못하면 3순위 채권들 간에 "안분후흡수배분"에 따라 배분함(4순위 채권은 가장 열후한 채권으로서 "안분후흡수배분"의 대상이 아님)

배분순위(사례)

Q. 공매(경매)재산에 대하여 아래와 같은 채권자가 있을 경우의 배분순위
- 2021.7.20. ▲▲은행 근저당권 설정
- 2021.12.1. ●●공단 압류 : 보험료 및 연체금(2021.5월분~8월분)
- 2021.12.9. ◎◎세무서 압류 : 당해세 및 국세(법정기일 : 2021.6.30.)

A. 배분순위
- 1순위 : 강제징수비(경매의 경우 집행비용에 해당)
- 2순위 : 당해세 및 국세(◎◎세무서)
- 3순위 : ●●공단의 보험료(2021.5월분~6월분)
- 4순위 : ▲▲은행 근저당권
- 5순위 : ●●공단의 보험료(2021.7월분~8월분)

공과금의 강제징수절차(체납처분)를 위한

공과금 강제징수실무

ⓒ 이정형, 2023

초판 1쇄 발행 2023년 2월 14일

지은이	이정형
펴낸이	이기봉
편집	좋은땅 편집팀
펴낸곳	도서출판 좋은땅
주소	서울특별시 마포구 양화로12길 26 지월드빌딩 (서교동 395-7)
전화	02)374-8616~7
팩스	02)374-8614
이메일	gworldbook@naver.com
홈페이지	www.g-world.co.kr

ISBN   979-11-388-1640-3 (13360)

- 가격은 뒤표지에 있습니다.
- 이 책은 저작권법에 의하여 보호를 받는 저작물이므로 무단 전재와 복제를 금합니다.
- 파본은 구입하신 서점에서 교환해 드립니다.